中国社会科学院　学者文选

沈从文集

中国社会科学院科研局组织编选

中国社会科学出版社

图书在版编目(CIP)数据

沈从文集／中国社会科学院科研局组织编选．—北京：中国社会科学出版社，2007.2（2018.8重印）

（中国社会科学院学者文选）

ISBN 978-7-5004-6017-6

Ⅰ.①沈… Ⅱ.①中… Ⅲ.①文史—中国—文集②沈从文（1902~1988）—文集　Ⅳ.①C53

中国版本图书馆 CIP 数据核字（2006）第 158116 号

出 版 人	赵剑英
责任编辑	冯广裕
责任校对	郭　娟
责任印制	李寡寡

出　　版	中国社会科学出版社
社　　址	北京鼓楼西大街甲 158 号
邮　　编	100720
网　　址	http://www.csspw.cn
发 行 部	010-84083685
门 市 部	010-84029450
经　　销	新华书店及其他书店
印刷装订	北京市十月印刷有限公司
版　　次	2007 年 2 月第 1 版
印　　次	2018 年 8 月第 2 次印刷
开　　本	880×1230　1/32
印　　张	15.625
字　　数	373 千字
定　　价	89.00 元

凡购买中国社会科学出版社图书，如有质量问题请与本社营销中心联系调换

电话：010-84083683

版权所有　侵权必究

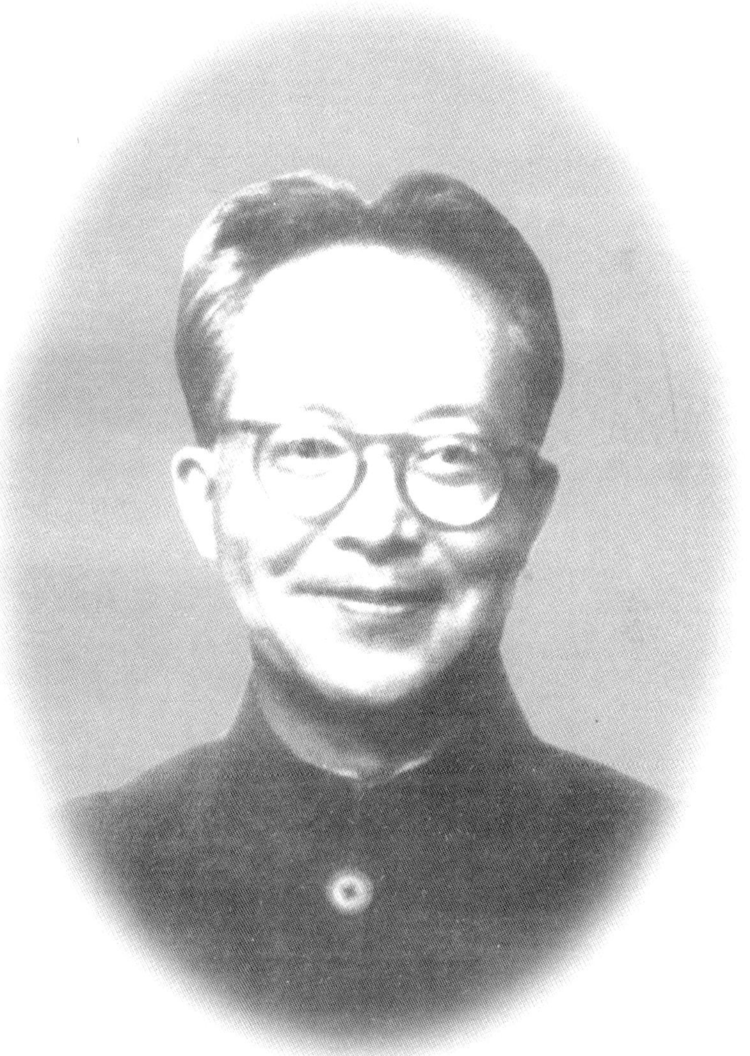

出版说明

一、《中国社会科学院学者文选》是根据李铁映院长的倡议和院务会议的决定,由科研局组织编选的大型学术性丛书。它的出版,旨在积累本院学者的重要学术成果,展示他们具有代表性的学术成就。

二、《文选》的作者都是中国社会科学院具有正高级专业技术职称的资深专家、学者。他们在长期的学术生涯中,对于人文社会科学的发展作出了贡献。

三、《文选》中所收学术论文,以作者在社科院工作期间的作品为主,同时也兼顾了作者在院外工作期间的代表作;对少数在建国前成名的学者,文章选收的时间范围更宽。

中国社会科学院
科研局
1999 年 11 月 14 日

目　录

代序　我为什么始终不离开历史博物馆 …………………（1）

文　论　选

郁达夫张资平及其影响 ……………………………………（3）
论闻一多的《死水》 ………………………………………（10）
论徐志摩的诗 ………………………………………………（15）
我们怎么样去读新诗 ………………………………………（28）
论中国创作小说 ……………………………………………（35）
论技巧 ………………………………………………………（61）
小说作者和读者 ……………………………………………（65）
论特写 ………………………………………………………（79）
论"海派" ……………………………………………………（87）
作家间需要一种新运动 ……………………………………（92）
再谈差不多 …………………………………………………（99）
《边城》题记 ………………………………………………（105）
《从文小说习作选》代序 …………………………………（108）
《长河》题记 ………………………………………………（115）

抽象的抒情 …………………………………………（121）

文史研究必需结合文物

收拾残破
　　——文物保卫一种看法 ……………………（133）
读展子虔《游春图》 ………………………………（142）
文史研究必需结合文物 ……………………………（158）
从实物学习谈谈《木兰辞》的相对年代 …………（168）
"商山四皓"和"悠然见南山" ……………………（172）
"瓟斝"和"点犀䀉"
　　——关于《红楼梦》注释一点商榷 …………（175）
从文物来谈谈古人的胡子问题 ……………………（184）
假若我们再演《屈原》
　　——关于人物形象的塑造及服装道具如何
　　　　古为今用 ………………………………（196）

物质文化史文选

明织金锦问题 ………………………………………（215）
我们从古漆器可学些什么 …………………………（227）
古代镜子的艺术 ……………………………………（237）
《中国丝绸图案》后记 ……………………………（246）
龙凤艺术
　　——龙凤图案的应用和发展 …………………（253）
谈染缬
　　——蓝底白印花布的历史发展 ………………（262）
谈金花笺 ……………………………………………（272）
谈皮球花 ……………………………………………（281）

玻璃工艺的历史探讨 ………………………………（286）
清初瓷器加工 ………………………………………（296）
螺甸工艺试探 ………………………………………（313）
说"熊经" ……………………………………………（334）
扇子史话 ……………………………………………（342）

中国古代服饰研究（节选）

中国古代服饰研究引言 ……………………………（347）
四·商代墓葬中的玉石陶铜人形 …………………（358）
六·周代男女人形陶范 ……………………………（366）
八·战国帛画妇女 …………………………………（372）
一五·战国鹖尾冠被练甲骑士 ……………………（377）
二八·汉代舞女 ……………………………………（383）
三六·长沙马王堆一号汉墓中几件衣服 …………（387）
三八·东晋竹林七贤图砖刻 ………………………（393）
四一·南朝斲琴图部分 ……………………………（397）
四七·北朝景县封氏墓出土男女俑 ………………（400）
五三·北齐张肃俗墓出土男女陶俑 ………………（403）
五六·隋李静训墓出土男女陶俑 …………………（406）
六八·唐人游骑图部分 ……………………………（408）
七八·唐张萱捣练图部分 …………………………（414）
八一·宫乐图 ………………………………………（418）
八九·唐代彩绘陶俑和三彩陶俑 …………………（421）
九九·五代夜宴图宴席部分 ………………………（424）
一〇四·清明上河图中劳动人民和市民 …………（428）
一一九·宋太祖赵匡胤像 …………………………（433）
一二九·西夏敦煌壁画男女进香人 ………………（436）

一三六·元代衣唐巾圆领服男子和齐膝短衣卖鱼人 …… (439)
一四六·元代玩双陆图中官僚和仆从 ……………… (442)
一四九·明皇都积胜图所见各阶层人物 …………… (446)
一五五·明妇女时装与首饰 ………………………… (451)
一六一·清初刻耕织图 ……………………………… (455)
一六二·清初妇女装束 ……………………………… (462)
一七八·清代雍正四妃子便服 ……………………… (467)

作者著作书目 ……………………………………… (471)
作者简要年表 ……………………………………… (480)

代　　序
我为什么始终不离开历史博物馆[*]

　　我是解放后才由北大国文系改入历史博物馆的，同时还在北大博物馆系教教陶瓷。因为北大博物馆系那个供参考用的陈列室，部分瓷器和漆器，多是我捐赠的，同时还捐赠了些书籍。

　　到馆不多久，即送我去西苑革大"政治学院"学习，约一年之久。临结业前，多重新分配工作，有的自愿填写。我因为经过内外变故太大，新社会要求又不明白，自己还能做什么也不明白，所以转问小组长，请转询上级，看做什么工作好，就派我去。因为既学习了将近一年，有大半年都是在饭后去厨房服务，和一个老炊事员关系搞得很熟。已对为人民服务不分大小有所体会。过不久，小组长约我谈话，告我上级还是希望我回到作家队伍中搞创作。这事大致也是那边事先即考虑过的。因为较早一些时候，就有好几位当时在马列学院学习的作家来看过我，多是过去不熟的，鼓励我再学习，再写作。

---

　　[*] 本文写于1968年12月，是作者"文革"中的申诉材料之一，曾编入《沈从文别集·新与旧》一书，于1992年12月由岳麓书社出版。"代序"仅节选了此文的前部。

要我重新写作，明白是对我一种极大鼓励。但是我自己丧了气。头脑经常还在混乱痛苦中，恐怕出差错。也对"做作家"少妄想。且极端缺少新社会新生活经验。曾试写了个《炊事员》，也无法完成。所以表示，还是希望回到博物馆服务。工作寂寞点不妨事，人事简单比较容易适应。因此，即回了博物馆。照当时情况说来，工作是比较困难的。首先是我自己史部学底子极差，文物知识也皮毛零碎，图书室又不像样。同时来的同事比起来，知识都比我扎实得多。有的搞了几十年陶瓷，如傅振伦。有的熟习汉事有专著，如马非百。有的还专史学考古，如孙、姚、王、李诸人。按习惯，研究员主要就是坐办公室看书，或商讨工作计划，谈天，学习文件。没有人考虑到去陈列室，一面学，一面作说明员，从文物与观众两方面研究学习，可望提高认识的。我正因为无知，第一记住"不调查研究无发言权"①，第二记住"研究中国文化史的重要性"，第三学习《实践论》，人民日报社论上介绍说"若一切学术研究工作，善于用实践论求知识，反复求证的方法去进行，必可得到新的进展"（大意是这么说的）。又学习过《矛盾论》，并不怎么懂，但是觉得，就懂到的点滴，试运用到文物研究，也一定可望取得新发现。明白"一切不孤立，一切事有联系和发展"。这些原则当时虽还孤零的记入印象中，但试来结合到我对于文物的学习研究上，得启发就太大了。本馆一系列特别展览，我总是主动去作说明员。一面学，一面讲。工作当然比坐办公室谈天、看书为辛苦。可是，知识或基本常识，便越来越落实了。加上入库房工作和图书室整理

---

① 作者历来不会准确引用政治术语。即使在"文革"中易获"篡改"、"恶攻"一类罪名情况下，他在转述政治理论文件原文，或于行文中试用"文革"语汇时，仍只能做到大致仿佛程度。下同。

材料工作，凡派到头上的就干。常识一会通，不多久，情形自然就变化了。有了问题，我起始有了发言权。有些新问题，我慢慢的懂了。再结合文献，对文献中问题，也就懂得深了些，落实好些，基础踏实些。

记得当时冬天比较冷，午门楼上穿堂风吹动，经常是在零下十度以下，上面是不许烤火的。在上面转来转去学习为人民服务，是要有较大耐心和持久热情的！我呢，觉得十分自然平常。组织上交给的任务等于打仗，我就尽可能坚持下去，一直打到底。

事实上，我就在午门楼上和两廊转了十年。一切常识就是那么通过实践学来的。有些问题比较专门，而且是国内过去研究中的空白点，也还是从实践学来的。比如说，看了过十万绸缎，又结合文献，我当然懂的就比较落实了。

大致当时从组织上看来，我的工作似太沉闷了点，（或者别的原因）为照顾我情绪，又让我去当时辅仁大学教三小时散文习作，为廿个学生改卷子。不多久，又给我机会去四川参加土改。这期间，我曾写了个《我在文学创作上错误思想的检讨》[①]，可能是由《光明日报》发表，香港曾转载过。土改工作是在内江县三区产甘蔗出白糖地区，剥削特别严重，蔗农生活多近于农奴。我在总队部专搞"糖房的剥削调查"工作，工作前后约五个月，受到一次终生难忘的深刻教育。本来用意，也有可能希望我就材料写一中或长篇小说。末后因为时间短，问题多，懂的事还不够全面，无法着手，只好搁下。

回到重庆，总队总结发言时，还曾让我就问题作廿分钟发言。我表示完全拥护党的政策。

---

① 1951年11月11日，《光明日报》以《我的学习》为题发表了这篇检讨。

回到北京，因参加过土改，对个人写作思想错误，有深一些认识，在学生中还主动自我批评了一次。不几天后，又调我参加文物行业的三、五反，约工作一月，更近于"作战"。当时全市似约百二十多家古董铺，我大约记得前后即检查了八十多家。馆中同事参加这一战役最久的，我是其中之一。这也显明是组织上有意教育我，有更多实践学习的机会。工作是十分辛苦的，却十分兴奋愉快。记得和几个公安人员一道，他们搬移东西，我说文物名称、年代，后来喉咙也嚷哑了。我的综合文物知识比较广泛，也比较踏实，和这次组织上给我的教育机会特别有关。主席伟大无比著作《实践论》提示求知识的新方法，试用到我本人学习上，得到的初步收获，使我死心塌地在博物馆作小螺丝钉了。我同时也抱了一点妄想，即从文物出发，来研究劳动人民成就的"劳动文化史"、"物质文化史"，及以劳动人民成就为主的"新美术史"和"陶"、"瓷"、"丝"、"漆"，及金属工艺等等专题发展史。这些工作，在国内，大都可说还是空白点，不易措手。但是从实践出发，条件好，是可望逐一搞清楚的。对此后通史编写，也十分有用的。因为若说起"一切文化成于劳动人民之手"，提法求落实，就得懂史实！

因此，当辅仁合并于人民大学，正式聘我作国文系教授时，我答应后，经过反复考虑，还是拒绝了。以当时待遇而言，去学校，大致有二百左右薪资，博物馆不过一百左右，为了工作，我最后还是决定不去。我依稀记得有这么一点认识：教书好，有的是教授，至于试用《实践论》求知方法，运用到搞文物的新工作，不受洋框框考古学影响，不受本国玩古董字画旧影响，而完全用一种新方法、新态度，来进行文物研究工作的，在国内同行实在还不多。我由于从各个部门初步得到了些经验，深深相信这么工作是一条崭新的路。做得好，是可望把做学问的方法，带入一个完全新的发展上去,具有学术革命意义的。

如果方法对,个人成就即或有限,不愁后来无人。

我于是心安理得,继续学习下来了。

# 文 论 选

郁达夫张资平及其影响[*]

这两人，是国内年青人皆知道的。知道第一个会写感伤小说，第二个会写恋爱小说。使人同情也在这一点，因为这是年青人两个最切身的问题。穷，为经济所苦恼，郁达夫那自白的坦白，仿佛给一切年青人一个好机会，这机会是用自己的文章，诉于读者，使读者有"同志"那样感觉。这感觉是亲切的。友谊的成立，是一本《沉沦》。其他的作品，可说是年青人已经知道从作者方面可以得到什么东西以后才引起的注意，是兴味的继续，不是新的发现。实在说来我们也并没有在《沉沦》作者其他作品中得到新的感动。《日记九种》，《迷羊》，全是一贯的继续下来的东西。对于《日记九种》发生更好印象，那理由，就是我们把作家一切生活当作一个故事，从作品认识作家，所以《日记九种》据说有出版界空前的销路。看《迷羊》也仍然是那意义。似乎我们活到这世界上，不能得人怜悯，也无机会怜悯别人，谈一下《沉沦》一类东西，我们就有一种同情作者的方便了。这里使我们相信作家一个态度的正确，是在另一件事上，似

---

[*] 本篇原载1930年3月10日《新月》第3卷第1期，署名甲辰。

乎像是论文上,作者曾引另外一个作家的话,说文学是"表现自己"。仿佛还有下面补充,"文学表现自己越忠实越有成就"。又好像这是为卢骚①《忏悔录》而言,又像是为对于加作者以冷嘲的袭击者而作的抗议。表现自己,是不是文学绝对的法则,把表现自己意义只包括在写自己生活心情的一面?这问题,加以最简单的解释,也可以说一整天。因为界限太宽,各处小节上皆有承认或否认理由。但说到《沉沦》,作者那态度,是显然在"表现自己"一"最狭意义"上加以拥护的。把写尽自己心上的激动一点为最大义务,是自然主义的文学。郁达夫,是这样一个人。他也就因为这方法的把持,不松手,从起首到最近,还是一个模样,他的成就算是最纯净的成就。

但是到现在,怎么样?现在的世评,于作者是不利的,时代方向掉了头,这是一个理由。还有更大更属于自己的一个理由,是他自己把那一个创作的砒性冲动性因恋爱消失,他不能再用他那所长的一套"情欲的忧郁"行动装到自己的灵魂上,他那性格,又似乎缺少写《情书一束》作者②那样能在歌颂中度日子的自白精神,最适宜于写情诗的生活中此时的他,却腼腆了,消沉了。对作者,有所失望的青年,并能从这方面了解作者,或者会觉得不好意思即对作者加以无怜悯的讽刺的。因为在"保持自己"这一点上看来,缺少取巧,不作夸张的郁达夫,是仍然有可爱处的郁达夫。他的沉默也仍然告给我们"忠于自己"的一种可尊敬的态度。

他那由于病弱的对于世态的反抗,或将正因可以抛弃了

---

① 卢骚:即卢梭,法国启蒙思想家、哲学家、教育学家、文学家。《忏悔录》是他的自传性作品。

② 《情书一束》作者:即章衣萍。

"性的忧郁"那一面,而走到更合用更切实的社会运动作着向上的提倡的。

另外有相似处或相同处,然而始终截然立于另一地位上的是张资平。张资平,把这样名字提起时,使我们所生的印象,似乎是可以毫不惊讶的说:

"这是中国大小说家!"

请注意大字,是数量的大。是文言文"汗牛充栋"那个意思。他的小说真多,这方面,也真有了不得的惊人能耐。不过我们若是愿意去在他那些小说中加以检查,考据或比较,就可知道那容易产生的理由了。还有人说这作者一定得有人指出什么书从什么书译出以后,作者才肯声明那是译作的。其实,少数的创作,也仍然是那一个模型出来的。似乎文人的笔,也应当如母亲的身,对于所生产的一切全得赋予一个相类的外表,相通的灵魂。张资平在他作品方面实在是常常孪生。常常让读者疑心两篇文章不单出于一只手,又出于同一时间,忠厚的说,就是他那文章"千篇一律"。然而说到这个时,本文作者是缺少那嘲弄意义的。

这里就有问题了。为的是怎么郁达夫的一套能引起人同情,张资平却因永远是那一套失败呢?那因为是两种方向。一个表白自己,抓得着自己的心情上因时间空间而生的变化,那么读者也将因时间空间的距离,读郁达夫小说发生兴味以及感兴。张资平,写的是恋爱,三角或四角,永远维持到一个通常局面下,其中纵不缺少引起挑逗抽象的情欲感印,在那里抓着年青人的心,但在技术的精神,思想,力,美,各方面,是很少人承认那作品是好作品的。我们是因为在上海的缘故,许多人皆养成一种读小报的习惯的。不怕是《晶报》①,是别的,总而言之把那东西放

---

① 《晶报》:上海一种低级趣味的小报,原为《神州日报》副刊。

在身边时，是明知道除了说闲话的材料以外将毫无所得的。但我们从不排斥这样小报。张资平小说，其所以使一些人发生欢喜，放到枕下，赠给爱人，也多数是那样原因。因为它帮助了年青人在很不熟习的男女事情方面得到一个荒唐犯罪的方便。在他全集里，每一篇皆给我们一个证据。郁达夫作品告给我们生理的烦闷，我们却从张资平作品取到了解决。

所以张资平也仍然是成功了的：他懂"大众"，"把握大众"，且知道"大众要什么"，比提倡大众文艺的郁达夫似乎还高明，就按到那需要，造了一个卑下的低级的趣味标准。

使他这样走他自己的道路的，是也在"创造"上起首的几种作品发表后所得到年青人的喝彩。那时的同情是空前的。也正因有那种意料以外的同情成就，才确定了创造社一般人向前所选的路径。作者在收了"友谊的利息"以后，养成了"能生产"的作者了。

怎么样会到这样？是读者。五四运动在年青人方面所起的动摇，是全国的一切青年的心，然而那做人的新的态度，文学的新的态度，是仅仅只限于活动中心的北京的。其波动，渐远渐弱，取了物理公律，所以中国其余省份，如广西，如云南，是不受影响的。另外因民族性那种关系，四川湖南虽距离较远，却接受了这运动的微震，另作阔度的摆动。因为地方习惯以及旧势力反应的关系，距离较近的上海，反而继续了一种不良趣味不良嗜好，这里我们又有来谈一谈"礼拜六"① 这个名称所附属的文学趣味的必要了。现在说礼拜六派，大家所得的概念是暧昧的，不会比

---

① "礼拜六"：即《礼拜六》，一种通俗文学杂志，主要刊载以白话写的言情小说，这类小说迎合小市民趣味。故将在《礼拜六》上发表这类作品的作家称作"礼拜六派"，亦称"鸳鸯蝴蝶派"。

属于政治趣味的改组派①,以及其他什么派为容易明白。或者说这是盘踞在上海各报纸附张上作文的一般作品而言,或者说像现在小报的趣味,或者……其实,礼拜六派所造成的趣味,是并不比某一种新文化运动者所造成的趣味为两样的。当年的礼拜六派,是大众的趣味所在的制造者。是有实力的,能用他们的生活,也是忠实,也是大胆……错误或失败的地方,只是绅士阶级对绅士阶级的文字的争夺,到了肉搏的情况,到后是文言文失败,思想方面有了向新的一面发展的机会,人道的,民众的,这类名词培养在一般人口上,而且那文学概念也在年青人心上滋长,因此礼拜六派一种趣味便被影响,攻击,而似乎失败了。其实呢,礼拜六派并不足代表绅士的。礼拜六派只可以说是海派,是上海地方的一切趣味的表现,此时这类趣味的拥护者,制造者,领会者,依然存在,新文学运动并不损及他们丝毫。新文学发展,自然是把内地一些年青人的礼拜六趣味夺去了,但这本不是礼拜六派应有的同志,不过当时只有《礼拜六》可看,这些年青人就倾向于《礼拜六》那种方便因缘罢了。

承继《礼拜六》,能制礼拜六派死命的,至少是从上海一部分学生中把趣味掉到另一方向的,是如像"良友"②一流的人物。这种人分类应当在新海派。他们说爱情,文学,电影,以及其他,制造上海的口胃,是礼拜六派的革命者。帮助他们这运动的是基督教所属的学生,是上帝的子弟,是美国生活的摹仿者,作这攻礼拜六运动而仍然继续礼拜六趣味发展的有《良友》一类杂志。

---

① 改组派:即"中国国民党改组同志会"的简称。是以汪精卫、陈公博为首的政治派别,其目的是与蒋介石争夺党权、政权。
② "良友":全名《良友图画杂志》,上海良友图书印刷公司编辑发行。

这里我们有为难处了，就是把身在创造社作左倾文学运动的张资平的作品处置的费事。论性质，精神，以及所给人的趣味的成分，张资平作品，最相宜的去处，是一面看《良友》上女校皇后一面谈论电影接吻方法那种大学生的书桌上，在这些地方，有他最诚实的读者以及最大的成就。由他手写出的革命文学，也仍然是要这种读者来欣赏的。

放到别的去处呢？也仍然是成功，是他那味道因为有一种十六岁到二十四五岁年青男女共通的甜处，可是一个不以欣赏皇后小影为日课的年青人（譬如说内地男女分校的中学生），是不懂那文章好处的。

张资平作品的读者，在上海，应当比别的作家的读者为多，才不是冤屈。

至于两人的影响，关于作风的，现在可数出那因影响而成功的，有下面几个人可提：

间接的，又近于直接而以女性本身为基础，走出自己的路，到现在尚常为人称道大胆作家的，有冯沅君女士。在民十左右，会有女子能在本身上加以大胆的解剖，虽应当说是五四运动力量摇动于女子方面当然的结果，但，在所取的方向上，以及帮助这不安于现状叫喊的观点上，我们是显然得承认这以"淦女士"笔名发表他的《隔绝之后》是有了创造社作家的启示，才会产生那作品的。

另外一个——或者说一群，就是王以仁、叶鼎洛、周全平、倪贻德、叶灵凤等①作风与内含所间接为郁达夫或创造社影响的那一面，显出了与以北平作根据而活动于国内的文学运动稍稍异

---

① 王以仁……叶灵凤等：均为现代作家，其创作均受郁达夫作品直接或间接的影响。

型。趣味及文体，那区别，是一个略读现代中国文学作品的人即可以指出的。那简直可以说是完全两样东西，一个因守了白话运动所标的实在主义，用当时所承受的挪威易卜生以及俄国几个作家思想，作为指导及信仰，发展到朴素实在一面去。一个则因为缺少这拘束，且隐隐反抗这拘束，由上海创造社方面作大本营，挂了尼采①式的英雄主义，或波特莱耳②的放荡颓废自弃的喊叫，成了到第二次就接受了最左倾的思想的劳动文学的作者集团，且取了进步的姿态，作高速度的跃进。

但基础，这些人皆是筑于一个华丽与夸张的局面下，文体的与情绪的，皆仍然不缺少那"英雄的向上"与"名士的放纵"相纠结，所以对于"左倾"这意义，我们从各作者加以检查，似乎就难于随便首肯了。

取向前姿势，而有希望向前，能理解性苦闷以外的苦闷，用有丰采的文字表现出来，是郁达夫。张资平，一个聪明能干的人，他将在他说故事的方向上永远保守到"博人同意"一点上，成为行时的人去了。张资平是会给人趣味不会给人感动的，因为他的小说，差不多全是一些最适宜于安插在一个有美女照片的杂志上面的故事。

在新的时代开展下，郁达夫为一种激浪所影响，或将给我们一个机会加以诚实的敬视。我们对张资平自然也不缺少这东西，那是因为他写故事的勇敢与耐力，取恋爱小说内含，总可以希望写出一个好东西来。伟大的故事的成因，自然不能排斥这人间男女的组织，我们现在应当承认张资平的小说，是还能影响到一般新兴的作者，且在有意义的暗示中，产生轮廓相近精神不同的作品的。

---

① 尼采：德国哲学家，唯意志论者，提倡"超人哲学"。
② 波特莱耳：即波特莱尔，法国诗人，其创作对欧美象征主义诗歌影响极大。

论闻一多的《死水》

以清明的眼,对一切人生景物凝眸,不为爱欲所眩目,不为污秽所恶心,同时,也不为尘俗卑猥的一片生活厌烦而有所逃遁;永远是那么看,那么透明的看,细小处,幽僻处,在诗人的眼中,皆闪耀一种光明。作品上,以一个"老成懂事"的风度,为人所注意,是闻一多先生的《死水》。

读《死水》容易保留到的印象,是这诗集为一本理知的静观的诗。在作品中那种安详同世故处,是常常恼怒到年青人的。因为年青人在诗的德性上,有下面意义的承认:——
　　诗是歌颂自然与人生的,
　　诗是诅咒自然与人生的,
　　诗是悦耳的柔和的东西,
　　诗是热烈的奔放的东西,
　　诗须有情感,表现的方法须带一点儿天真,
　　…………

这样或那样,使诗必须成立于一个概念上,是"单纯"与

---

* 本篇原载1930年4月10日《新月》第3卷第2期,署名沈从文。

"胡涂"。那是为什么？因为是"诗"。带着惊讶，恐怖，愤怒，欢悦，任情的歌唱，或矜慎的小心的低诉，才成为一般所认可的诗。纤细的敏感的神经，从小小人事上，作小小的接触，于是微带夸张，或微带忧郁，写成诗歌，这样诗歌才是合乎1920年来中国读者的心情的诗歌。使生活的懑怨与忧郁气分，来注入诗歌中，则读者更易于理解，同情。因为从1923年到今日为止，手持新诗有所体会的年青人，为了政治的同习惯的这一首生活的长诗，使人人都那么忧愁，那么忧愁！

社会的与生理的骚扰，年青人，全是不安定，全是纠纷，所要的诗歌，有两种，一则以力叫号作直觉的否认，一则以热情为女人而赞美。郭沫若，在胡适之时代过后，以更豪放的声音，唱出力的英雄的调子，因此郭沫若诗以非常速力，占领过国内青年的心上的空间。徐志摩，则以另一意义，支配到若干青年男女的多感的心，每日有若干年青人为那些热情的句子使心跳跃，使血奔窜。

在这样情形下，有两本最好的诗，朱湘《草莽集》，同闻一多的《死水》。两本诗皆稍稍离开了那时代所定下的条件，以另一态度出现，皆以非常寂寞的样子产生，存在。《草莽集》在中国抒情诗上的成就，形式与内容，实较之郭沫若纯粹极多。全部调子建立于平静上面，整个的平静，在平静中观照一切，用旧词中属于平静的情绪中所产生的柔软的调子，写成他自己的诗歌。明丽而不纤细，《草莽集》的价值，是不至于因目前的寂寞而消失的。《死水》一集，在文字和组织上所达到的纯粹处，那摆脱《草莽集》为词所支配的气息，而另外重新为中国建立一种新诗完整风格的成就处，实较之国内任何诗人皆多。《死水》不是"热闹"的诗，那是当然的，过去不能使读者的心动摇，未来也将这样存在。然而这是近年来一本标准诗歌！在体裁方面，在文字方面，《死水》的影响，不是读者，当是作者。由于《死水》

风格所暗示,现代国内作者向那风格努力的,已经很多了。在将来,某一时节,诗歌的兴味,有所转向,使读者,以诗为"人生与自然的另一解释"文字,使诗效率在"给读者学成安详的领会人生",使诗的真价在"由于诗所启示于人的智慧与性灵",则《死水》当成为一本更不能使人忘记的诗!

作者是画家,使《死水》集中具备刚劲的朴素线条的美丽。同样在画中,必需的色的错综的美,《死水》诗中也不缺少。作者是用一个画家的观察,去注意一切事物的外表,又用一个画家的手腕,在那些俨然具不同颜色的文字上,使诗的生命充溢的。

如《荒村》,可以代表作者使一幅画成就在诗上,如何涂抹他的颜色的本领。如《天安门》,在那些言语上如何着色,也可看出。与《天安门》相似那首《飞毛腿》,与《荒村》相近那首《洗衣歌》,皆以一个为人所不注意的题材,因作者的文字的染色,使那诗非常动人的。

> 他们都上那里去了?怎么
> 虾蟆蹲在甑上,水瓢里开白莲,
> 桌椅板凳在田里堰里飘着;
> 蜘蛛的绳桥从东屋往西屋牵?
> 门框里嵌棺材,窗棂里镶石块!
> 这景象是多么古怪多么惨!
> 镰刀让它锈着快锈成了泥,
> 抛着整个的鱼网在灰堆里烂。
> 天呀!这样的村庄都留不住他们!
> 玫瑰开不完,荷叶长成了伞;
> 秧针这样尖,湖水这样绿,
> 天这样青,鸟声像露珠这样圆。
> …………

这样一个桃源，瞧不见人烟！

这里所引的是《荒村》诗中一节。另外，以同样方法，画出诗人自己的心情，为百样声音百样光色所搅扰，略略与全集调子不同的，是《心跳》。代表作者在节奏和谐方面与朱湘诗有相似处，是一首名为《也许》的诗：

> 也许你真是哭得太累，
> 也许，也许你要睡一睡，
> 那么叫苍鹰不要咳嗽，
> 蛙不要号，蝙蝠不要飞，
>
> 不许阳光攒你的眼帘，
> 不许清风刷上你的眉
> …………
>
> 也许你听着蚯蚓翻泥，
> 听那细草的根儿吸水，
> …………
>
> 我就让你睡，我让你睡，
> 我把黄土轻轻盖着你，
> 我叫纸钱儿缓缓的飞。

在《收回》，在《你指着太阳起誓》，这一类诗中，以诗为爱情二字加以诠解，《死水》中诗与徐志摩《翡冷翠的一夜》及其他诗歌，全是那么相同又那么差异。在这方面作者的长处，却正是一般人所不同意处。因为作者在诗上那种冷静的注意，使诗中情感也消灭到组织中，一般情诗所不能缺少的一点轻狂，一点荡，都无从存在了。

作者所长是想象驰骋于一切事物上，由各样不相关的事物，以韵作为联结的绳索，使诗成为发光的锦绮，于情诗，对于爱，是与"志摩的诗"所下解释完全不同，所显示完全的一面也有所不同了的。

作者的诗无热情，但也不缺少那由两性纠纷所引起的抑郁。不过这抑郁，由作者诗中所表现时，是仍然能保持到那冷静而少动摇的恍惚的情形的。但离去爱欲这件事，使诗方向转到为信仰而歌唱时，如《祈祷》等篇，作者的热情是无可与及的。

作者是提倡格律的一个人。一篇诗，成就于精炼的修辞上，是作者的主张。如在《死水》上，作者想象与组织的能力，非常容易见到：

  让死水酵成一沟绿酒，
  飘满了珍珠似的白沫；
  小珠笑一声变成大珠，
  又被偷酒的花蚊咬破。

一首诗，告我们不是一个故事，一点感想，应当是一片霞，一园花，有各样的颜色与姿态，具各样香味，作各种变化，是那么细碎又是那么整个的美，欣赏它，使我们从那手段安排超人力的完全中低首，为那超拔技巧而倾心，为那由于诗人做作手艺熟练而赞叹，《死水》中的每一首诗，是都不缺少那技术的完全高点的。

但因这完全，作者的诗所表现虽常常是平常生活的一面，如《天安门》等，然而给读者印象却极陌生了。使诗在纯艺术上提高，所有组织常常成为奢侈的努力，与读者平常鉴赏能力远离，这样的诗除《死水》外，还有孙大雨的诗歌。

论徐志摩的诗[*]

　　1923年顷，中国新文学运动有了新的展开，结束了初期文学运动关于枝节的纷争。创作的道德问题，诗歌的分行、用字，以及所含教训问题，皆得到了一时休息。凡为与过去一时代文学而战的事情，渐趋于冷静，作家与读者的兴味，转移到作品质量上面后，国内刊物风起，皆有沉默向前之势。创造社以感情的结合，作冤屈的申诉，特张一军，作由文学革命而衍化产生的文学研究会团体，取对立姿式，《小说月报》与《创造》，乃支配了国内一般青年人文学兴味。以彻头彻尾浪漫主义倾向相号召的创造社同人，对文学研究会作猛烈袭击。在批评方面，所熟习的名字，是成仿吾。在创作方面，张资平贡献给读者的是若干恋爱故事；郁达夫用一种崭新的形式，将作品注入颓废的病的情感，嵌进每一个年青人心中后，使年青人皆感到一种同情的动摇。在诗，则有郭沫若，以英雄的、原始的夸张情绪，写成了他的《女神》。

　　在北方，由胡适之、陈独秀等所领导的思想与文学革命运

---

[*] 本篇原载1932年8月《现代学生》第2卷第2期，署名沈从文。

动,呈了分歧,《向导》与《努力》①,各异其趣,且因时代略呈向前跃进样子,"文学运动"在昨日所引起的纠纷,已得到了解决。新的文学由新的兴味所拥护,渐脱离理论,接近实际,独向新的标准努力。文学估价又因为有创造社的另一运动,提出较宽泛的要求后,注意的中心,便归到《小说月报》与《创造》月季刊方面了。另外,由于每日的刊行,以及历史原因,且所在地方,又为北京,由孙伏园所主编的《晨报副刊》,其影响所及,似较之两定期刊物为大。

这时的诗歌,在北方,在保守着五四文学运动胡适之先生等所提出的诗歌各条件,是刘复、俞平伯、康白情诸人。使诗歌离开韵律,离开词藻,以散文新形式为译作试验,是周作人。以小诗捕捉一个印象,说明一个观念,以小诗抒情,以小诗显出聪明睿知对于人生的解释,同时因作品中不缺少女性的优美、细腻、明慧,以及其对自然的爱好,冰心女士的小诗,为人所注意、鉴赏、模仿,呈前此未有的情形。由于《小说月报》的介绍,朱自清与徐玉诺的作品,也各以较新组织、较新要求写作诗歌,常常见到。王统照则在其自编的文学周刊(附于《晨报》),有他的对人生与爱,作一朦胧体念朦胧说明的诗歌。创造社除郭沫若外,有邓均吾的诗,为人所知。另外较为人注意的,是天津的文学社同人,与上海的浅草社同人。在诗歌方面,焦菊隐、林如稷,是两个不甚陌生的名字。

文学运动已告了一个结束,照着当时的要求,新的胜利是已如一般所期望,为诸人所得到了的。另一时,为海派文学所醉心的青年,已经成为新的鉴赏者与同情者了。为了新的风格新的表

---

① 《向导》:中共最早的机关报,先后由蔡和森、彭述之、瞿秋白主编。
《努力》:即《努力周报》,1922年在北京创刊,胡适主编。

现渐为年青人所习惯,由《尝试集》所引起的争论,从新的作品上再无从发生。基于新的要求,徐志摩以他特殊风格的新诗与散文,发表于《小说月报》。同时,使散文与诗,由一个新的手段,作成一种结合,也是这个人。(使诗还元朴素,为胡适。从还元的诗抽除关于成立诗的韵节,成完全如散文的作品为周作人。)使散文具诗的精灵,融化美与丑劣句子,使想象徘徊于星光与污泥之间,同时,属于诗所专有,而又为当时新诗所缺乏的音乐韵律的流动,加入于散文内,徐志摩的试验,由新月印行之散文集《巴黎鳞爪》,以及北新印行之《落叶》,实有惊人的成就。到近来试检察作者唯一创作集《轮盘》,其文字风格,便具一切诗的气分。文字中糅合有诗的灵魂,华丽与流畅,在中国,作者散文所达到的高点,一般作者中,是还无一个人能与并肩的。

作者在散文方面,给读者保留的印象,是华丽与奢侈的眩目。在诗歌,则加上了韵的和谐与完整。

在《志摩的诗》一集中,代表到作者作品所显示的特殊的一面,如《灰色的人生》下面的一列句子:

> 我想——我想放宽我的宽阔的粗暴的嗓音,唱一支野蛮的大胆的骇人的新歌。
>
> 我想拉破我的袍服,我的整齐的袍服,露出我的胸膛,肚腹,肋骨与筋络。
>
> 我想放散我一头的长发……
>
> …………
>
> 我要调谐我的嗓音,傲慢的,粗暴的,唱一阕荒唐的,摧残的,弥漫的歌调。
>
> …………
>
> 我一把揪住了西北风,问他要落叶的颜色。

我一把……

　　…………

　　来，我邀你们到海边去，听风涛震撼太空的声调。

　　…………

　　来，我邀你们到民间去，听衰老的，病痛的，贫苦的，残毁的，……和着深秋的风声与雨声，——

　　合唱"灰色的人生"！

又如《毒药》写着那样粗犷的言语——

　　今天不是我的歌唱的日子，我口边涎着狞恶的微笑；不是我说笑的日子，……

　　相信我，我的思想是恶毒的，因为这世界是恶毒的；

　　我的灵魂是黑暗的，因为太阳已经灭绝了光彩；我的声调是像坟堆的夜鸮，因为……

　　…………

　　在人道恶浊的涧水里流着，浮荇似的，五具残缺的尸体，他们是仁义礼智信，向着时间无尽的海澜里流去。

　　这海是一个不安靖的海，……在每个浪头的小白帽上分明的写着人欲与兽性。

　　到处是奸淫的现象：贪心搂抱着正义，猜忌逼迫着同情，懦怯狎亵着勇敢，肉欲侮弄着恋爱，暴力侵凌着人道，黑暗践踏着光明。

　　…………

　　一种奢侈的想象，挖掘出心的深处的苦闷，一种恣纵的，热情的，力的奔驰，作者的诗，最先与读者的友谊，是成立于这样篇章中的。这些诗并不完全说明到作者诗歌成就的高点，这类诗只显示作者的一面，是青年的血，如何为百事所燃烧。不安定的灵魂，在寻觅中，追究中，失望中，如何起着吓人的翻腾。爱情，道德，人生，各样名词以及属于这名词的虚伪与实质，为初入世的眼所见到，为初入世的灵魂所感触，如何使作者激动。作者这类诗，只说明了一个现象，便是新的一切，使诗人如何惊讶愤怒的姿态。与这诗同类的还有一首《白旗》，那激动的热情，疯狂的叫号，略与前者不同。这里若以一个诗的最高目的，是"以温柔悦耳的音节，优美繁丽的文字，作为真理的启示与爱情的低诉"。作者这类诗，并不是完全无疵的好诗。另外有一个《无题》，则由苦闷，昏瞀，回复了清明的理性，如暴风雨的过去，太空明朗的月色，虫声与水声的合奏，以一种勇敢的说明，作为鞭策与鼓励，使自己向那"最高峰"走去。这里"最高峰"，作者所指的意义，是应当从第二个集子找寻那说明的。凡是《志摩的诗》一集中，所表现作者的欲望焦躁，以及意识的恐怖，畏葸，苦痛，在作者次一集中，有说明那"跋涉的酬劳"自白存在。

在《志摩的诗》中另外一倾向上，如《雪花的快乐》：

假如我是一朵雪花，
翩翩的在半空里潇洒，
　　我一定认清我的方向——
　　飞扬，飞扬，飞扬，——
这地面上有我的方向。

不去那冷寞的幽谷，
不去那凄清的山麓，
　　也不上荒街去惆怅——
　　飞扬，飞扬，飞扬，——
你看，我有我的方向！

在半空里娟娟的飞舞,
认明了那清幽的住处,
　等着她来花园里探望——
　　飞扬,飞扬,飞扬,——
啊,她身上有朱砂梅的清香!

那时我凭藉我的身轻,
盈盈的,沾住了她的衣襟,
　贴近她柔波似的心胸——
　　消溶,消溶,消溶,——
溶入了她柔波似的心胸!

　　这里是作者为爱所煎熬,略返凝静,所作的低诉。柔软的调子中交织着热情,得到一种近于神奇的完美。
　　使一个爱欲的幻想,容纳到柔和轻盈的节奏中,写成了这样优美的诗,是同时一般诗人所没有的。在同样风格中,带着一点儿虚弱,一点儿忧郁,一点儿病,有《在那山道旁》一诗。使作者的笔,转入到一个纯诗人的视觉触觉所领会到的自然方面去,以一种丰富的想象,为一片光色,一朵野花,一株野草,付以诗人所予的生命,如《石虎胡同七号》,如《残诗》,如《常州天宁寺闻礼忏声》,皆显示到作者性灵的光辉。细碎,反复,俞平伯在《西还》描写景物作品中,所有因此成为阗茸的文字,在《志摩的诗》如上各篇中,却缺少那阗茸处。正以排列组织的最高手段,琐碎与反复,乃完全成为必须的旋律,也是作者这一类散文的诗歌。在《多谢天!我的心又一度的跳荡》一诗中,则作者的文字,简直成为一条光明的小河了。
　　"星海里的光彩,大千世界的音籁,真生命的洪流":作者文字的光芒,正如在《常州天宁寺闻礼忏声》一诗中所说及。

以洪流的生命，作无往不及的悬注，文字游泳在星光里，永远流动不息，与一切音籁的综合，乃成为自然的音乐。一切的动，一切的静，青天，白水，一声佛号，一声钟，冲突与和谐，庄严与悲惨，作者是无不以一颗青春的心，去鉴赏、感受而加以微带矜持的注意去说明的。

作者以珠玉的散文，为爱欲，以及为基于爱欲启示于诗人的火焰热情，在以《翡冷翠的一夜》名篇的一诗中，写得最好。作者在平时，是以所谓"善于写作情诗"而为人所知的，从《翡冷翠的一夜》诗中看去，"热情的贪婪"这名词以之称呼作者，并不为过甚其词。《再休怪我脸沉》，在这诗中，便代表了作者整个的创作重心，同时，在这诗上，也可看到作者所长，是以爱欲为题，所有联想，如何展开，如光明中的羽翅飞向一切人间。在这诗中以及《翡冷翠的一夜》其他篇章中，是一种热情在恣肆中的喘息。是一种豪放的呐喊，为爱的喜悦而起的呐喊。是清歌，歌唱一切爱的完美。作者由于生活一面的完全，使炽热的心，到另一时，失去了纷乱的机会，反回沉静以后，便只能在那较沉静生活中，为所经验的人生，作若干素描。因此作者第二个集子中，有极多诗所描画的却只是爱情的一点感想。俨然一个自然诗人的感情，去对于所已习惯认识分明的爱，作诚虔的歌唱，是第二个集子中的特点。因为缺少使作者焦躁的种种，忧郁气分在作者第二个集子中也没有了。

因此有人评这集子为"情欲的诗歌"，具"烂熟颓废气息"。然而作者使方向转到爱情以外，如《西伯利亚》一诗，那种融合纤细与粗犷成一片锦绣的组织，仍然是极好的诗。又如《西伯利亚道中忆西湖秋雪庵芦色作歌》，那种和谐，那种离去爱情的琐碎与亵渎，但孤独的抑郁的抽出乡情系恋的丝，从容的又复略近于女性的明朗抒情调子，美丽而庄严，是较之作者先一时期所提及《在那山道旁》一类诗有更多动人处的。

在作者第二集子中，为人所爱读，同时也为作者所深喜的，是一首名为《海韵》的长歌：

"女郎，单身的女郎，
　你为什么留恋
　　这黄昏的海边？——
　女郎，回家吧，女郎！"
"阿不；回家我不回，
　我爱这晚风吹。"——
　　在沙滩上，在暮霭里，
有一个散发的女郎——
　徘徊，徘徊。

"女郎，散发的女郎，
　你为什么彷徨
　　在这冷清的海上？
　女郎，回家吧，女郎！"
"阿不；你听我唱歌，
　大海，我唱，你来和。"——
　　在星光下，在凉风里，
轻荡着少女的清音——
　　　高吟，低哦。

"女郎，胆大的女郎！
　那天边扯起了黑幕，
　　这顷刻间有恶风波，——
　女郎，回家吧，女郎！"

"阿不；你看我凌空舞，
　　学一个海鸥没海波。"——
在夜色里，在沙滩上，
急旋着一个苗条的身影，——
　　婆娑，婆娑。

"听呀，那大海的震怒，
　　女郎，回家吧，女郎！
看呀，那猛兽似的海波，
　　女郎，回家吧，女郎！"
"阿不；海波他不来吞我，
　　我爱这大海的颠簸！"
在潮声里，在波光里，
阿，一个慌张的少女在海沫里，
　　蹉跎，蹉跎。

"女郎，在那里，女郎？
　　在那里，你嘹亮的歌声？
在那里，你窈窕的身影？
　　在那里，阿，勇敢的女郎？"
黑夜吞没了星辉，
　　这海边再没有光芒；
海潮吞没了沙滩，
　　沙滩上再不见女郎——
　　再不见女郎！

以这类诗歌，使作者作品，带着淡淡的哀戚，搀入读者的灵魂，除《海韵》以外，尚有一风格略有不同名为《苏苏》的

一诗:
>苏苏是一个痴心的女子:
>　像一朵野蔷薇,她的丰姿;
>　像一朵野蔷薇,她的丰姿——
>来一阵暴风雨,摧残了她的身世。

>这荒草地里有她的墓碑,
>　淹没在蔓草里,她的伤悲;
>　淹没在蔓草里,她的伤悲——
>阿,这荒土里化生了血染的蔷薇!

>那蔷薇……
>　在清早上受清露的滋润,
>　到黄昏时有晚风来温存,
>更有那长夜的慰安,看星斗纵横。

>　……

关于这一类诗,朱湘《草莽集》中有相似篇章。在朱湘作《志摩的诗评》时,对于这类诗是加以赞美的。如《大帅》《人变兽》《叫化活该》《太平景象》《盖上几张油纸》等等,以社会平民生活的印象,作一度素描,或由对话的言语中,浮绘人生可悲悯的平凡的一面。在风格上,闻一多《死水》集中,常有极相近处。在这一方面,若诚如作者在第二个集子所自引的诗句那样:

>　我不想成仙,蓬莱不是我的分;我只要地面,情愿安分的做人。

则作者那样对另一种做人的描写,是较之对"自然"与"爱情"

的认识,为稍稍疏远了一点的。作者只愿"安分"做人,这安分,便是一个奢侈,与作者凝眸所见到的"人"是两样的。作者所要求的是心上波涛静止于爱的抚慰中。作者自己虽极自谦卑似的,说"自己不能成为诗人",引用着熟人的一句话在那序上,但作者,却正因为到底是一个"诗人",把人生的另一面,平凡中所隐藏的严肃,与苦闷,与愤怒,有了隔膜,不及一个曾经生活到那现在一般生活中的人了。钱杏邨,在他那略近于苛索的检讨文章上面,曾代表了另一意见有所述及,由作品追寻思想,为《志摩的诗》作者画了一个肖像。但由作者作品中的名为《自剖》中几段文字,追寻一切,疏忽了其他各方面,那画像却是不甚确切的。

作者所长是使一切诗的形式,使一切由文中不习惯的诗式,嵌入自己作品,皆能在试验中楔合无间。如《我来扬子江边买一把莲蓬》,如《客中》,如《决断》,如《苏苏》,如《西伯利亚》,如《翡冷翠的一夜》,都差不多在一种崭新的组织下,给读者以极大的感兴。

作者的小品,如一粒珠子,一片云,也各有他那完全的生命。如《沙扬娜拉》一首:

最是那一低头的温柔,
　像一朵水莲花不胜凉风的娇羞;
道一声珍重,道一声珍重,
　那一声珍重里有蜜甜的忧愁——
　　沙扬娜拉!

读者的"蜜甜的忧愁",是读过这类诗时就可以得到的。如《在那山道旁》《落叶小唱》,也使人有同类感觉。有人曾评作者的诗,说是多成就于音乐方面。与作者同时其他作者,如朱湘,如闻一多,用韵,节奏,皆不甚相远,诗中却缺少这微带病态的忧郁气分，使读者从《志摩的诗》作者作品中所得到的"蜜甜的忧愁"，是无从由朱湘、闻一多作品中得到的。

因为那所歌颂人类的爱，人生的爱，到近来，作者是在静止中凝眸，重新有所见，有所感。作者近日的诗，似乎取了新的形式，正有所写作，从近日出版之《新月》月刊所载小诗可以明白。

使作者诗歌与朱湘、闻一多等诗歌，于读者留下一个极深印象，且使诗的地位由忽视中转到他应有位置上去，为人所尊重，是作者在民十五年时代编辑《晨报副刊》时所发起之诗会与《诗刊》。在这周刊上，以及诗会的座中，有闻一多、朱湘、饶子离、刘梦苇、于赓虞、蹇先艾、朱大枬诸人及其作品。刘梦苇于十六年死去。于赓虞由于生活所影响，对于诗的态度不同，以绝望的、厌世的、烦乱的病废的情感，使诗的外形成为划一的整齐，使诗的内含又浸在萧森鬼气里去。对生存的厌倦，在任何诗篇上皆不使这态度转成欢悦，且同时表现近代人为现世所烦闷的种种，感到文字的不足，却使一切古典的文字，以及过去的东方人的惊讶与叹息与愤怒的符号，一律复活于诗歌中，也是于先生的诗。朱湘有一个《草莽集》，《草莽集》中所代表的"静"，是无人作品可及的。闻一多有《死水》集，刘梦苇有《白鹤集》……

诗会中作者作品，是以各样不同姿态表现的，与《志摩的诗》完全相似，在当时并无一个人。在较新作者中，有邵洵美。邵洵美在那名为《花一般罪恶》的小小集子里，所表现的是一个近代人对爱欲微带夸张神情的颂歌。以一种几乎是野蛮的，直感的单纯，——同时又是最近代的颓废，成为诗的每一章的骨骸与灵魂，是邵洵美诗歌的特质。然而那充实一首诗外观的肌肉，使诗带着诱人的芬芳的词藻，使诗生着翅膀，从容飞入每一个读者心中去的韵律，邵洵美所做到的，去《翡冷翠的一夜》集中的完全，距离是很远很远的。

作者的诗歌，凡带着被抑制的欲望，作爱情的低诉，如《雪花的快乐》，在韵节中，较之以散文写作具复杂情感的如《翡冷翠的一夜》诸诗，易于为读者领会。

我们怎么样去读新诗[*]

要明白它，先应当略略知道新诗的来源及其变化。

新诗应当分作三个时期研究。

一，尝试时期（民国六年到十年或十一年）

二，创作时期（民国十一年到十五年）

三，成熟时期（民国十五年到十九年）

第一个时期，列为尝试时期，因为在当时每一个诗人所作诗皆不免有些旧诗痕迹，每一个诗人的观念与情绪，并不完全和旧诗人两样。还有，因为这诗的革命由胡适之等提出，理论精详而实际所有作品在技巧形式各方面，皆保留到诗词原有姿态，因此引起反响，批评，论驳。诗的标准虽有所不同，实在还是渐变而不能锐变。并且作者在作品上仍然采用了许多古诗乐府小词方法，所以诗的革命虽创自第一期各诗人，却完成于第二期。能守着第一期文学革命运动关于新诗的主张，写成完美无疵的新体诗，情绪技巧也渐与旧诗完全脱离，这是第二期几个诗人做的事。诗到第二期既与旧诗完全划分一时代趣味，因此在第一期对

---

[*] 本篇发表于1930年10月《现代学生》第1卷第1期，署名沈从文。

于白话诗作饶舌置辩恶意指摘者皆哑了口，新诗在文学上提出了新的标准，旧的拘束不适用于新的作品，又因为一种方便（北京《晨报副刊》有诗周刊），各作者理论上既无须乎再努力于与旧诗拥护者作战（如胡适之刘复当时），作品上复有一机会在合作上清算成绩（徐志摩等新诗周刊有一诗会，每周聚集各作者，讨论各作品或读新作于各作者之前）。故中国新诗的成绩，以此时为最好。新诗的标准的完成，也应数及此时诗会诸作者的作品。但这时的稍前与稍后，另有两种诗发现，皆不受新诗的标准所拘束，另有发展。其一是在上海方面之创造社诗派，郭沫若的夸张豪放可作一代表。其一是独出诗集数种之李金发①。夸大豪放，缺少节制，单纯的反复喊叫，以热力为年青人所欢喜，是创造社郭沫若诗完全与徐志摩、闻一多、朱湘各诗人作品风格异途。从文言文状事拟物名词中，抽出种种优美处，以幻想的美丽作诗的最高努力，不缺象征趣味，是李金发诗的特点。诗到第三期，因时代为中国革命一混乱时代，从前人道主义英雄主义似乎为诗人当然的人格，并不出奇，但到第三期，有专以从事喊叫为诗人的事出现了。写爱情的如徐志摩，和论人生的理智透明如闻一多，或以自然诗人身份、从事写作，对世界歌唱温暖的爱的如朱湘，都仿佛受了小小揶揄。因此不甚同意诗的新的束缚是喊叫的作者，作品又走了一新方向，从新的感觉上赞美官能的爱，或使用错觉，在作品中交织幻想的抒情的美；或取回复姿势，从文言文找寻新的措词。但有两个原因使诗沉默了。第一个是刊物上对于诗兴味无提倡者，第二个是作者不容易有超越第二期朱湘等所显示出的文字的完美与韵律的完美。几年来新的小册子诗集虽并不少，但此类诗作多数缺少在各刊物上与读者见面的资格，所

---

① 李金发：现代诗人，文学研究会成员，作品多采用象征主义手法。

以诗的一方面感到消沉,若能把散文创作在一二年来进步作一比较,则可以明白第三期新诗的成绩是使人悲观的。

对于这三个时期的新诗,从作品、时代、作者各方面加以检察、综合比较的有所论述,在中国此时还无一个人着手。因为这事并不容易,繁难而且复杂,所以为方便起见,这三个时期每一时期还应作为两段。譬如第一期,胡适之、沈玄庐、刘大白、刘复、沈尹默这几个人是一类;康白情、俞平伯、朱自清、徐玉诺、王统照,又是一类;这因为前几个人的诗,与后几个人的诗,所得影响完全不同的缘故。第一期还应另及论列的,是冰心、周作人、陆志韦这三个人。冰心的小诗虽在单纯中有所发展,缺少了诗的完全性,但毫无可疑的是这小诗的影响,直到最近还有不少人从事模仿。周作人在《新青年》时代所作所译的散文诗,是各散文诗作者中最散文的一个。使文字离去词藻的虚诞,成为言语,同时也影响到后来散文风格的形成,胡适之是与周作人同样使人不会忘记的。胡适之的明白畅达,周作人的清淡朴讷,后者在现代中国创作者取法的似乎还稍多(关于这点,还当另论)。陆志韦诗虽在读者中不甚发生影响,对其《渡河》一集发生兴味的,不是读者倒是当时的其他作者。因为把诗从散文上发展,在当时不缺少找寻新路的勇敢的,是这作者。作者的《渡河》,是用作品提出了一些新的方向,与当时为白话诗而同旧习惯趣味作战的玄庐、大白、沈尹默、刘复,是更勇敢的对于新诗作过实际改革试验的。

到第二时期,则应将徐志摩、闻一多、朱湘、饶子离等作为一类,每一个作者的作品皆当分别讨论,复综合批评,此为第二期第一段。此期诸人在作品上似乎完全做到了第一期诗人在理论上所要求的新诗。然而韵律分行,文字奢侈,与平民文学要求却完全远离了。另外在体裁上显出异样倾向,时代且略后,则有于赓虞、李金发、冯至、韦丛芜①这几个人，为新诗作者与作品第二期之第二段。第二期第一段几个作者，在作品中所显示的情绪的健康与技巧的完善，第二段几个作者是完全缺少的。然而那种诗人的忧郁气氛，颓废气氛，却也正是于赓虞、李金发等糅合在诗中有巧妙处置而又各不相同的特点！于赓虞作品表现的是从生存中发生厌倦与幻灭情调，与冯至、韦丛芜以女性的柔和忧郁，对爱作抒情的低诉，自剖，梦呓，又是完全不同了。同时常常借用了古典文字使词藻夸张与富丽，李金发，则仿佛是有时因为对于语体文字的生疏，对于表示惊讶，如郭沫若、王独清②所最习惯用过的"哟"字或"啊"字，在李金发却用了"吁"或"嗟乎"字样。或整句的采用，作自己对于所欲说明的帮助，是李金发的作品可注意的一点。但到于赓虞，却在诗中充满了过去的诗人所习用表示灵魂苦闷的种种名词，丝毫不遗，与第一期受旧诗形式拘束做努力摆脱的勇敢行为的完全相反，与李金发情调也仍然不能相提并论。不过在第一期新诗，努力摆脱旧诗仍然失败了的，第二期的李、于，大量的容纳了一些旧的文字，却很从容的写成了完全不是旧诗的作品，这一点，是当从刘大白等诗找出对照的比较，始可了然明白的。

第三期诗，第一段为胡也频、戴望舒、姚蓬子。第二段为石民、邵洵美、刘宇。六个人皆写爱情，在官能的爱上有所赞美，如胡也频的《也频诗选》，戴望舒的《我的记忆》，姚蓬子的《银铃》，邵洵美的《花一般的罪恶》，皆与徐志摩风格各异，与郭沫若也完全两样。胡也频诗方法从李金发方面找到同感，较之李金发形式纯粹了一点。胡也频的诗，并不是朱湘那种在韵上找

---

① 韦丛芜：现代作家，"未名社"成员。
② 王独清：现代诗人，创造社成员，后成为"托派"分子。

完美的诗，散文的组织，使散文中容纳诗人的想象，却缺少诗必须的韵。戴望舒在用字用韵上努力，而有所成就，同样带了一种忧郁情怀，这忧郁，与冯至、韦丛芜诸人作品，因形式不同，也有所差别了。蓬子的沉闷，在厌世的观念上有同于赓虞相近处，文字风格是不相同的。邵洵美以官能的颂歌那样感情写成他的诗作，赞美生，赞美爱，然而显出唯美派人生的享乐，对于现世的夸张的贪恋，对于现世又仍然看到空虚；另一面看到的破灭，这诗人的理智，却又非闻一多处置自己观念到诗中的方法。石民的《良夜》与《恶梦》，在李金发的比拟想象上，也有相近处，然而调子，却在冯至、韦丛芜两人之间可以求得那悒郁处。刘宇是最近诗人，他的诗在闻一多、徐志摩两人诗的形式上有所会心，把自己因体质与生活而成的弱点，加入在作品上，因此使诗的内容有病的衰弱与情绪的纷乱，有种现代人的焦躁，不可遏制。若把同一取法于此两人诗的外形，而有所写作的青年诗人陈梦家作品拿来互看，便可明白陈诗的精纯。然而这精纯，在另一方面，也稍稍有了凝固的情形，难于超越，不易变化了。

把创作小说，容纳到同一个要求中，如五四运动左右，是人道主义极盛的时期。诗到那时也是这样。同情，怜悯，缺少这个是不行的。一切的观念是绅士的，慈善的。到稍后，年青人自己有痛苦，不同情别人，却来写自己的欲望了，所以郁达夫小说的自诉，有空前的成就。十二到十五年，创作小说的方向，是在恋爱故事作整个的努力的，情诗也在这时有极好成就。到十五年后，有些人革命了，创作多了一个方向，把诗要求在喊叫所谓抹布阶级"爬起来，打你的敌人一巴掌"那种情形上面，新的做人的努力是可尊敬的。这里使我们记起一个人还没有提到了，这人就是蒋光慈。这人在创作小说与诗上，总皆保留到创造社各作家的浪漫派文人气息。他从不会忘记说他是"一个流浪文人"，或"无产诗人",这种"作家"的趣味,同长虹陷在同一境遇里去了。长虹在"天才"意识上感到快乐,夸大反而使自己缩小了。蒋光慈在他成绩上,是并不值得如他朋友感到那种过高估价的,书贾善凑热闹,作者复敏于自炫,或者即所谓"海上趣味"的缘故,所以诗的新的方向,蒋光慈是不会走出的。或者蓬子、胡也频可以有更好成就,因为新的生活态度的决定,较立于顽强朴素一方面,正如所谓好的革命创作小说不会从郭沫若笔下产生,或者还可以从一个似乎不甚有革命精神的作者如施蛰存、丁玲,或不甚知名的作者中如程碧冰、高植一样。

总起来说,是这样:

第一期的诗,是当时文学革命的武器之一种。但这个武器的铸造,是在旧模中支配新材料,值得说的是一本《尝试集》,一本《刘大白的诗》,一本《扬鞭集》。另外在散文中改造诗,是一本《过去的生命》。另外在散文上帮助了发展,就是说关于描写的姿势,繁复,是《西还》同《草儿》。要明白关于形式措词的勇敢,是《女神》同《渡河》。

第二期的诗,在形式技巧上皆完成了。《草莽集》,《死水》,《志摩的诗》,是三本较完美的诗。韦丛芜的《群山》,写故事诗明白婉约,清丽动人,且是中国最长之叙事抒情诗。冯至的《昨日之歌》,年青人热情与忧郁,使作风特殊不同。于赓虞的《晨曦之前》,悲哀沉痛,病的狂痫气氛,充满了作品。李金发的《微雨》,从文言中借来许多名词,补充新的想象,在诗中另成一风格。若欲知道散文诗这一名称所赋的意义,是《过去生命》那种诗体裁以外的存在,则焦菊隐的《夜哭》可以说明。

第三期的诗,一种是石民的《良夜》与《恶梦》,胡也频的《也频诗选》,可以归为李金发一类。一种是邵洵美的《花一般罪恶》,刘宇的《沉淀》,可以归为徐志摩一类。另外就是新方向的诗歌,如戴望舒、蓬子之诗,在文字上找寻象征的表现方法。或从苏俄歌颂革命的诗中,得到启示,用直截手段,写对于革命希望和要求,以及对现世否认的诗歌,有蒋光慈的《战声》同其他集子。

七月廿六

论中国创作小说[*]

一

关于怎么样去认识新的创作小说,这像是一件必须明白的事。因为中国在目下,创作已经是那么多了,在数量上,性质上,作成一种分类统计还没有人。一个读者,他的住处如是离上海或北平较远,愿意买一本书看,便感到一种困难。他不知道应当买什么书为好。不一定是那些住在乡僻地方的年青人,即或是上海、北平、武昌、南京、广州这些较大地方,大学生或中学生,愿意在中国新书上花一点钱,结果还是不知道如何去选择他所欢喜的书。远近一些人,能够把钱掏出给书店,所要的书全是碰运气而得到的书。听谁说这书好,于是花钱买来;看到报纸上广告很大,于是花钱买来;从什么刊物上,见有受称赞的书,于是花钱买来。买书的目的,原为对中国新的创作怀了十分可感的好意,尤其是僻处内地的年青人,钱是那么难得,书价却又这么

---

[*] 本篇原载1931年4月15日《文艺月刊》第2卷第4号、6月30日第2卷第5~6号,署名沈从文。

贵。但是，结果每一个读者，全是在气运中造成他对文学的感情好坏，在市侩广告中，以及一些类似广告的批评中，造成他对文学的兴味与观念。经营出版事业的，全是在赚钱上巧于打算的人。一本书影响大小估价好坏，商人看来全在销行的意义上。这销行的道理，又全在一点有形的广告，与无形的广告上。结果完全在一种近于欺骗的情形下，使一些人成名。这欺骗，在"市侩发财"、"作家成名"以外，同时也就使新的文学陷到绝路上去，许多人在成绩上感到悲观了。许多人在受骗以后，对创作，便用卑视代替了尊严。并且还有这样的一种事实，便是从十三年后，中国新文学的势力，由北平转到上海以后，一个不可免避的变迁，是在出版业中，为新出版物起了一种商业的竞卖。一切趣味的俯就，使中国新的文学，与为时稍前低级趣味的海派文学①，有了许多混淆的机会。因此，影响创作方向与创作态度非常之大。从这混淆的结果上看来，创作的精神，是完全堕落了的。

因这个不良的影响，不止是五年来的过去，使创作在国内年青的人感情方面受了损失，还以后的趋势，也自然为这个影响所毒害，使新的创作者与创作的诵读者，皆转到恶化的兴味里去，实在是一种很不好的现象。如今我来说几个目下的中国作家与其作品，供给关心到新文学的人作一种参考。我不在告你们买某一本书或不买某一本书，因为在我自己的无数作品里，便从不指点一个年青人应买某一个集子去看。为年青人选书读，开书单，这件事或者可以说是一个"责任"，但不是"这一篇文章上的责任"。这里我将说到的，是什么作者，在他那个时代里，如何用他的作品与读者见面，他的作品有了什么影响，所代表的是

---

① 海派文学：此处指"礼拜六派"。

一种什么倾向,在组织文学技术上,这作者的作品的得失,……我告你们是明白那些已经买来的书,如何用不同一的态度去认识,去理解,去赏鉴,却不劝你们去买某一个人的作品,或烧某一个人的书。买来的不必烧去,预备买的却可以小心一点,较从容的选择一下。我知道,还有年青朋友们,是走到书店去,看看那一本书封面还不坏,题目又很动人,因此非常慷慨的把钱送给书店中小伙计手上,拿书回去一看,才明白原来是一本不值得一看的旧书的。因此在机会中,我要顺便说到买书的方法,以及受骗以后的救济。

二

"创作"这个名词,受人尊敬与注意,由五四运动而来。创作小说受人贱视与忽视,则现在反而较十年前的人还多。五四运动左右,思想"解放"与"改造"运动,因工具问题,国语文学运动随之而起。国语文学的提倡者,胡适之、陈独秀等,使用这新工具的机会,除了在论文外,是只能写一点诗的。《红楼梦》、《水浒》、《西游记》等书,被胡适之提出,给了一种新的价值,使年青人用一个新的趣味来认识这类书。同时译了一些短篇小说,写了许多有力的论文。另外是周作人、耿济之[①]等的翻译,以及其他翻译,在文学的新定义上,给了一些帮助。几个在前面走一点的人,努力的结果,是使年青人对这运动的意义,有了下面的认识:

使文字由"古典的华丽"转为"平凡的亲切"是必须的。

---

① 耿济之:翻译工作者,文学研究会发起人之一。

使"眩奇艰深"变为"真实易解"是必须的。

使语言同文字成为一种东西，不再相去日远是必须的。

使文字方向不在"模仿"而在"说明"，使文字在"效率"而不在"合于法则"是必须的。

同时"文学是人生"，这解释，摇动到当时一切对文学运动尽力的人的信仰，因此各人皆能勇敢的、孩气的，以天真的心，处置幼稚单纯的文字，写作"有所作为"的诗歌。对一切制度的惑疑，习惯的抗议，莫不出之以最英雄的姿态。所以"文学是一种力，为对习惯制度推翻建设，或纠正的意义而产生存在"。这个最时行的口号，在当时是已经存在而且极其一致的。虽然幼稚，但却明朗健康，便是第一期文学努力所完成的高点。在诗上，在其他方向上，他们的努力，用十年后的标准，说"中国第一期国语文学，是不值得一道，而当时的人生文学，不过一种绅士的人道主义观，这态度也十分软弱"，那么指摘是不行的。我们若不疏忽时代，在另外那个时代里，可以说他们所有的努力，是较之目前以翻译创作为穿衣吃饭的作家们，还值得尊敬与感谢的。那个时代文学为主张而制作，却没有"行市"。那个最初期的运动，并不概括在物质的欲望里面，而以一个热诚前进。这件事，到如今却不行了的。一万块钱或三千块钱，由一个商人手中，分给作家们，便可以定购一批恋爱的或革命的创作小说，且同时就支配一种文学空气，这是1928年以来的中国的事情。较前一些日子里，那是没有这个便宜可占，也同时没有这个计划可行的。

并且应当明白，当时的"提倡"者却不是"制作"者，他们为我们文学应当走去的路上，画了一些图，作了一些说明，自己并不"创作"。他们的诗是在试验上努力的。小说还没有试验的暇裕，所以第一期创作的成绩比诗还不如。

第一期的创作同诗歌一样，若不能说是"吓人的单纯"，便应当说那是"非常朴素"。在文字方面，与在一个篇章中表示的欲望，所取的手段方面，都朴素简略，缺少修饰，显得匆促与草率。每一个作品，都不缺少一种欲望，就是用近于言语的文字，写出平凡的境界的悲剧或惨剧。用一个印象复述的方法，选一些自己习惯的句子，写一个不甚坚实的观念——人力车夫的苦、军人的横蛮、社会的脏污、农村的萧条，所要说到的问题太大，而所能说到的却太小了。中国旧小说又不适于模仿，从一本名为《雪夜》的小说上，看看一个青年作者，在当时如何创作，如何想把最大的问题，用最幼稚的文字，最简单的组织来处置，《雪夜》可以告我们的，是第一期创作，在"主张"上的失败，缺少的是些什么东西。《雪夜》作者汪敬熙君，是目前国内治心理学最有成就的一个人，这作品，却是当时登载于《新潮》、《新青年》一类最有力量的刊物上面，与读者见面的。这本书，告给我们的，是那个时代一个年青人守着当时的文学信仰，忠实的诚恳的写成的一本书。这不是"好作品"，却是"当时的一本作品"。

在"人生文学"上，那试验有了小小阻碍，写作方向保持那种态度，似乎不能有多少意义。一面是创作的体裁与语言的方法，从日本小说得到了一种暗示，鲁迅的创作，却以稍稍不同的样子产生了。写《狂人日记》，分析病狂者的心的状态，以微带忧愁的中年人感情，刻画为历史一名词所毒害的、一切病的想象，在作品中，注入嘲讽气息，因为所写的故事超拔一切同时创作形式，文字又较之其他作品为完美，这作品，便成为当时动人的作品了。这作品意外的成功，使作者有兴味继续写下了《不周山》等篇，后来汇集为《呐喊》，单行印成一集。但从这一个创作集上，获得了无数读者的友谊。其中在《晨报副刊》登载的一个短篇，以一个诙谐的趣味写成的《阿Q正传》，还引起了长久不绝的论争，在表现的成就上，得到空前的注意。当时还要"人生的文学"，所以鲁迅那种作品，便以"人生文学"的悲悯同情意义，得到盛誉。因在解放的挣扎中，年青人苦闷纠纷成一团，情欲与生活的意识，为最初的睁眼而眩昏苦恼，鲁迅的作品，混和的有一点颓废，一点冷嘲，一点幻想的美，同时又能应用较完全的文字，处置所有作品到一个较好的篇章里去，因此鲁迅的《呐喊》，成为读者所欢喜的一本书了。时代促成这作者的高名，王统照、冰心、庐隐、叶绍钧，莫不从那情形中为人注意，又逐渐为世所遗忘，鲁迅作品的估价，是也只适宜于从当时一般作品中比较的。

还有一个情形，就是在当时"人生文学"能拘束作者的方向，却无从概括读者的兴味。作者许可有一个高尚尊严的企图，而读者却需要一个诙谐美丽的故事。一些作者都只注意自己"作品"，乃忘却了"读者"。鲁迅一来，写了《故乡》、《社戏》，给年青人展览一幅乡村的风景画在眼前。使各人皆从自己回想中去印证。又从《阿Q正传》上，显出一个大家熟习的中国人的姿式，用一种不庄重的谐趣，用一种稍稍离开艺术范围不节制的刻画，写成了这个作品。作者在这个工作上，恰恰给了一些读者所能接受的东西，一种精神的粮食，按照年青人胃口所喜悦而着手烹炒，鲁迅因此意外的成功了。其实鲁迅作品的成就，使作品与读者成立一种友谊，是"趣味"却不是"感动"。一个读过鲁迅的作品的人，所得的印象，原是不会超出"趣味"以上的。但当时能够用他的作品给读者以兴味的并无多人。能"说"发笑的故事，农村的故事，像鲁迅那样人或者很多，能"写"的却只有他一个。《阿Q正传》在艺术上是一个坏作品，正如中国许多坏作品一样，给人的趣味也还是低级的谐谑，而缺少其他意味的。作者注意到那以小丑风度学小丑故事的笔法，不甚与创作相宜，在这作品上虽得到无量的称赞，第二个集子《彷徨》，却没有那种写作的方法了。在《呐喊》上的《故乡》与《彷徨》上的《示众》一类作品，说明作者创作所达到的纯粹，是带着一点儿忧郁，用作风景画那种态度。长处在以准确鲜明的色，画出都市与农村的动静。作者的年龄，使之成为沉静，作者的生活各种因缘，却又使之焦躁不宁，作品中憎与爱相互混和，所非常厌恶的世事，乃同时显出非常爱着的固执，因此作品中感伤的气分，并不比郁达夫为少。不过所不同的，郁达夫是一个以个人的失望而呼喊，鲁迅的悲哀，是看清楚了一切，在病的衰弱里，辱骂一切，嘲笑一切，却同时仍然为一切所困窘，陷到无从自拔的沉闷里去了的。

在第一期创作上，以最诚实的态度，有所写作，且十年来犹能维持那种沉默努力的精神，始终不变的，还是叶绍钧。写他所见到的一面，写他所感到的一面，永远以一个中等阶级的身份与气度，创作他的故事，在文学方面，则明白动人；在组织方面，则毫不夸张。虽处处不忘却自己，却仍然使自己缩小到一角上。一面是以平静的风格，写出所能写到的人物事情。叶绍钧的创作，在当时是较之一切人作品为完全的。《隔膜》代表作者最初的倾向，在作品中充满淡淡的哀戚。作者虽不缺少那种为人生而来的忧郁寂寞，因为早婚的原因，使欲望平静，乃能以作父亲态度，带着童心，写成了一部短篇童话。这童话名为《稻草人》。读《稻草人》，则可明白作者是在寂寞中怎样做梦，也可以说是当时一个健康的心，所有的健康的人生态度。求美，求完全，这美与完全，却在一种天真的想象里，建筑那希望，离去情欲，离去自私，是那么远，那么远！在1922年后创造社浪漫文学势力暴长，"郁达夫式的悲哀"成为一个时髦的感觉后，叶绍钧那种梦，便成一个嘲笑的意义而存在，被年青人所忘却了，然而从创作中取法，在平静美丽的文字中，从事练习，正确的观察一切，健全的体会一切，细腻的润色，美的抒想，使一个故事在组织篇章中，具各样不可少的完全条件，叶绍钧的作品，是比一切作品，还适宜于取法的。他的作品缺少一种眩目的惊人的光芒，却在每一篇作品上，赋予一种温暖的爱，以及一个完全无疵的故事，故给读者的影响，将不是趣味，也不是感动，是认识。认识一个创作应当在何种意义下成立，叶绍钧的作品，在过去，以至于现在，还是比一切其他作品为好。

在叶绍钧稍次一点时间里，冰心、王统照，两人的作品，在《小说月报》以及其他刊物上发现了。

烦恼这个名词，支配到一切作者的心。每一个作者，皆似乎"应当"，或者"必须"，在作品上解释这物与心的纠纷，因此"了解人生之谜"这句到现今已不时髦的语言，在当时，却为一切诗人所引用。自然的现象，人事的现象，因一切缘觉而起爱憎与美恶，所谓诗人，莫不在这不可究竟的意识上，用一种天真的态度，去强为注解，因此王统照、冰心这两人写诗，在当时便称为"哲理的诗"。在小小篇章中，说智慧聪明言语，冰心女士的小诗，因由于从太戈尔小诗[①]一方面得到一种暗示，所有的作品，曾经得到非常的成功。使诗人温柔与聪慧的心扩大，用着母性一般的温暖的爱，冰心女士在小诗外创作小说，便写成了她的《超人》这个小说集上各篇章，陆续发表于《小说月报》上时，作者所得的赞美，可以说是空前的。十年来在创作方面，给读者的喜悦，在各个作家的作品中，还是无一个人能超过冰心女士。以自己稚弱的心，在一切回忆上驰骋，写卑微人物，如何纯良具

---

① 太戈尔小诗：指泰戈尔《飞鸟集》等诗集中的短诗。

有优美的灵魂，描画梦中月光的美，以及姑娘儿女们生活中的从容，虽处处略带夸张，却因文字的美丽与亲切，冰心女士的作品，以一种奇迹的模样出现，生着翅膀，飞到各个青年男女的心上去，成为无数欢乐的恩物，冰心女士的名字，也成为无人不知的名字了。冰心女士的作品，在时代的兴味歧途上，渐渐像已经为人忘却了，然而作者由作品所显出的人格典型，女性的优美灵魂，在其他女作家的作品中，除了《女人》作者凌叔华[①]外，是不容易发现了的。

冰心女士所写的爱，乃离去情欲的爱，一种母性的怜悯，一种儿童的纯洁，在作者作品中，是一个道德的基本，一个和平的欲求。当作者在《超人》集子里，描画到这个现象时，是怀着柔弱的忧愁的。但作者生活的谧静，使作者端庄，避开悲愤，成为十分温柔的调子了。

"解释人生"，用男子观念，在作品上，以男女关系为题材，写恋爱，在中国新的创作中，王统照是第一位。同样的在人生上看到纠纷，而照例这纠纷的悲剧，却是由于制度与习惯所形成，作者却在一种朦胧的观察里，作着否认一切那种诗人的梦。用繁丽的文字，写幻梦的心情，同时却结束在失望里，使文字美丽而人物黯淡，王统照的作品，是同他那诗一样，被人认为神秘的朦胧的。使语体文向富丽华美上努力，同时在文字中，不缺少新的倾向，这所谓"哲学的"象征的抒情，在王统照的《黄昏》、《一叶》两个作品上，那好处实为其他作家所不及。

在文学研究会一系作者中，还有一个比较重要的作者，是以落华生用作笔名的许地山。在"技术组织的完全"与"所写及的风光情调的特殊"两点上，落华生的《缀网劳蛛》，是值得注

[①] 凌叔华：现代女作家、画家。

意的。使创作的基本人物,在实现的情境里存在,行为与生活,叙述真实动人,这由鲁迅或郁达夫作品所显示出的长处,不是落华生长处。落华生的创作,同"人生"实境远离,却与艺术中的"诗"非常接近。以幻想贯穿作品于异国风物的调子中,爱情与宗教,颜色与声音,皆以与当时作家所不同的风度,融会到作品里。一种平静的、从容的、明媚的、聪颖的,在笔致、散文方面,由于落华生作品所达到的高点,却是同时几个作者无从企望的高点。

与上列诸作者作品,取不同方向,从微温的、细腻的、惑疑的、淡淡寂寞的憧憬里离开,以夸大的、英雄的、粗率的、无忌无畏的气势,为中国文学拓一新地,是创造社几个作者的作品。郭沫若、郁达夫、张资平,使创作无道德要求,为坦白自白,这几个作者,在作品方向上,影响较后的中国作者写作的兴味实在极大。同时,解放了读者兴味,也是这几个人。但三人中郭沫若,创作方面是无多大成就的。在作品中必不可少的文字组织与作品组织,皆为所要写到的"生活愤懑"所毁坏,每一个创作,在一个生活片段上成立,郭沫若的小说是失败了的。为生活缺憾夸张的描画,却无从使自己影子离开,文字不乏热情,却缺少亲切的美。在作品对谈上,在人物事件展开与缩小的构成上,则缺少必需的节制与注意。从作者的作品上,找寻一个完美的篇章,不是杂记,不是感想,是一篇有组织的故事,实成为一个奢侈的企图。郭沫若的成就,是以他那英雄的气度写诗,在诗中,融化旧的辞藻与新的名词,虽泥沙杂下,在形式的成就上毫无可言,调子的强悍,才情的横溢,或者写美的抒情散文,却自有他的高点。但创作小说,三人中却为最坏的一个。

张资平,在他第一个小说集《冲积期化石》这本书上,在《上帝儿女们》及其他较短创作上,使读者发生了极大兴味。五四运动引起国内年青人心上的动摇，因这动摇所生出的苦闷，虽在诗那一方面，表现得比创作为多，然而由于作品提出那眩目处，加以综合的渲染，为人类行为——那年青人最关切的一点——而发生的问题，诗中却缺少作品能够满足年青人的。把恋爱问题，容纳到一个艺术组织里，落华生的作品，因为文章的完美，对读者而言，却近于失败了。冰心女士因环境与身份，有所隐避，缺少机会写到这一方面。鲁迅因年龄关系，对恋爱也羞于下笔了。叶绍钧，写小家庭夫妇生活，却无性欲的纠纷。王统照，实为第一期中国创作者中对男女事件最感兴味的一人，作品中的男女关系，由于作者文学意识所拘束，努力使作品成为自己所要求的形式，给人的亲切趣味却不如给人惊讶迷惑为多。张资平，以"学故事的高手"那种态度，从日本人作品中得到裁体与布局的方便，写年青人亟于想明白而且永远不发生厌倦的"恋爱故事"，用平常易解的文字，使故事从容发展，其中加入一点明白易懂的讥讽，琐碎的叙述，乃不至于因此觉得过长。错综的恋爱，官能的挑逗，凑巧的遇合，平常心灵生的平常悲剧，最要紧处还是那文字无个性，叙述的不厌繁冗，年青人，十二年左右的年青人，切身的要求，是那么简单明白，向艺术的要求，又那么不能苛刻，于是张资平的作品，给了年青人兴奋和满足，用作品揪着了年青人的感情，张资平的成就，也成为空前的成就了。俨然为读者而有所制作，故事的内容，文字的幽默，给予读者以非常喜悦，张资平的作品，得到的"大众"，比鲁迅作品为多。然而使作品同海派文学混淆，使中国新芽初生的文学，态度与倾向，皆由热诚的崇高的企望，转入低级的趣味的培养，影响到读者与作者，也便是这一个人。年青读者从张资平作品中，是容易得到一种官能抽象的满足,这本能的向下发泄的兴味,原是由于上海旧派文学所酝酿成就的兴味,张资平加以修正,却以稍稍不同的意义给年青人了。

然而从张资平作品中感到爱悦的人,却多是缺少在那事件上展其所长的脚色。这些年青男子,是"备员"却不是"现役"。恋爱这件事在他们方面,发生好奇的动摇,心情放荡,生活习惯却拘束到这实现的身体,无从活泼。这里便发生了矛盾,发生了争持。"情欲的自决","婚姻的自决",这口号从五四喊起,喊了几年,年青人在这件事却空怀"大志",不能每人皆可得到方便。张资平小说告给年青人的只是"故事",故事是不能完全代替另外一个欲望的。于是,郁达夫,以衰弱的病态的情感,怀着卑小的可怜的神情,写成了他的《沉沦》。这一来,却写出了所有年青人为那故事而眩目的忧郁了。

生活的卑微,在这卑微生活里所发生的感触,欲望上进取,失败后的追悔,由一个年青独身男子用一种坦白的自暴方法,陈述于读者,郁达夫,这个名字从《创造周报》上出现,不久以后成为一切年青人最熟习的名字了。人人皆觉得郁达夫是个可怜的人,是个朋友,因为人人皆可从他作品中,发现自己的模样。郁达夫在他作品中,提出的是当前一个重要问题。"名誉、金钱、女人、取联盟样子,攻击我这零落孤独的人……"这一句话把年青人心说软了。在作者的作品上,年青人,在渺小的平凡生活里,用憔悴的眼看四方,再看看自己,有眼泪的都不能悭吝他的眼泪了。这是作者一人的悲哀么?不,这不是作者;却是读者。多数的读者,诚实的心是为这个而鼓动的。多数的读者,由郁达夫作品,认识了自己的脸色与环境。作者一支富有才情的笔,却使每一个作品，在组织上即或完全忽略，也仍然非常动人。一个女子可以嘲笑冰心，因为冰心缺少气概显示自己另一面生活，不如稍后一时淦女士①对于自白的勇敢。但一个男子，一个端重的对生存不儿戏的男子，他却不能嘲笑郁达夫。放肆的无所忌诞的为生活有所喊叫。到现在却成了一个可嘲笑的愚行，因为时代带走了一切陈腐，新的方向据说个人应当牺牲。然而展览苦闷由个人转为群众，十年来新的成就，是还无人能及郁达夫的。说明自己，分析自己，刻画自己，作品所提出的一点纠纷处，正是国内大多数青年心中所感到的纠纷处。郁达夫，因为新的生活使他沉默了，然而作品提出的问题，说到的苦闷，却依然存在于中国多数年青人生活里，一时不会失去的。

感伤的气分，使作者在自己作品上，写到放荡无节制的颓废里，作为苦闷的解决，关于这一点，暗示到读者，给年青人在生活方面，生活态度有大影响，这影响，便是"同情"于《沉沦》上人物的"悲哀"，也同时"同意"于《沉沦》上人物的"任性"。这便是作者从作品上发生的不良结果，虽为时较后，用"大众文学"、"农民文学"作呼号，却没有多少补救的。作者所长是那种自白的诚恳，虽不免夸张，却毫不矜持，又能处置文字，运用词藻，在作品上那种神经质的人格，混合美恶，糅杂爱憎，不完全处、缺憾处，乃反而正是给人十分尊敬处。郭沫若用英雄夸大样子，有时使人发笑，在郁达夫作品上，用小丑的卑微神气出现，却使人忧郁起来了。鲁迅使人忧郁，是客观的写到中国小都市的一切，郁达夫，只会写他本身，但那却是我们青年人自己。中国农

---

① 淦女士：即冯沅君，现代女作家。

村是崩溃了，毁灭了，为长期的混战，为土匪骚扰，为新的物质所侵入。可赞美的或可憎恶的，皆在渐渐失去原来的型范，鲁迅不能凝视新的一切了。但年青人心灵的悲剧，却依然存在，在沉默里存在，郁达夫，则以另外意义而沉默了的。

三

让我们忘却了上面提到的这几个人，因为另外还有值得记忆的作者。是的，上面的作者，有些人，是在我们还没有忘却他以前，他自己就早已忘却他的作品了。汪敬熙、王统照、落华生几个人，在创作上留下的意义，是正如前一期新诗作者俞平伯等一样的意义，作品成为"历史底"了的。鲁迅、郁达夫、冰心、郭沫若，这些自己并不忘却自己的人，我们慢慢的也疏忽了。张资平，在那巨量的产额下，在那常常近于"孪生"的作品里，给人仍然是那种原来趣味，但读者，用一个人嘲弄的答谢给作者，是一件平常而正当的行为。他的作品继续了新海派的作风，同上海几个登载图画摄影的通俗杂志可以相提并记。叶绍钧因为矜持，作风拘束到自己的习惯里，虽在寂寞中还能继续创作，但给人的感动，却无从超越先一时期所得的成功了。

这个时代是说到十二年十三年为止的。

四

十三年左右，在国内创作者中为人所熟习的名字，是下面几个人。许钦文、冯文炳、王鲁彦、黎锦明、胡也频。各人文字风格皆有所不同，然而贯以当时的趣味，却使每个作者皆自然而然写了许多创作，同鲁迅的讽刺作品取同一的路线。绅士阶级的滑稽，年青男女的浅浮，农村的愚暗，新旧时代接替的纠纷，凡属作家，凝眸着手，总不外乎上述各点。同时因文字方面所受影响，北方文学运动所提示的简明体裁，又统一了各个作者，故所谓个性，还仅能在文学风格上微有不同，"人生文学"一名词，虽无从概括作者，然而作品所显示的一面，是无从使一作者独有所成就的。其中因思想转变使其作品到一种新的环境里去，其作品能不为时代习气所限，只一胡也频。但这转换是十八年后的事，去当时写作已四年了。

从上述各作者作品作一系统检阅，便可明白放弃辞藻的文学主张，到十三年后，由于各个新作家的努力，限度已如何展开，然而同时又因这主张，如何拘束了各个作品。创造社的兴起，在另一意义上，也可说作了一种新的试验，在新的语体文中容纳了旧的辞藻，创造社诸人在文体一方面，是从试验而得到了意外好影响的。这试验一由于作者一支笔可以在较方便情形下处置文字，一由于读者易于领会。在当时，说及创造社的，莫不以"有感情"盛道创造社同人的成功，这成就，在文字一方面是较之在思想方面为大的。

用有感情的文字，写当时人所朦胧的所谓两性问题，由于作者的女性身份，使作品活泼于一切读者印象中，到后就有了淦女士。一面是作者所写到的一种事情，给了年青读者的兴奋，一面是作者处置文字的手段，较之庐隐还更华美，以"隔绝之后"命题，登载于《创造季刊》上时，淦女士所得到的盛誉，超越了冰心，惹人注意与讨论，较之郁达夫、鲁迅作品，似都更宽泛而长久。

用有诗气息的文字，虽这文字所酝酿的气息十分旧，然而说到的却是十分新，淦女士作品，在精神的雄强泼辣上，给了读者极大惊讶与欢喜。年青人在冰心方面，正因为除了母性的温柔，得不到什么东西，而不无小小失望，淦女士作品，却暴露了自己生活最眩目的一面。这是"一个传奇"，"一个异闻"。是的，毫无可疑的，这是当时的年青人所要的作品。"一个异闻"，淦女士作品，是在这意义下被社会认识而加以欢迎了。文字比冰心的华美，却缺少冰心的亲切，但她说到的是自己，她具有展览自己的勇敢，她告给人是自己在如何解决自己的故事，她同时是一个女人，为了对于"爱"这名词有所说明，在1923年前，女作家中还没有这种作品。在男子作品中，能肆无所忌的写到一切，也还没有。因此淦女士作品，以崭新的趣味，兴奋了一时代的年青人。《卷葹》这本书，容纳了作者初期几个作品，到后还写有《劫灰》及其他，笔名改为沅君。

　　淦女士的作品，是感动过许多人的，比冰心作品更给人感动，这全是事实。但时代稍过，作品同本人生活一分离，淦女士的作品，却以非常冷淡的情形存在，渐渐寂寞下去了。因作者的作品价值，若同本人生活分离，则在作者作品里，全个组织与文字技巧，便已毫无惊人的发现。把作者的作品当一个艺术作品来鉴赏，淦女士适宜于同庐隐一起，时至今日，她的读者应当是那些对于旧诗还有兴味的人来注意的。《超人》在时代各样趣味下，还是一本适宜于女学生阅读的创作，《卷葹》能给当时的年青人感动，却不能如《超人》长久给人感动，《卷葹》文字的美丽飘逸处，能欣赏而不足取法。

　　在第二时期上，女作家中，有一个使人不容易忘却的名字，有两本使人无从忘却的书，是叔华女士的《花之寺》同《女人》。把创作在一个艺术的作品上去努力写作，忽略了世俗对女子作品所要求的标准，忽略了社会的趣味，以明慧的笔，去在自己所见及一个世界里，发现一切，温柔的也是诚恳的写到那各样人物姿态，叔华的作品，在女作家中别走出了一条新路。"悲剧"这个名词,在中国十年来新创作各作品上,是那么成立了非常可笑的定义,庐隐的作品,淦女士的作品,陈学昭①的作品,全是在所谓"悲剧"的描绘下面使人倾心拜倒的表现自己的生活。或写一片人生,饿了饭暂时的失业,穿肮脏旧衣为人不理会,家庭不容许恋爱把她关锁在一个房子里,死了一个儿子,杀了几个头。写出这些事物的外表,用一些诱人的热情夸张句子,这便是悲剧。郭沫若是写这浮面生活的高手,也就因为写到那表面,恰恰与年青的鉴赏程度相称,艺术标准在一种俯就的情形下低落了。使习见的事,习见的人,无时无地不发生的纠纷,凝静的观察,平淡的写去,显示人物"心灵的悲剧",或"心灵的战争",在中国女作家中,叔华却写了另外一种创作。作品中没有眼泪,也没有血,也没有失业或饥饿,这些表面的人生,作者因生活不同,与之离远了。作者在自己所生活的一个平静世界里,看到的悲剧,是人生的琐碎的纠葛,是平凡现象中的动静,这悲剧不喊叫,不吟呻,却只是"沉默"。在《花之寺》一集里,除《酒后》一篇带着轻快的温柔调子外,人物多是在反省里沉默的。作者的描画,疏忽到通俗的所谓"美",却从稍稍近于朴素的文字里,保持到静谧,毫不夸张的使角色出场,使故事从容的走到所要走到的高点去。每一个故事,在组织方面,皆有缜密的注意,每一篇作品,皆在合理的情形中"发展"与"结束"。在所写及的人事上,作者的笔却不为故事中卑微人事失去明快,总能保持一个作家的平静。淡淡的讽刺里,却常常有一个悲悯的微笑影子存在。时代这东西,影响及于一切中国作者,作品中,从不缺少"病的焦躁",十年来年青作者作品的成就,也似乎全在说明到这"心上的不安",然而写出的却缺少一种暇

---

① 陈学昭:现代女作家,浅草社成员。

裕，即在作家中如叶绍钧，《城中》一集，作者的焦躁便十分显明的。叔华女士的作品，不为狭义的"时代"产生，为自己的艺术却给中国写了两本好书。

但作者也有与叶绍钧同一凝固在自己所熟习的世界里，无从"向更广泛的人生多所体念"，无从使作品在"生活范围以外冒险"的情形。小孩、绅士阶级的家庭、中等人家姑娘的梦、绅士们的故事，为作者所发生兴味的一面。因不轻于着笔到各样世界里，谨慎处，认真处，反而略见拘束了。作者是应当使这拘束得到解放机会，作品涉及其他各方面，即在失败里少不气馁，则将来，会更能写出无数极好的故事的。作者所写到的一面，只是世界极窄的一面，所用的手法又多是"描写"而不是"分析"，文字因谨慎而略显滞呆，缺少飘逸，不放荡，故年青读者却常欢喜庐隐与沅君，而没有十分注意叔华，也是自然的。

五

还有几本书同几个作者，应归并在这时代里去的，是杨振声先生的《玉君》同川岛①的《月夜》，章衣萍的《情书一束》。

《月夜》在小品散文中有诗的美质。《情书一束》则写儿女情怀，微带一点儿荡、一点儿谐趣，写成了这一本书。《情书一束》得到的毁誉，由于书店商人的技巧，与作者本作品以外的另一类作品，比《沉沦》或《呐喊》都多，然而也同样比这两本书容易为人忘却。因为由于作者清丽的笔，写到儿女事情，不庄重处给人以趣味。这趣味，在上海《幻洲》② 一类刊物发表

---

① 川岛：即章廷谦，现代作家，《语丝》撰稿人。
② 《幻洲》：文艺性半月刊，叶灵凤、潘汉年编辑。

后,《情书一束》的读者,便把方向挪到新的事物上去了。

《玉君》这本书,在出世后是得到国内刊物极多好评的。作者在故事组织方面,梦境的反复,使作品的秩序稍感紊乱,但描写乡村动静,声音与颜色,作者的文字,优美动人处,实为当时长篇新作品所不及。且中国先一期中篇小说,张资平《冲积期化石》,头绪既极乱,王统照《黄昏》,也缺少整个的组织的美,《玉君》在这两个作品以后问世,却用一个新的方法写一个传奇,文字艺术又不坏,故这本书不单是在过去给人以最深印象,在目下,也仍然是一本可读的书。因作者创作态度,在使作品"成为一个作品",却不在使作品"成为一个时髦作品",故在这作品的各方面,不作趋时的讽刺,不作悲苦的自白,皆不缺少一个典型的法则。小小缺憾处,作者没有在第二个作品里有所修正,因为这作品,如《月夜》《雪夜》一样,作者皆在另一生活上,抛弃了创作的兴味,在自己这作品上,也似乎比读者还容易把它先已忘却了。

这时还有几个作者几种作品,因为他们的工作,在另外一件事上,有了更多更好的贡献,因此我们皆疏忽了的,是郑振铎先生的《家庭故事》,赵景深[1]先生的《烧饼》,徐霞村[2]先生的《古国的人们》。

又有几个作家的作品,为了别一种原因,使我们对于他们的名字同作品都疏远了一点,然而那些作品在当时却全是一些刊物读者最好的粮食的,在北方,还有闻国新、蹇先艾、焦菊隐、于成泽[3]、李健吾、罗暄岚等创作。在南方,则有周全平、叶灵

---

[1] 赵景深:现代作家、文学史家、翻译家,文学研究会成员。
[2] 徐霞村:法国文学研究者,曾编辑过《熔炉》杂志。
[3] 闻国新:现代作家。于成泽:现代作家。

凤,由创造社的《创造》而《幻洲》、《洪水》①,各刊物上继续写作了不少文章,名字成为了南方读者所熟习的名字(其中最先为人注意的还有一个倪贻德)。还有彭家煌。在武昌,则有刘大杰、胡云翼②。在湖南,则有罗黑芷。这些作者的作品,在同一时代,似乎比较冷落一点,既不同几个已经说到的作家可以相提并论,即与或先或后的作家如冯文炳、许钦文、黎锦明、王鲁彦、胡也频而言,也不如此数人使人注意。这里我们不能不承认"数量"、"文字个性"、"所据地位"几种关系,或成就了某一些作者,或妨碍了某一些作者,是一种看来十分稀奇,实在却很平常的事实的。冯文炳是以他的文字"风格"自见的。用十分单纯而合乎所谓"口语"的文字,写他所见及的农村儿女事情,一切人物出之以和爱,一切人物皆聪颖明事,习于其所占据那个世界的人情,淡淡的描,细致的刻画,由于文字所蕴酿成就的特殊空气,很有人欢喜那种文章。许钦文能用仿佛速写的笔,擦擦的自然而便捷的画出那些乡村人物的轮廓,写出那些年青人在恋爱里的纠纷,与当时看杂感而感到喜悦的读者读书的耐心与趣味是极相称的。黎锦明承鲁迅方法,出之以粗糙的描写,尖刻的讥讽,夸张的刻画,文字的不驳杂中,却有一种豪放气派,这气派的独占,在他名为《雹》的一集中间,实很有些作品较之同时其他作家的作品更为可爱的。鲁彦的《柚子》,抑郁的气分,遮没了每个作品,文字却有一种美,且组织方面和造句方面,承受了北方文学运动者所提出的方向,干净而亲切,同时讥讽的悲悯的态度,又有与鲁迅相似处,当时文学风气是《阿Q正传》支

---

① 《洪水》:创造社刊物之一。
② 彭家煌:现代作家。刘大杰:现代作家、文学史家。胡云翼:著名词学研究家、文学史家。

配到一部分人趣味的时节，故鲁彦风格也从那一路发展下去了。胡也频，以诗人清秀的笔转而作小说，由于生活一面的体念，使每一个故事皆在文字方面毫无微疵，在组织方面十分完美。其初期作品《圣徒》、《牧场上》可作代表，到后方向略异，作品中如《光明在前面》等作，则一个新的人格和意识，见出作者热诚与爱的取舍，由忧郁徘徊而为勇敢的向前，有超越同时同类一般作品的趋势。

但我们有时却无力否认名字比较冷落的作家，比名字热闹的作家有什么十分相悬的界域。在中国，初期的文坛情形，滥入了若干毫无关系的分子，直到如今还是免不了的。在创作中有为玩玩而写作的作家，也有因这类的玩玩而写作的人，挡住前路，成为风气，占据刊物所有的篇章，终于把写作无从表现的作家，在较大刊物上把作品与读者晤面的，照例所得读者注意处较多，与书业中有关系的，照例他那作品常有极好的销数，欢喜自画自赞的，不缺少互相标榜兴味的，他们分上得到的好处，是一个低头在沉默中创作的作家所无分的。从小小的平凡的例子上看去，蒋光慈、长虹、章衣萍……这一类名字，莫不在装点渲染中比起任何名字似乎还体面一些。那理由，我们若不能从他们的作品中找寻得到时，是只有从另外一个意义下去领会的。有些作家用他的作品支持到他的地位，有些作家又正是用他的地位支持到作品。故如所传说，一个名作者用一元千字把作品购为己有，这事当然并不稀奇。因为在上述情形中，无数无名无势的新进者，出路是不要钱也无人愿意印行他们的著作的。这些事因近年来经营新出版业者的加多，而稍稍使习气破除，然而凡是由于以事业生活地位而支持到作品地位的，却并不因此有所动摇。文学趣味的方面，并不在乎读者而转移。读者就永远无能力说需要些什么，不要些什么，故时到今日，风气一转，便轮到小学生书籍充满市面的时候了。

六

把上述诸作者,以及其中近于特殊的情形,作不愉快的叙述,可以暂且放下不用再提了的。

从各方面加以仔细的检查,在一些作品中,包含孕育着的浮薄而不庄重的气息,实大可惊人,十年来中国的文学,在创作一方面,由于诙谐趣味的培养,所受的不良影响,是非常不好的挹讽刺的气息注入各样作品内,这是文学革命稍后一点普遍的现象,这现象到如今经过两种打击还依然存在,无产阶级文学和民族主义文学皆不能纠正它。过去一时代文学作品,大多数看来,皆不缺少病的纤细,前面说到的理由,是我们所不能不注意的。

使作品皆病于纤巧,一个作品的动人,受读者欢迎,成为时髦的作品,全赖这一点,这种过失是应当有人负责的。胡适之为《儒林外史》重新估价,鲁迅、周作人、西滢①等杂感,西林②的戏,张资平的小说,以及另外一些人的莫泊桑、契诃夫作品的翻译,这些人的成绩,都是我们十分感谢,却又使我们在感谢中有所抗议。这些作品毫无可疑处,是对于此后一般作品方面有了极大的暗示。由于《新青年》陈独秀等那类杂感,读者们学会了对制度用辱骂和讽刺作反抗的行为,由于《创造》成仿吾那种批评,读者们学会了轻视趣味不同的文学的习惯,由于《语丝》派所保持的态度而写成的杂感和小品散文,养成了一种趣

---

① 西滢:即陈源,现代作家,现代评论派重要成员。
② 西林:即丁西林,现代剧作家。

味，是尖巧深刻的不良趣味。用这态度有所写作，照例可以避去强调的冲突，而能得到自得其乐的满足。用这态度有所写作，可以使人发笑，使人承认，使人同意。但同时另外指示到创作方向，"暗示"或"影响"到创作的态度，便成为不良的结果。我们看看年轻人的作品中，每一个作者的作品，总不缺少用一种谐趣的调子，不庄重的调子写成的故事。每一个作者的作品，皆有一种近于把故事中人物嘲讽的权利，这权利的滥用，不知节制，无所顾忌，因此使作品深深受了影响，许多创作皆不成为创作，完全失去其正当的意义，这失败处是应归之于先一时作俑者的。文学由"人生严肃"转到"人生游戏"，于中年人情调虽合，所谓含泪微笑的作品，乃出之于不足语此的年轻作者，故结果留下一种极可非难的习气。

说一句俏皮一点的话，作一个小丑的姿式，在文体方面，则有意杂糅文言与口语，使之混和，把作品同"诙谐"接近，许多创作，因此一来连趣味也没有了。在把文学为有意识向社会作正面的抗议的情形里，所有的幼稚病，转到把文学为向恶势力作旁敲侧击的行为，抓他一把，捏他一下，仿佛虽聪明知慧了许多，然而创作给人也只是一点趣味，毫无其他可企望的了。舒老舍先生，集中了这创作的谐趣意识，以夸诞的讽刺，写成了三个长篇，似乎同时也就结束了这趣味的继续存在。因为十六年后，小巧的杂感，精致的闲话，微妙的对白剧，千篇一律的讽刺小说，也使读者和作者有点厌倦了，于是时代便带走了这个游戏的闲情，代替而来了一些新的作家与新的作品。

这方向的转变，可注意的不是那几个以文学为旗帜的人物，虽然他们也写了许多东西，如钱杏邨[①]先生所指出的蒋光慈、洪

---

① 钱杏邨：即阿英，现代作家、戏剧家、文学史家。

灵菲等等。但我想说到的，是那些仅以作品直接诉之于读者，不仰赖作品以外任何手段的作家，有几个很可注意到的人：

一、以十五六年以来革命纠纷的时代为背景，作者体念的结果，写成了《动摇》、《追求》、《幻灭》三个有连续性的恋爱革命小说，是茅盾。

二、以一个进步阶级女子，在生活方面所加的分析，明快爽朗又复细腻委婉的写及心上所感到的纠纷，着眼于低级人物的生活，而能写出平常人所着眼不到处，写了《在黑暗中》的是丁玲。

三、就是先前所说及的集中了讽刺与诙谐用北京风物作背景，写了《赵子曰》、《老张哲学》等作的是老舍。

在短篇方面，则施蛰存先生一本《上元灯》，最值得保留到我们的记忆里。

把习气除去，把在创作中不庄重的措词，与自得其乐沾沾自喜的神气消灭，同时也不依赖其他装点，只把创作当成一个企图，企图它成一个艺术作品，在沉默中努力，一意来写作，因此作品皆能以一种不同的风格产生而存在，上述各作者的成就，是我们在另一时候也不能忘却的。使《黄昏》、《玉君》等作品与茅盾《追求》并列，在故事发展上，在描写技巧上，皆见出后者超越前者处极多。大胆的以男子丈夫气分析自己，为病态神经质青年女人作动人的素描，为下层女人有所申诉，丁玲女士的作品，给人的趣味，给人的感动，把前一时几个女作家所有的爱好者兴味与方向皆扭转了。他们厌弃了冰心，厌弃了庐隐，淦女士的词人笔调太俗，叔华女士的闺秀笔致太淡，丁玲女士的作品恰恰给了读者们一些新的兴奋。反复酣畅的写出一切，带着一点儿忧郁，一点儿轻狂，攫着了读者的感情，到目前，复因自己意识就着时代而前进，故尚无一个女作家有更超越的惊人的作品可以企及的。

讽刺因夸张而转入诙谐滑稽，老舍先生的作品，在或一意义上，是并不好的。然而一时代风气，作家之一群，给了读者以忧郁，给了读者以愤怒，却并无一个作者的作品，可以使年青人心上的重压稍稍轻松。读《赵子曰》，读《老张哲学》，却使我们感觉作者能在所写及的事物上发笑，而读者却因此也可以得到一个发笑机会。这成就已不算十分坏了。关于故都风物一切光景的反照，老舍长处是一般作者所不能及的，人物性格的描画，也极其逼真动人，使作品贯以一点儿放肆坦白的谐谑，老舍各作品，在风格和技术两方面都值得注意。

冯文炳、黎锦明、王鲁彦、许钦文……等等，作品可以一贯而谈处便是各个作家的"讽刺气分"。这气分，因各人笔致风格而小异，并却不完全失去其一致处。这种风气的形成，有应上溯及前面所述及"诙谐趣味"的养成，始能明白其因缘的。毫无可疑处，各个作者在讽刺方面，全是失败了的。读者这方面的嗜好，却并不能使各个作家的作品因之而纯粹。诚实的制作自己所要制作的故事，清明的睥睨一切，坦白的申述一切，为人生所烦恼，便使这烦恼诉之于读者，南方《创造》派所形成的风气实比之于北方《语丝》派为优。浅薄幼稚，尚可望因时代而前进，使之消灭；世故聪明，却使每个作者在写作之余，有泰然自得的样子，文学的健康性是因此而全毁了的。十六年革命小说兴起，一面是在对文学倾向有所提示，另一面也掊击到这种不良趣味。这企图，在创作方面，并无何等积极的贡献，在这一面却是不为无益的。虽当时大小杂感家以《奔流》为残垒，有所保护，然而"白相的文学态度"随即也就因大势所趋而消灭了。几个短篇作者，在先一时所得到的优越地位，另有了代替的人物，施蛰存、孙席珍、沉樱①，是几个较熟习的名字。这些人是不会讽刺

---

① 孙席珍：现代作家。沉樱：现代女作家，曾编辑《京报·文学周刊》。

的。在把创作当一个创作的态度诚恳上而言,几人的成就,虽不一定较之另外数人为佳,然而把作品从琐碎的牢骚里拖出,不拘宥到积习里,作品却较纯粹多了。《上元灯》笔头明秀,长于描绘,虽调子有时略感纤弱,却仍然可算为一个完美的作品。这作品与稍前一年两年的各作品较,则可知道以清丽的笔,写这世界行将消失或已消失的农村传奇,冯文炳、许钦文、施蛰存有何种相似又有何种不同处。

孙席珍写了《战场上》,关于战争还另外写了一些作品。然这类题材,对于作者并不适宜,因作者所认识另一生活不多,文字技巧又不能补其所短,故对于读者无多大兴味。但关于战争,作暴露的抗议,作者以外还无另一人。

与施蛰存笔致有相似处,明朗细致,气派因生活与年龄拘束,无从展开,略嫌窄狭,然而能使每一个作品成为一个完美好作品,在组织文字方面皆十分注意,且为女作者中极有希望的,还有一个女子作家沉樱。

论 技 巧[*]

几年来文学辞典上有个名辞极不走运,就是"技巧"。多数人说到技巧时,就觉得有一种鄙视意识。另外有一部分人却极害羞,在人面前深怕提这两个字。"技巧"两个字似乎包含了纤细,琐碎,空洞等等意味;有时甚至于还带点猥亵下流意味。对于小玩具,小摆设,我们褒奖赞颂中,离不了用"技巧"二字。批评一篇文章,加上"技巧很好"字样时,就隐寓似褒实贬。说及一个人,若说他"为人有技巧",这人便俨然是个世故滑头样子。总而言之,"技巧"二字已被流行观念所限制,所拘束,成为要不得的东西了。流行观念的成立,值得注意,流行观念的是非,值得讨论。

《诗经》上的诗,有些篇章读来觉得极美丽,《楚辞》上的文章,有些读来觉得极有热情,它是靠技巧存在的。骈体文写得十分典雅,八股文写得十分老到,毫无可疑,也在技巧。前者具永久性,因为注重安排文字,达到另外一个目的。就是亲切,妥

---

[*] 本篇发表于 1935 年 8 月 31 日天津《大公报·小公园》第 1782 号,署名沈从文。

帖，近情，合理的目的。后者无永久性，因为除了玩弄文字本身以外毫无好处，近于精力白费，空洞无物。同样是技巧，技巧的价值，是在看它如何使用而决定的。

一件恋爱故事，赵五爷爱上了钱少奶奶，孙大娘原是赵五爷的宝贝，知道情形，觉得失恋，气愤不过，便用小洋刀抹脖子自杀了。同样这么一件事，由一个新闻记者笔下写来，至多不过是就原来故事，加上死者胡同名称，门牌号数，再随意记记屋中情形，附上几句公子多情，佳人命薄，……于是血染茵席，返魂无术，如此如此而已。可是这件事若由冰心女士写下来，大致就不同了。记者用的是记者笔调，可写成一篇社会新闻。冰心女士懂得文学技巧，又能运用文学技巧，也许写出来便成一篇杰作了。从这一点说来，一个作品的成立，是从技巧上着眼的。

同样这么一件事，冰心女士动手把它写成一篇小说，称为杰作，另外一个作家，用同一方法，同一组织写成一个作品，结果却完全失败。在这里，我们更可以看出一个作品的成败，是决定在技巧上的。

就"技巧"二字加以诠释，真正意义应当是"选择"，是"谨慎处置"，是"求妥帖"，是"求恰当"。一个作者下笔时，关于运用文字铺排故事方面，能够细心选择，能够谨慎处置，能够妥帖，能够稳当，不是坏事情。假定有一个人，在同一主题下连续写故事两篇，一则马马虎虎，信手写下，杂凑而成；一则对于一句话，一个字，全部发展，整个组织，皆求其恰到好处，看去俨然不多不少。这两个作品本身的优劣，以及留给读者的印象，明明白白，摆在眼前。一个懂得技巧在艺术完成上的责任的人，对于技巧的态度，似乎是应当看得客气一点的。

也许就有人会那么说："一个作品的成功，有许多原因。其一是文字经济，不浪费，自然，能亲切而近人情，有时虽在眩人的夸张，那好处仍然是能用人心作水准，用人事作比较。至于矫揉造作，雕琢刻画的技巧，没有它，不妨事。"请问阁下：能经济，能不浪费，能亲切而近人情，不是技巧是什么？所谓矫揉造作，实在是技巧不足；所谓雕琢刻画，实在是技巧过分。不足与过分所生过失，非技巧本身过失。

文章徒重技巧，于是不可免转入空洞，累赘，芜杂，猥琐的骈体文与应制文产生。文章不重技巧而重思想，方可希望言之有物，不作枝枝节节描述，产生伟大作品。所谓伟大作品，自然是有思想，有魄力，有内容，文字虽泥沙杂下，却具有一泻千里之概的作品。技巧被诅咒，被轻视，同时也近于被误解，便因为一，技巧在某种习气下已发展过分，转入空疏；二，新时代所需要，实不在乎此。社会需变革，必变革，方能进步。徒重技巧的文字，就文字本身言已成为进步阻碍，就社会言更无多少帮助。技巧有害于新文学运动，自然不能否认。

惟过犹不及。正由于数年来技巧二字被侮辱，被蔑视，许多所谓"有思想的伟大作品"企图刻画时代变动的一部分或全体，在时间面前，却站立不住，反而很容易的被"时代"淘汰忘却了。一面流行观念虽已把技巧二字抛入茅坑里，事实是：有思想的作家若预备写出一点有思想的作品，引起读者注意，催眠，集中其宗教情绪，因之推动社会，产生变革，作者应当做的第一件事，还是得把技巧学会。

目前中国作者，若希望本人作品成为光明的颂歌，未来世界的圣典，既不知如何驾驭文字，尽文字本能，使其具有光辉、能力，更不知如何安排作品，使作品似乎符咒，发生魔力，这颂歌，这圣典，是无法产生的。

人类高尚的理想，健康的理想，必须先融解在文字里，这理想方可成为"艺术"。无视文字的德性与效率，想望作品可以作杠杆，作火炬，作炸药，皆为徒然妄想。

因为艺术同技巧原本不可分开，莫轻视技巧，莫忽视技巧，莫滥用技巧。

二十四年八月二十七日

小说作者和读者[*]

我们想给小说下一个简单而明白的定义,似乎不大容易。但目下情形,"小说"这两个字似乎已被人解释得太复杂太多方面,反而把许多人弄糊涂了,倒需要把它范围在一个比较素朴的说明里。个人只把小说看成是"用文字很恰当记录下来的人事",这定义说它简单也并不十分简单。因为既然是人事,就容许包含了两个部分:一是社会现象,即是说人与人相互之间的种种关系;二是梦的现象,即是说人的心或意识的单独种种活动。单是第一部分不大够,它太容易成为日常报纸记事。单是第二部分也不够,它又容易成为诗歌。必需把"现实"和"梦"两种成分相混合,用语言文字来好好装饰、剪裁,处理得极其恰当,方可望成为一个小说。

我并不说小说须很"美丽"的来处理一切,因为美丽是在文字辞藻以外可以求得的东西。我也不说小说需要很"经济"的来处理一切,即或是一个短篇,文字经济依然不是这个作品成功的唯一条件。我只说要很"恰当"。这恰当意义,在使用文字

---

[*] 本篇发表于 1940 年 8 月 15 日《战国策》第 10 期,署名沈从文。

的量与质上,就容许不必怕数量的浪费,也不必对于辞藻过分吝啬。故事内容发展呢,无所谓"真",也无所谓"伪",要的只是恰当。全篇分配要恰当,描写分析要恰当,甚至于一句话一个字,也要它在可能情形下用得不多不少,妥帖恰当。文字作品上的真美善条件,便完全从这种恰当产生。

我们得承认,一个好作品照例会使人觉得在真美感觉以外,还有一种引人"向善"的力量。我说的向善,这个名词的意义,不仅仅是属于社会道德一方面"做好人"为止。我指的是这个读者从作品中接触了另外一种人生,从这种人生景象中有所启示。对人生或生命能作更深一层的理解。普通"做好人"的庸俗乡愿道德,社会虽异常需要,然而有许多简单而便利的方法和工具可以应用,且在那个多数方面极容易产生效果,似乎不必要文学中小说来做这件事。小说可做的事远比这个大。若勉强运用它作工具来处理,实在费力而不大讨好。(只看看历史上绝大多数说教作品的失败,即可明白把作品有意装入一种教义,永远是一种动人理论,见诸实行并不成功。)至于生命的明悟,使一个人消极的从肉体理解人的神性和魔性如何相互为缘,并明白人生各种型式,扩大到个人生活经验以外。或积极的提示人,一个人不仅仅能平安生存即已足,尚必需在生存愿望中,有些超越普通动物肉体基本的欲望,比饱食暖衣保全首领以终老更多一点的贪心或幻想,方能把生命引导向一个更崇高的理想上去发展。这种激发生命离开一个动物人生观,向抽象发展与追求的欲望或意志,恰恰是人类一切进步的象征,这工作自然也就是人类最艰难伟大的工作。我认为推动或执行这个工作,文学作品实在比较别的东西更其相宜。而且说得夸大一点,到近代,这件事别的工具都已办不了时,惟有小说还能担当。原因简明,小说既以人事作为经纬,举凡机智的说教,梦幻的抒情,都无一不可以把它综合组织到一个故事发展中。印刷术的进步,交通工具的进步,又可以把这些作品极便利的分布到使用同一文字的任何一处读者面前去。托尔斯太或曹雪芹过去的成就,显然就不是用别的工具可以如此简便完成的!二十世纪虽和十八九世纪情形大不相同,最大不同是都市文明的进步,人口集中,剥夺了多数人的闲暇,从从容容来阅读小说的人已经不怎么多,从小说中来接受人生教育的更不会多了。可是在中国,一个小说作品若具有一种崇高人生理想,希望这理想在读者生命中保留一种势力,依然并不十分困难。中国人究竟还有闲,尤其是比较年青的读书人,在习惯上用文学作品来耗费他个人的剩余生命,是件已成习惯的时髦事情。若文学运动能在一个良好影响上推动,还可望造成另外一种人的习惯,即人近中年,当前只能用玩牌博弈耗费剩余生命的中层分子,转而来阅读小说。

　　可是什么作品可称为恰当?说到这一点,若想举一个例来作说明时,倒相当困难了。因为好作品多,都只能在某一点上得到成功。譬如用男女爱情作为题材,同样称为优秀作品的作品,好处就无不有个限制。从中国旧小说看来,我们就知道《世说新语》①的好处,在能用素朴文字保存魏晋间人物行为言语的风格或风度,相当成功,不像唐人小说。至于唐人小说的好处,又是处理故事时,或用男女爱憎恩怨作为题材(如《霍小玉传》、《李娃传》②),或用人与鬼神灵怪恋爱作为题材(如《虬髯客传》、《柳毅传》③),无不贴近人情。可是即以贴近人情言,唐

---

　　① 《世说新语》:笔记小说,南朝宋临川王刘义庆撰。
　　② 《霍小玉传》:唐传奇篇名,唐蒋防作。《李娃传》:唐传奇篇名,唐白行简作。
　　③ 《虬髯客传》:唐传奇篇名,唐末五代人杜光庭作。《柳毅传》:唐传奇篇名,唐李朝威作。

人短篇小说与明代长篇小说《金瓶梅》又大不相同。《金瓶梅》的好处，却在刻画市井人物性情，从语言运用上见出卓越技巧。然而同是从语言控制表现技巧，《金瓶梅》与清代小说《红楼梦》面目又大异。《红楼梦》的长处，在处理过去一时代儿女纤细感情，恰如极好宋人画本，一面是异常逼真，一面是神韵天成。……不过就此说来，倒可得到另外一种证明，即一个作品其所以成功，安排恰当是个重要条件。只要恰当，写的是千年前活人生活，固然可给读者一种深刻印象，即写的是千年前活人梦境或驾空幻想，也同样能够真切感人。《三国演义》在历史上是不真的，毫无关系，《西游记》在人事上也不会是真的，同样毫无关系。它的成功还是"恰当"，能恰当给人印象便真。那么，这个恰当究竟应当侧重在某一点上？我以为一个作品的恰当与否，必需以"人性"作为准则。是用在时间和空间两方面都"共通处多差别处少"的共通人性作为准则。一个作家能了解它较多，且能好好运用文字来表现它，便可望得到成功，一个作家对于这一点缺少理解，文字又平常而少生命，必然失败。所以说到恰当问题求其所以恰当时，我们好像就必然要归纳成为两个条件：一是作者对于语言文字的性能，必需具敏锐的感受性，且有高强手腕来表现它。二是作者对于人的情感反应的同差性，必需有深切的理解力，且对人的特殊与类型能明白刻画。

换句话说，小说固然离不了讨论人表现人的活动事情，但作者在他那个作品的制作中，却俨然是一个"上帝"（这自然是一种比喻），我意思是他应当有上帝的专制和残忍，细心与耐性，透明的认识一切，再来处理安排一切，作品方可望给人一个深刻而完整的印象。一个作家在写作过程中，"天才"与"热情"，常常都不可免成为毫无意义的名词。所有的只是对人事严密的思索，对文字保持精微的敏感，追求的只是那个"恰当"。

关于文字的技巧与人事理解，在过去，这两点对于一个小说作家，本来不应当成为问题。可是到近来却成为一个问题。这有一种特别原因，即近二十年中国的社会发展，与中国新文学运动不可分，因此一来小说作家有了一个很特别的地位。这地位也有利也有害，也帮助推进新文学的发展，也妨碍伟大作品产生。新作品在民十五年左右已有了商品价值，在民十八年又有了政治意义，风气习惯影响到作家后，作家的写作意识，不知不觉从"表现自我"成为"获得群众"。于是留心多数，再想方法争夺那个多数，成为一种普遍流行文学观。"多数"既代表一种权力的符号，得到它即可得到"利益"，得到利益自然也就象征"成功"。跟随这种习惯观念，不可免产生一种现象，即作家的市侩工具化与官僚同流化。尤其是受中国的政治习惯影响，伪民主精神的应用，与政治上的小帮闲精神上相通，到时代许可竞卖竞选时，这些人就常常学习谄谀群众来争夺群众，到时代需要政治集权时，又常常用捧场凑趣方式来讨主子欢心。写成作品具宣传味，且用商品方式推销，作家努力用心都不免用在作品以外。长于此者拙于彼，因此一来，作者的文字技巧与人事知识，当然都成为问题了。这只要我们看看当前若干作家如何把作品风格之获得有意轻视，在他们作品中，又如何对于普通人情的极端疏忽，就可明白近十年来的文学观，对于新文学作品上有多大意义，新的文学写作观，把"知识"重新提出又具有何等意义了。作品在文体上无风格无性格可言，这也就是大家口头上喜说的"时代"意义。文学在这种时代下，与政治大同小异，就是多数庸俗分子的抬头和成功。这种人的成功，一部分文学作品便重新回到"礼拜六"派旧作用上去。成为杂耍，成为消遣品。若干作家表面上在为人生争斗，貌作庄严，全不儿戏，其实虚伪处竟至不可想象。二十年来中国政治上的政策变动性既特别大，这些人求全讨好心切,忽而彼忽而此的跳猴儿戏情形,更是到处可见。因此若干活动作家写成的作品,即以消遣品而论,也很少有能保存到五年以上,受时间陶冶,还不失去其消遣意义的。提及这一点时,对于这类曾经一时得到多数的作家与作品,我无意作何等嘲讽。不过说明这种现象为什么而来,必然有些什么影响而已。这影响自然很不好,但不宜派到某一个作家来负责。这是"时代"!

想得到读者本不是件坏事。一个作者拿笔有所写作,自然需要读者。需要多数读者更是人之常情。因为写作动机之一种,而且可说是最重要的一种,超越功利思想以上,从心理学家说来,即作品需要多数的重视,方可抵补作者人格上的自卑情绪,增加他的自高情绪。抵补或增加,总之都重在使作者个人生命得到稳定,觉得"活下来,有意义"。若得到多数不止抽象的可以稳定生命,还可望从收入增多上具体的稳定生活,那么,一个作家有意放弃多数,离开多数,也可以说不仅是违反流行习惯,还近于违反动物原则了。因为动物对于生命的感觉,有一个共通点,即思索的运用,本来为满足食与性而有,即不能与这两种本能分开。多数动物只要能繁殖,能吃喝,加上疲乏时那点睡眠,即可得到生命的快乐。人既然是动物之一,思想愿望贴近地面,不离泥土,集中于满足"食"与"性",得到它就俨然得到一切,当然并不出奇,近于常态。

可是这对于一般人,话说得过去。对于一个作家,又好像不大说得过去。为什么?为的是作家在某种意义上,是比较能够用开明脑子在客观上思索人生,研究人生,而且要提出一种意见表示出人生应有些事与普通动物不同的。他有思索,他要表现。一个人对人生能作较深的思索,是非爱憎取予之际,必然会与普通人不大相同。这不同不特要表现到作品上,还会表现到个人行为态度上！

所以把写作看作本来就是一种违反动物原则的行为，又像是件自然不过的事情。为的是他的写作，实在还被另外一种比食和性本能更强烈的永生愿望所压迫，所苦恼。他的创作动力，可说是从性本能分出，加上一种想象的贪心而成的。比生孩子还更进一步，即将生命的理想从肉体分离，用一种更坚固材料和一种更完美形式保留下来。生命个体虽不免死亡，保留下来的东西却可望百年长青（这永生愿望，本不是文学作家所独具，一切伟大艺术品就无不由同一动力而产生）。愿望既如此深切，永生意义，当然也就不必需普通读者来证实了！他的不断写作，且俨然非写不可，就为的是从工作的完成中就已得到生命重造的快乐。

为什么我们有这种抽象的永生愿望？这大约是我们人类知识到达某种程度时，能够稍稍离开日常生活中的哀乐得失而单独构思，就必然会觉得生命受自然限制，生活受社会限制，理想受肉体限制，我们想否认，想反抗，尽一切努力，到结果终必败北。这败北意思，就是活下来总不能如人意。即这种不如意的生活，时间也甚短促，不久即受生物学的新陈代谢律所拘束，含恨赍志而死。帝王蝼蚁，华屋山丘，一刹那间即不免同归消灭于乌有之乡。任何人对死亡想要逃避，势不可能。任何人对社会习惯有所否认，对生活想要冲破藩篱，与事实对面时，也不免要被无情事实打倒。个人理想虽纯洁崇高，然而附于肉体的动物基本欲望，还不免把他弄得拖泥带水。生活在人与人相挨相撞的社会中，和多数人哺糟啜醨，已感觉够痛苦了，更何况有时连这种贴近地面的平庸生活，也变成可望而不可及，有些人常常为社会所抛弃，所排斥，生活中竟只能有一点回忆，或竟只能作一点极可怜的白日梦。一个作者触着这类问题时，自然是很痛苦的！然而活下来是一种事实，不能否认。自杀又违反生物的原则，除非神经衰弱到极端,照例不易见诸实行。人既得怪寂寞痛苦的勉强活下来,综合要娱乐要表现的两种意识,与性本能结合为一,所以说,写作是一种永生愿望。试从中国历史上几个著名不朽文学作家遗留下的作品加以检查,就可明白《离骚》或《史记》,杜工部诗或曹雪芹小说,这些作品的产生,情形大都相去不远。我们若透过这些作品的表面形式,从更深处加以注意,便自然会理解作者那点为人生而痛苦的情形。这痛苦可说是惟有写作,方能消除。写作成后,愿望已足,这人不久也就精尽力疲,肉体方面生命之火已告熄灭,人便死了,人虽死去,然而作品永生,却无多大问题。

这个"永生",我指的不是读者数量上问题,因为一个伟大作家的经验和梦想,既已超越世俗甚远,经验和梦想所组成的世界,自然就恰与普通人所谓"天堂"和"地狱"鼎足而三,代表了"人间",虽代表"人间",却正是平常人所不能到的地方。读者对于这种作品的欣赏,决不会有许多人。世界上伟大作品能在人的社会中长久存在,且在各种崇拜,赞美,研究,爱好,以及其他动人方式中存在,其实也便是一种悲剧。正如《红楼梦》题词所载:

"满纸荒唐言,一把酸辛泪,都言作者痴,谁解其中味?"[①]

从作品了解作者,实在不是一件容易事。所以一个诚实的作者若需要读者,需要的或许倒是那种少数解味的读者。作者感情观念的永生,便靠的是那在各个时代中少数读者的存在,实证那个永生的可能的梦。对于在商业习惯与流行风气下所能获得的多数读者,有心疏忽或不大关心,都势不可免。

---

① 原文为:"满纸荒唐言,一把辛酸泪!都云作者痴,谁解其中味?"引文略有误。

另外还有一种作家，写作动力也可说是为痛苦，为寂寞，要娱乐，要表现。但情绪生活相当稳定，对文学写作看法只把它当作一种中和情感的方式。平时用于应世的聪明才智，到写作时即变成取悦读者的关心，以及作品文字风格的注意。作品思想形式自然能追随风气，容易为比较多数读者接受。因此一来，作品在社会上有时也会被称为"伟大"，只因为它在流行时产生功利作用相当大。这种作家在数量上必相当多，作品分布必比较广，也能产生好影响，即使多数读者知稍稍向上。也能产生不好影响，即使作者容易摹仿，成为一时风气，限制各方面有独创性的发展。文学史上遗留下最多的篇章，便是这种作家的作品。

另外又还有一种作家，可称为"新时代"产物。这种作家或受了点普通教育，为人小有才技，或办党从政，出路不佳，本不适宜于与文字为缘，又并无什么被压抑情感愿望迫切需要表现，只因为明白近二十年有了个文学运动，在习惯上文学作家又有了个特殊地位，一个人若能揣摩风气，选定一种流行题目，抄抄撮撮，从事写作，就可很容易的满足那种动物基本欲望。于是这种人就来作文学运动，来充作家。写作心理状态，完全如科举时代的应制，毫无个人的热诚和兴趣在内。然而一个作家既兼具思想领导者与杂耍技艺人两种身份，作品又被商人看成商品，政客承认为政治场面点缀品，从事于此的数量之多，可以想象得出。人数既多，龙蛇不一，当然也会偶然有些像样作品产生，不过大多数实无可望。然而要说到"热闹"或"成功"时，这些作家的作品，照例是比上述两种作家的作品还容易热闹成功的。只是一个人生命若没有深度，思想上无深度可言，虽能捉住题目，应制似的产生作品，因缘时会，作伪售巧，一时之间得到多数读者，这种人的成就，是会受时间来清算，不可免要随生随灭的。

好作家固然稀少，好读者也极难得！这因为同样都要生命有个深度，与平常动物不同一点。这个生命深度，与通常所谓"学问"积累无关，与通常所谓"事业"成就也无关。所以一个文学博士或一个文学教授，不仅不能产生什么好文学作品，且未必即能欣赏好文学作品。普通大学教育虽有个习文学的文学系，亦无助于好作品的读者增多或了解加深。不良作品在任何时代都特别流行，正反映一种事实，即社会上有种种原因，养成多数人生下来莫名其妙，活下来实无所谓，上帝虽俨然给了他一个脑子，许他来单独使用这个脑子有所思索，总似乎不必要，不习惯。这种人在学校也热诚的读莎士比亚或曹子建诗，可是在另外一时，却用更大热诚去看报纸上刊载的美人蟹和三脚蟾。提到这一点时，我们实应当对人生感到悲悯。因为这也正是"人生"。这不思不想的动物性，是本来的。普通大学教育虽在四年中排定了五十门课目，要他们一一习读，可并无能力把这点动物性完全去掉。不过作者既有感于生命重造的宏愿和坚信，来有所写作，读者自然也有想从作品中看出一点什么更深邃的东西，来从事阅读。这种读者一定明白人之所以为人，为的是脑子发达已超过了普通动物甚远，它已能单独构思，从食与性两种基本愿望以外玩味人生，理解人生。他生活下来一种享受，即是这种玩味人生，理解人生。或思索生命什么是更深的意义，或追究生命存在是否还可能产生一点意义。如此或如彼，于是人方渐渐远离动物的单纯，或用推理归纳方式，或单凭梦幻想象，创造出若干抽象原则和意义。我们一代复一代便生存在这种种原则意义中，或因这种种原则意义产生的"现象"中。罗素称人与动物不同处，为有"远虑"，这自然指的是人类这种精神向上部分而言。事实上多数人与别的动物不同处，或许就不过是生活在因思索产生的许多观念和工具中罢了。近百年来这种观念和工具发达不能一致，属于物质的工具日有变迁，属于精神的观念容易凝固，因此发生种种的冲突，也就发生各式各样的悲剧。这冲突的悲剧中最大的一种，即每个民族都知道学习理解自然，征服自然，运用自然，即可得到进步，增加幸福。这求进步幸福的工具，虽日益新奇，但涉及人与人的问题时，思想观念就依然不能把战争除外，而且居然还把战争当作竞争生存唯一手段。在共同生活方面，集群的盲目屠杀，因工具便利且越来越猛烈。一个文学作家如果同时必然还是一个思想家，他一定就会在这种现象上看出更深的意义。若明白战争的远因实出于"工具进步"与"观念凝固"的不能两相调整，就必然会相信人类还可望在抽象观念上建设一种新原则，使进步与幸福在明日还可望从屠杀方式外获得。他不会否认也不反对当前的战争，说不定还是特别鼓吹持久战争的一分子，可是他也许在作品中，却说明白了这战争的意义，给人类一种较高教育！一个特殊的读者，他是乐意而且盼望从什么人作品中，领受这种人生教育的。

若把这种特殊读者除外不计，试将普通读者来分一分类时，大致也有不同的三种：一是个人多闻强记，读的书相当渊博，自有别的专业，惟已养成习惯，以阅读文学作品来耗费剩余生命的。这种人能有兴趣来阅读现代小说的，当然并不怎么多。二是受了点普通教育，或尚在学校读书，或已服务社会，生来本无所谓，也有点剩余生命要耗费，照流行习惯来读书的。既照流行习惯读书，必不可免受流行风气趣味控制，对于一个作品无辨别能力，也不需要这种能力。这种读者因普通教育发达，比例上必占了一个次多数。三是正在中学或大学读书，年纪轻，幻想多（尤其是政治幻想与男女幻想特别多），因小说总不外革命恋爱两件事，于是接受一个新的文学观，以为文学作品可以教育他，需要文学作品教育他（事实上倒是文学作品可以娱乐他满足他青年期某种不安定情绪），这种读者情感富余而兴趣实在不高，然而在数量上倒顶多。若以当前读者年龄来分类，年纪过了三十五，还带着研究兴趣或欣赏热诚的读者，实在并不多。年纪过了二十五，在习惯上把文学作品当成教育兼娱乐的工具来阅读的，数目还是不甚多。唯有年龄自十五岁到二十四岁之间，把新文学作家看成思想家，社会改革者，艺员明星，三种人格的混合物，充满热诚和兴趣，来与新作品对面的，实在是个最多数。这种多数读者的好处，是能够接受一切作品，消化一切作品。坏处是因年龄限制，照例不可免在市侩与小政客相互控制的文学运动情形中，兴趣易集中于虽流行却并不怎么高明的作品。

若讨论到近二十年新文学运动的过去以及将来发展时，我们还值得把这部分读者看得重要一些。因为他们其实都在有形无形帮助近二十年新出版业的发达，使它成为社会改革工具之一种，同时还支持了作家在社会上那个特殊地位。作家在这个地位上，很容易接受多数青年的敬重和爱慕，也可以升官发财，也可以犯罪致死，一切全看这个人使用工具的方法态度而定。所以如从一个文学运动理论家观点看来，好作家有意抛弃这个多数读者，对读者可说是一种损失，对作家也同样是一种损失。这种读者少不了新文学作品，新文学作品也少不了他们。一个好作品在他们生活中以及此后生命发展中，如用的得法，所能引起巨大的作用，显然比起别的方面工具来，实在大得多大得多。然而怎么一来，方可望使这种作家对于这种多数读者多有一分关心？这种读者且能提高他的欣赏兴趣，从大作品接受那种较深刻的观念？在目前，文学运动理论家，似乎还无什么确定有力的意见提出。尤其是想调和功利思想与美丽印象于一个目的，理论不是支离破碎，就是大而无当，难望有如何效果。

我们也可以那么说，关于有意教育对象而写作这件事，期之于第一种作家，势无可望。至于第二种作家呢，希望倒比较多。至于第三种作家呢，我们却已觉得他们似乎过分关心读者，许多本来还有点成就的作者，都因此毁了。我们只能用善意盼望他们肯在作品上多努点力，把工作看得庄严一点，弄出一些成绩。怕的是他们只顾教育他人，忘了教育自己，末了还是用官派作家或委员董事资格和读者对面，个人虽俨然得到了许多读者，文学运动倒把这一群读者失去了。

一面是少数始终对读者不能发生如何兴趣，一面是多数照老办法以争夺群众为目的：所以说到这里，我们实触着了一个明日文学运动的问题。我们若相信这件事还可以容许一个作家对于理论者表示一点意见，留下一些希望，应当从某一方面来注意？个人以为理论家先得承认对第一种作家，主张领导奖励是末节小事，实不必需。这种作家需要的是"自由"，政治上负责人莫过分好事来管制它，更莫在想运用它失败以后就存心摧残它，只要能用较大的宽容听其自由发展，就很好了。至于第三种作家呢，如政治上要装幌子，以为既奖励就可领导，他们也乐于如此"官民合作"，那就听他们去热闹好了。这些人有时虽缺少一点诚实，善于诪张为幻，捧场凑趣，因此在社会也一时仿佛有很大影响。不过比起社会上别的事情来，决不会有更了不得的恶影响的。这些人的作品虽无永久性，一时之间流行亦未尝不可给当前社会问题增加一种忍受能力与选择能力。但有一点得想办法，即对于第二种不好不坏可好可坏的作家，如何来提出一种客观而切实意见，鼓励他们意识向上，把写作对于人类可能的贡献，重新有一个看法。在他们工作上，建立起比"应付目前"还稍微崇高一些的理想。理论者的成就如何，我们从他个人气质上大约也可以决定：凡带政客或文学教授口吻的，理论虽好像具体，其实却极不切题，恐无何等成就。具哲学与诗人情绪的，意见虽有时不免抽象凿空，却可望有较新较深影响。这问题与我题目似乎相去一间，说下去恐与本题将离远了。所以即此为止。

一个作家对于文学运动的看法，或不免以为除了文学作品本身成就，可以使作品社会意义提高，并刺激其他优秀作品产生，单纯的理论实在做不了什么事。但他不一定轻视具有诚实良好见解的理论，这一点应当弄明白。目下有一件事实，即理论者多数是读书多，见事少，提出来的问题，譬如说"小说"这么一个问题吧，问题由一个有经验的作家看来，就总觉得他说的多不大接头。所以关于这类意见，说不定一个作家可能尽的力，有时反而比理论者多。

八月三日在联合大学师院国文学会讲稿

论 特 写[*]

近十余年来，报纸上的特写栏，已成为读者注意中心。有些报道文章，比社论或新闻还重要，比副刊杂志上文章，也更能吸引读者，不仅给人印象真实而生动，还将发生直接广泛教育效果。这种引人入胜的作用，即或只出于一种来源不远的风气习惯，可是我们却不能不承认，在已成风气习惯后这类作品的真实价值，必然得重估！它的作用在目前已极大，还会影响到报纸的将来，更会影响到现代文学中散文和小说形式及内容。特写大约可分作三类，即专家的"专题讨论"和普通外勤的"叙事"、"写人"。本文只谈一谈用新闻记者名分作的"叙事"。

试就几个"大手笔"的作品加以检讨，就可知他们的成就并非偶然。凡属叙事，不能缺少知识、经验和文笔，正如用笔极有分寸的记者之一徐盈[①]先生所说：要眼到，心到，手到，才会写得出好的报道文章。他说的自然出于个人心得，一般学习可不

---

[*] 本篇发表于 1948 年 1 月 31 日天津《益世报·文学周刊》第 76 期，署名沈从文。

[①] 徐盈：现代作家、著名记者。时为《大公报》外勤记者。

容易从这三个名词得到证实。因为"三到"未必就可产生好文章。同是知识、经验和文笔，在将三者综合表现上，得失就可见出极大差别。检讨这点差别时，有时可用个人立场、兴趣，或政治信仰、人生态度不同作说明（但这完全是表面的解释）。有时又似乎还得从更深方面去爬梳（即如此钩沉索隐，将依然无什么结果）。为的是它正如文学，一切优秀成就一切崭新风格都包含了作者全生命人格的复杂综合，彼此均不相同。能理解可不容易学习，比一个伟大作品容易认识理解，但也比同一作品难于把握取法。

以个人印象言，近十年这部门作品的成就，可说量多而质重，实值得当成一个单独项目来研究，来检讨，来学习。用四个作者成就作例，可测验一下这类作品是否除"普及"外还有点"永久性"，除"通常效果"外还有点"特别价值"？这四个人的姓名和作品是：

范长江①的《塞上行》

赵超构②的《延安一月》

萧乾的《南德暮秋》及其他国外通讯记事

徐盈的《西北纪游》、《烽火十城》、《华北工业》

九一八后华北问题严重而复杂，日本人用尽种种方法使之特殊化，中国南京政府和地方政府却各有打算，各有梦想。国人谈华北问题，很显明，一切新闻一切理论，若不辅助以当时在《大公报》陆续发表的《长江通讯》，是不容易有个明确的印象的。作者谈军事政治部分，欢喜连叙带论。从一个专家看来，可

---

① 范长江：现代作家、著名记者。曾以《大公报》记者身份，在西北考察旅行，公开报道红军二万五千里长征和红军真实情形。

② 赵超构：著名记者。

以说多拾人牙慧，未必能把握重心。但写负责人在那一片土地上的言谈活动及社会情况，却得到极大成功。比如写百灵庙之争夺过程，写绥远、大同、张家口之社会人事，写内蒙古和关内经济关系……以及这几个区域日本人的阴谋与活动，都如给读者看一幅有声音和性格的彩色图画。这点印象是许多人所同具的。所以到抗战时期民国二十七八年左右，这些通讯结集的单行本，就经几个朋友推荐，成为西南联大国文系一年级同学课外读物。因为大家都觉得，叙事如果是习作条件之一，这本书宜有助于学习叙事。尤其是战事何时结束不可知，倘若有一天大学生必须从学校走出，各自加入军队或其他部门工作，又还保留个写杂记作通讯的兴趣时，这本书更值得作一本必读书。但结果却出人意外，同学看巴金、茅盾小说完篇的多，看《塞上行》保留深刻印象的却并不多。这本书在时间上发生了隔离作用，所说到的一切事情，年青朋友失去了相关空气，专从文学上欣赏，便无从领会，竟似乎比其他普通游记还不如了。读朱自清的《欧游杂记》，郁达夫的《钓台春昼》，邓以蛰的《西班牙斗牛》，徐志摩的《康桥》，都觉得有个鲜明印象，读《塞上行》竟看不下去。在这里，让我们明白一个问题，即新闻纪事那时候和文学作品在读者印象中还是两件事。学校中人对于文学作品印象，大都是从中小学教科书的取材所范围，一面更受一堆出版物共同作成的印象所控制，新闻纪事由于文体习惯不同，配合新闻发表，能吸引读者，单独存在，当作文学作品欣赏，即失去其普遍意义，更难说永久性了。

　　第二种作品与前作相隔已十年，是和平前后哄动一时《延安的一月》。从作品言，作者用笔谨慎而忠实，在小处字里行间隐含褒贬，让读者可以体会。他写的虽不是历史，可得要个历史家的忠正与无私。他的长处不仅值得称道，还值得取法。从读者言，这个区域的人和事，正由于与中央隔离对峙，是国内年青人希望和忧虑的集中点，如今国人所关心诸事能一一叙述，这个作品成功也可说是必然的。但相去不过一年，我回到北平，用它作叙事参考读物时，大家从这个作品中，竟似乎得不到什么教育和启发。如果不尽是读者欣赏力有问题，就可能是作品所涉及问题起了变化。作品其所以引人注意，和问题关连密切，问题在发展中一有变化，当时大家只乐意读张家口报道，延安再不是国人注意焦点，作品价值也就失去了。让我们得到一点教训，即这类作品的普及性和永久性，竟似乎有点对立意味，得此则不免失彼。欲兼顾并及，还得作者另外找出发点，有所试探。这种重新安排试探，有个人的工作，数年前已得到相当成功，即萧乾写的海外通讯。

第二次欧战发展，由英国伦敦大轰炸，到诺曼底登陆，全德工业区穿梭轰炸报复，逐渐进入一个人类发疯高潮。这种具世界性的民族集团大屠杀，大处已无从着笔，因为实在太广泛，太残忍。新闻电讯中，动辄是五百架一千架巨型机出击，五万吨大洋巨舰，十分钟即深沉海底，前线各处作战单位，常用百万人数计算……新闻记者若企图用笔作全面叙述，决无如此魄力。即专写轰炸（如炸东京纪录），也费事又难见好。于是一变旧法，转而从小事着手。因之写小兵生活的恩尼·派尔作品，成为美国报纸杂志时髦读物。这种作品如写登陆时之情景，巷战时小兵心情和周围空气，除却对于战争向国人作局部忠实报告以外，很显明还具有宣传并修正错误之功；修正了美国最高军事当局参谋本部对于前线兵士苦闷情绪与悲惨生活的疏忽过失。（人家的参谋本部，是细心到为航空员设想，万一从空中堕下时，身边行囊中除早为预备有一切应用药品，食物刀斧绳床雨具，或一二册消遣小书外，还不忘记附上一点纸烟卷，一副纸牌，并一份钓鱼用的工具，讲那些战斗员掉到敌后某处，或印缅丛林深山间，待救未得机会时，还可抽空到有水处一面吸烟看书一面钓钓鱼的！）我们的参谋部设计工作是什么？就个人所知，嘉善的国防工事一大串钥匙，由县长交给驻军时，却并工事位置图样也没有。第五军机械化部队由滇入缅甸时，缅边地图也没有一张能合军事用途！至于近十年中全国粮赋兵役的悲剧，就更不用说了。所以抗战纪事，自然就得从另外观点上着手，换言之，即得一切为了抗战胜利而"宣传"。一切既从"宣传"出发，当然对后方人心前线士气都曾有过帮助；可是也就不可免种下了恶因劣果，即对于错误和弱点的庇护，将负责方面功绩过分夸大，而将应有责任特别减轻，失去了新闻报道的建议性和批评性。这结果，不仅影响到三十二年后湘桂战局的失利，人民大牺牲，更重要还是抗战胜利和平以后的局势，负责方面警惧心减少，骄傲心转增——两年来经验了胜利接收的大悲剧，有些错误和过失，竟致于无法补救，成为历史的遗憾。试推原其始，便不能不使人想到战争中"宣传"二字，给某些人以逾分过实的鼓励颂扬，终于作成一块如何吃弗消的大糟糕。

《大公报》记者萧乾，算是中国记者从欧洲战场讨经验供给国人以消息的一人。他明白，重大事件有英美新闻处不惜工本的专电，和军事新闻影片，再不用他操心。所以他写伦敦轰炸，就专写小事。如作水彩画，在设计和用色上都十分细心，使成为一幅明朗生动的速写。写英国人民在钢铁崩裂，房屋圮坍，生命存亡莫卜情景中，接收分定上各种挫折时，如何永远不失去其从容和幽默，不失去对战事好转的信心；写人性中的美德，与社会习惯所训练的责任；写对花草和猫犬的偏爱。即不幸到死亡，仿佛从死亡中也还可见出生机。这种通讯寄回中国不久，恰恰就是重庆昆明二市受日机疲劳轰炸最严重，而一切表现，也正是同盟国记者用钦佩和同情态度给本国作报道时。从萧乾作品看来，更容易引起国人一种克服困难的勇气和信心。这可说是中国记者用抒情的笔，写海外战争报道配合国内需要最成功的一例。并且这只是个起点，作者作品给读者的印象更深刻的，还应当数随盟军进入欧陆的报道，完全打破了新闻的纪录。用一个诗人的笔来写经过战火焚烧后欧陆的城乡印象，才真是"特写"。虽说作品景物描绘多于事件检讨，抒情多于说理，已失去新闻叙事应有习惯，但这种特写的永久性，却被作者很聪敏的把握住了。且至今为止，我还不曾见有其他作者，将"新闻叙事"和"文学抒情"结合得如此恰到好处，取得普遍而持久成功的。

但若从教育观点出发，来检查一下这部门作品成功时，个人却将和国内许多青年读者具有相同印象，对于徐盈先生近十年的贡献，表示敬意。从二十三年《国闻周报》时代，作者带调查性的游记见出一支笔和农村经济关连十分密切。但那时候报纸特写栏，正是"范长江时代"，注意这种有知识有见解游记的人就不多。抗战后，却载出了作者有关西南诸省及后方建设的种种报道，用区域特性作单位，由人事到土地，一一论述，写他的《西南纪行》。虽由于战事限制，人事禁忌多，虽畅所欲言，涉及其他问题，又怕和对外有关，说多了或者反而会为敌伪利用，发生恶果。然而从教育后方年青读者意义说来，作者一支笔实已尽了最大努力。且处处隐见批评，尤其是属于政治经济上人事弱点，和工业技术上困难，从当事方面所得报导和牢骚，都能归纳于叙述中，对普通读者为鼓励，对当事方面却具建议性和批判性。作者最应受推重的较近作品还是复员期间军调[①]进行时写成的《烽火十城》和有关华北日人十

[①] 军调：1945年，美国总统特使马歇尔受命来华调解"国共军事冲突"。

年经营不遗余力,国人接收一年即毁坏殆尽的《华北工业》。前者把追随马歇尔①飞来飞去于华北五省几个大据点上所见到的人物,所接触的人事,把握问题既准确,叙述复生动,可说是数十年来最有生命的一个叙事诗。不仅在当时有教育作用,于明日还有历史性,文笔活泼而庄严,也足称这个事件的复杂多方。尤其是作者从叙述中有轻重,所暗示的失败关键,给读者的启发亦甚多。后一书的写作方法大不相同,多就各方面所得统计资料、报告,加以综合排比,更就个人眼目接触,来写这些工业单位前前后后如何由"存在"而"停顿",由"有"而变"无",在对照上更充分叙述某一方面的无知自私而贪得,饶上个国战扩大,共方破坏,形成的接收的失败,如何惨,如何无可补救!一切专门家和有良心的公民,活在这个悲剧环境中,都只有深刻痛苦和手足无措。如果"必读书"的制度还保存,除大学中学生外,还有指派到地方官吏、军营将士或军校学生的可能,我想这个应当是本值得推荐的小书。因为可让读者明白由于少数人的无知自私,以及用战事作政争,仅仅华北平津一个单位,即毁坏多少建设,影响到这个国家的将来,严重到什么程度!过去的事虽然已无从补救,未来是否尚可作些安排,凡事都还要看人来。不过这个作品的存在价值,与文学实不相干。虽然作者在文学创作多方面作过尝试,传记、小说、戏剧、电影剧本,都曾有成就,这个作品的好处,可说恰恰是缺少文学性却不失其永久性。虽如一个专题检讨,却是用一个叙事方法引领读者进入本题。

从这四个人的工作表现,检讨到新闻叙事的得失时,让我们明白,即一个优秀特写作者,广泛的认识与人类的温情,都不能

---

① 马歇尔:美国国务卿。1945—1947年,作为美国总统特使来华,以调处为名,参与国共谈判。

缺少。理想的叙事高手，还必需有一个专门家或学者的知识，以及一个诗人一个思想家的气质，再加上点宗教徒的热情和悲悯，来从事这个工作，十年八年才可望有新而持久的记录。人才如何从学习训练来培育，以我私见，国内大学新闻系的课程，或得重新设计设计了。因为这部门的工作，从报馆主持人来说，目前还看不出比社论见出抽象价值，比广告见出具体价值。但事实上容许寄托一些更新的希望于未来。新闻系的主持人若具远见，把"业务管理"与"持笔作文"于第三年分组，使某一组学生对于文史修养，及哲学、美术、心理、社会等等课程分量加重，学习用笔也得作个长期训练应当是值得考虑的试验。若照目前制度和方式，可不大济事，不仅浪费了许多优秀人才，且把这部门工作可寄托的希望，也浪费了。

这件事现在说来，也许像是痴人说梦，和"现实"不大调和。因为即就特写作者本身言，是乐意用一个普通新闻从业员身份来推进工作，还是打量用一个思想家的态度，来把握工作？情形实无从明白。照习惯，近二十年用笔作桥梁，把个人渡入政界的比较多，渡入思想家领域的还不多。也正因此，更让我们对一群在学习在生长的后来者，为增加他们对人类服务的热忱，以及独立人格的培养、文笔有效率的应用，觉得还应当作点准备。不仅学校的课程待补充修正，即我们对于这种优秀记者的优秀成就，也得重新认识、估价，并寄托以较多希望，才是道理！

三十七年一月七日，一月二十四日改

论"海派"*

最近一期的《现代》①杂志上，有杜衡先生一篇文章，提到"海派"这个名词。由于北方作者提及这个名词时，所加于上海作家的压力，有失公道处，故那篇文章为"海派"一名词，有所阐发，同时也就有所辩解。看了那篇文章后，使我发生许多感慨。我同意那篇文章。

"海派"这个名词，因为它承袭了一个带点儿历史性的恶意，一般人对于这个名词缺少尊敬是很显然的。过去的"海派"与"礼拜六派"不能分开。那是一样东西的两种称呼。"名士才情"与"商业竞卖"相结合，便成立了吾人今日对于海派这个名词的概念。但这个概念在一般人却模模糊糊的。且试为引申之："投机取巧"，"见风转舵"。如旧礼拜六派一位某先生，到近来也谈哲学史，也自己说要左倾，这就是所谓海派。如邀集若干新斯文人，冒充风雅，名士相聚一堂，吟诗论文，或远谈希腊

---

* 本篇发表于1934年1月10日天津《大公报·文艺副刊》，署名从文。

① 《现代》：文学刊物，1932年创刊，先由施蛰存主编，第3卷起杜衡参与编辑。

罗马，或近谈文士女人，行为与扶乩猜诗谜者相差一间，从官方拿到了点钱，则吃吃喝喝，办什么文艺会，招纳子弟，哄骗读者，思想浅薄可笑，伎俩下流难言，也就是所谓海派。感情主义的左倾，勇如狮子，一看情形不对时，即刻自首投降，且指认栽害友人，邀功牟利，也就是所谓海派。因渴慕出名，在作品以外去利用种种方法招摇，或与小刊物互通声气，自作有利于己的消息，或每书一出，各处请人批评，或偷掠他人作品，作为自己文章，或借用小报，去制造旁人谣言，传述撮取不实不信消息，凡此种种，也就是所谓海派。

像这样子，北方作家倘若对于海派缺少尊敬，不过是一种漠视与轻视态度，实在还算过于恕道了！一个社会虽照例必有这种无聊人类与这种下流风气存在，但这种人类所造成的风气，是应当为多数人所痛恶深恨，不能容忍它的存在，方是正当道理的。一个民族是不是还有点希望，也就看多数人对于这种使民族失去康健的人物与习气的态度而定。根据北方一般从事于文学者的诚朴态度说来，使我还觉得有点遗憾。过分的容忍，一面固可见出容忍的美德，然而严酷检讨与批判的缺少，实在就证明到北方从事文学者的懒惰处。虽各人皆知自重自爱，产生一种诚朴治学的风气，尚不能将那分纵容的过失卸去。照北方从事文学者的意思看来，用好风气纠正坏风气，应当是可能的一件事。我觉得这种办法不是个办法。我主张恶风气的扫除，希望这成为不拘南北真正对于文学有所信仰的友人一种责任。正因为莠草必需刈除，良苗方有苗茂机会。然而在南方，却有并不宜于从海派文人中讨取生活的现代编者杜衡君，来替上海某种人说话了。

这是杜衡君的错处。一面是他觉得北方从事文学者的观念，对于海派的轻视的委屈，一面是当他提到"海派"时，自己却俨然心有所慑，以为自己也被人指为海派了的。这是杜衡君的错误。

海派如果与我所诠释的意义相近，北方文学者用轻视忽视态度，听任海派习气存在或展开，就实在是北方文学者一宗罪过。这种轻视与忽视态度，便有他们应得的报应，时间一久，他们便会明白，独善其身诚朴治学的风度，不但难于纠正恶习，且行将为恶势力所毁灭，凡诚实努力于文学一般的研究与文学创作者，且皆会为海派风气从种种下流方法上，将每个人皆扮成为小丑的。且照我所谓海派恶劣德性说来，杜衡君虽住在上海，并不缺少成为海派作家的机会，但事实明明白白，他就不会成为海派的。不只杜衡君如此。茅盾，叶绍钧，鲁迅，以及若干正在从事于文学创作杂志编纂人（除吃官饭的作家在外），他们即或在上海生长，且毫无一个机会能够有一天日子同上海离开，他们也仍然不会被人误认为海派的。关于海派风气的纠正与消灭，因为距离较近，接触较多，上海方面的作家，较之北方作家认识本题必更清楚，且更容易与之利害冲突，上海方面作家，应尽力与可尽力处，也必较之北方作家责任更多。杜衡君仿佛尚不明白这种事实，我却希望他已经明白这种事实。他不宜于担心别人误认他为海派，却应当同许多在上海方面可尊敬的作家一样，来将刊物注意消灭海派恶习的工作。

杜衡君，宜于明白的，就是海派作家及海派风气，并不独存于上海一隅，便是在北方，也已经有了些人在一些刊物上培养这种"人材"与"风气"。到底是北方，还不至于如上海那么希奇古怪，然而情形也就够受了。在南方所谓海派刮刮叫的人物，凡在作品以外的卖弄行为，是早已不能再引起羞耻感觉，把它看成平平常常一件事情了的。在北方，则正流行着旁人对于作家糅合了好意与恶意的造谣，技巧古朴的自赞，以及上海谎话的抄袭。作者本人虽多以为在作品本题下，见着自己名字，便已觉得不幸，此外若在什么消息上，还来着自己名字，真十分无聊。然而由于读者已受了海派风气的陶冶，对于这人作品有所认识的，便欢喜注意这作者本人的一切。结果在作者方面，则凭空增加了若干受窘的机会，且对于陌生的会晤总怀了恐惧，在读者方面，则每日多读到了些文人的"起居注"，在另外某一种人，却又开了一条财源。居住上海方面的作家，由于友仇的誉毁，这类文章原是不求自来的。但在北方，愿意在本人作品以外露面的作家，实在太少了，因此出于拜访者大学生手中的似是而非的消息，也便多起来了。这种消息恶意的使人感觉方法如此下流得可怜，善意的也常常使人觉得方法拙笨到可笑。一个文学刊物在中国应当如一个学校，给读者应有的是社会所必需的东西，所谓必需东西虽很多方面，为什么却偏让读者来对于几个人的起居言谈发生特殊兴味？一个编辑人不将稿费支配到一些对于这个民族毁灭有所感觉而寻出路的新作家的作品上去，却只花钱来征求属于一个人的记载，这种糟蹋读者的责任，实在是应当由报纸编辑人来担负的。很明显的事，若干刊物的编者，现在是正认为从这种篇幅上，攫到若干读者，且希望从这方面增加读者的。这种风气的延长，我认为实在是读者与作者两方面的不幸。

北方读者近来欢喜读点不三不四的文人消息，从本人作品以外的半真半伪记录上，决定对于这作者的爱憎，可以说是这种纵容恶习当然的结果。我所说的身住北方作家对于海派的容忍，必有它应得的报应，这就是所谓报应！

从南方说，几个稍稍露面的对于未来有所憧憬、沉默中在努力的作家，正面的被某种势力迫害以外，不也是成天在各种谣言中受迫害吗？

妨害新文学健康处，使文学本身软弱无力，使社会上一般人对于文学失去它必需的认识，且常歪曲文学的意义，又使若干正拟从事于文学的青年，不知务实努力，以为名士可慕，不努力写作却先去做作家，便皆为这种海派的风气作祟。扫荡这种海派的坏影响，一面固需作者的诚实朴质，从本人作品上来立下一个不可企及的标准，同时一面也就应当在各种理论严厉批判中，指出种种错误的，不适宜继续存在的现象。这工作在北方需要人，在南方还更需要人。纠正一部分读者的意识，并不是一件十分艰难的工作。但我们对于一切恶习的容忍，则实在可以使我们一切努力，某一时全部将在习气下毁去！

我们不宜于用私生活提倡读者对于一个作者过分的重视，却应用作品要求读者对于这个社会现状的认识。一个无所谓的编者，或想借用这种海派方法，来对于一般诚实努力的作家，给他一种不可防御的糟蹋，我们不向他们有何话说。至于一个本意在报告些文坛消息，而对于中国新的文学运动却怀了好意的编者，我希望这种编者，注意一下他自己的刊物，莫因为太关心到读者一时节的嗜好，失去他们对文学的好意。

二十三年一月七日

作家间需要一种新运动[*]

近几年来，如果什么人还有勇气和耐心，肯把大多数新出版的文学书籍和流行杂志翻翻看，就必然会得到一个特别印象，觉得大多数青年作家的文章，都"差不多"。文章内容差不多，所表现的观念也差不多。有时看完一册厚厚的刊物，好像毫无所得；有时看过五本书，竟似乎只看过一本书。凡事都缺少系统的中国，到这种非有独创性不能存在的文学作品上，恰恰见出个一元现象，实在不可理解。这个现象说得蕴藉一点，是作者大都关心"时代"，已走上了一条共通必由的大道。说得诚实一点，却是一般作者都不大长进，因为缺少独立识见，只知追逐时髦，所以在作品上把自己完全失去了。一个作品失去了自己的见解，自己的匠心，还成个什么东西？这问题，时代似乎方许作者思索！

提起"时代"，真是一言难尽。为了追逐这个名词，中国近十年来至少有三十万二十岁以内的青年腐烂在泥土里。这名词本来似乎十分空虚，然而却使青年人感到一种"顺我者生，逆我

---

[*] 本篇发表于1936年10月25日天津《大公报·文艺》，署名炯之。

者灭"的魔力。这个名词是作家制造出来的,一般作者仍被这个名词所迷惑,所恐吓。因这名词把文学作品一面看成商品的卑下,一面又看作经典的尊严;且以为能通俗即可得到经典的效果,把"为大众"一个观念囫囵吞枣咽下肚里后,结果便在一种莫明其妙矫揉造作情绪中,各自写出了一堆作品。这些作品陆续印行出来,对出版业虽增加了不少刺激,对读者却只培养了他们对新文学失望的反感。原因在此:记着"时代",忘了"艺术"。作者既想作品坐收商品利益,又欲作品产生经典意义,并顾并存,当然不易。同时情感虚伪,识见粗窳,文字已平庸无奇,故事又毫不经心注意安排。间或自作聪明解脱,便与一种流行的谐趣风气相牵相混。作品"差不多"于是成为一种不可避免的命定。虽"时代"这个名词,在青年读者间,更发生一种特别作用,造成读者与新书密接的关系。但这个差不多现象,纵不至于引起读者的嫌恶,对于读者无多大的益处,看来却简单明白之至!许多作者留给我们的印象,竟像是在那里扮凶恶的屠户,演诙谐的丑角,对于所扮演的角色,对他十分生疏,极不相宜,勉强作来,只为的是赶逐风气。许多作者留给我们的印象,竟像是所有工作,并不曾在用脑子思想某一问题,不过是送脊髓在反应某种活动。这世界单凭一条脊髓就够他活一辈子的人,原来很多,毫不出奇。不过如果一个作家,生活都如此简单,说起来并不可笑,实在可怕!

想明白"差不多"的事实,我们不妨找寻一个近例来看看。大家都知道最近俄国死了一个高尔基。这个人生存时,中国据说就有一个人自称为高尔基专家,有无数高尔基崇拜者或爱好者。人一死,大家自然就忙起来了。这里出一个专号,那里印一个特刊,可是倘若有个好事者,试把各种纪念文章汇集起来看看,就会看出原来所有文章都差不多。从表面看是一致颂扬这个为人类奋斗的战士，对其死亡表示尊敬与伤悼。然而这"一致"处恰好也就说明所有作家对于这个死者的毁誉褒贬，来源差不多，全是转贩来的。大刊物作了第一次照抄工作，小刊物又来作第二手转贩。大家来装饰这个纪念的，不过是应景凑趣一场热闹罢了。此外，完事大吉。"中国人行为极幽默，却不大懂幽默"从这件事看来，真是一言中的。

应景凑趣不特用在伤悼文字上已成习惯，其他许多问题论战，也无不如此。问题一来，你抄我抄，来个混战一场，俨然十分热闹，到后，无话可说，说来也差不多，不能不结束了，就算告了段落。应景凑趣既然成为一种普遍风气，所以不特理论文章，常令人发生"差不多"的感想，连小品文，新诗，创作小说，也给人一个同样印象。单就小说看，取材不外农村贫困，小官僚嘲讽，青年恋爱的小悲剧。作者一种油滑而不落实的情趣，简单异常的人生观，全部明朗朗反映在作品里。故事老是固定一套，且显出一种特色，便是一贯的流注在作家观念中那一种可怕的愚昧。对人事拙于体会，对文字缺少理解。虽在那里写作，对于一个文学作品如何写来方能在读者间发生效果，竟似乎毫不注意，毫不明白。所有工作即或号称是在那里颂扬光明的理想，诅咒丑恶的现实，悲惨的事，便是不知道那个作品本身，就是一种具体的丑恶的现实。作家缺少一个清明合用的脑子，又缺少一支能够自由运用的笔，结果自然是作品一堆，意义毫无，锅中煮粥，同归糜烂罢了。

这种引导作者向下坡路走去的风气，追究起来，另外自然还有个历史的可悲原因。中国是个三千年来的帝国，历来是一人在上，万民匍匐。历史负荷太久，每个国民血液中自然都潜伏一种奴隶因子。沿例照样成为国民共通的德性，因为禀赋这种德性方能生存。老子向吾人讴歌这种德性，孔子为帝王训练这种德性，到末世则文章有八股，诗有试帖诗，字有馆阁体①。（数百年一成不变！）每人来到社会上讨生活，第一件事就是模仿，能够"差不多"就可衣食无缺。社会既不奖励思索，个人就不惯独自思索。多数人总是永远浑浑噩噩，至于老死，少数人不能浑浑噩噩，必有机会向上成为中间统治者，虽无迷信，明知是非，然而为生儿育女事牵牵绊绊，自然还是除了解释道德经训，帮同制造迷信愚蒙下民以外，无可作为。辛亥来了一个政治革命，五四又来了个思想文学革命，加上以后的北伐清党……一篇历史陈账，革来革去，死的烂了，活的变了，一切似乎都不同了。可是潜伏到这个老大民族血里的余毒，却实在无法去尽。文学方面"差不多"的现象，这种毒素就负一半责任。三五个因历史关系先走一步的老作家，日月交替，几年来有形无形都成了领袖和权威，或因年老力衰，气量窄小，或因能力有限，又复不甘自弃，或更别具见解，认文运同政治似二实一，这些人的情绪和行为，自然都支持着那个凡事照样的民族弱点。后来者或急于自见，贪图速成，或毫无定向，随声附和，或根本无意从事文学，惟本人明世故，工揣摩，看清楚这方面是一条转入仕途的终南捷径，这些人自然又扩大那个民族弱点。作家创作观念，便被笼罩在一种差不多的空气里。凡稍有冒险精神，想独辟蹊径走去的，就极容易被看作异类，凡写作文字特具风格，与众不同，又不免成为乖僻。（异类乖僻，一加转译，即成落伍。）在这种情形中，身为教书匠之流，还可抱残守阙，孤单寂寞遣送他那个度越流俗的生涯。至于一般从事文学创作者，大多数把工作同生活都打成一

---

① 八股：明清科举考试规定的文体。每篇由破题、承题、起讲、入手、起股、中股、后股、束股八部分组成，故称八股。试帖诗：诗体名。起源于唐代，为科举考试时所采用。馆阁体：书体名。明清科举取士，用于考卷的字体，明称台阁体，清称馆阁体，后用以泛指呆板的字体。

片，不可分开。除写作无以为生，不追逐时代虽写作也无以为生。自甘落伍，则精神物质，两受其害，生活无法支持。因此一来，作品当然便从"差不多"一条路上走去了。"差不多"的现象也就俨然是一个无可避免命定的结局。

这"差不多"的局面若不幸而延长十年八年，社会经过某种变动后，还会变本加厉，一切文学新作品，全部会变成一种新式八股，号称为佳作杰作的作品，必内容外形都和当前某种标准或模范作品相差不多。所谓标准作品，模范作品，自然就是那时领袖编辑同有势力的书店老板写的那类作品。

幸而另外还有一些人，看出这个"差不多"的可怕情形了，明白这种情形对于三五领袖一二老板是个值得赞颂万世统一的基础，但对于大多数青年作家，却似乎太凄惨太不人道了，这些人对于这点认识得即比较深刻，说高尚一点，从文化着想；说卑陋一点，从商业着想，都以为当前趋势得有个调剂，有个补救。出版业若不愿与习气同归于尽，还希望多作出一分贡献，扩大或延长它的组织，一面需要有眼光印书捞钱，同时一面也就得有胆量印书赔钱，就基于这点认识，因此年来我们才居然在一堆"差不多"的新书中，有机会看到几种值得读后再读的新书，在一些篇幅巨大的文学月刊中，间或又还可发现两篇值得看后还留下一点印象的短文。在文学论著中有一本《福楼拜评传》，一本《文艺心理学》[1]，散文作家中出了个何其芳，小说作家中发现一个芦焚，戏剧作家中多了一个曹禺，游记作家中且有一个更值得人特别注意的长江[2]。（虽然这个人的通讯文章，无人当他作文学作品，但比起许多载道派言志派的作品，都好得多。）这些人

---

[1]《福楼拜评传》：李健吾著。《文艺心理学》：朱光潜著。
[2] 长江：即范长江，时为《大公报》记者。

的作品，当前的命运比较起来都显得异常寂寞。作者在他作品上疏解自己的思想和感情，以及所表现或记录对人生的观照，用的是一种如何谨严缜密态度，一般粗心读者实在难于理会。它们单是在文学方面的成就，也还没有得到应得的尊重，它们的影响，似乎竟不如许多虚伪空疏作品来得大，它们目前虽存在，好像并不存在。

幸而又还有一个刘西渭先生，几乎像凭空掉下，一支带着感情的笔，常在手中挥来使去，这里写一篇书评，那里写一篇书评，俨然时时刻刻都在向读者指东话西粗声大气的呼喊："先生们（蠢东西），睁开眼睛，看这个，看那个，细心的看，有道理呀！放下你那个流俗的成见，会看出道理来……"自己老以为这时代人大多数是聋子，是瞎子，是势利鬼，是应声虫，需要一个光脊梁作战的典韦，不避箭矢，自充好汉，来同习惯作战，尽力显扬幽隐，宏奖乖僻，领导读者爬高山，瞻远景。凭着这种迷恋于中世纪的游侠者精神，到处玩着刺风磨的举动，虽弄得这个人满头是汗，还不休息。书评写到无可再写时，掉过头来，居然尚兴致勃勃的向出版者和编辑先生说："您这事作得对，物质失败，精神胜利。别担心您那个闲书会老赔钱，赔钱也尽管干！时间会带走那些流行偏见和愚行，消灭了您出版那些走红运捞大钱的新作品，至于那些孤单的著作，从印刷所搬来，如今尚搁在书库里原封不动的东西，终会给您挣一个大面子，终会不朽，永远留存的！我刘西渭为什么存在？就为的是宣扬真理下来阐明这些作品真实价值而存在！"刘西渭先生的事业，自然应当放在"差不多"的一群以外。什么时候"挣面子"，能不能"不朽"，有天知道。

刊物编辑和书店主持人，虽渐渐明白了印赔钱书刊载不谐俗文章是必需作的事，可是却并无能力使这些作品增多。刘西渭虽俨然为保护这些作品而存在，可是也似乎无能力使这些作品增多。读者呢，好像有一小部分人虽聪明了一点、世故了一点，已明白从一堆"差不多"的作品中找寻杰作，不易发现，然而那个有势力的名词，在心目中却依然极有势力，害羞落伍，不好意思看那些"闲书"。大家知道了一个刘西渭，只老想弄明白这是谁，却不大有兴味注意这个刘西渭直干些什么事，说些什么话。

唯一的希望是在作者本身。作者需要有一种觉悟，明白如果希望作品成为经典，就不宜将它媚悦流俗，一切伟大作品都有它的特点或个性，努力来创造这个特点或个性，是作者责任和权利。作者为了追求作品的壮大和深入，得自甘寂寞，略与流行观念离远，不亟亟于自见。作者得把作品"差不多"看成一种羞辱，把作品"差不多"看成一种失败。如此十年，一切或者会不同一点点！

近几年来在作家间所进行的运动很不少，大众语运动，手头字运动，幽默文学，报告文学，集团创作……每种运动都好像只是热闹一场完事。我却希望有些作家，来一个"反差不多运动"。针对本身弱点，好好的各自反省一番，振作自己，改造自己，去庸俗，去虚伪，去人云亦云，去矫揉造作，更重要的是去"差不多"！这样子来写出一些面目各异的作品。倘若一个文学作品还许可我们对它保留一点奢望，以为它会成为多数人的经典，可能成为多数新人的一种经典，似乎也只有经过这样子反省来从事写作的作家，可能够完成这种经典。这"反差不多"的运动，在刊物上杂志上热闹是不必需的事，却应当在作家间成为一个创作的基本信条。

民国二十五年十月

再谈差不多[*]

去年冬天我在《大公报·文艺副刊》某一期上写了一篇文章，大意说："近年来中国新文学作品，似乎由于风气的控制，常在一个公式中进行，容易差不多。文章差不多不是个好现象。我们爱说思想，似乎就得思得想。真思过想过，写出来的文学作品，不会差不多。由于自己不肯思想，不愿思想，只是天真胡涂去拥护所谓某种固定思想，或追随风气，结果于是差不多。要从一堆内容外形都差不多的作品达到成功，恐怕达不到。"这文章随后是被《书人月刊》、《月报》转载过的。

因为文章正搔着一些人的痒处，所以这问题忽然就热闹起来了。热闹即所谓反响，劝作家用脑子得来的反响。这反响是我料得到的。不拘左或右，习惯已使人把"思索"看成"罪恶"，我却要一些人思索，当然有反响。不过就一篇文章来作寻章摘句的反对，虽人人都可以说几句话，事实上或前或后大家还得承认"差不多"现象在文学作品上的确存在。或说这存在是"必然"的，"必需"的，或又从反面说，"这个那个都并非差不多！"综

---

[*] 本篇发表于1937年8月1日《文学杂志》第1卷第4期，署名炯之。

合看来倒恰好证明我那小文所说的即或不完全对，至少有一部分已触着了一个问题，一个中国新文学运动发展上值得注意的问题。作家应如何写作，宜用什么作品和读者对面？等待回答。

最好的回答倒是鲁迅先生的死，被许多人称为"中国最伟大人物"。伟大何在？都说在他性格、思想、文章比一切作家都深刻。"比一切作家都深刻"，这是从万千纪念文章中抽出的结论！倘若话是可靠的，那鲁迅先生却是个从各方面表现度越流俗最切实的一位。倘若话是不可靠的，那一切纪念文章都说错了，把鲁迅先生的伟大估错了。

这件事并不能平静一切随之而起的嚣扰，另有原因。护短为近代中国作家一个特色，作家是从不用自己的矛试试自己的盾的。所以不问事实如何，提出差不多问题的人，若是自己一伙，还不免认为"胡闹"，认为"有意在分化前进同志的战斗力"，认为"反对爱国"，终止于认为是"汉奸"。若一个无党派的自由人，自然更容易得罪人了。事实上我们看惯了十年来文坛上各种希奇古怪的诬蔑造谣，对这些话自然也就不会有何气愤，只觉得情形十分可悯。

尤其是为一些身住小城市，对国内文坛莫明其妙的人，跟随着人云亦云，觉得可悯。

作者在本文上曾事先声明，"发生笔战，无从奉陪"，所以沉默下来，看看作家（我指的是真正在拿笔写作的作家，一些自称为作家并不写作的人不放在内），要他自己有点成就，要"作品"在社会上留个印象，是走鲁迅那么一条比一切深刻的路好，还是走张三李四赵五钱六多一个或少一个都无关系的路好。是好好的多用点心思，写出些有风格有个性有见解的作品好，还是不思不想写点不三不四应景凑趣小文，且跟随着风气来嚷嚷骂骂好？

反响不过是一种人事上的摩擦，所以反响尽管热烈，作家中且俨然各有义务为差不多作辩护，到他自己拿笔时，还是愿意把他作品写得像样一点，无论任何一方面都比人不同一点。除了投机者与冒险家以及热中护短的在外，凡真有远见，注意国家情形熟习文坛状况的人，都不能不默认作品在差不多倾向下，实在难以为继。且明白在受主义统治和流行趣味所支配时，好作品不易产生。要中国新文学有更好的成绩，在民主式的自由发展下，少受凝固的观念和变动无时风气所控制，成就也许会大一些。并且当朝野都有人只想利用作家来争夺政权巩固政权的情势中，作家若欲免去帮忙帮闲之讥，想选一条路，必选条限制最少自由最多的路。换言之，作家要救社会还得先设法自救。自救之道第一别学人空口喊叫，作应声虫，第二别把强权当作真理，作磕头虫。若说信仰是必需的，也得有点真信仰，别随风气压力自己老是忽左忽右，把近十年来新文学在读者间建设的一点点信用完全毁去。

得到多数不是什么可笑的奢望，但也不是什么很容易的工作。不管那左翼文学或民族主义文学，你得有"作品"，你的作品至少得比同时别的作品高明些，精美些，深刻些，才有人愿意看，看了又才可望引起良好作用。你个人所有作品内容若差不多，假若我是个读者，就只看一本。你和你朋友的作品若差不多，看过你的他的我就不用再看。（因为要有影响，那一本书就会有影响，不必看十本书。若无影响，多看还是毫无意义。）大家不想办法避免作品表现的雷同，若只能把提出这问题的人，用各种不相干的丑话骂骂，还造作出些无稽的罪名，读者对这种方法，还是会感到厌倦。要用作品作什么运动，不会有结果。要在作品以外支持原有的地位，支持不下去。要得到多数，教育多数，所能作的事，至多不过是"大世界"一类地方所已作的事，热闹一场完事。

我们尝见到有些人，口口声声说要大众，要多数，表现的是同情他们，了解他们，事实上结果倒很容易变成所要的只是大众知道有个某某，在同情他们，了解他们，要大众承认那个人是他们中唯一的英雄，唯一的爱国志士。结果大众虽知道了这个人，可是这个人既不曾好好的真正的去注意过国内一切活人的情形，也并无兴味作这件事，倒老是住在南方或北方一个都市里，即便是都市，都市里上层生活沾不着，下层生活又插不进。既轻视道德，又害怕罪恶（对所谓道德或罪恶也就永远不能有何具体认识）。生活在一个很窄小的圈子里，仅有的是少数朋友或同行。工作虽说是为人类正义或真理，情感反应却走不出少数又少数的同行友敌文章范围中。若这人当真还有点热情，有点信仰，间或还会幻想用作品改造社会，推动革命，使人类生活进步一点，完美一点。若是个假志士，目的倒只想用不诚实的行为，在读者间建设一个好印象，奔走钻营，机会来时得便作官。个人可以"成功"，对真正那个改造社会的革命，实无关系（那是出生入死的实行者的功绩）。对那个接续历史的文学，又无成绩（那是埋头苦干的努力者的成绩）。有热情有信仰的人，热情误用，信仰容易转入空虚，我觉得实在可惜。无热情无信仰而装作雄赳赳的人，照例善观风色，随时转变，我当应为他道贺。因为他们要个人"成功"在这个乱糟糟的社会中，原有许多机会可以成功。可是他们虽建树了自己，却毁坏了中国新文学的前途，因此一来出版业在读者间应有的信用，难于维持，同时这种出版者再也不能和作家间维持已有信用。当前的情形就可证明。

我说的是一点"事实"，就个人十年来在所谓文坛中观光认识的平常事实。"实现的"或近似这类名词虽为每一个论客常常提出，照例大多数作家倒不乐意和这种事实对面。只因为事实将引起一部分人幻想的破灭，也不免损害另一部分人做作的尊严。但是明白承认它对一个真实作者未尝无好处，正可藉此反省一下，怎么办工作能够更有意义一点。对一个冒牌作家或者也有好处，由此可以重新走一条路，譬如说，放下文学，走更稳当更便利的成功之路。其中只有一种人真正要受损失，就是分布国内各地天真纯洁的读者。他们的年龄，他们的环境，都是不宜与事实上的人生对面的：要希望，对某种不可能的事有所希望；要崇拜，对某种有形无形的偶像徒然的崇拜。明白这个事实可糟了。心热一点，便会随同人乱骂一通，以为谁已"落伍"，谁是"汉奸"。心冷一点，必然异常灰心，对一切社会人事而灰心。

不过我的希望却是要这种人从事实上得到一点教训，学习自己用脑子来重新思索。现在要生存，将来要写作，都先应自救，从个人盲目信赖的情感主义救起。应明白目前有些作家拿手好戏不是写作，只是策略。策略虽能造就一个作家的地位，并不能造就一个作品的价值。若把社会和个人看得清楚一点，自会明白一个国家的建设或改造，决不是三五个拿笔的人空口说白话办得好。能嚷会骂的不过只是能嚷会骂，用他的嚷骂来爱国，虽然他用的方式能在一时间排除你情绪上的郁结，也可以振作一下你萎靡不振的精神。真正在求国家进步，由进步而得到解放，爱人类真理且为真理而致力的，或者倒是在各种科学研究室埋头工作的，各种事业上认真苦斗的，作地质调查的，作铁道水利建设测量的，改良农产的，办理乡村教育的，此外还有那分布在国内各大都市的几百万工人，分布国内各处生活极苦的几千万农民，和生活极苦同时还拘束极严的几十万兵士。这些人在物质和精神两方面所受的困辱，他们长久的忍耐，在忍耐中的向上求进步，我们胡胡涂涂活在都市里的读书人，把生活和他们对照起来时，真应当如何自愧！年轻人倘若有一点无所归宿的宗教情绪，要找寻崇拜的对象,与其对喉咙响亮空头作家倾心,倒不如去注意另外那些人,了解他们,再崇拜他们。他们才是真正值得我们崇拜的英雄。崇拜一个作家,只能支持你的空想,崇拜这个民族的无言者,却能够引起你对事实感到那种应有的庄严,把"战争"或"改造"这一类名词,看得更切实更具体。到各方面迫促战争或改造不可避免时,你才知道如何在本分上尽责;才会知道如何为人类正义而尽责。

《边城》题记[*]

  对于农人与兵士,怀了不可言说的温爱,这点感情在我一切作品中,随处都可以看出。我从不隐讳这点感情。我生长于作品中所写到的那类小乡城,我的祖父,父亲,以及兄弟,全列身军籍;死去的莫不在职务上死去,不死的也必然的将在职务上终其一生。就我所接触的世界一面,来叙述他们的爱憎与哀乐,即或这支笔如何笨拙,或尚不至于离题太远。因为他们是正直的,诚实的,生活有些方面极其伟大,有些方面又极其平凡,性情有些方面极其美丽,有些方面又极其琐碎,——我动手写他们时,为了使其更有人性,更近人情,自然便老老实实的写下去。但因此一来,这作品或者便不免成为一种无益之业了。因为它对于在都市中生长教育的读书人说来,似乎相去太远了。他们的需要应当是另外一种作品,我知道的。
  照目前风气说来,文学理论家,批评家,及大多数读者,对于这种作品是极容易引起不愉快的感情的。前者表示"不落

---

[*] 本篇发表于1934年4月25日天津《大公报·文艺副刊》第61期,署名沈从文。

伍",告给人中国不需要这类作品,后者"太担心落伍",目前也不愿意读这类作品。这自然是真事。"落伍"是什么?一个有点理性的人,也许就永远无法明白,但多数人谁不害怕"落伍"?我有句话想说:"我这本书不是为这种多数人而写的。"大凡念了三五本关于文学理论文学批评问题的洋装书籍,或同时还念过一大堆古典与近代世界名作的人,他们生活的经验,却常常不许可他们在"博学"之外,还知道一点点中国另外一个地方另外一种事情。因此这个作品即或与当前某种文学理论相符合,批评家便加以各种赞美,这种批评其实仍然不免成为作者的侮辱。他们既并不想明白这个民族真正的爱憎与哀乐,便无法说明这个作品的得失,——这本书不是为他们而写的。至于文艺爱好者呢,或是大学生,或是中学生,分布于国内人口较密的都市中,常常很诚实天真的把一部分极可宝贵的时间,来阅读国内新近出版的文学书籍。他们为一些理论家,批评家,聪明出版家,以及习惯于说谎造谣的文坛消息家,同力协作造成一种习气所控制,所支配,他们的生活,同时又实在与这个作品所提到的世界相去太远了。——他们不需要这种作品,这本书也就并不希望得到他们。理论家有各国出版物中的文学理论可以参证,不愁无话可说;批评家有他们欠了点儿小恩小怨的作家与作品,够他们去毁誉一世。大多数的读者,不问趣味如何,信仰如何,皆有作品可读。正因为关心读者大众,不是便有许多人,据说为读者大众,永远如陀螺在那里转变吗?这本书的出版,即或并不为领导多数的理论家与批评家所弃,被领导的多数读者又并不完全放弃它,但本书作者,却早已存心把这个"多数"放弃了。

我这本书只预备给一些"本身已离开了学校,或始终就无从接近学校,还认识些中国文字,置身于文学理论,文学批评,以及说谎造谣消息所达不到的那种职务上,在那个社会里生活,而且极关心全个民族在空间与时间下所有的好处与坏处"的人去看。他们真知道当前农村是什么，想知道过去农村有什么，他们必也愿意从这本书上同时还知道点世界一小角隅的农村与军人。我所写到的世界，即或在他们全然是一个陌生的世界，然而他们的宽容，他们向一本书去求取安慰与知识的热忱，却一定使他们能够把这本书很从容读下去的。我并不即此而止，还预备给他们一种对照的机会，将在另外一个作品里，来提到二十年来的内战，使一些首当其冲的农民，性格灵魂被大力所压，失去了原来的朴质，勤俭，和平，正直的型范以后，成了一个什么样子的新东西。他们受横征暴敛以及鸦片烟的毒害，变成了如何穷困与懒惰！我将把这个民族为历史所带走向一个不可知的命运中前进时，一些小人物在变动中的忧患，与由于营养不足所产生的"活下去"以及"怎样活下去"的观念和欲望，来作朴素的叙述。我的读者应是有理性，而这点理性便基于对中国现社会变动有所关心，认识这个民族的过去伟大处与目前堕落处，各在那里很寂寞的从事于民族复兴大业的人。这作品或者只能给他们一点怀古的幽情，或者只能给他们一次苦笑，或者又将给他们一个噩梦，但同时说不定，也许尚能给他们一种勇气同信心！

二十三年四月二十四日记

《从文小说习作选》代序[*]

先生，真亏你们的耐心和宽容，许我在这十年中一本书接一本书印出来。花费金钱是小事，花费你们许多宝贵的时间，我心里真难受，我们未必全有机会见面或通信，但我知道你我相互之间无形中早已有了一种友谊流通。我尊重这种友谊。不过我虽然写了许多东西，我猜想你们从这儿得不到什么好处。你们目前所需要的或者我竟完全没有。过去一时有个书评家称呼我为"空虚的作家"，实代表了你们一部分人的意见。那称呼很有见识。活在这个大时代里，个人实在太渺小了。我知道的并不比任何人多。对于广泛人生的种种，能用笔写到的只是很窄很小一部分。我表示的人生态度，你们从另外一个立场上看来觉得不对，那也是很自然的。倘若我作品不合你们的趣味，事不足奇，原因是我的写作还只算是给我自己终生工作一种初步的试验。你们欢喜什么，了解什么，切盼什么，我一时尚注意不到。我虽明白人应在人群中生存，吸收一切人的气息，必贴近人生，方能扩大他的心灵同人格。我很明白！至于临到执笔写作那一刻，可不同了。我

---

[*] 本篇发表于 1936 年 1 月 1 日《国闻周报》第 13 卷第 1 期，署名沈从文。

除了用文字捕捉感觉与事象以外,俨然与外界绝缘,不相粘附。我以为应当如此,必需如此。一切作品都需要个性,都必需浸透作者人格和感情,想达到这个目的,写作时要独断,要彻底地独断!(文学在这时代虽不免被当作商品之一种,便是商品,也有精粗,且即在同一物品上,制作者还可匠心独运,不落窠臼,社会上流行的风格,流行的款式,尽可置之不问。)先生,不瞒你,我就在这样态度下写作了十年。十年不是一个短短的时间,你只看看同时代多少人的反复"转变"和"没落"就可明白。我总以为这个工作比较一切事业还艰辛,需要日子从各方面去试验,作品失败了,不足丧气,不妨重来一次;成功了,也许近于凑巧,不妨再换个方式看看。不特读者如何不能引起我的注意,便是任何一种批评和意见,目前似乎也都不需要。如果这件事你们把它叫作"傲慢",就那么称呼下去好了,我不想分辩。我只觉得我至少还应当保留这种孤立态度十年,方能够把那个充满了我也更贴近人生的作品和你们对面。目前我的工作还刚好开始,若不中途倒下,我能走的路还很远。

这世界上或有想在沙基或水面上建造崇楼杰阁的人,那可不是我。我只想造希腊小庙。选山地作基础,用坚硬石头堆砌它。精致,结实,匀称,形体虽小而不纤巧,是我理想的建筑。这神庙供奉的是"人性"。作成了,你们也许嫌它式样太旧了,形体太小了,不妨事。我已说过,那原本不是特别为你们中某某人作的。它或许目前不值得注意,将来更无希望引人注意;或许比你们寿命长一点,受得住风雨寒暑,受得住冷落,幸而存在,后来人还需要它。这我全不管。我不过要么作,存心么作罢了。在作品上我使用"习作"字样,不图掩饰作品的失败,得到读者的宽容,只在说明我取材下笔不拘常例的理由。

先生,关于写作我还想另外说几句话。我和你虽然共同住在一个都市里，有时居然还有机会同在一节火车上旅行，一张桌子上吃饭，可是说真话，你我原是两路人。提到这一点你不用误会，不必难受，我并没有看轻你的意思。你不妨想象为人比我高超一等，好书读得比较多，人生知识比较丰富，道德品性比较齐全，——总而言之一切请便。只是我们应当分开。有一段很长很长的时期，你我过的日子太不相同了。你我的生活，习惯，思想，都太不相同了。我实在是个乡下人，说乡下人我毫无骄傲，也不在自贬，乡下人照例有根深蒂固永远是乡巴佬的性情，爱憎和哀乐自有它独特的式样，与城市中人截然不同！他保守，顽固，爱土地，也不缺少机警却不甚懂诡诈。他对一切事照例十分认真，似乎太认真了，这认真处某一时就不免成为"傻头傻脑"。这乡下人又因为从小飘江湖，各处奔跑，挨饿，受寒，身体发育受了障碍，另外却发育了想象，而且储蓄了一点点人生经验。即或这个人已经来到大都市中，同你们做学生的——我敢说你们大多数是青年学生——生活在一处，过了十来年日子。也各以因缘多少读了一点你们所读的书，某一时且居然到学校里去教书。也每天照例阅读报纸，对时事发生愤慨，对汉奸感觉切齿。也常常同朋友争论，题目不外乎中国民族的出路，外交联俄亲日的得失，以至于某一本书的好坏，某一个作品的好坏。也有时伤风。必需吃三五片发汗药，躺一两天，机会凑巧等到对于一个女子发生爱情时，也还得昏脑昏头的恋爱，抛下日常正当事务不作，无日无夜写那种永远写不完同时也永远写不妥的信，而且结果就结了婚。自然的，表面生活我们已经差不多完全一样了。可是试提出一两个抽象的名词说说，即如"道德"或"爱情"吧，分别就见出来了。我既仿佛命里注定要拿一支笔弄饭吃，这支笔又侧重在写小说，写小说又不可免得在故事里对于"道德"，"爱情"，以及"人生"这类名词有所表示，这件事就显然划分了你我的界限。请你试从我的作品里找出两个短篇对照看看，从《柏子》同《八骏图》看看，就可明白对于道德的态度，城市与乡村的好恶，知识分子与抹布阶级的爱憎，一个乡下人之所以为乡下人，如何显明具体反映在作品里。这不过是一个小小例子罢了，你细心，应当发现比我说到的更多。有许多事情可以说是我的弱点，但你也应当知道我这个弱点。

我这种乡下人的气质倘若得到你的承认，你就会明白我的作品目前与多数读者对面时如何失败的理由了，即或有一两个作品给你们留下点好印象，那仍然不能不说是失败。我作品能够在市场上流行，实际上近于买椟还珠，你们能欣赏我故事的清新，照例那作品背后蕴藏的热情却忽略了，你们能欣赏我文字的朴实，照例那作品背后隐伏的悲痛也忽略了。原因简单，你们是城市中人。城市中人生活太匆忙，太杂乱，耳朵眼睛接触声音光色过分疲劳，加之多睡眠不足，营养不足，虽俨然事事神经异常尖锐敏感，其实除了色欲意识以外，别的感觉官能都有点麻木不仁。这并非你们的过失，只是你们的不幸，造成你们不幸的是这一个现代社会。就文学欣赏而言，却又有过多的理论家和批评家，弄得你们头目晕眩。两年前，我常见有人在报章杂志上写论文和杂感，针对着"民族文学"问题"农民"文学问题，而有所讨论。讨论不完，补充辱骂。我当时想：这些人既然知识都丰富异常，引经据典头头是道，立场又各不相同，一时必不会有如何结论。即或有了结论，派谁来证实，谁又能证实？我这乡下人正闲着，不妨试来写一个小说看看吧。因此《边城》问了世。这作品原本近于一个小房子的设计，用料少，占地少，希望它既经济而又不缺少空气和阳光。我要表现的本是一种"人生的形式"，一种"优美，健康，自然，而又不悖乎人性的人生形式"。我主意不在领导读者去桃源旅行，却想借重桃源上行七百里路酉水流域一个小城小市中几个愚夫俗子，被一件人事牵连在一处时，各人应有的一分哀乐，为人类"爱"字作一度恰如其分的说明。文字少，故事又简单，批评它也方便，只看它表现得对不对，合理不合理；若处置题材表现人物一切都无问题，那么，这种世界虽消灭了，自然还能够生存在我那故事中。这种世界即或根本没有，也无碍于故事的真实。这作品从一般读者印象上找答案，我知道没有人把它看成载道作品，也没有人觉得还是民族文学，也没有人认为是农民文学。我本来就只求效果，不问名义；效果得到，我的事就完了。不过这本书一到了批评家手中，就有了花样。一个说"这是过去的世界，不是我们的世界，我们不要"。一个却说"这作品没有思想，我们不要"。很凑巧，恰好这两个批评家一个属于民族文学派，一个属于对立那一派。这些批评我一点儿也不吃惊。虽说不要，然而究竟来了，烧不掉的，也批评不倒的。原来他们要的他们自己也没有，我写出的又不是他们预定的形式，真无办法，我别无意见可说，只觉得中国倘若没有这些说教者，先生，你接近我这个作品，也许可以得到一点东西，不拘是什么；或一点忧愁，一点快乐，一点烦恼和惆怅，多少总得到一点点。你倘若毫无成见，还可慢慢的接触作品中人物的情绪，也接触到作者的情绪，那不会使你堕落的！只是可惜你们大多数即不被批评家把眼睛蒙住，另一时却早被理论家把兴味凝固了。你们多知道要作品有"思想"，有"血"，有"泪"；且要求一个作品具体表现这些东西到故事发展上，人物言语上，甚至于一本书的封面上，目录上。你们要的事多容易办！可是我不能给你们这个。我存心放弃你们，在那书的序言上就写得清清楚楚。我的作品没有这样也没有那样。你们所要的"思想"，我本人就完全不懂你说的是什么意义。

　　提到这点，我感觉异常孤独。乡下人太少了。倘若多有两个乡下人，我们这个"文坛"会热闹一点吧。目前中国虽也有血管里流着农民的血的作者，为了"成功"，却多数在体会你们的兴味，阿谀你们的情趣，博取你们的注意。自愿做乡下人的实在太少了。

虽然如此，我还预备继续我这个工作，且永远不放下我一点狂妄的想象，以为在另外一时，你们少数的少数，会越过那条间隔城乡的深沟，从一个乡下人的作品中，发现一种燃烧的感情，对于人类智慧与美丽永远的倾心，康健诚实的赞颂，以及对愚蠢自私极端憎恶的感情。这种感情且居然能刺激你们，引起你们对人生向上的憧憬，对当前一切的怀疑。先生，这打算在目前近于一个乡下人的打算，是不是。然而到另外一时，我相信有这种事。

先生，时间太快，想起来令人惆怅。我的第一个十年的工作已快要结束了，现在从一堆习作里，选了这样二十个短篇，附入几个性质不同的作品，编成这个集子，算是我这个乡下人来到都市中十年一点纪念。这样一本厚厚的书能够和你们见面，需要出版者的勇气，同时还有几个人，特别值得记忆，我也想向你们提提：徐志摩先生，胡适之先生，林宰平先生，郁达夫先生，陈通伯先生，杨今甫先生，这十年来没有他们对我种种的帮助和鼓励，这集子里的作品不会产生，不会存在。尤其是徐志摩先生，没有他，我这时节也许照《自传》上说的那两条路选了较方便的一条，不过北平市区里作巡警，就卧在什么人家的屋檐下瘪了，僵了，而且早已腐烂了。你们看完了这本书，如果能够从这些作品里得到一点力量，或一点喜悦，把书掩上时，盼望对那不幸早死的诗人表示敬意和感谢，从他那儿我接了一个火，你得到的温暖原是他的。如果觉得完全失望了，不妨把我放在"作家"以外，给我一个机会，到另外一时，再来注意我的工作。

十年日子在人事上不是个很短的时期，从人类历史说来却太短了。我们从事的工作，原来也可以看得很轻易，以为是制造饽饽食物必需现作现卖的，也可以看得比较严重，以为是种树造林必需相当时间的。我希望我的工作，在历史上能负一点儿责任，尽时间来陶冶，给它证明什么应消灭，什么宜存在。

《长河》题记[*]

民国二十三年的冬天，我因事从北平回湘西，由沅水坐船上行，转到家乡凤凰县。去乡已经十八年，一入辰河流域，什么都不同了。表面上看来，事事物物自然都有了极大进步，试仔细注意注意，便见出在变化中那点堕落趋势。最明显的事，即农村社会所保有那点正直素朴人情美，几几乎快要消失无余，代替而来的却是近二十年实际社会培养成功的一种唯实唯利庸俗人生观。敬鬼神畏天命的迷信固然已经被常识所摧毁，然而做人时的义利取舍是非辨别也随同泯没了。"现代"二字已到了湘西，可是具体的东西，不过是点缀都市文明的奢侈品，大量输入，上等纸烟和各样罐头，在各阶层间作广泛的消费。抽象的东西，竟只有流行政治中的公文八股和交际世故。大家都仿佛用个谦虚而诚恳的态度来接受一切，来学习一切，能学习能接受的终不外如彼或如此。地方上年事较长的，体力日渐衰竭，情感已近于凝固，自有不可免的保守性，唯其如此，多少尚保留一些治事做人的优美崇

---

[*] 本篇收入1945年文聚版《长河》单行本前，曾发表于1943年4月21日重庆《大公报·战线》，署名沈从文。

高风度。所谓时髦青年，便只能给人痛苦印象，他若是个公子哥儿，衣襟上必插两支自来水笔，手腕上带个白金手表，稍有太阳，便赶忙戴上大黑眼镜，表示爱重目光，衣冠必十分入时，材料且异常讲究，特别长处是会吹口琴，唱京戏，闭目吸大炮台或三五字香烟，能在呼吸间辨别出牌号优劣，玩扑克时会十多种花样。大白天有时还拿个大电筒或极小手电筒，因为牌号新光亮足即可满足主有者莫大虚荣，并俨然可将社会地位提高。他若是个普通学生，有点思想必以能读××书店出的政治经济小册子，知道些文坛消息名人轶事或体育明星为已足。这些人都共同对现状表示不满，可是国家社会问题何在，进步的实现必需如何努力，照例全不明白。（即以地方而论，前一代固有的优点，尤其是长辈中妇女，祖母或老姑母行勤俭治生忠厚待人处，以及在素朴自然景物下衬托简单信仰蕴蓄了多少抒情诗气分，这些东西又如何被外来洋布煤油逐渐破坏，年青人几几乎全不认识，也毫无希望可以从学习中去认识。）一面不满现状，一面用求学名分，向大都市里跑去，在上海或南京，武汉或长沙，从从容容住下来，挥霍家中前一辈的积蓄，享受现实。并用"时代轮子""帝国主义"一类空洞字句，写点现实论文和诗歌，情书或家信。末了是毕业，结婚，回家，回到原有那个现实里，等待完事。就中少数真有志气，有理想，无从使用家中财产，或不屑使用家中财产，想要好好的努力奋斗一番的，也只是就学校读书时所得到的简单文化概念，以为世界上除了"政治"，再无别的事物。所谓政治又只是许多人混在一处，相信这个，主张那个，打倒这个，拥护那个，人多即可上台，上台即算成功。终生事业目标，不是打量入政治学校，就是糊糊涂涂往某处一跑，对历史社会的发展，既缺少较深刻的认识，对个人生命的意义，也缺少较深刻理解。个人出路和国家幻想都完全寄托在一种依附性的打算中，结果到社会里一滚,自然就消失了。十年来这些人本身虽若依旧好好存在,而且有好些或许都做了小官,发了小财,日子过得很好,但是那点年青人的壮志和雄心,从事业中有以自见,从学术上有以自立的气概,可完全消失净尽了。当时我认为唯一有希望的,是几个年青军官。然而在他们那个环境中,竟像是什么事都无从作。地方明日的困难,必需应付,大家看得明明白白,可毫无方法预先在人事上有所准备。因此我写了个小说,取名《边城》,写了个游记,取名《湘行散记》,两个作品中都有军人露面,在《边城·题记》上,且曾提起一个问题,即拟将"过去"和"当前"对照,所谓民族品德的消失与重造,可能从什么方面着手。《边城》中人物的正直和热情,虽然已经成为过去了,应当还保留些本质在年青人的血里或梦里,相宜环境中,即可重新燃起年青人的自尊心和自信心。我还将继续《边城》,在另外一个作品中,把最近二十年来当地农民性格灵魂被时代大力压扁扭曲失去了原有的素朴所表现的式样,加以解剖与描绘。其实这个工作,在《湘行散记》上就试验过了。因为还有另外一种忌讳,虽属小说游记,对当前事情亦不能畅所欲言,只好寄无限希望于未来。

中日战事发生后,二十六年的冬天,我又有机会回到湘西,并且在沅水中部一个县城里住了约四个月。住处恰当水陆冲要,耳目见闻复多,湘西在战争发展中的种种变迁,以及地方问题如何由混乱中除旧布新,渐上轨道,我都有机会知道得清清楚楚。和我同住的,还有一个在嘉善国防线上受伤回来的小兄弟。从他的部下若干小军官接触中,我得以明白战前一年他们在这个地方的情形,以及战争起后他们人生观的改变。过不久,这些年青军官,随同我那小兄弟,用"荣誉军团"名分重新开往江西前线保卫南昌去了。一个阴云沉沉的下午,当我眼看到几只帆船顺流而下，我那兄弟和一群小军官站在船头默默的向我挥手时，我独自在河滩上，不知不觉眼睛已被热泪浸湿。因为四年前一点杞忧，无不陆续成为事实，四年前一点梦想，又差不多全在这一群军官行为上得到证明。一面是受过去所束缚的事实，在在令人痛苦，一面却是某种向上理想，好好移植到年青生命中，似乎还能发芽生根。……

那时节湘省政府正拟试派几千年青学生下乡，推行民训工作，技术上相当麻烦。武汉局势转紧，公私机关和各省难民向湘西疏散的日益增多。一般人士对于湘西实缺少认识，常笼统概括名为"匪区"。地方保甲制度本不大健全，兵役进行又因"贷役制"纠纷相当多。所以我又写了两本小书，一本取名《湘西》，一本取名《长河》。当时敌人正企图向武汉进犯，战事有转入洞庭湖泽地带可能。地方种种与战事既不可分，我可写的虽很多，能写出的当然并不多。就沅水流域人事琐琐小处，将作证明，希望它能给外来者一种比较近实的印象，更希望的还是可以燃起行将下乡的学生一种比较近实的印象，更希望的还是可以燃起行将下乡的学生一点克服困难的勇气和信心！另外却又用辰河流域一个小小水码头作背景，就我所熟习的人事作题材，来写写这个地方一些平凡人物生活上的"常"与"变"，以及在两相乘除中所有的哀乐。问题在分析现实，所以忠忠实实和问题接触时，心中不免痛苦，唯恐作品和读者对面，给读者也只是一个痛苦印象，还特意加上一点牧歌的谐趣，取得人事上的调和。作品起始写到的，即是习惯下的种种存在，事事都受习惯控制，所以货币和物产，这一片小小地方活动流转时所形成的各种生活式样与生活理想，都若在一个无可避免的情形中发展。人事上的对立，人事上的相左，更仿佛无不各有它宿命的结局。作品设计注重在将常与变错综，写出"过去""当前"与那个发展中的"未来"，因此前一部分所能见到的，除了自然景物的明朗，和生长于这个环境中几个小儿女性情上的天真纯粹还可见出一点希望，其余笔下所涉及的人和事，自然便不免黯淡无光。尤其是叙述到地方特权者时，一支笔即再残忍也不能写下去，有意作成的乡村幽默，终无从中和那点沉痛感慨。然而就我所想到的看来，一个有良心的读者，是会承认这个作品不失其为庄严与认真的。虽然这只是湘西一隅的事情，说不定它正和西南好些地方差不多。虽然这些现象的存在，战争一来都给淹没了，可是和这些类似的问题，也许会在别一地方发生。或者战争已完全净化了中国，然而把这点近于历史陈迹的社会风景，用文字好好的保留下来，与"当前"崭新的局面对照，似乎也很可以帮助我们对社会多有一点新的认识，即在战争中一个地方的进步的过程，必然包含若干人情的冲突与人和人关系的重造。

我们大多数人，战前虽活在那么一个过程中，然而从目下检审制度的原则来衡量它时，作品的忠实，便不免多触忌讳，转容易成为无益之业了。因此作品最先在香港发表，即被删节了一部分，致前后始终不一致。去年重写分章发表时，又有部分篇章不能刊载。到预备在桂林印行送审时，且被检查处认为思想不妥，全部扣留，幸得朋友为辗转交涉，径送重庆复审，重加删节，方能发还付印。国家既在战争中，出版物各个管理制度，个人实完全表示同意。因为这个制度若运用得法，不特能消极的限止不良作品出版，还可望进一步鼓励优秀作品产生，制度有益于国家，情形显明。惟一面是个人为此谨慎认真的来处理一个问题，所遇到的恰好也就是那么一种谨慎认真的检审制度。另外在社会上又似乎只要作者不过于谨慎认真，便也可以随处随时得到种种不认真的便利。（最近本人把所有作品重新整理付印时，每个集子必有几篇"免登"，另外却又有人得到特许，用造谣言方式作小文章侮辱本人,如像某某小刊物上的玩意儿,不算犯罪。)两相对照,虽对现状不免有点迷惑,但又多少看出一点消息,即当前社会有些还是过去的继续。国家在进步过程中,我们还得容忍随同习惯而存在的许多事实,读书人所盼望的合理与公正,恐还得各方面各部门"专家"真正抬头时,方有希望。记得八年前《边城》付印时,在那本小书题记上,我曾说过:所希望的读者,应当是身在学校以外,或文坛消息,文学论战,以及各种批评所达不到地方,在各种事业里低头努力,很寂寞的从事于民族复兴大业的人。作品所能给他们的,也许是一点有会于心的快乐,也许只是痛苦……现在这本小书,我能说些什么?我很明白,我的读者在八年来人生经验上,对于国家所遭遇的挫折,以及这个民族忧患所自来的根本原因,还有那个多数在共同目的下所有的挣扎向上方式,从中所获得的教训……都一定比我知道的还要多还要深。个人所能作的,十年前是一个平常故事,过了将近十年,还依然只是一个平常故事。过去写的也许还能给他们一点启示或认识,目下可什么全说不上了。想起我的读者在沉默中所忍受的困难,以及为战胜困难所表现的坚韧和勇敢,我觉得我应当沉默,一切话都是多余了。在我能给他们什么以前,他们已先给了我许多许多了。横在我们面前许多事都使人痛苦,可是却不用悲观。骤然而来的风雨,说不定会把许多人的高尚理想,卷扫摧残,弄得无踪无迹。然而一个人对于人类前途的热忱,和工作的虔敬态度,是应当永远存在,且必然能给后来者以极大鼓励的!在我所熟习的读者一部分人表现上,我已看到了人类最高品德的另一面。事如可能,最近便将继续在一个平常故事中来写出我对于这类人的颂歌。

抽 象 的 抒 情[*]

照我思索，能理解"我"。
照我思索，可认识"人"。

　　生命在发展中，变化是常态，矛盾是常态，毁灭是常态。生命本身不能凝固，凝固即近于死亡或真正死亡。惟转化为文字，为形象，为音符，为节奏，可望将生命某一种形式，某一种状态，凝固下来，形成生命另外一种存在和延续，通过长长的时间，通过遥遥的空间，让另外一时另一地生存的人，彼此生命流注，无有阻隔。文学艺术的可贵在此。文学艺术的形成，本身也可说即充满了一种生命延长扩大的愿望。至少人类数千年来，这种挣扎方式已经成为一种习惯，得到认可。凡是人类对于生命青春的颂歌，向上的理想，追求生活完美的努力，以及一切文化出于劳动的认识，种种意识形态，通过各种材料、各种形式，产生创造的东东西西，都在社会发展（同时也是人类生命发展）过程中，得到认可、证实，甚至于得到鼓舞。因此，凡是有健康生

---

[*] 本篇发表于湖南文艺出版社 1989 年 4 月版《长河不尽流》。

命所在处，和求个体及群体生存一样，都必然有伟大文学艺术产生存在，反映生命的发展、变化、矛盾，以及无可奈何的毁灭（对这种成熟良好生命毁灭的不屈、感慨或分析）。文学艺术本身也因之不断的在发展，变化，矛盾和毁灭。但是也必然有人的想象以内或想象以外的新生，也即是艺术家生命愿望最基本的希望，或下意识的追求。而且这个影响，并不是特殊的，也是常态的。其中当然也会包括一种迷信成分，或近于迷信习惯，使后者受到它的约束。正犹如近代科学家还相信宗教，一面是星际航行已接近事实，一面世界上还有人深信上帝造物，近代智慧和原始愚昧，彼此共存于一体中，各不相犯，矛盾统一，契合无间。因此两千年前文学艺术形成的种种观念，或部分、或全部在支配我们的个人的哀乐爱恶情感，事不足奇。约束限制或鼓舞刺激到某一民族的发展，也是常有的。正因为这样，也必然会产生否认反抗这个势力的一种努力，或从文学艺术形式上作种种挣扎，或从其他方面强力制约，要求文学艺术为之服务。前者最明显处即现代腐朽资产阶级的无目的无一定界限的文学艺术。其中又大有分别，文学多重在对于传统道德观念或文字结构的反叛。艺术则重在形式结构和给人影响的习惯有所破坏。特别是艺术最为突出。也变态，也常态。从传统言，是变态。从反映社会复杂性和其他物质新形态而言，是常态。不过尽管这样，我们还是有如下事实，可以证明生命流转如水的可爱处，即在百丈高楼一切现代化的某一间小小房子里，还有人读荷马或庄子，得到极大的快乐，极多的启发，甚至于不易设想的影响。又或者从古埃及一个小小雕刻品印象，取得他——假定他是一个现代大建筑家——所需要的新的建筑装饰的灵感。他有意寻觅或无心发现，我们不必计较，受影响得启发却是事实。由此即可证明艺术不朽，艺术永生。有一条件值得记住，必须是有其可以不朽和永生的某种成就。自然这里也有种种的偶然，并不是什么一切好的都可以不朽和永生。事实上倒是有更多的无比伟大美好的东西，在无情时间中终于毁灭了，埋葬了，或被人遗忘了。只偶然有极小一部分，因种种偶然条件而保存下来，发生作用。不过不管是如何的稀少，却依旧能证明艺术不朽和永生。这里既不是特别重古轻今，以为古典艺术均属珠玉，也不是特别鼓励现代艺术完全脱离现实，以为当前没有观众，千百年后还必然会起巨大作用。只是说历史上有这么一种情形，有些文学艺术不朽的事实。甚至于不管留下的如何少，比如某一大雕刻家，一生中曾作过千百件当时辉煌于全世界的雕刻，留下的不过一个小小塑像的残余部分，却依旧可反映出这人生命的坚实、伟大和美好。无形中鼓舞了人克服一切困难挫折，完成他个人的生命。这是一件事。另一件是文学艺术既然能够对社会对人发生如此长远巨大影响，有意识把它拿来、争夺来，为新的社会观念服务。新的文学艺术，于是必然在新的社会——或政治目的制约要求中发展，且不断变化。必须完全肯定承认新的社会早晚不同的要求，才可望得到正常发展。这就是社会主义制度下对文学艺术的要求。事实上也是人类社会由原始到封建末期、资本主义烂熟期，任何一时代都这么要求的。不过不同处是更新的要求却十分鲜明，于是也不免严肃到不易习惯情形。政治目的虽明确不变，政治形势、手段却时时刻刻在变，文学艺术因之创作基本方法和完成手续，也和传统大有不同，甚至于可说完全不同。作者必须完全肯定承认，作品只不过是集体观念某一时某种适当反映，才能完成任务，才能毫不难受的在短短不同时间中有可能在政治反复中，接受两种或多种不同任务。艺术中千百年来的以个体为中心的追求完整、追求永恒的某种创造热情，某种创造基本动力，某种不大现实的狂妄理想（唯我为主的艺术家情感）被摧毁了。新的代替而来的是一种也极其尊大，也十分自卑的混合情绪，来产生政治目的及政治家兴趣能接受的作品。这里有困难是十分显明的。矛盾在本身中即存在，不易克服。有时甚至于一个大艺术家，一个大政治家，也无从为力。他要求人必须这么作，他自己却不能这么作，作来也并不能令自己满意。现实情形即道理他明白，他懂，他肯定承认，从实践出发的作品可写不出。在政治行为中，在生活上，在一般工作里，他完成了他所认识的或信仰的，在写作上，他有困难处。因此不外两种情形，他不写，他胡写。不写或少写倒居多数。胡写则也有人，不过较少。因为胡写也需要一种应变才能，作伪不来。这才能分两种来源：一是"无所谓"的随波逐流态度，一是真正的改造自我完成。截然分别开来不大容易。居多倒是混合情绪。总之，写出来了，不容易。伟大处在此。作品已无所谓真正伟大与否。适时即伟大。伟大意义在文学艺术作品中已有了根本改变。这倒极有利于促进新陈代谢。也不可免有些浪费。总之，这一件事是在进行中。一切向前了。一切真正在向前。更正确些或者应当说一切在正常发展。社会既有目的，六亿五千万人的努力既有目的，全世界还有更多的人既有一个新的共同目的，文学艺术为追求此目的、完成此目的而努力，是自然而且必要的。尽管还有许多人不大理解，难于适应，但是它的发展还无疑得承认是必然的，正常的。

　　问题不在这里。不在承认或否认。否认是无意义的，不可能的。否认情绪绝不能产生什么伟大作品。问题在承认以后，如何创造作品。这就不是现有理论能济事了。也不是什么单纯社会物质鼓舞刺激即可得到极大效果。想把它简化，以为只是个"思想改造"问题，也必然落空。即补充说出思想改造是个复杂长期的工作，还是简化了这个问题。不改造吧，斗争，还是会落空。因为许多有用力量反而从这个斗争中全浪费了。许多本来能作正常运转的机器,只要适当擦擦油,适当照料保管,善于使用,即可望好好继续生产的——停顿了。有的是不是个"情绪"问题?是情绪使用方法问题?这里如还容许一个有经验的作家来说明自己问题的可能时,他会说是"情绪"。也不完全是"情绪"。不过情绪这两个字含义应当是古典的,和目下习惯使用含义略有不同。一个真正唯物主义者,会懂得这一点。正如同一个现代科学家懂得稀有元素一样,明白它蕴蓄的力量,用不同方法,解放出那个力量,力量即出来为人类社会生活服务。不懂它,只希望元素自己解放或改造,或者责备他是"顽石不灵",都只能形成一种结果:消耗、浪费、脱节。有些"斗争"是由此而来的。结果只是加强消耗和浪费。必须从另一较高视野看出这个脱节情况,不经济、不现实、不宜于社会整个发展,反而有利于"敌人"时,才会变变。也即是古人说的"穷则通,通则变"。如何变?我们实需要视野更广阔一点的理论。需要更具体一些安排措施。真正的文学艺术丰收基础在这里。对于衰老了的生命,希望即或已不大。对于更多的新生少壮的生命,如何使之健康发育成长,还是值得研究。且不妨作种种不同试验。要客观一些。必须到明白把一切不同品种的果木长得一样高,结出果子一种味道,没有必要,也不可能,放弃了这种不客观不现实的打算。必须明白机器不同性能,才能发挥机器性能。必须更深刻一些明白生命,才可望更有效的使用生命。文学艺术创造的工艺过程,有它的一般性,能用社会强大力量控制,甚至于到另一时能用电子计算机产生(音乐可能最先出现)。也有它的特殊性,不适宜用同一方法,更不是"揠苗助长"方法所能完成。事实上社会生产发展比较健全时,也没有必要这样做。听其过分轻浮,固然会消极影响到社会生活的健康。可是过度严肃的要求,有时甚至于在字里行间要求一个政治家也作不到的谨慎严肃。尽管社会本身，还正由于政治约束失灵形成普遍堕落，即在艺术若干部门中，也还正在封建意识毒素中散发其恶臭，唯独在文学作品中却过分加重他的社会影响、教育责任，而忽略他的娱乐效果（特别是对于一个小说作家的这种要求）。过分加重他的道德观念责任，而忽略产生创造一个文学作品的必不可少的情感动力。因之每一个作者写他的作品时，首先想到的是政治效果，教育效果，道德效果。更重要有时还是某种少数特权人物或多数人①"能懂爱听"的阿谀效果。他乐意这么做，他完了。他不乐意，也完了。前者他实在不容易写出有独创性独创艺术风格的作品，后者他写不下去，同样，他消失了，或把生命消失于一般化，或什么也写不出。他即或不是个懒人，还是作成一个懒人的结局。他即或敢想敢干，不可能想出什么干出什么。这不能怪客观环境，还应当怪他自己。因为话说回来，还是"思想"有问题，在创作方法上不易适应环境要求。即"能"写，他还是可说"不会"写。难得有用的生命，难得有用的社会条件，难得有用的机会，只能白白看着错过。这也就是有些人在另外一种工作上，表现得还不太坏，然而在他真正希望终身从事的业务上，他把生命浪费了。真可谓"辜负明时盛世"，然而他无可奈何。不怪外在环境，只怪自己，因为内外种种制约，他只有完事。他挣扎，却无济于事。他着急，除了自己无可奈何，不会影响任何一方面。他的存在太渺小了，一切必服从于一个大的存在，发展。凡有利于这一点的，即活得有意义些，无助于这一点的，虽存在，无多意义。他明白个人的渺小，还比较对头。他妄自尊大，如还妄想以为能用文字创造经典，又或以为即或不能创造当代经典，也还可以写出一点如过去人写过的，如像《史记》，三曹

---

① 文中重点线，是专案人员用红笔留在原稿上的痕迹。下同。

诗，陶、杜、白诗，苏东坡词，曹雪芹小说，实在更无根基。时代已不同。他又幸又不幸，是恰恰生在这个人类历史变动最大的时代，而又恰恰生在这一个点上，是个需要信仰单纯，行为一致的时代。

在某一时历史情况下，有个奇特现象：有权力的十分畏惧"不同于己"的思想。因为这种种不同于己的思想，都能影响到他的权力的继续占有，或用来得到权力的另一思想发展。有思想的却必须服从于一定权力之下，或妥协于权力，或甚至于放弃思想，才可望存在。如把一切本来属于情感，可用种种不同方式吸收转化的方法去尽，一例都归纳到政治意识上去，结果必然问题就相当麻烦，因为必不可免将人简化成为敌与友。有时候甚至于会发展到和我相熟即友，和我陌生即敌。这和社会事实是不符合的。人与人的关系简单化了，必然会形成一种不健康的隔阂，猜忌，消耗。事实上社会进步到一定程度，必然发展是分工。也就是分散思想到各种具体研究工作、生产工作以及有创造性的尖端发明和结构宏伟包容万象的文学艺术中去。只要求为国家总的方向服务，不勉强要求为形式上的或名词上的一律。让生命从各个方面充分吸收世界文化成就的营养，也能从新的创造上丰富世界文化成就的内容。让一切创造力得到正常的不同的发展和应用。让各种新的成就彼此促进和融和，形成国家更大的向前动力。让人和人之间相处的更合理。让人不再用个人权力或集体权力压迫其他不同情感观念反映方法。这是必然的。社会发展到一定进步时，会有这种情形产生的。但是目前可不是时候。什么时候？大致是政权完全稳定，社会生产又发展到多数人都觉得知识重于权力，追求知识比权力更迫切专注，支配整个国家，也是征服自然的知识，不再是支配人的权力时。我们会不会有这一天？应当有的。因为国家基本目的，就正是追求这种终极高尚理想的实现。

有旧的一切意识形态的阻碍存在,权力才形成种种。主要阻碍是外在的。但是也还不可免有的来自本身。一种对人不全面的估计,一种对事不明确的估计,一种对"思想"影响二字不同角度的估计,一种对知识分子缺少□□①的估计。十分用心,却难得其中。本来不太麻烦的问题,作来却成为麻烦。认为权力重要又总担心思想起作用。

事实上如把知识分子见于文字、形于语言的一部分表现,当作一种"抒情"看待,问题就简单多了。因为其实本质不过是一种抒情。特别是对生产对斗争知识并不多的知识分子,说什么写什么差不多都像是即景抒情,如为人既少权势野心,又少荣誉野心的"书呆子"式知识分子,这种抒情气氛,从生理学或心理学说来,也是一种自我调整,和梦呓差不多少,对外实起不了什么作用的。随同年纪不同,差不多在每一个阶段都必不可免有些压积情绪待排泄,待梳理。从国家来说,也可以注意利用,转移到某方面,因为尽管是情绪,也依旧可说是种物质力量。但是也可以不理,明白这是社会过渡期必然的产物,或明白这是一种最通常现象,也就过去了。因为说转化,工作也并不简单,特别是一种硬性的方式,性格较脆弱的只能形成一种消沉,对国家不经济。世故一些的则发展而成阿谀。阿谀之有害于个人,则如城北徐公②故事,无益于人。阿谀之有害于国事,则更明显易见。古称"千人诺诺,不如一士谔谔"。诺诺者日有增,而谔谔者日有减,有些事不可免作不好,走不通。好的措施也有时变坏了。

一切事物形成有它的历史原因和物质背景,目前种种问题现

---

① 原稿上缺二字。
② 城北徐公:典出《国策·齐策》:"城北徐公,齐国之美丽者也。"后用作美男子代称。

象，也必然有个原因背景。这里包括半世纪的社会变动，上千万人的死亡，几亿人的生活方式和生活愿望的基本变化，而且还和整个世界的问题密切相关。从这里看，就会看出许多事情的"必然"。观念计划在支配一切，于是有时支配到不必要支配的方面，转而增加了些麻烦。控制益紧，不免生气转促。《淮南子》早即说过，恐怖使人心发狂，《内经》[①]有忧能伤心记载，又曾子[②]有"蓬生麻中，不扶自直，白沙在涅，与之俱黑"语。周初反商政，汉初重黄老[③]，同是历史家所承认在发展生产方面努力，而且得到一定成果。时代已不同，人还不大变。……伟大文学艺术影响人，总是引起爱和崇敬感情，决不使人恐惧忧虑。古代文学艺术足以称为人类共同文化财富也在于此。事实上在旧戏里我们认为百花齐放的原因得到较多发现较好收成的问题，也可望从小说中得到，或者还更多得到积极效果，我们却不知为什么那么怕它。旧戏中充满封建迷信意识，极少有人担心他会中毒。旧小说也这样。但是却不免会要影响到一些人的新作品的内容和风格。近三十年的小说，却在青年读者中已十分陌生，甚至于在新的作家心目中也十分陌生。

---

① 《内经》：《黄帝内经》简称，现存我国较早的重要医学文献。
② 曾子：即曾参，春秋末齐国人，孔子的学生。
③ 黄老：黄帝与老子的合称。道家尊两人为始祖，因以黄老代道家。

文史研究必需结合文物

收拾残破[*]

——文物保卫一种看法

前不多久，向觉明先生曾写过一篇文章，为炮火轰炸下历史文物有所呼吁。意思是"内战是一种民族大悲剧，虽一时不能结束，历史文物实无罪。且就现代战事情况说，文物所在地方并不足成为任何一方面的胜利障碍物。但它却是全民族公共遗产，是人类心智、感情与劳动结合向上的文化指标。已毁的无可补救，残余的再毁不得！激烈残酷的欧战，进行时人民死亡千万，战胜一方还不忘对敌国名迹古物谨慎将护。中国目下进行的是内战，负责方面用国运作注以外，如果还把这些历史文物一例作胜利代价支付，罪孽实在太大！"文章写得很平实动人。几个朋友读后，都觉得这不止是一二人私见，应当算作国内多数学人共通愿望。但同时也就推测得出，不会有什么作用。说的尽管说，毁的还要毁。问题真正的解决，只有和平。和平无可望，战争尽延长扩大，书生意见将越来越不切现实。目下现实要求于书生的，

---

[*] 本篇原载1948年10月1日、16日《论语》半月刊第162、163期，署名沈从文。据原发表文本编入。

即承认并介入。必需肯定国家长期流血为合理，并信赖一方战争胜利是国家之福，从这个前提下诅咒或讴歌，自有回声应和。若把一切不祥不幸现局，认为是人谋不臧，非灵命必然。是社会矛盾求平衡无可奈何过程，缩短这个过程，即所以保全国力。是统治方式有了问题，本身失去重心和弹性，一切赖以维持稳定的事事物物，都已不大济事，改造又过缓。但这种把民族分作两大集团，大规模相互屠杀，虽若无可避免，终有个结束时候，由血和火加上个新闻宣传而所引起的疯狂仇恨，都会受时间治疗得到平复，转而来从一个崭新观点谋和平团结，将民族有用精力与热情，引导运用到一种合理进步使人乐生并各遂其生时候。……这种信念虽为人所同具，在目前表示，却近于书生空话。实力派照例不会对空话发生兴趣，即追求理想十分热烈的青年，也不会认为和他不甚相同的理想尚有价值。所以谈文物保卫工作，与其向他方面作无效果呼吁，不如从本身加以注意，看看是不是还可作点事。以个人私见，社会圮坏与重造，应承认时间的重要性。历史文化和时代发展衔接，由理想证事实，得把时间放长眼光放大。说远一点，"统治者"这个名词，若在人类历史中还有个相当长时间存在，我们需要从教育观点设计，来重造下一代统治者。专家分工合作的民主政治，若不久将来即必然来临，我们也得为这个合理社会，准备一大批少壮工作人员，来收拾残破，在废墟上重造个崭新国家！就事言事，目下谈文物保卫，不仅是伟人的"尊重"，国人的"爱护"，重要的恐怕还是社会多数学人对于历史文化广泛深刻的"认识"。我们还值得把这问题重新检讨检讨，在责任范围内，弄明白过去疏忽的是什么，在能力范围内，当前可做的是什么。

第一是故宫博物院问题。中国历史文物除轻便书籍和笨重建筑雕刻以外，自然应数纯美术品的书画，和与工艺相关的铜、瓷、漆、玉……诸器物。论收藏，故宫实可说是一个东方大宝库。这个包括有二千年百十万件文物收藏的机构，如处理得法，它不仅可教育中国人，还可启发世界美术家的手和心。尤其是可广泛影响到新时代若干工艺美术的新趋势。

故宫从民十三年溥仪出宫，组织博物院理事会起始，到现在为止，时间已二十四年。以将近四分之一世纪的国家博物院，纯美术品如字画，工艺美术如铜、瓷、玉、象牙、景泰蓝、丝织物、家具及杂类，不仅尚无一种有系统有价值的专门研究报告，即一个有条理可供研究参考的说明目录也未见印出。机构中多股长办事员，却很少受专门训练的技术人员。因之工作就永远停顿在"点验"、"保管"、"陈列"三事上，再无望进一步有何贡献。抗战以前十多年中，虽陆续印行了些画册周刊，一切还不脱普通商业办画报方式，见不到主事人一点现代眼光和远大计划。正因为主管人还不脱玩古董字画旧习气，缺少更多方面认识，到后竟用种种藉口，把许许多多物品，由金银器物到……胡乱零星售出，将售款作为职员薪水。别的不提，即以代表二三世纪的千百种丝织物而言，这种糟蹋美术品的罪过，就应当有多大——直到因盗宝案事发。主事人从容逃脱，糟蹋文物工作才算告一段落。然而主事换人，内部组织却大体如旧。抗战八年，文物南迁，凡稍稍知道有关这部分文物迁移保管，以及复员困难过程的，都必觉得忠于其事的马叔平先生，及其他始终不离职务的工作人员，为国家实已尽了极大义务，值得政府授勋，国人感谢。但这个机构组织上有问题，却无可讳言。理事会最近一回新理事发表，还是由政府官吏，党国元老，学术名流三种人物组成，除年会听听报告，似已无事可作。在院务组织下，虽有个专门委员会，事实上于准备对于重要文物字画铜器鉴定咨询之用，这些人大都各有职业，能用故宫所有作专题研究的就不多。其他虽各有一二专人负责，以如此庞大机构，那能有何成就？在工艺美术部门，且根本即未作这种研究训练准备。即有关陈列情形，也多因陋就简，一切还不脱二十年前旧样子，处理马虎和说明简略，致使若干部门，不仅无从增益人民教育效果，且常常把原有美术价值也因之损失无余。间或要人贲临，茶会款待，即闻某某宝物出库观赏，参加者亦引为幸运。却从不闻因为研究考订，对于海内学人有何较新贡献。看管陈列室的，不是可供参观者讲解说明具专门知识的管理员，还依然是专为监视游人盗窃的巡警。（本人即在乾隆文物陈列室，眼见过巡警骂小学生，不许蹲下细看。因代为说说，还被巡警吼了一声。）三大殿不能利用建筑上特点，将国家重要仪制兵刑作有计划安排，竟如一古玩拍卖行，既少应有庄严，又见不出如何美观。更草率的是西路布置，大多房屋业已关闭，让游人从房外窗下转来转去，几几乎到处窗前都是灰扑扑几案炕床上一具绿玻璃小钟，既不像原有陈设，又不肯稍加安排，只累得游人又疲乏又厌恶，别无任何美感。这种保管典守心理状态，和故宫开放原因，以及现代博物馆主要目的，可以说完全不能调协。一个普通游人，也有资格向负责人抗议，何况是还不断有世界专家惠临！所以谈文物教育与价值发扬，第一件事，恐怕应当是故宫博物院得有个根本改造设计。一切原有的办事人员，尽管照旧保留，丝毫不用更动。但有关研究陈列并推广指导及与现代工艺接触，却得集思广益，约请全国专家学人合作同工，来重新为设计。如果主持院务的马叔平先生能有远见和魄力，把责任兴趣扩大，成为国家民族复兴一种象征。目前即可拟具一个新计划，就北大文、史、博物馆科，清华文、史、人类、社会、建筑，以及新成立的美术考古系，师范学院的博物管理系，辅仁美术、人类学系，燕京史学系，以及美术专门学校，采取一种崭新的进步合作态度，由各校分别考选本校有关一系毕业生若干人（共同假定为五十人到一百人），给以半助教费用，作各校"助理研究员"名分，用景山内博协空屋作教室宿舍，一部分时间就各校所有课目授古器物学，美术史，及近代博物馆保管与陈列等等专题训练，一部分时间就故宫所有实物分组作观摩学习，并参加故宫某部门整理研究目录卡片工作。以两年为期，这种学生训练结果，即可作如下分配：一各回本校服务，二人故宫作专门研究，三至各省市及国内公私博物馆主持工作，四出国去做国外博物馆有关远东文物艺术的助手。其次是特辟若干陈列室，将有关现代文化特种工艺美术品，如瓷、漆、玉、牙、丝织物、景泰蓝、家具，专供国内学术单位，中博协会会员，及各有关部门专家，工艺美术指导设计人研究参考，并在技术上贡献以一切便利。这个计划提交理事会或行政院时，我相信将毫无异议，即可顺利通过。

第二件事是专科以上学校文物馆的设立。其有区域性的大学，尤宜有一较新看法，将文物馆看得比图书馆或生物理化等馆相等。不仅仅需要一笔固定经费，还需要特别培养一点人才。

这种新看法虽各受预算限制，不易放手作去。但在北方几个大学，多因事实需要，到这个问题上，投了点资，用了点心，一切还在摸索中，也必然在进展中。惟说起来会共通有一点感慨，即工作实在已迟误了二十年，能早在二十年前着手，有一部分金钱和三五人精力放在上边，目前工作就便利多了。正因为来不及在二十年前抢救一点文物，训练一些专才，所以任何一个大学，在目前想搞一个小型而比较完备的文物馆，供给上"文化史"或其他相关课目作学习参考，就不易办到。甚至于要开那么一个课程，或"美术史"课程，想请一位合用教授，也不容易得到。清华复员各系设置费用数目比较大，想要用短短时间，产生个比较合用的参考室，到花钱时才知道仅仅是钱还不成。北大则蔡子民先生提倡美育代宗教学说已有了三十年，当前在任何方面找寻一点影响就不容易发现。本来虽有一份丰富重要拓片，有一点史前陶和唐代冥器，在图书室中还有一大份明清插图戏剧小说，复员以来又陆续买了点铜器及杂器物，还另从国外博物馆购买了些散失出国的名画照片，若就这几部分收藏来教美术史，即不免使教师感觉束手，进而谈美育，还相差多远！

至于艺术专科学校，十年前由赵太侔先生主校事，谈起一个美术学校的必需环境时，个人即在《大公报》一个小文中谈到："学校在学习上虽必需分组，惟共通基本训练，必从史的系统印象入手。必需扩大他们的兴趣和知识，眼或心，到更多方面去。如只能训练他们用手的技术，结果恐不会有何成就，有关纯艺术参考室，如字画图录，至少得有三五千点代表原作或复制品。有关工艺美术参考室，至少雕塑、陶瓷、漆、玉、丝织物、毛棉丝编织与刺绣、木器家具和小件日用物，应特辟专室，各有上千点实物或模仿品。想把学校办成一个学校，不必要职员消耗减少到最低限度，却有大笔经费作充实环境准备。主要原因是不仅教育学生，更重要即教师也必然乐意更加充实自己！美术专科学校的美术史教学，更必需用学校收藏和故宫收藏实物作主体，文字作辅助说明，方能给学生一种真正有价值的启发。"时间已过了十二年，学校设备去理想实在还远得很。主校事的徐悲鸿先生，虽十分热心于"艺术革新"运动，各部门教学又多精干少壮，在空气上注入了一点新气息，可是一切真的革新恐还要有所等待。一个雕塑系，一个陶瓷系，一个图案系，在北平办从传统学习正有取之不尽便利，史的系统印象，还不能为师生有个好好准备，不让他们从多方面透彻理解传统，再有所取舍，有所综合，言创造，当然也就不免容易堕入虚空。十年前国画组，即有至古物陈列所请求临摹鉴赏旧画的约定，近来似乎也未见继续。再如日昨举行李杏南先生的刺绣物展览，学校如能稍有一笔经费，对图案系教授助教一点鼓励，用一年半载时间，即可望作到更丰富成绩。我到的时候是下午三点钟，满以为必可碰到一个教授和一群学生，在用一种新的观点，讨论到这部门成就应用到现代装饰画、壁纸、陶漆，以及水彩画的可能影响，或有若干学生在摹取单位。谁知一个人都没有，一进去真令人有凄凉之感。……总之，学校中"美术"或"美术史"的空气，都还不够浓厚，待负责人作多方面设计与鼓励。若我们想得到，将来大部分毕业生都得去中学教美术，自不免令人稍怀杞忧。这时对古典优秀传统毫无兴趣，将来盼望他们分布到国内各地去，希望他们能吸收综合更多民间艺术，发展他们的创造力，也不免会受限制。悲鸿先生的理想，教授先生的热心，想在第二代上起作用，不特个人工作具创造性，还对普遍艺术运动具启发性，艺专的环境和设备，无论如何还得加以更大注意关心，方能配合。并应当取得故宫、中博、北图等等国家机构及私人帮助，给学生以更大方便与鼓励，才不至于落空。

有关学校文物馆的进行，美专可不至于发生人的问题。只要肯去做，大致不会十分困难。至国内其他学校，除热心的文史教授，大致就还得特别训练一些工作人员，才可望慢慢把工作推进。以个人私见，即用特别公费制，或由各校自考，或由博协代考，各送二三名本校文史系毕业生，派至北平就学，二年为期，再返本校服务，实在是一个方便而又经济方式。

第三件事是文化史或美术史参考图录的编印。以供给大学或中学为目的，这种侧重图录附加说明的著作，到今为止，可以说，还无一种完善的作品可供应用。虽近年郑西谛先生从日人工作上转手，印行了一些东西，个人精力识见终有限度，且价格也去普及甚远。这种工作宜由普通商人及专家个人，转而成为集团工作，不待说明也应当为国人所承认。这工作求接近理想，应当由博协个人会员取得团体单位特别帮助，共同来进行编纂，由国家付印，应作到至少每一中学必有一份，中学校的文史美术科目，也才有机会相互衔接会通，不至于各自游离。若干重要代表作品，并应当为特制大型复印品或仿制品，如普通生理挂图和生物模型。这也是必得由博协指导，方能进行的工作。

第四件事是扩大省县市博物馆，注重地方性文物与民俗工艺品收集。事情或由内政教育二部特设一美术文物专门委员会，与博协合作，指导设计进行。或完全放弃政府关系，即由博协单位就近设计指导逐渐试办。以省区作单位，如云南、贵州、青海、宁夏，不妨侧重民族人类学部门，浙江、河南、江西、福建，收陶瓷，苏杭、南京、四川，收丝织物纹案，福建、湖南、浙江收竹漆器旧物。……

国家区域那么广大，历史又那么长久，且在长长历史上不断有异族邻邦不同文化渗入混和，边区种族又常常各自成为一个单位各有不同发展，许许多多被疏忽美术品，所表现的性格或精神，都充满了民族时代特征，以及在发展中痛苦的挣扎和青春欢欣。有些区域具独一性的实物，因为这种有意收集或偶然发现，不仅将扩大学人见闻，在比较文化史上意义重大，很可能还包含一种机会，使之与现代工艺发生新的接触，作成广大的影响。（如漆玉与现代胶质塑成物的影响。至于陶器工业的革新，对国家经济尤具重要性。）

几件事情也可说是一件事情，即文物保卫的实际步骤第一个共同实验。看来不容易做，做来却又并不怎么困难。困难的或许还是团体习惯，和个人成见，加上那个怕负责、怕做事的心理状态不易克服，因之这个有意义的新尝试，便不容易从一个真正学术合作方式上即早着手。如何克服这点有形无形的困难，我们愿意把希望全部寄托在博协诸先生身上。求保卫文物由呼吁到实现，我们得要人工作，得从一个步骤上有所探索，准备冒险，而且努力应付挫折和一切难题，方不至于落空。照目前情形说来，不仅专门人才不够用，即好事喜弄三脚猫如我们那么一种人也还不够多！

今天是博协北方会员集会的第一回，所以我敢特别把这点意见写出来，借作他山之石，为诸专家攻错。题目是"收拾残破"，私意从此作起会为国家带来一回真正的"文艺复兴"！这个文艺复兴不是为装点任何强权政治而有，却是人民有用心智，高尚情操，和辛苦勤劳三者结合为富饶人类生命得到合式发展时一点保证，一种象征！

读展子虔《游春图》*

相传隋代展子虔作的《游春图》，是一幅名画，它的经济价值，传说值黄金四百两。我意思可不在货币价值。这画卷的重要，实在是对于中国山水画史的桥梁意义，恰像是近年发现的硬质青釉器在青瓷史上的位置，没有它，历史即少了一个重要环节，今古接连不上。有了它，由辽阳汉墓壁画山石、通沟高句丽魏晋时壁画山石、《女史箴图》山石，及传同一作者手笔的《洛神赋图》山水、北朝几件石棺山石、南朝孝子棺上刻的山水树石，及敦煌北魏前期或更早些壁画山石和麦积山壁画山石，才能和世传唐代大小李将军、王维及后来荆浩、关仝山水画遗迹相衔接。

这个画入故宫年月，或在明代严嵩家籍没时，或时间稍晚，约当18世纪。流落民间却并不多久。1924年溥仪出宫时，带走了大约几百种旧藏贵重字画，就中即有名画一堆。照故宫溥仪起

---

* 本文1949年4月发表于上海《子曰》丛刊第6期之《艺舟》副刊第1期，篇名为《读春游图有感》，署名上官碧。1982年经作者重校，1986年5月收入商务印书馆香港分馆《龙凤艺术》一书，篇名改为《读展子虔〈游春图〉》。

居服用日常生活看来，不像是个能欣赏字画的末世帝王，所以把这些劳什子带出宫，用意当不出二事：一换钱，托罗叔言转手换日人的钱。二送礼，送日籍顾问及身边一小群遗老应时进见行礼叫一声万岁的赏赐。可是这些画后来大部分都给了溥杰，有些九一八后即流传平津，有些又在抗战胜利后，才从各方面转到当时东北接收大员手中，或陆续入关。关于这个《游春图》的旅行经验，一定还包含了一段长长故事，只可惜无一个人详悉。我从昆明随同北大返回北平时，是1946年夏天，这幅画在琉璃厂玉笥山房一位马掌柜手中待价而沽，想看看得有门径。时北大拟筹办个博物馆，有一笔钱可以动用，我因此前后有机会看过六次。我觉得年代似有问题，讨价又过高，未能成交。我的印象是这画虽不失为一件佳作，可是男子的衣著，女人的坐式，都可说有问题，未必出于展子虔手笔。约过一年后，画已转入张伯驹先生手里，才应燕大清华友好请求公开展览了两次。当日展览会四十件字画中，陆机《平复帖》数第一（内中有几个章草字失体，疑心是唐人抚本）。《游春图》作画幅压卷。笔者半年中有机会前后看过这画八次，可说十分幸运。凡看过这个尺寸较高小横卷的人，在记忆中必留下一点印象：不能如传说动人，却会引起许多联想。尤其是对于中国山水画史还感兴趣的人，可能会有些意见，即这幅画在设计上虽相当古，山石处理上也相当怪，似熟习，实陌生。保留印象一面和其他一些佳迹名墨相融会，一面也觉得稍有扞格。这个"融会"与"扞格"原居于相反地位，就为的是画本身离奇。我说的是辽阳汉墓日人摹下的壁画、通沟高句丽坟内壁画、相传顾恺之《女史箴图》、《洛神赋图》、孝子棺刻画、北魏敦煌着色壁画《太子舍身饲虎图》、高昌着色壁画《八国王子分舍利图》、世传王维《辋川图》、传世《明皇幸蜀图》（实即《蜀道图》）……以及故宫和日本欧美所收藏若干种相传唐人山水画迹，都和这画有些矛盾处。若容许人嘀咕时，他会发生下面疑问：

这画是展子虔画的？

若说是真的，证据在什么地方？从著录检查，由隋郑法士《游春山图》起始，唐宋以来作春山图的名手甚多，通未提及展作此画，谁能确定这幅画恰恰是展子虔手迹？就是有个宣和题签，也并不能证明画的真实可信。从《贞观公私画史》到《宣和画谱》，这画似均未入录，装裱也非《云烟过眼录》所谓中兴馆阁旧式。被认为展子虔作《游春图》，实起于元明间。然而元代专为大长公主看画作题的冯子振辈，虽各有几行字附于卷后，同是侍奉大长公主的袁桷，于至治三年三月，在大庆寺看画三十六，却不记《游春图》。明茅维、詹东图、杨慎，都似乎看到过这幅《游春图》或相类而不同另一幅，当时可并无其他相关比证，证明的确是展画。若说它是假的，也很难说。因为画的绢素实在相当旧，格式也甚古。从格式看，可能是唐人画。即或是唐人手笔，也可能属于《宣和画谱》记载那四十多幅"游春山图"中之一幅，还可见出隋人山水画或展子虔画本来样子。尤其是彦悰、张彦远意见，有些可以作为展画注解。

也许我们得放弃普通鉴赏家所谓真假问题，来从前人画录中，试作点分析检验工作，看看叙录中展子虔作过些什么画，长处是什么，《游春图》和他有无关系。可能因为这种分析综合，可以得到一点新的认识；也可能结果什么都得不到。我的意思是这种分析虽无从证实这幅画的真伪，却必然可以引起专家学人较多方面观摩推论兴趣。我不拟涉及收藏家对于这个画所耗费的经济价值是否值得，也不打量褒贬到鉴古家啧啧称羡的美术价值是否中肯。却希望给同好一种抛砖引玉新的鉴定工作的启发，我相信一部完善的中国美术史，是需要有许多人那么从各种角度注意提供不同意见，才会取得比较全面可信证据并相对年代的。

试从历史作简单追究，绘画在建筑美术和文化史上实一重要装饰，生人住处和死者坟墓都少不了它。另有名画珍图，却用绢素或纸张增加扩大了文化史的意义。它不仅连结了生死，也融洽了人生。它是文化史中最不可少的一个部门，一种成分，比文字且更有效保存了过去时代生命形式。

宫阙祠庙有画饰，史志上著录明确。孔子如周观明堂画，徘徊不忍去，欣赏赞叹不已，很显明这些画必不只是史迹庄重，一定还表现得十分活泼生动。王逸释《天问》，以为屈原所问，是根据于楚民俗习惯，先王公卿祠堂无不有前人彩画，包罗广大而无所不具。秦每破诸侯，必仿写其宫室于咸阳北坂（此说历来有分歧，若连缀后边记载，有饮食歌舞不移而具，及近年从咸阳北坂所发现的各种瓦当看来，所谓"仿写"，实仿造诸国建筑而言，和画无关）。汉未央、甘泉、建章、寿宫、麟阁……无不有彩画。《南蛮传》且称郡守府舍也有画。这些画的存在意义，都不仅仅作为装饰。至于西蜀文翁祠堂之画，到晋代犹好好保存，使王右军向往不已。从古乐浪川蜀漆器彩画之精美推测，文翁祠壁画，可知精美活泼必不在漆器下。

宫观祠庙由隋入唐，因兵燹事故名画珍图毁去虽不少，保存下的也还多，尤其是当时的西京长安，南方之江都，唐人笔记常多提及。隋之工艺文物有一特点，以雕刻为例，似乎因南朝传统与女性情感中和，线色明秀而纤细，诗、文、字，多见出相似作平行发展。画是建筑装饰之一部，重漂亮也可以想见。这种时代风气，是会产生《游春图》那么一种画风的。彼时如《天问》所涉及古神话历史屋壁式刻画已不可见，汉代宫室殿堂画名臣，屏风图列女，亦渺不可见。然汉代石阙坟茔刻石规模，犹可以从武氏祠及其他大量石刻遗物及《水经注》记录得知一二。唐裴孝源论画谓："吴、魏、晋、宋世多奇人，皆心目相授……其于忠臣孝子，贤愚美恶，莫不图之屋壁，以训将来。"《隋书·经籍志》且称大业中尚书省即有天下风俗物产地图，隋宫室制度，既因何稠等具巧艺慧思而大变，具装饰性并教育意味壁画，已不再谨守汉晋法度，局限于作忠臣列女，或其他云兽杂饰，具区域性之奇花美果，风俗故事，已一例同上粉壁。五代西蜀江南花果禽兽之写生高手，宣和画院中之同类名家，可说原来即启承于隋。至于寺庙壁画，由名手执笔，产生时且带比赛意味，各尽所长，引人注意，则自晋顾恺之瓦棺寺画维摩募缘时，似即已成风气。陆探微、张僧繇著名遗迹，当时即大多数在庙里，隋唐时犹把这个各竞所长制度好好保存，且加以扩大，所以段成式《酉阳杂俎》记庙中观画，张、陆、杨、展名笔，与阎立本、吴道子、王维、尉迟乙僧等名墨妙迹相辉映，罗列廊壁，专家批评得失，有个共通印象可以参校。入庙观画，也成为唐代士大夫娱乐之一种。段成式或张彦远等所记，不仅可以见出壁画格式位置，且可明白内容。当时已多杂画，佛神天王之外，花木竹石，飞走游潜，无所不具。说法变相，且将画题扩大，庄严中浸透浪漫气息，作成一部具色彩的平面史实或传奇。唐代又特别抬举老子，据《封氏闻见记》所述，听吉善行一片谎言，唐王朝就把老子认作祖宗，天下诸道郡邑都设立玄元皇帝庙，除帝王写真像外，铸金、刻石，及夹纻干漆像，同有制作，当时都供奉入庙，听人进香。此外按乐天女，仙官道士，当时摩登行列，也都上了墙壁（敦煌且有合家参庙壁画，如《乐廷瓌夫妇行香图》）。至北宋真宗祥符间，供奉天书的玉清昭应宫的兴建，由宰相丁谓监督工事，集天下名画手过三千，选拔结果，还不下百人，分为二部（见《圣朝名画》评《武宗元传》），还收罗天下名画师，各竞表现，昼夜赶工，二烛作画一堵。西蜀江南之黄筌父子侄，徐熙祖孙，以至于李方叔所称笔多诙趣之石恪，无不参加，各在素壁上留下不少手迹。若非后来一把无名火将庙宇焚去，则这个大庙墙壁上留下的数千种名笔妙墨，拿来和较后的《宣和睿览集》千余册纸素名画比较，将毫无逊色。调色敷彩构图设计新异多方处，且必然会大大影响到后来。别的不提，倘若当时有一个好事者，能把各画特点用文字记录下来，在中国中古绘画史研究上，也就必然一改旧观，不至于如当前一片朦胧景象了。

由晋至宋所谓名笔还多，从壁上作品记载看来，展子虔画迹也多在寺庙中保存。

在宫观庙宇壁画上，唐人记述展子虔遗迹的，似应数唐裴孝源《贞观公私画史》，和张彦远《历代名画记》二书，比较说得具体。

江都东安寺，长安灵宝寺、光明寺，洛阳天女寺、云花寺，皆有展子虔画（《贞观公私画史》）。

上都定水寺内东西壁及前面门上，并似展子虔画。海觉寺双林塔西面展画，东都龙兴寺西禅院殿东头，展画《八国王子分舍利》。浙西甘露寺，展子虔画菩萨两壁，在大殿外（《历代名画记》）。

所记自然未尽展留下笔迹全部。惟就部分看全体，也可知展于南北两地名刹大庙中，均有遗作。这些画可能有普通故事人物，大多却必然与佛教相关。又《贞观公私画史》另载展画计六卷：

　　法华变相一卷　　南郊图一卷　　长安车马人物图一卷
　　杂宫苑图一卷　　弋猎图一卷　　王世充像一卷

《历代名画记》则称：

　　展子虔历北齐、北周、隋，在隋为朝散大夫、帐内都督，有《法华变》，白麻纸《长安车马人物图》……《朱买臣覆水图》并传于代。

又可见用纸素的作品，世俗故事即多于宗教作品。

这些画很明显是纸或绢本，所谓"并传于代"，照唐人习惯，即不仅有真本，且还流传有摹本，其《长安车马人物图》，且注明是麻纸，同时有杨契丹作，与六朝以来名手所作《洛中风物图》及相似题材，到后来，北宋张择端的《清明上河图》设计，可说即从之而出。《杂宫苑图》，又必为唐之二李，宋之二赵，及宣和画院中专工屋木楼阁的高手所取法，但不及山水，只除非《南郊图》也有山水。

又宋郭若虚《图画见闻志》载：隋展子虔《大禹治水图》。从山石嶙峋如斫削而言，后世传周文矩《大禹治水图》，行笔均细劲，也可能从之而出。这个图上的山石画法，和《游春图》不相近，然更近展画（后面当可说及）。

宋代著录展画较详的，当数《宣和画谱》。在《道释部》有十三种，共二十件，计有：

北极巡海图二　石勒问道图一　维摩像一　法华变相图一　授塔天王图一　摘瓜图一　按鹰图一　故实人物图二　人马图一　人骑图一　挟弹游骑图一　十马图一　北齐后主幸晋阳图六

从名称推测传授，则唐宋画人受展子虔影响的实在很多，如《维摩像》、《摘瓜图》、《石勒问道图》、《授塔天王图》、《挟弹游骑图》、《十马图》……唐宋若干名世之迹，或有不少即出于展画粉本。周密《云烟过眼录》称："宋秘书省有展子虔伏生"，或者也就是世传王维《伏生传经图》所本。《中兴馆阁续录》记宋中兴馆阁的储藏，计古贤六十一轴，中有展子虔画梁武帝一，佛道像百二十七轴，中有展子虔伫立观音一，太子游四门二。若阎家兄弟及吴道子笔法师授，实从展出。我们说传世《帝王图》

中梁武帝，及吴画武帝写真，还依稀有展子虔笔墨影子，说的虽不甚确实，却并不十分荒谬。

就叙录论展画长处，特点实在人物。画像与普通风俗故实，都必然以人物作中心，米疯子《画史》中早说到：李公麟家有展子虔小人物，甚佳。系南唐文房物。然并未限于人物，唐沙门彦悰《后画录》论得很好：

> 触物为情，备该绝妙，尤善楼阁人马，亦长远近山川，咫尺千里。

文章作于贞观九年三月十一日，可算是叙及展画兼善各体的最早证据。后二语且似乎已为《游春图》预先下了注脚，倘若说《游春图》本是一无名人画，由于宋元人附会而来，这附会根据，即因彦悰叙录而起。

唐张彦远《论画六法》，也批评到展子虔，语句虽稍抽象，和《游春图》有点相关：

> 中古之画，细密精致……展、郑之流是也。

展即子虔，郑即同时之郑法士。《宣和画谱》人物部门无展之《游春图》，却有郑法士《游春山图》二。这个题目实值得特别注意。因为假若我们肯定现在《游春图》是隋画，可不一定是子虔手笔，可能移到郑法士名下去，反而相称一些。若说是唐宋人本，非创作，实摹拓，说它即从郑画摹来，也还可以说得去。

又张彦远论山水树石，以为"二阎擅美匠学，杨、展精意宫观，渐变所附，尚犹状石则务于雕透，如冰澌斧刃，绘树则刷脉镂叶，多栖梧苑柳，功倍愈拙，不胜其色"。彦远时代相近，眼见遗迹又多，称前人批评意见，当然大有道理。所以论名价品第，则以为：

> 近代之价，可齐下古，董、展、杨、郑是也。……若言

有书籍，岂可无九经三史。顾、陆、张、吴为正经，杨、郑、董、展为三史，其诸杂迹为百家。

唐李嗣真《后画品录》，中品中计四人："杨循、宗炳、陶景真、展子虔。"朱景玄《名画录》展子虔不在品内。

同出于唐人，价值各有抑扬，所谓选家习气是也，方法多从评诗，评文，评字而来，对于画特别不合式，容易持一以概全体，甚不公平。所以到明代杨慎时，就常作翻案，对于唐人"顾、陆、张、吴"，以为宜作"顾、陆、张、展"，用子虔代道子，对于时代上作秩序排列，意见也还有理。

彦远叙画人师笔传授，即裴孝源心目相授递相仿摹意，以为田僧亮师于董、展，二阎师于郑、张、杨、展。又谓：

……田僧亮、杨子华、杨契丹、郑法士、董伯仁、展子虔、孙尚子、阎立德、阎立本并祖述顾、陆、僧繇。

……展则车马为胜。

……俗所共推，展善屋木，且不知董、展同时齐名，展之屋木，不及于董。李嗣真云："三休轮奂，董氏造其微，六辔沃若，展生居其骏。而董有展之车马，展无董之台阁。"此论为当。又评董、展云："地处平原，阙江南之胜，迹参戎马，乏簪裾之仪。"如此之论，便为知言。

张引李所言董、展优劣，措词甚有见地，惟时间一隔，无迹可作参证，自然便成悬宕。谈展画马较明确具体，还应数欢喜用《庄子》笔法题画的宋董逌《广川画跋》："展子虔作立马而具走势，其为卧马，则复有腾骧起跃势，若不可覆掩也。"米疯子素号精鉴，亦称许展画《朔方行》小人物佳甚。画为李公麟所藏。

至于涉及展的山水人物，比彦悰进一步，以眼见展之遗迹。说得十分具体，也极重要的，却应数元汤垕《画鉴》："展子虔画山水法，唐李将军父子多宗之，画人物描法甚细，随以色晕开……人物面部，神采如生，意度具足，可为唐画之祖。"二李山水得展法，世多知之。世称张萱画美妇人明艳照人，用朱晕耳根为别。原来这个画法也得自子虔，并非纯粹创造，这一点说到的人似不多。

明杨慎喜作画论八股，翻旧案，谈丹铅。《丹铅总录》称："画家以顾、陆、张、吴为四祖（用张彦远语），余以为失评矣。当以顾、陆、张、展为四祖。画家之顾、陆、张、展，如诗家之曹、刘、沈、谢，阎立本则诗家之李白，吴道玄则杜甫也。必精于绘事品藻者，可以语此。"虽近空论，比拟还恰当；惟说的似泛指人物画，即从未见过展画，也可如此说的。

《艺苑卮言》谈及人物画时，则谓："人物自顾、陆、展、郑以至僧繇、道玄，为一大变。"指的方面虽多，用笔粗细似乎是主要一点，其实细线条非出自顾、陆、展、郑，实出汉魏绢素艺术（顾之《洛神赋图》与《列女图》线条并不细）。至唐受到吴道子莼菜条革命，至宋又有马和之兰叶描革命，然细线条终为人物画主流正宗。王维、郭忠恕、李公麟、王振鹏、尤求等，一路下来，俱有变本加厉，终至细如捻游丝者，过犹不及，因之游丝笔亦难有发展。道子一路，则始在宗教壁画上发生影响，沿袭直到元明，从敦煌及山西宋元以来大量壁画看，虽若难以为继，尚可仿佛二三。且因近代坟墓发掘、汉晋壁画发现，和陶瓷砖甓比证，才知道子的雄劲粗犷，亦非自创，很可以说从彩陶时代工师即有这个作风，直接影响还本于魏晋以来圬壁方式，不过到彼手中，下笔既勇猛凌厉，天分才赋又特别高，实集大成。圬壁出于工艺，绢素本不相宜，因此笔墨竟作成前有古人而后无来者趋势。至宋元代，即有意为云水壮观如孙位，画鬼神如颜辉，作钟馗如龚开，笔均细而不悍。石恪、牧溪又近于王洽泼墨，有涂抹而无点线，嗣胤寻觅，却惟有从磁州窑墨画刻镂水云龙人兽，吉州窑的水墨花鸟虫鱼，尚得一脉薪传。直延长到明代彩绘及青瓷，勾勒敷彩，面目尚具依稀；至于纸素艺术，虽会通于王洽泼墨与二米云山，衍化成大痴、仲圭、方壶、石田、青藤，有意认亲，还是无从攀援，两不相关也。吴生画法，在纸素上已可说接手无人，如不嫌附会，可说直到千年后，才又有任伯年、吴昌硕、齐白石，居然敢纵笔作人物，写草字，画花鸟虫鱼。但几人能把握的，已不是具生命机动之线条，来表现人物个性或一组故事。伯年画人物虽比吴伟、黄瘿瓢见性格，着色又新鲜大胆具现代性，比吴彬、陈老莲活泼有生机，其实用线造型亦不佳，带俗气，去古人实在已相距千万里。吴老缶笔墨淋漓，在六尺大幅素纸上作绛梅，乱点胭脂如落红雨，十分精神。其特别见长处，还是用石鼓体作行草字。白石翁得天独厚，善于用墨，能用点代线，会虫禽骇跃之理，花果生发态度。然与其说是由道玄笔迹而有所悟，不如说两人同是圬壁手，动力来源相同，结果自然也有些相似成就。唯一则身当开元天宝物力雄厚宗教全盛时代，作者生于这个豪华狂热社会背景中，自然全生命能奔放燃烧，裴旻舞剑略助其势，天王一壁顷刻即成。一则生当19、20世纪间外患内忧时代，社会一再变革，人民死亡千万，满地为血与火涂染，虽闭门鬻画，不预世事，米盐琐琐，不能不分心。因之虾蟹必计数论价，如此卖画四十年，即或天赋高如道玄，亦难望有真足传世伟构。老去作菊虾，虽极生动然亦易模仿。因之多伪托，真赝难辨。

展子虔之《游春图》见于著录，不在中古，却在近古。

明茅维《南阳名画表》，记韩存良太史家收藏山水界画目中，首即著录一行："南北朝展子虔《游春图》，宋徽宗前后小玺。"元人跋名《春游图》，非《游春图》，是则画在明代即已著名，茅维所记犹旧名。只云"宣和小玺"，未云"题签"，私意当时列缀于前，正如阁帖诸迹与《平复帖》及其他名笔，还像秘阁官库本藏字画习惯。

张丑《清河书画舫》称：

> 展子虔者，大李将军之师也。韩存良太史藏展子虔《春游图》卷，绢本，青绿细山水，笔法与李思训相似，前有宋徽宗瘦金书御题，双龙小玺，政和宣和等印，及贾似道悦生葫芦图书曲脚封字方印……第其布景与《云烟过眼录》中所记不同，未审何故。

又传严氏藏展子虔《游春图》。

詹景风《东图玄览》复称：

> 展子虔青绿山水二小幅，致拙而趣高，后来二李将军实师之。

又言：

> 李思训绢画山水小幅，布置溪山、村落、人家，大与今画布置殊，殆是唐无疑。

明《严氏书画记》则载《春山图》，"大李将军二卷、小李将军二卷"。

张丑所见作《春游图》，且明说是青绿细山水，笔与李思训近，有徽宗题，惟与《云烟过眼录》所记不合，《云烟过眼录》：画为胡咏存斋所藏，徽宗题，一片上凡十余人。

詹景风则见二小幅，内容"致拙趣高"，以为"二李实师之"。又言"李绢画布置有古意，是唐无疑"。不及题跋。又言"唐人青绿山水二片，行笔极轻细"。很显然，同时实有好几件不同小幅画，或署展名，或署二李，或无名，格式却相差不甚多。詹景风识力极高，所言必相当可信。

王世贞《艺苑卮言》谓："画家称大小将军……画格本重大李，举世只知有李将军，不尽其说。……大抵五代以前画山水者少，二李辈虽极精工，微伤板细……"

所言精工而伤板细，易作目前所见《游春图》评，或有首肯者。若有人觉得这画实细而不板，则应明白明代人所谓"板"，画院一例在内，和现代人观点本不甚合。

《云烟过眼录》称宋秘书省藏有展子虔伏生，涉及装裱："阅秋收冬藏（四个字号）内画，皆以鸾鹊绫象轴为饰，有御题则加以金花绫，每卷表里皆有尚书省印。"且说关防虽严，往往以伪易真，殊不可晓。今所见展画装裱似不同，有人说是宋装，有可疑处。

我们若假定不是展子虔画，有许多画可以伪托。

宋《宣和画谱》中，黄筌《春山图》七，黄居宝《春山图》二，黄居寀《春山图》六，燕肃《春山图》四，李昭道《春山图》一，李思训《春山图》一。在人物部门，则有隋郑法士《游春山图》二。《南阳名画表》还有李确《春山游骑图》。

其他画家高手作春山图尚多，因为作风格致不近，不宜附会到传为展作之《游春图》，所以不提。

张丑又言："庚子榖日偶从金昌常卖铺中获小袖卷，上作著色春山，虽气骨寻常，而笔迹秀润，清远可喜。谛视之，见石间有'艳艳'二字，莫晓所谓。然辨其绢素，实宋世物也。越数日，检阅画谱，始知艳艳为任才仲妾，有殊色，工真行书，善青绿山水。因念才仲北宋名士，艳艳又闺秀也，为之命工重装，以备艺林一种雅制云。"此明言袖卷，和本题无关。

《游春图》既题名展子虔作，树石间即或有艳艳字样，也早已抹去。然从装裱上，却似元明裱，非宋裱。有同是东北来一军官，藏元人裱同式裱法可证。世传另有其他明季装裱横卷，可以参考。

从著录掇拾材料，我们可以知道几件事：一、隋郑法士有称。张彦远叙六朝杨、展山石做法时，还说及如"钿饰犀栉，冰澌斧刃"这种形容，若从传世遗迹中找寻，惟敦煌隋代洞窟壁画中维摩五百事小景足当此称呼（画录中则称陈袁蒨绘有此图）。

三、从绢素看，传世宣和花鸟所用器材多相近，世传黄氏花鸟曾用细绢作成，不知世传李昭道诸画及某要人藏周昉仕女用绢如何，若说展画是隋绢，至少还得从敦煌余物中找出点东西比较。若从敦煌画迹比较，如此绵密细笔山水，至早恐得下移至晚唐五代较合适。

我们说这个画不是展子虔笔，证据虽薄弱近于猜谜，却有许多可能。如说它是展子虔真迹，就还得有人从著录以外来下点功夫。若老一套以为乾隆题过诗那还会错，据个人经验，这个皇帝还曾把明代人一件洒线绣天鹿补子，题上许多诗以为是北宋末残锦！

1947年7月写，1982年重校

近人傅熹年先生评此画年代有极好意见。从文附记。

文史研究必需结合文物[*]

七月十八日《文学遗产》，刊载了一篇宋毓珂先生评余冠英先生编《汉魏乐府选注》文章，提出了许多注释得失问题。余先生原注书还未读到，我无意见。惟从宋先生文章中，却可看出用"集释法"注书，或研究问题，评注引申有简繁，个人理解有深浅，都同样会碰到困难。因为事事物物都在不断发展和变化，文学、历史或艺术，照过去以书注书方法研究，不和实物联系，总不容易透彻。不可避免会如纸上谈兵，和历史发展真实有一个距离。这里涉及的是一个"方法"问题。古代鸿儒如郑玄，近代博学如章太炎先生假如生于现代而治学方法不改变，都会遭遇到同样困难；且有可能越会贯串注疏，越会引人走入僻径，和这个时时在变化的历史本来面目不符合。因为社会制度和事物，都在不断发展变更，不同事物相互间又常有联系，用旧方法搞问题，是少注意到的。例如一面小小铜镜子，从春秋战国以来使用

---

[*] 本文曾以《文史研究必需结合实物》为题，载于1954年10月3日《光明日报·文学遗产》第23期。1960年收入北京作家出版社《龙凤艺术》一书出版。1986年5月收入商务印书馆香港分馆版《龙凤艺术》一书时改为《文史研究必需结合文物》，文字有少量删节。现据商务印书馆香港分馆《龙凤艺术》文本编入。

起始，到清代中叶，这两千多年就有了许多种变化。装镜子的盒子、套子，搁镜子的台子、架子，也不断在变。人使用镜子的意义又跟随在变。同时它上面的文字和花纹，又和当时的诗歌与宗教信仰发生过密切联系。如像有一种"西王母"镜子，出土仅限于长江下游和山东南部，时间多在东汉末年，我们因此除了知道它和越巫或天师教有联系，还可用它来校定几个相传是汉人作的小说年代。西汉镜子上面附有年款的七言铭文，并且是由楚辞西汉辞赋到曹丕七言诗两者间唯一的桥梁（记得冠英先生还曾有一篇文章谈起过，只是不明白镜子上反映的七言韵文，有的是西汉有的是三国，因此谈不透彻）。这就启示了我们的研究，必需从实际出发，并注意它的全面性和整体性。明白生产工具在变，生产关系在变，生产方法也在变，一切生产品质式样在变，随同这种种形成的社会也在变。这就是它的发展性。又如装饰花纹，一个时代有一个时代的风格；反映到漆器上是这个花纹，反映到陶器、铜器、丝绸，都相差不多。虽或多或少受材料和技术上的限制，小有不同，但基本上是彼此相似的。这就是事物彼此的相关性。单从文献看问题，有时看不出，一用实物结合文献来作分析解释，情形就明白了。这种做学问弄问题的方法，过去只像是考古学的事情，和别的治文史的全不相干。考古学本身一孤立，联系文献不全面，就常有顾此失彼处，发展也异常缓慢。至于一个文学教授，甚至一个史学教授，照近五十年过去习惯，就并不觉得必需注意文字以外从地下挖出的，或纸上、绢上、墙壁上，画的、刻的、印的，以及在目下还有人手中使用着的东东西西，尽管讨论研究的恰好就是那些东东西西。最常见的是弄古代文学的，不习惯深入史部学和古器物学范围，治中古史学的，不习惯从诗文和美术方面重要材料也用点心。讲美术史，且有人除永远对"字画同源"发生浓厚兴味，津津于绘画中的笔墨而外，其余都少注意。谈写生花鸟画只限于边鸾、黄筌，不明白唐代起始在工艺上的普遍反映。谈山水画只限于王、李、荆、关、董、巨，不明白汉代起始在金银错器物上、漆器上、丝绸上、砖瓦陶瓷上，和在各处墙壁上，还留下一大堆玩意儿，都直接影响到后来发展。谈六法中气韵生动，非引用这些材料就说不透。谈水墨画的，更不明白和五代以来造纸制墨材料技术上的关系密切，而晕染技法间接和唐代印染织物又相关。更加疏忽处是除字画外，别的真正出于万千劳动人民集体创造的工艺美术伟大成就，不是不知如何提起，就是浮光掠影地一笔带过。只近于到不得已时应景似的找几个插图。这样把自己束缚在一种狭小孤立范围中进行研究，缺少眼光四注的热情，和全面整体的观念，论断的基础就不稳固。企图用这种方法来发现真理，自然不免等于是用手掌大的网子从海中捞鱼，纵偶然碰中了鱼群，还是捞不起来的。

王静安先生对于古史问题的探索，所得到的较大成就，给我们树立了一个新的工作指标。证明对于古代文献历史叙述的肯定或否定，都必需把眼光放开，用文物知识和文献相印证，作新史学和文化各部门深入一层认识，才会有新发现。我们所处的时代，比静安先生时代工作条件便利了百倍，拥有万千种丰富材料，但一般朋友作学问的方法，似乎依然还具保守性，停顿在旧有基础上。社会既在突飞猛进中变化，研究方面不免有越来越落后于现实要求情形。有些具总结性的论文，虽在篇章中加入了新理论，却缺少真正新内容。原因是应当明确提起的问题，恰是还不曾认真用心调查研究分析理解的问题。这么搞研究，好些问题自然得不到真正解决。这是一个"认识"问题，也是一个"思想"问题，值得全国治文史的专家学人，正视这一件事情。如果领导大学教育的高等教育部，和直接领导大学业务的文史系主任，都具有了个崭新认识，承认唯物史观应用到治学和教学实践上，是新中国文化史各部门研究工作一种新趋势和要求，想得到深入和全面的结果，除文献外，就不能不注意到万千种搁在面前的新材料。为推进研究或教学工作，更必需把这些实物和图书看得同等重要，能这么办，情形就会不同许多了。因为只要我们稍稍肯注意一下近五十年出土的材料，结合文献来考虑，有许多过去难于理解的问题，是可望逐渐把它弄清楚的。如对于这些材料重要性缺少认识，又不善于充分利用，不拘写什么，注什么，都必然会常常觉得难于自圆其说，而给人以隔靴搔痒之感。特别是一面尽说社会是在发展中影响到各方面的，涉及生活中的衣食住行和器物花纹形式制度，如不和实物广泛接触，说发展，要证据时实在不可能说得深入而具体。照旧这么继续下去，个人研究走弯路，还是小事。如果这一位同志，他的学术研究工作又具有全国性，本人又地位高，影响大，那么走弯路的结果，情形自然不大妙。近年来，时常听人谈起艺术中的民族形式问题，始终像是在绕圈子，碰不到实际。原因就是谈它的人并没有肯老实具体下点工夫，在艺术各部门好好的摸一个底。于是社会上才到处发现用唐代黑脸飞天作装饰图案，好像除此以外就没有民族图案可用似的。不知那个飞天本来就并非黑脸。还有孤立的把商周铜器上一些夔龙纹搬到年轻女孩子衣裙上和舞台幕布上去的。这种民族形式艺术新设计，自然也不会得到应有成功。最突出不好看的，无过于北京交道口一个新电影院，竟把汉石刻几辆马车硬生生搬到建筑屋顶上部去作为主要装饰。这些现象怪不得作设计的年轻朋友，却反映另外一种现实，即教这一行的先生们，涉及装饰设计民族形式时，究竟用的是什么教育学生！追根究底，是人之师不曾踏实虚心好好向遗产学习，具体提出教材的结果。"乱搬"的恶果，并不是热心工作年轻同志的过失，应当由那些草率出书，马虎教学的人负更多责任的。不把这一点弄清楚，纠正和补救也无从作起。正如谈古典戏的演出，前些时还有人在报纸上写文章提起，认为"屈原"一戏演出时，艺术设计求忠于历史，作的三足爵模型和真的一模一样。事实上屈原时代一般人喝酒，根本是不用爵的。楚墓和其他地方战国墓中，就从无战国三足爵出土，出的全是羽觞。戏文中屈原使用三足爵喝酒，实违反历史的真实，给观众一种错误印象，不是应当称赞的！反回来看看，人面杯式的羽觞的出土年代，多在战国和汉代，我们却可以用它来修正晋代束皙所谓羽觞是周公经营洛邑成功而创始的解释。

如上所说看来，就可知我们的研究工作，或教学工作，都必需和新的学习态度相结合，才可望工作有真正的新的展开。如果依旧停顿在以书注书阶段，注《诗经》、《楚辞》，固然要碰到一大堆玩意儿，无法交代清楚具体。即注《红楼梦》，也会碰到日常许多吃用玩物，不从文物知识出发，重新学习，作注解就会感觉困难或发生错误。目下印行的本子，许多应当加注地方不加注解，并不是读者已经懂得，事实上倒是注者并不懂透，所以避开不提。注者不注，读者只好马马虎虎过去。这对于真的研究学习来说，影响是不很好的。补救方法就是学习，永远虚心的学习。必需先作个好学生，才有可能作个好先生。

我们说学习思想方法不是单纯从经典中寻章摘句，称引理论。主要是从实际出发，注意材料的全面性和不断发展性。若放弃实物，自然容易落空。苏联科学家伊林说，我们有了很多用文字写成的书，搁在图书馆，还有一本用石头和其他东东西西写成的大书，埋在地下，等待我们去阅读。中国这本大书内容格外丰富。去年楚文物展览和最近在文化部领导下，午门楼上那个全国出土文物展览，科学院考古所布置的河南辉县发掘展览，历史博物馆新布置的河北望都汉墓壁画展览，及另一柜曹植墓出土文物展览，就为我们新中国学术研究提供了许多无比重要的资料。大如四川"资阳人"的发现，已丰富了旧石器时代晚期中华民族的分布区域知识。全国各地新石器中的石镰出土，既可说明史前中华民族农耕的广泛性，修正了过去说的商代社会还以游猎为主要生产的意见，也可说明西周封建农奴社会的经济基础，奠定男耕女织的原因。小如四川砖刻上反映的弋鸿雁时的矰缴架子，出土实物的汉代铁钩盾，都能具体解决问题，证明文献。还有说明燕国生产力发展的铁范，说明汉代南海交通的木船，说明汉代车制上衡軶形象的四川车马俑，说明晋缥青瓷标准色釉的周处墓青瓷，说明青釉陶最原始形象的郑州出土殷商釉陶罐，一般文史千言万语说不透的，一和实物接触，就给人一种明确印象。这还只是新中国建设第一年，十五万件出土文物中极小一部分给我们的启示。另外还有许多种新旧出土十分重要的东西，实在值得专家学者给以应有的注意。近三百年的实物，容易损毁散失的，更需要有人注意分别收集保存。这工作不仅仅是科学院考古所诸专家的责任，应当是新中国综合性大学文史研究者共同的目标；也是一切美术学校教美术史和实用美术形态和花纹设计重要学习的对象。因此个人认为高教部和文化部目下就应当考虑到全国每一大学或师范学院，有成立一个文物馆或资料室的准备。用它和图书馆相辅助，才能解决明天研究和教学上种种问题。新的文化研究工作，能否有一种崭新的气象，起始就决定于对研究工作新的认识上和态度上，也就是学习的新方法上。即以关于余、宋二先生注解而论（就宋引例言），有始终不能明白地方，如果从实物注意，就可能比较简单，试提出以下数事，借作参考：

第一条"帩头"，引证虽多，但仍似不能解决。特别是用郑玄注礼，碰不到实际问题。因头上戴的裹的常在变，周冠和汉冠已不相同，北朝漆纱笼冠和唐代四脚幞头又不同。宋先生用

"以书注书"方法是说不清楚的。若从实物出发，倒比较省事。"少年"极明显指的是普通人，就和官服不相干，应在普通人头上注意。西蜀、洛阳、河北各地出土的汉瓦俑，河北望都汉墓壁画，山东沂南石刻，和过去发现的辽阳汉画，山东汉石刻，和时代较后的十七孝子棺石刻，及画本中的《北齐校书图》、《斲琴图》、《洛神赋图》，及敦煌壁画上面都有少年头上的冠巾梳裹可以印证。

第二条关于跪拜问题，从文字找证据作注解，也怕不能明白清楚。因为汉人跪拜有种种形式：例如沂南石刻和辽宁辽阳营城子画，有全身伏地的；山东武梁石刻有半伏而拜的；另外也有拱手示敬的；还有如曹植诗作"磬折"式样的。余注系因敦煌唐画供养人得到印象汉石刻有这一式。宋文周折多，并不能说明问题。因诗文中如用"长跪问故夫"的意思，就自然和敬神行礼不是一样！接近这一时期的石刻却有不少长跪形象！

第三条余注不对，宋注也和实际不合。试译成白话，可能应作"不同的酒浆装在不同的壶樽中，酒来时端正彩漆醥勺、为客酌酒"。酌的还大致是羽觞式杯中，不是圆杯，也不是商周的爵。长沙有彩绘漆醥勺出土，另外全国各地都出过朱绘陶明器勺。汉人一般饮宴通用"羽觞"，极少发现三足爵。曹植《箜篌引》中的"乐饮过三爵"，诗意反映到通沟墓画上，也用的是羽觞。在他本人的墓中，也只挖出羽觞，并无三足爵。如仅从文字引申，自然难得是处。

第五条"媒人下床去"，汉人说床和晋人的床不大相同。床有各式各样，也要从实物中找答案，不然学生问道："媒人怎么能随便上床？"教员就回答不出。若随意解释是"炕头"，那就和二十年前学人讨论"举案齐眉"的"案"，勉强附会认为是"椀"，才举得起，不免以今例古，空打笔墨官司。事实上从汉代实物注意，一般小案既举得起，案中且居多是几只羽觞耳杯，圆杯子也不多！《孔雀东南飞》说的床，大致应和《北齐校书图》的四人同坐的榻一样。不是《女史箴图》上那个"同床以疑"的床。那种床是只夫妇可同用的。

第八条"柱促使弦哀"，明白从古诗中"弦急知柱促"而来。余说固误，宋注也不得体。宋纠正谓琴、瑟、筝、琶都有柱，而可以移动定声，和事实就不合。琵琶固定在颈肩上的一道一道名叫"品"，不能移。七弦琴用金、玉、蚌和绿松石作徽点，平嵌漆中，也不能移。"胶柱鼓瑟"的"柱"，去年楚文物展战国时的二十三弦琴，虽没有柱，我们却知道它一定有：一从文献上知道，二从击弦方法上知道，三从后来的瑟上知道。柱是个八字形小小桥梁般东西，现在的筝瑟还用到！唐人诗中说的雁行十三就指的是筝上那种小小八字桥形柱（新出土的河南信阳锦瑟已发现同式柱）。

第九条"方相"问题，若从文献上看，由周到唐似无什么不同。从实物出发看看，各代方相形貌衣着却不大相同，正如在墓中的甲士俑各时代都不相同一样。那首诗如译成现代语言，或应作"毁了的桥向出丧游行的方相说：你告诉我不胡行乱走，事实上可常常大街小巷都逛到。你欺我，你那能过河？""欺"作"弃"谐音，还相近。意思即"想骗我也骗不了我！"后来说的"不用装相"，意即如方相那么木头木脑，还是一脉传来，可作附注。大出丧的游行方相是纸扎的，后人称逛客叫"空老官"，也是一脉相传。这些知识一般人都不知，大学专家大致也少注意到了。如照宋说"相呀，我那能度你？"倒不如原来余注简要，事实上两人对它都懂不透。

第十二条关于草履纠正也不大妥。宋说"草履左右二只，以线结之，以免参池"，引例似不合。南方草履多重叠成一双。

原诗说的则明明是黄桑柘木作的屐和蒲草编的履，着脚部分都是中央有系两边固定，意即"两边牵挂拿不定主意"，兴而比是用屐系和履系比自己，底边两旁或大小足趾比家庭父母和爱人，一边是家庭，一边是爱人，因此对婚姻拿不定主意。既不是"婚姻和经济作一处考虑"，也不是"女大不中留"。这也是要从西南四川出土俑着的履和西北出土的汉代麻履可以解决，单从文字推想是易失本意的。

第十三条"跕跋黄尘下"，译成如今语言，应当是"在辟里叭喇尘土飞扬中"。宋注引申过多，并不能清楚。一定要说在黄尘下面，不大妥。原意当出于《羽猎赋》和枚乘《七发》叙游猎，较近影响则和曹植兄弟诗文中叙游猎之乐有关，形象表达较早的，有汉石刻和空心大砖，稍晚的有通沟图，再晚的有敦煌西魏时的洞窟狩猎壁画和唐代镜子图案反映，都十分具体，表现在射猎中比赛本领的形象！

从这些小小例子中，我们也可以看出，新的文史研究，如不更广泛一些和有关问题联系，只孤立用文字证文字，正等于把一桶水倒来倒去，得不出新东西，是路走不通的。几首古诗的注，还牵涉许多现实问题，何况写文学史，写文化史？朋友传说北京图书馆的藏书，建国后已超过五百万卷，这是我们可以自豪的一面。可是试从图书中看看，搞中古雕刻美术问题的著作，他国人越俎代庖的，云冈部分就已出书到三十大本，我们自己却并几个像样的小册子也还没有，这实在格外值得我们那些自以为是这一行专家学者深深警惕！这五百万卷书若没有人善于用它和地下挖出来的或始终在地面保存的百十万种不同的东西结合起来，真的历史科学是建立不起来的！个人深深盼望北京图书馆附近，不多久能有一个收藏实物、图片、模型过百万件的"历史文物馆"一类研究机构出现。这对于我们新中国不是做不到的，是应当做，必需做，等待做，或迟或早要做的一件新工作。但是否能及早做，用它来改进新中国文史研究工作，和帮助推动其他艺术生产等等工作，却决定于我们对问题的认识上，也就是对于问题的看法上。据我个人意见，如果这种以实物和图片为主的文物资料馆能早日成立，倒是对全体文史研究工作者一种非常具体的鼓励和帮助。实在说来，新的文史专家太需要这种帮助了。

从实物学习谈谈《木兰辞》的相对年代[*]

《木兰辞》是我国古代一首有名的诗歌。这诗的产生时代，过去人多从旧说，认为是北朝作品。因内中描写叙述制度上有问题，为调和这点矛盾，就说是唐人曾有增饰。也有直认为是唐人作的，引证又觉不全面，难于令人心服。前者多据《古今乐录》上有这个诗题，后者多因"策勋十二转"属于唐制。我想试从实物分析比较一下，或者也可看出这诗相对年代。近来读余冠英先生注汉魏六朝乐府诗，还把它放入六朝作品中，更觉得试从制度商讨一下，一孔之见，也许对于专家也还有点用处。

诗中有"明驼"字样，照出土记录，北方各地北朝俑中似有马而无骆驼，即在敦煌麦积山壁画中，战士形象反映，也只骑马，从不骑骆驼。但相反，唐墓中则用骆驼极多，大小均有，大的还高到三尺以上，而且身上装备齐全，有人骑乘。又敦煌五代时作《五台山图》，还有写明某省运送使押运东西也绘骆驼的。

---

[*] 本文作于1954年，曾编入《沈从文全集》第30卷，于2002年12月由北岳文艺出版社出版。

北朝战士分步骑两种,马式大致可分成三种:一普通骑马,战士或骑从中吹角击鼓(这和乐府诗中横吹曲铙歌均有关),及平常著披风的男女均骑它。二为装甲马,俑中和壁画上都有,甲有鱼鳞式重叠的,也有绵帘式的。战士则多著"裲裆铠",和背心一样,前后各一大片,肩部用皮条绊连。这是裲裆本来形制。也有裲裆式但前后那两片还是重叠小片作成的。(步卒战士一例着裲裆,持盾作主式,高可及腰。)三为诞马,马形特别雄骏,在行列中为突出物,装备考究,鞍辔完备,障泥特别长而下垂,头顶上多有水波纹覆盖物装饰,额前不用"当颅"也不用"金锾",只下垂一小片丝织或毡罽物,上面可能尚有金银线绣。北朝马一般比例多作得头小一些,和汉马不尽相同,造形比例并不怎么准确,却十分雄骏,一望而知。但到北周则作得越来越呆,普通骑俑四脚且直如木腿矣。

北朝俑中有许多男俑,近于女性形象,日人以为"阉宦",或"娈童"。如照干宝《晋纪·总论》、《世说》、《晋书·五行志》等叙述,男作女容是当时一般风气,"何郎傅粉,荀令薰香"是比较著名的。男人的自我恋和好男色风气,是末世统治阶级流行的。但北朝是否亦受影响?不甚明白。惟纨绔子弟不事生产,平日多搔首弄姿,则《颜氏家训》也常说到。这一点也有可能和《木兰辞》的创作发生渊源,即如果诗是唐人作,由于这类北朝俑有所启发。但究竟不易联系,故事本来还是出于民间。

"可汗"称呼似乎唐人用得极平常,太宗称"天可汗",西北部落用可汗称呼的更不少。历史博物馆藏一个西北兄弟民族文字手抄本子经卷,就有碗大方印,印上回鹘大可汗……朱印。唐人一般诗文中涉及的就更多。北朝人似不那么常用。

女作男装唐初即有之。到开元天宝则成一时风气而盛行,起于杨氏姊妹。传世《虢国夫人出行图》，记载中即以为作男装的系虢国夫人。(但小说又称当时竞选年青俏俊黄门侍从，是则骑马人仍为年青小伙子!)惟敦煌乐廷瓌夫人敬香行列，却有女作男装有代表性的样子；头裹巾帻如男子。这个画重要处还有额前一片细网子，正是唐诗中常用，平时文字注解不易明白的"透额罗"，看过画才会知道原来是这么打扮！不看画，不会知道的。即看画，不读诗，也永远不会明白这叫"透额罗"，是唐代一种化装制度！联系一研究，问题就了然了。

"燕山胡骑"也不大像北朝人口气。如出于唐人，例如安史之乱以后，即十分自然。唐人说"燕山胡骑"，是有一定含义的。

"策勋十二转"是唐制，前人多已道及。"赏赐百千强"也是唐人语，指匹头，不指钱财。最引起人兴味的是"对镜帖花黄"，一般注解虽可引梁简文帝"约黄能效月"诗句，以为兴于南朝。事实上从实物注意，却有问题。因为年来南朝出土俑有一定数量，保存得完整的，衣还淡着色，却从无在眉额脸辅间加餍子装饰的。传世《帝王图》中几个南朝帝王，侍女多作标准南朝装，头上脚下一点不含胡，脸庞上也看不出一点痕迹消息。图虽传为唐初阎立本作，立本父阎毗则仕于隋，父子均懂旧制，不会疏忽这一点。然到唐代画中，则女人脸颊眉额间贴小鸳鸯水鸟、花朵及星月玩意儿的，却相当多。敦煌画反映得十分完备具体。开元以后，下及五代，许多女人脸上真是鸂𪆟相趁相逐，星月交辉！花黄即"餍子"，是放在小小银盒子中，随时可以贴上的。温李诗中所常咏，《花间集》中词，也有许多形容，是指这些东东西西和衣领、衣袖、披帛绣花的。南朝俑既无这个打扮，北朝着色俑石刻也无一点消息，敦煌北朝画也不曾发现，唐画则反映得如此分明，我们说这诗是北朝还是唐？结论是容易得到的。

还有诗中提"战袍",也是唐人习用语,习见物。武则天时,曾赠诸大臣如狄仁杰辈以铭金字战袍,希望大臣效忠于她。"战袍经手作,知落阿谁边",更是人所习知唐人诗句。如是北朝,必说"裲裆",或作"裲裆铠",才和实际相合。北朝记载虽也常用袍字,"战袍"则惟唐人习用。裲裆如今之背心,前后各一,皮绊带着肩,石刻、壁画、泥塑随处表现,大都如此也。(且影响到普通服制,《北齐校书图》中人物汗衫,即用这种吊带式衬衫!)唐初还使用,开元天宝以后则少用。战袍敦煌画也有,和北朝裲裆区别,是极其显明的。

从种种方面看来,说这诗是北方人作品,是完全对的,说是北朝人作品,条件多不相合。说诗是唐人作,处处入情理,说北朝人作,处处见矛盾。一切事都不孤立,或同一事物前后有联系,或不同事物彼此相关联,文学作品中乐府考证,属于年代问题,本来不大好办,如从文字注疏中,常有孤立求证不够全面处,不可免会陷于唯心主义思想方法上去,若试从实物反映多留点心,会对我们多有些启示,而得到帮助,绝对年代虽得不到,相对年代还是可把握的。

解放五年来,出土实物已过十五万件,今年可能已过二十万件,此外还有敦煌、麦积山……和许许多多有用形象材料,对于社会制度风俗,提供了十分丰富有用证据,是等待人去利用,促进我们历史科学知识的。若善于利用,对我们许多研究工作,都十分有用。《木兰辞》只是一个极平常的例子而已。若拒绝这些材料不用,有许多容易明白的问题,或反而越论越弄不清楚的。

"商山四皓"和"悠然见南山"[*]

《史记·留侯世家》:"……及燕,置酒,太子侍。四人从太子,年皆八十有余,须眉皓白,衣冠甚伟。上怪之,问曰:'彼何为者?'四人前对,各言名姓,曰东园公,甪里先生,绮里季,夏黄公。"

《汉书·王吉传序》:"汉兴有园公、绮里、季夏黄公、甪里先生,此四人者,当秦之世,避而入商雒深山,以待天下之定也。自高祖闻而召之,不至。其后吕后用留侯计,使皇太子卑辞束帛致礼,安车迎而致之。四人既至,从太子见,高祖客而敬焉,太子得以为重,遂用自安。"

这就是所谓"商山四皓"典故的由来。近二千年来注解学人,只有就四个人姓名或称绮里,或称绮里季,有些不同意见,其他却少异议。但近半世纪新出土两件文物,却把"商山四皓"叫做"南山四皓"。第一件是过去日本人在朝鲜发掘的汉墓里,

---

[*] 本文作于20世纪60年代初,是目前所知作者加有"文物识小录"总题中较早撰写的文章之一。1992年12月曾编入岳麓书社《沈从文别集·抽象的抒情》一书出版。

得到一个竹篾编成的长方形筐子，上面四方除用彩漆绘有西汉以来即流行的孝子传故事，还在一角绘上那四位高士，旁边却用隶书题识"南山四皓"四个字。这个竹筐的产生时代，大致当在西汉末东汉初年。可证那时民间工师是叫这四个人作"南山四皓"的。这个南字的写法，且和西域木简字的南字一个式样。

我们可以怀疑这只是个孤证，以为汉代工人写字草率马虎，西汉草隶书"商"、"南"二字差别又甚小，兴致一来，也会把"口"作成一笔竖画便弄错了，不足为例。但是天下事无独有偶，近年在河南邓县出土一个南朝画像砖大墓里，我们又发现一些尺来大长方砖，其中一块上面浮雕人像旁边，又有一行四字题识："南山四皓"。上一回漆筐上用的是草隶书，还可说容易混误，这一次却用的是楷书，大致不会错了。这就为我们提出一个新的问题，原来史传上的"商山四皓"，汉代和六朝人通说是"南山四皓"。可见用文物证史，有些地方实在可以启发我们不少新知，至少可以提供一些新的材料，而且性质相当扎实可靠。

这里让我们联想到，多少年来学人论陶诗时，欢喜引"采菊东篱下，悠然见南山"。对于这两句诗的解释，大致多以为这十个字显得陶渊明生活态度多么从容不迫，不以得失萦怀累心。东篱采菊是实，所见南山也不尽虚。我惭愧读书不多，不能明白千多年来讲陶诗的，有没有人曾提起过这两句诗，事实上是不是也还有些感慨，正可和"刑天舞干戚，猛志固常在"发生联系，用事虽不同，立意却相近。原来渊明所说"南山"，是想起隐居南山那四位辅政老人，并没有真见什么南山！何以为证？那个画像砖产生的年代，恰好正和渊明写诗年代相差不多。

这个墓中发现的几十块尺来大方砖上的浮雕，搞艺术的多承认浮雕效果艺术水平相当高，可以代表这时期砖浮雕艺术成就。事实上如从搞文物角度注注眼，还可启发我们许多问题，丰富我们许多知识。在乐舞史上，则王子晋吹笙那个笙，式样和唐宋以后不同，和现代西南芦笙倒有些近。其次《隋音乐志》提到的文康伎，和诗歌中描写的文康舞形象，砖雕上有个典型的模样，也可说是唯一的形象反映。

"瓟斝"和"点犀盉"[*]

——关于《红楼梦》注释一点商榷

百二十回本《红楼梦》第四十一回,"贾宝玉品茶栊翠庵,刘姥姥醉卧怡红院"(见插图),是本书一回写得鲜明深刻的有名文章,下笔既生动活泼、又蕴藉含蓄。描写叙述虽若完全写实,却又实中有虚。正如一个山水画卷,有大青绿设色的壮丽华美,也有白描淡着色的清秀明朗。更重要是两部分的巧妙结合形成一种节奏感,给人印象不易忘记。但内中有许多属于18世纪中上层社会流行好尚起居服用东西,现代人读它时不易明白,必然还要查查注解。因此新的注解在本书中也具有一定重要性。懂得透,注得对,能帮助读者深一层领会原作的好处;注得草率,或和原意相反,便给读者带来一种错误印象,把原文也糟蹋了。

有关注解问题,在第三六八期《文学遗产》上拙文曾提起过。至于为《红楼梦》作注,且多一层麻烦,因为时间近,很多事物还无书可查,问题多,想学也无从学起!所以谈到这部书

---

[*] 本文发表于1961年8月6日《光明日报·文学遗产》第375期。1986年5月编入商务印书馆香港分馆《龙凤艺术》一书出版。现据《龙凤艺术》文本编入。

的注释时，我想首先应当作为一个普通读者，向1957年人民文学出版社《红楼梦》重印本的几位注释工作者表示敬意，因为他们能热心耐烦从事这个注释工作，提高到新的学术要求水平。但是这个书的注本，就无疑还有许多具体问题，尚未得到很好解决，有待进一步继续努力。有些事物并且绝对不可能用目下方法弄清楚的，试提出点个人粗浅看法，作为初步建议。

《红楼梦》插图

这里拟先就《红楼梦》第四十一回中的情节介绍一下：

"瓟斝"和"点犀㿯"

本回写贾母和刘姥姥等到了妙玉住处栊翠庵,妙玉为讨好贾母,亲自捧了一个海棠花式雕漆填金云龙献寿的小茶盘(照法律是不许可的)。里面放了一个成窑五彩小盖盅(按事实不会有这种真成窑的,如出现,也是康熙时仿作的),捧与贾母,贾母喝后,让刘姥姥也尝尝,后来道婆收茶盏回来时,妙玉就心嫌肮脏,叫把杯子搁在外面,不再使用。另外又拿出两只杯来,一个旁边有一耳,杯上镌着"瓟斝"三个隶字,后有一行小真字,是"王恺珍玩"。又有"宋元丰五年四月眉山苏轼见于秘府"一行小字。妙玉斟了一斝递与宝钗。那一只形似钵而小,也有三个垂珠篆字,镌着"点犀㿯",妙玉斟了一㿯递与黛玉。却又把日常自己吃茶的那只绿玉斗来斟与宝玉。宝玉一切看在眼里,明明懂得这种分别对待的意思,却装呆说笑,以为给钗、黛用的是"珍奇古玩",给他的却是"俗器"。接着,即妙玉和宝玉一番对答,表面像是泛泛的,却包含着一些唯有彼此可以会心的情意。

这一回是《红楼梦》著名文章,这一节更是作者下笔有分寸、有含蓄的妙文。处处有隐喻、字字有机锋,我个人以为必须从实和虚两方面去欣赏,才理会得透彻,注释得妥帖。因为不仅话中多双关意思,作者笔下称赞有褒贬,即器物取名,也并不随便。若对于这点弦外之音少应有体会,仅就字面作注,自然难得本意。本来是活文章,难免被注扣死了。现在特提出三点来商榷,以就正于海内通人专家。

一、原注(9)瓟斝——斝是一种古代大酒杯。瓟、匏都是瓜类名。从前有些特制器物,都镌刻名款。这个斝类杯近似瓜类形状,所以给它起这个名。

二、原注(10),王恺珍玩——王恺是晋代官僚中最富的人物,这里是说杯是王恺所制,又经过苏轼的鉴赏,是一件极其珍贵的古玩。

三、原注（11），点犀盉——盉是古代碗类的器皿。犀角横断面中心有白点。这里用唐李商隐诗"心有灵犀一点通"的典故作这盉类碗的名字。

从欣赏出发看，这节文字重点主要在写妙玉为人，通过一些事件，见出聪敏、好洁、喜风雅，然而其实是有些做作、势利和虚假，清洁风雅多是表面上的。作者笔意双关，言约而意深。甚至于两件器物取名，也不离开这个主题，前者是谐声，后者却是会意。也可说并非真有其物，可又并不是胡乱凑和。作注求恰如其分，得虚实兼顾，势必得先务实，再务虚，才明白问题，博闻约取，言简而要，作出比较正确中肯的注解！

如何务实？先得明白两件东西和时代关系。明代以来，南方新抬头中层士绅阶层，官不一定作得怎么大，房产田地不一定怎么多，有的人或者还近于清贫，靠卖文卖画为生。但时会所趋，却俨然成一时风雅主人。不仅经常招朋聚友，吟诗作画，写斗方，充名士。遇春秋佳日，还必然呼朋唤侣，游山涉水，吃喝玩乐。出行求便于携带，因此照《梦溪笔谈》提到流行用葫芦或编竹丝加漆作茶酒器，讲究的且必仿照古代铜玉器物，范成各种形态花纹，这种器物和南方其他许多工艺品一样，到清初，进而成为北京宫廷贵族好尚，除制成各种用器外，还作成整套的乐器，通称"葫芦器"或"匏器"（实物故宫收藏相当多，前些年尚在西路辟有专室陈列）。原注（9）所说的，无疑就是这种用匏类范成斝式的茶具。斝和爵同是商代酒器，其实并不是杯，正如觚不是杯，各有不同形象，不同定名。一般说，斝多指三足、两柱、一扳手（即所谓耳），容量较大的一种殷商青铜酒器，陶器中形状相近的也叫作斝，主要总是指已成定形的殷商青铜器。如明白这一点，本文中可以说是"茶杯"，注中就得说"是酒器借用"。当时也会真有这么一个斝，可不是如原注说的"近似瓜类形状",正好相反,是"用觚瓜仿作觯形"的用具。

如何务虚?这个觚器别的不叫,为什么偏偏叫这么个刁钻古怪名称?似古怪实不古怪。俗语有:假不假?班包假。真不真?肉挨心。意思是"假的就一定假,真的也一定真"。作者是否有意取来适合俗语"班包假"的谐音,既指物,也指人?我想值得研究研究。

由于注者务实务虚通不够,凡事从想当然出发,便弄错了。

其次是注(10)问题,照字面注,只有王恺身份还对,其余不切题的。因为若务实透彻,明白葫芦器的流行在明清时代,则文中说的王恺珍玩,东坡鉴赏,都自然落了空。明明是讽刺打趣,正等于说"宋版《康熙字典》",决不会真有其物。现在注里却很认真地补说:"是一件极其珍贵的古玩。"于是点金成铁。

其三是注(11),关于点犀盉,原注引了李商隐诗,其实还是领会不到诗中用事本意,和这里取名的用意。这也是要从务实和务虚才能明白的。

如何务实?宋明以来因南海贸易扩大,沉香、犀角等等贵重难得材料入口日多,高级官僚贵族因此多欢喜用来雕成种种美术品,示阔斗奢。沉香木多雕成山子,或灵芝如意,是由"海上三山"到"寿山福海"一脉相传,和长寿多福愿望分不开的。犀角则作酒器,也和长寿分不开,因为照传说,犀角能解百毒。用犀角作杯主要计两种形制:横卧式多刻成张骞泛海的"博望槎"样子,和元代朱碧山作的银槎样子差不多,是仿照一段枯木形象,中心挖空贮酒,槎尾上竖,照例还留下些叉桠,本来可能还是用沉香作成,犀、银均后仿。通属于"酒船"类。是从战国腰圆形漆玉羽觞,到唐代六曲、八曲金银酒船。宋明发展而成这种浪漫主义形式的工艺品。竖刻直立向下,上作喇叭口状,是由古代觚觯和犀觥取法,犀觥实物虽不存,新出西汉壁画中却还有个画得十分具体。衍进而成汉、宋雕玉，宋、明犀角杯实仿玉。杯沿和柄部或作高浮雕子母辟邪，或刻教子升天大小龙，又或刻成灵芝仙草，再进而刻成锦荔枝、玉兰等像生花果，和其他山水楼阁场面。总之，数量多，式样变化也大。一般只四五寸高，也有高及八九寸的。如取名"盃"，照理说，还必指实物中高足器而言。旧说（或引为《抱朴子》称）犀中心有白线直透到底，名通天犀，李商隐诗即引此喻心在暗里相通意。宋人用它作带版，名"通犀带"，尚有"正透"、"倒透"等等名目，在法定二十八种带制中还极贵重，仅比紫云缕金带稍次。明代《天水冰山录》记载严嵩抄家的重要财产中，还有好些条犀带，好在何处和具体形象已不得而知。至于明清人做酒器，则中心必须挖空，由于应用要求不同，再不会过问有无白透了。（过我手的实物不下二百种，就没有一件符合通犀情况的。可知酒器事实上不在那线白心！）

如何务虚？既明白了犀有"正透"、"倒透"、"透到底为贵"意思，又知道记载中有"竹犀形大纹粗可以乱真"的说法，且明白元明杂剧市语说"乔"多指装模作样假心假意，那么当时取名"点犀盃"用意，是不是影射有"到底假"、"透底假"意思？就自然明白了。

也会有人不同意这么解释，以为似乎过分穿凿。从部分看，的确近于穿凿。但是如从这一节文章及全书对妙玉的性格讥刺批评看，说这两个器物取名用意一是谐声，一是会意，却大致不会错。这也还值得从另一方面再务务实看。清代以来，由康熙到乾隆，《格古要论》、《清秘藏》、《遵生八笺》、《妮古录》、《长物志》、《博物要览》等等明人谈杂艺书正流行。《格致镜原》新刻出版，分门别类网罗更多，《渊鉴类函》除大字殿本外，且有古香斋巾箱本刊印。谈犀角象牙文玩事物，在曹雪芹时代，实为一般贵族士大夫所熟习。因此这类影射名物的文字,正和书中叙述打灯谜差不多,当时丫头如平儿、鸳鸯辈也能破的,若不说破谜底,要现在让我们文化部长来猜,已难说十拿九稳!觉得解释二茶具取名隐晦,是现代人和那个时代一切已脱节。(事实上说妙玉用"绿玉斗"给宝玉,系谐"搂玉肚"也大为可能!)

总的说来,注者由于务实不够,务虚不深,对本文缺少应有认识,因此便不能把所提到的事物,放在当时历史社会背景中去求理会。

这节文章正面说的是妙玉为人如何爱清洁,讲风雅,反面却有个凡事是假的微言深意,显明对照是奉承贾母无所不至,却极瞧不起刘姥姥。所谓文笔曲而隐的褒贬,和当时事事物物相结合,二百年前读者用不着注也能有会于心。但是,到现代,由于近半世纪社会变化格外大,即或是注书教书的专家学者,若不下一番功夫,书中谈到事事物物,事实上实在已经不大好懂了。尽管书中叙述的东西,目前可能在故宫博物院正搁在我们当眼处(记得珍宝馆就陈列过一个高脚犀角杯),如没有人点破,这就恰好是《红楼梦》某回某页提起过的东西,也还是不能转用到注上来的。注者既不能从感性上取得应有知识,又无从向字典取经,仅从主观猜想出发,当然难于融会贯通。所以作注不能恰到好处是可以理解的。为求注解落实,最理想是有人能用个积极负责的工作态度,从实践出发,下一番狠心,扎扎实实去学懂它,再来作注。其次即采取个比较老实谨慎的工作态度,凡是自己目下还不懂的,不妨暂时不注。

由于1957年《红楼梦》再版时,人民文学出版社编辑部在首页曾提起过,曾参考过拙作未发表部分关于注释《红楼梦》名物资料稿本。事实上凡是纠正这些错处地方,注者采用并不多,原注错处依旧继续保留,因此当时才试提出二三事来商讨。

前人常说著书立说不容易，其实注书工作，认真说来又何尝简单！他不仅要懂语言，也要懂文学，不仅要懂社会，还要懂文物。更重要还是不能把这几点看成孤立事物，必需融成一份知识。特别是像《红楼梦》这样一部内容包含宏富，反映18世纪社会上层各方面的伟大现实主义作品，涉及一系列风俗人情、名物制度以及许多种外来新事物，求把注释工作作到对得起原作，实在还值得有心人采取个更谨严态度用点心！和许多学术研究一样，似乎也可采用两条腿走路办法进行。其一是出版部门重新组织点社会力量，如像故宫明清工艺史组工作同志，文史馆、北京图书馆、科学院文学研究所、历史语言所有关同志，和校正本书不同版本字句一样，来分门别类好好校正一下原来注文，并补充应注部分，再行重印，不失为一种走群众路线的比较慎重办法。如果要进一步攻尖，则不妨鼓励某些个人试采取一个更新的工作方法，老老实实去故宫各库房学三五年文物，把一切起居应用器物摸熟，凡事总得学，才能懂，懂得后，才能作好注！

听说北大中国文学系已有学生将近千人，他们学《诗经》、《楚辞》、乐府诗、唐诗，以至于《金瓶梅》、《红楼梦》等小说，遇到起、居、服、用等等万千种名词时，碰到的问题大致都还相同。远如对朱干、玉戚，因为没有知道商周漆盾不同形象，和许多种不同式样玉戚，及部分青铜制造中心镶有小玉璧的戚，仅从古人以及近人著作注疏中兜圈子，是不可能得到具体正确印象来纠正《三礼图》错误的！近如《红楼梦》中说的东东西西，必然还是一样麻烦费事不好懂，所以今后真正解决问题，也许不在教师倒在同学。如果每届毕业同学，已恢复过去毕业论文制度，系中能有计划统筹安排一下，某人作《诗经》、《楚辞》名物新证，某人作《急就章》、《释名》新证，某人作唐诗名物新注，某人作《红楼梦》文物研究……这么分别进行，资料积累，保存到系中，有个十来年后，教学情形，将必然一改旧观！这个工作说来容易，认真做去自然将比普通论文难得多。因为要求每条每项毫不含糊，一一落实，甚至于还得学会摹绘，用具体形象反映出对象，人再聪敏勤快，集中精力作一二年虽未必即有满意成果。但是路走得对，还不妨在毕业后用研究生或助教名份再搞几年。想要这个工作做得十分踏实，必须承认工作方法也得改变，即应当用一个新的实事求是态度，例如作《红楼梦》起居服用注，到故宫博物院明清工艺史陈列组及各库房工作组去取经求教，好好结合文献和文物，先进行百十条试点调查研究，再逐渐扩大范围，才可望懂得透彻，注得真切，对读者才会有真正帮助。也惟有从这样踏实工作去得到的知识，才能用它来纠正旧有的错误并充实以新内容。

这种下库房学习注书，工作方法上的根本改变，对于一个学有成就的专家通人言来，我们不敢抱过大奢望，因为文献梳理工作有待于他们指导的还多。对于一个年青力壮的同学，理会得到必需通过这种调查研究、实践，才可望使工作得到应有的进展的，必乐意接受这个新任务。我相信经过一定时间，必然能够克服工作中不可免的困难，会取得十分满意的丰收！

从文物来谈谈古人的胡子问题

《红旗》十七期上,有篇王力先生作的《逻辑和语言》文章,分量相当重。我不懂逻辑和语言学,这方面得失少发言权。惟在末尾有一段涉及胡子历史及古人对于胡子的美学观问题,和我们搞文物所有常识不尽符合。特提出些不同意见商讨一下,说得对时,或可供作者重写引例时参考,若说错了,也请王先生不吝指教,得到彼此切磋之益。

那段文章主要计三点,照引如下:

1. 汉族男子在古代是留胡子的,并不是谁喜欢胡子才留胡子,而是身为男子必须留胡子。

2. 古乐府《陌上桑》说:"行者见罗敷,下担捋髭须。"可见当时每一个担着担子走路的男子都是有胡子的。

3. 胡子长得好算是美男子的特点之一,所以《汉书》称汉高祖"美须髯"。

王先生说的"古代"界限不明白,不知究竟指夏、商、

---

* 本文 1961 年 10 月 21、24 日连载发表于《光明日报》,署名沈从文。1986 年 5 月收入商务印书馆香港分馆《龙凤艺术》一书出版。

周……哪一朝代，男子必须留胡子？有没有可靠文献和其他材料足证？

其次，只因为乐府诗那两句形容，即以为古代每一个担着担子走路的男子都是有胡子的，这种推理是不是能够成立？还是另外尚有可靠证据，才说得那么肯定？

其三，即对于"美须髯"三字的解释，照一般习惯，似乎只能作"长得好一部胡子"的赞美，和汉魏时"美男子"特点联系并不多。是否另外还有文献和别的可作证明？

文中以下还说："到了后代，中年以后才留胡子。"照文气说，后代自然应当是晋南北朝、唐、宋、元、明、清了，是不是真的这样？还是有文献或实物可作证明？

私意第一点概括提法实无根据，第二点推想更少说服力，第三点对于文字解说也不大妥当。行文不够谨严，则易滋误会，引例不合逻辑，则似是而非，和事实更大有出入，实值商讨。

关于古人胡子问题，类书讲到不少，本文不拟作较多称引，因为单纯引书并不能解决具体问题。如今只想试从文物方面来注意，介绍些有关材料，或许可以说明下述四事：一、古代男子并不一定必需留胡子。二、胡子在某一历史时期，由于社会风气或美学观影响，的确逐渐被重视起来了，大体是什么式样？又有什么不同发展？文献不足证处，我们还可以从别的方面取得些知识。中古某一时期又忽然不重视，也有社会原因。三、美须髯在某些时期多和英武有关，是可以肯定的，可并不一定算美男子。有较长时期且恰恰相反，某些人胡子多身份地位反而比较低下。可是挑担子的却又决不是每人都留胡子。四、晋唐以来胡子式样有了新的变化，不过中年人或老年人，即或是名臣大官，也并不一定留它。这风气直继续到晚清。

首先可从商代遗留下的一些文物加以分析。故宫有几件雕玉

图1 商 人面纹方鼎
（湖南宁乡县黄材出土 湖南省博物馆藏）

人头，湖南新出土一个铜鼎上有几个人头（图1），另外传世还有几件铜刀、铜戈、铜钺上均有人的头形反映，又有几个陶制奴隶俑，在河南安阳被发掘出来，就告诉我们殷商时期关于胡子情况，似乎还无什么一定必需规矩。同是统治者，有下巴光光的，也有嘴边留下大把胡子的。而且还可以用两个材料证明胡子和个人身份地位关系不大，因为安阳出土一个白石雕刻着花衣戴花帽的贵族，和另外一个手带桔梏的陶制奴隶，同样下巴都是光光的。（如果材料时代无可怀疑，我们倒可用作一种假说，这时期人留胡子倒还不甚多。）

春秋战国形象材料新出土更多了些。较重要的有：一、山西侯马发现那两个人形陶范（图2），就衣着看，显明是有一定身份的男子，还并不见留胡子的痕迹。二、河南信阳长台关楚墓出土一个彩绘漆瑟，上面绘有些乐舞、狩猎和贵族人物形象，也不

图2 山西侯马东周人形陶范

见有胡须模样。三、近二十年湖南长沙大量出土战国楚墓彩绘木俑,男性中不论文武打扮,却多数都留有一点儿胡须,上边作两撇小小"仁丹胡子"式,或者说"威廉"式,尖端微微上翘,下巴有的则留一小撮,有的却没有保留什么。同一形象不下百十种,可知和当时某一地区社会爱好流行风气,必有一定关系,并不是偶然事情(如艺术家用来作屈原塑像参考,就不会犯历史性错误)。但其中也还有好些年纪大但并不留胡子的。另外故宫又还有个传世补充材料足资参考,即根据《列女传》而作的《列女仁智图》卷(图3)上有一系列春秋时历史著名人物形象,其中好几位都留着同样仁丹式八字胡须,亦有年逾不惑并不留胡子的。这画卷传为东晋顾恺之稿。若从胡子式样联系衣冠制度分析,原稿或可早到西汉,即根据当时的四堵屏风画稿本而来(也许还更早些,因为胡子式样不尽同汉代)。另外又还有一个河南洛阳新出两汉壁画,绘的也是春秋故事,作二桃杀三士场面(图4),这应当算是目下出土最古的壁画。由此得知当时表现历

图3 东晋 顾恺之《列女仁智图》局部
（北京故宫博物院藏）

史人物形象的一点规律，如绘古代武士田开疆、古冶子时，多作须髯怒张形象，用以表示英武。武梁祠石刻也沿此例。此外反映到东汉末绍兴神像镜上的英雄伍子胥，和山东沂南汉墓石刻上的勇士孟贲，以及较后人作的《七十二贤图》中的子路，情形大都相同。如作其他文臣名士，则一般只留两撇小胡子，或分张，或下垂，总之是有保留有选择的留那么一点儿。其余不问是反映到长沙车马人物漆奁上，还是辽宁辽阳营城子汉墓壁画上，和朝鲜出土那个彩绘漆竹筐边缘孝子传故事上，都相差不太远。同时也依旧有丝毫不留的。即此可知，关于古代由商到汉，胡子去留实大有伸缩余地，有些自觉自愿意味，并不受法律或一定社会习惯限制。实在看不出王先生所说男子必须留胡子情形。

图4 河南洛阳西汉墓壁画《二桃杀三士》摹本局部

至于汉魏之际时代风气，则有更丰富的石刻、壁画、漆画、泥塑及小铜铸像可供参考。很具体反映出许多劳动人民形象，如打猎、捕鱼、耕地、熬盐、舂碓、取水、奏乐以及好些在厨房执行切鱼烧肉的大司务，极少见有留胡子的。除非挑担子的是另一种特定人物，很难说当时每个挑担子的却人人必留胡子！那时的确也有些留胡子的，例如：守门的卫士、侍仆以及荷戈前驱的伍伯（图5），即多的是一大把胡子，而统治者上中层本人，倒少有这种现象。即有也较多作乐府诗另外两句有名叙述："为人洁白晳，鬑鬑颇有须"，不多不少那么一撮儿样子。可证王先生的第三点也不能成立，因为根据这些材料，即从常识判断，也可知当时封建统治者绝不会自己甘居中下游，反而让他的看门人和马

图5 河北望都汉墓壁画摹本

前卒上风独占作美男子!

其实还有个社会风气形成的相反趋势继续发展颇值得注意,即魏晋以来有一段长长时期,胡子殊不受重视。原因多端,详细分析引申不是本文目的。大致可说的是它和年青皇族贵戚及宦官得宠专权必有一定关系。文献中如《后汉书·宦者传》,《汉书·佞幸传》、《外戚传》和干宝《晋纪总论》,《晋书·五行志》,《抱朴子》,《世说新语》,《颜氏家训·勉学篇》,以及乐府诗歌,都为我们记载下好些重要可靠说明材料。到这时期美须髯不仅不能成为上层社会美的对象,而且相反已经成为歌舞喜剧中的笑料了。《文康舞》的主要角色,就是一个醉意朦胧大胡子。此外还有个弄狮子的醉拂菻,并且还是个大胡子洋人!我们能说这是美男子特征吗?不能说的。

其实即在汉初,张良的貌如妇人,和陈平的美如冠玉,在史传记载中，虽并不见得特别称赞，也就看不出有何讥讽。到三国时，诸葛亮为缓和关羽不平，曾有意说过某某"不如髯之超群绝伦"。然而《典略》却说，黑山黄巾诸帅，自相号字，绕须者则自称"羝根"。史传记载曹操见匈奴使者，自愧形质平凡，不足以服远人，特请崔琰代充，本人即在一旁捉刀侍卫。当时用意固然以为是崔琰长得魁伟，且有一部好胡子，具有气派，必可博得匈奴使者尊敬。但是结果却并不成功。因为即使脸颊本来多毛的匈奴使者被曹操派人探问进见印象时，便依旧是称赞身旁捉刀人为英挺不凡，并不承认崔琰品貌如何出众！魏晋以来胡子有人特别爱重是有记录的，如《晋书》称张华多姿，制好帛绳缠须；又《南史》说崔文伸尝献齐高帝缠须绳一枚；都可证明当时对于胡子有种种保护措施，但和美男子关系还是不多。事实正相反，魏晋之际社会日趋病态，所以"何郎敷粉，荀令熏香"，以男子而具妇女柔媚姿态竟为一时美的标准。史传叙述到这一点时，尽管具有深刻讥讽，可是这种对于男性的病态审美观，在社会中却继续发生显明影响，直到南北朝末期。这从《世说》记载潘安上街，妇女掷果满车，左思入市，群妪大掷石头故事及其他叙述可知。总之，这个时代实在不大利于胡子多的人！南朝诗人谢灵运，生前有一部好胡子，死后捐施于南海祇洹寺，装到维摩诘塑像上，和尚虽加以爱护，到唐代却为安乐公主斗百草剪去作玩物，还可说是人已死去，只好废物利用，不算招难。然而五胡十六国方面，北方诸胡族矛盾斗争激烈时，历史上不是明明记载过某一时期，见鼻梁高胡子多的人，即不问情由，咔喳一刀！

到北魏拓跋氏统一北方后，照理胡子应受特别重视了，然而不然。试看看反映到大量石刻、泥塑和壁画上的人物形象，就大多数嘴边总是光光的，可知身属北方胡族，即到中年，也居多并不曾留胡子。传世《北齐校书图》作魏收等人画像，也有好几位没有胡子,画中胡子最多还是那位马夫。

至于上髭由分张翘举而顺势下垂,奠定了后来三五绺须基础,同时也还有到老不留胡子的,文献不足征处,文物还是可以帮忙,有材料可印证。除汉洛阳画像砖部分反映,新出土有用重要材料应数近年河南邓县南朝齐梁时画像砖墓墓门那两位手拥仪剑,身着裲裆铠,外罩大袍的高级武官形象。其次即敦煌二二〇窟唐贞观时壁画维摩变下部那个听法群众帝王行从图一群大臣形象(图6)。这个壁画十分写实,有可能还是根据阎立本兄弟手笔所绘太宗与宏文馆十八学士等形象而来,最重要即其中有几位

图6 唐 敦煌220窟壁画《帝王群臣》

大臣,人已早过中年,却并不留胡子。有几位即或相貌英挺,胡子却也老老实实向下而垂。总之,除太宗天生虬髯为既定事实,画尉迟敬德作毛胡子以示英武外,始终还看不出胡子多是美男子特点之一的情形。一般毛胡子倒多依旧表现到身份较低的人物身上,如韩幹《双马图》那个马夫,《萧翼赚兰亭图》那个烹茶火

头工，陕西咸阳底张湾壁画那个手执拍板的司乐长，同样在脸上都长得是好一片郁郁青青！

那么是不是到中唐以后，社会真有了些变迁，如王先生所说人到中年必留胡子？事实上还是不尽然。手边很有些历代名臣画像，因为时代可能较晚，不甚可靠，不拟引用。宋人绘的《香山九老图》，却有好些七八十岁的名贤，下巴还光光的。此外《洛阳耆英绘图》和《西园雅集图》，都是以当时人绘当时事，应当相当可靠了，还是可见有好些年过四十不留胡子的，正和后来人为顾亭林、黄黎洲、蒲留仙写真差不多。

就这个小小问题，从实际出发，试作些常识性探索，个人觉得也很有意义。至少就可以给我们得到以下几点认识：

一、胡子问题虽平常小事，无当大道，难称学术，但是学术的专家通人，行文偶尔涉及到它的历史时，若不作点切实的调查研究，就不可能有个比较全面具体的认识。如只从想当然出发，引申时就难于中肯，而且易致错误。

二、从文物研究古代的梳装打扮、起居服用、生产劳作和车马舟舆的制度衍进，及其应用种种，实在可以帮助我们启发新知，校订古籍，得到许多有益有用的东西，值得当前有心学人给予一点应有的注意。古代事情文献不足征处太多，如能把这个综合文物和文献的研究工作方法，提到应有认识程度，来鼓励一些学习文史、有一定文献知识的年青少壮，打破惯例，面对近十年出土文物和传世文物，分别问题，大胆认真摸个十年八年，中国文化史研究方面有许多空白点或不大衔接处，一定会可望到许多新发现和充实。希望新的学术研究有新的进展，首先在研究方法上必需有点进展，且有人肯不怕困难，克服困难，来作作闯将先锋！

三、从小见大，由于中国历史太长，任何一个问题，孤立用文献求证，有很多地方都不易明白透彻。有些问题或者还完全是空白点，有些又或经后来注疏家曲解附会，造成一种似是而非印象，有待纠正澄清，特别是事事物物的发展性，我们想弄清楚它求个水落石出，势必需把视野放开阔些，搁在一个比较扎实广博的物质基础上，结合文物和文献来进行，才会有比较可靠的新的结论，要谈它，要画它，要形容说明它，才可望符合历史本来面目！

至于这种用文物和文献互相结合印证的研究方法，是不是走得通？利中是否还有弊？我想从结果或可知道。以个人言，思想水平既低，古书读得极少，文物问题也只不过是懂得一点皮毛，搞研究工作，成就自然有限。即谈谈胡子问题，总还是不免会错，有待改正。但是如国内文史专家学人，肯来破除传统研究文史方法，注意注意这以百万计的文物，我个人总深深相信，一定会把中国文化研究带到一个崭新方向上去，得到不易设想的新的丰收！

附　记

两月前见南方报上消息，有很多艺术专家，曾热烈讨论到作历史画是否需要较多历史背景知识，这些知识是否重要，例如具体明白服饰家伙等等制度。可惜不曾得见全部记录。我对艺术是个外行，因此不大懂得，如果一个艺术家，不比较用个实事求是的态度来学学历史题材中的应有知识，如何可以完成任务的情形。我只照搞文物的一般想法，如果鉴定一幅重要故事画，不论是壁画还是传世卷册，不从穿的、戴的、坐的、吃的、用的、打仗时手中拿的、出门时骑的、乘的……全面具体去比较求索，即不可能知道它的内容和相对年代。鉴定工作要求比较全面，还得要这些知识。至于新时代作历史画塑去教育人民，如只凭一点感兴来动手，如何能掌握得住应有历史气氛？看惯了京戏，和饱受明清版刻和近代连环画熏陶的观众，虽极容易感到满意，艺术家本人，是不是也即因此同样感到满意？我个人总是那么想，搞历史题材的画塑，以至于搞历史戏的道具设计同志，如把工作提高到应有的严肃，最好是先能从现实主义出发，比较深刻明白题材中必需明白的事事物物，在这个基础上再来点浪漫主义，加入些个人兴会想象，两结合恰到好处，成绩一定会更加出色些。到目前为止，我们一般历史画塑实在还并未过关，这和艺术家对于这个工作基本态度有关，也和我们搞文物工作的摸问题不够细致深入，提参考资料不够全面有关。因为照条件，本来可以比《七十二贤图》、《五百名贤图》、《水浒叶子》、《晚笑堂画传》等大大跃进一步，事实上还不易突破。于是画曹操还不知不觉会受郝寿臣扮相影响，作项羽却戴曲翅幞头着宋元衣甲如王灵官，不免落后于时代要求。今后让我们共同作更好些协力合作，来过这一关吧！

1961 年 9 月 15 日写于北京

假若我们再演《屈原》[*]

——关于人物形象的塑造及服装道具如何古为今用

一 历史剧的历史气氛,需从客观存在体现

近一年来,有机会常在报刊上读到不少关于"历史剧"问题的讨论,有的是史学专家的态度,有的是艺术批评家的态度,由于出发点不同,认识不同,得不到相同结论极其自然。个人觉得这种讨论还是很有意义,有价值,比起某些艺术上无对立面的提法,可以增进不少知识,并且由此明白从各种角度看问题的方法。还有更重要的一点,是彼此共同承认的,谈的原是"历史剧"!历史剧必然是历史人物在客观现实的背景下活动,历史空气的形成,不能不是值得重视的事情。尽管要求各异,要求是肯定的。如何从具体出发,体现这种要求,是本文拟作的试探。

历史剧究竟应当怎么写?本人是个外行,文艺理论水平既

---

[*] 本文作于1962年,曾编入《沈从文全集》第31卷,于2002年12月由北岳文艺出版社出版。

低，又并不真懂戏剧艺术，似无发言权。不过在"百花齐放"前提下，曾有那么一种妄想，如果另外一时，还能从容执笔，或者可照我自己的理解，比如说司马迁和《史记》，曹植和《洛神赋》，蔡文姬和《十八拍》，唐玄宗和《紫云回》、《霓裳羽衣》，陆游和《钗头凤》……这类比较为多数人熟习题材事件，用些前人不曾用过的方法，试来写写历史故事、历史戏、历史歌舞，看看路走不走得通。这自然近于一种傻想头，正和不会写诗学作诗，难免贻笑大方。但是也有可能，由于方法不同，会得到些不同结果，抛砖引玉，对于今后谈历史艺术什么时，多少还有些启发作用。正如从文物制度探讨物质文化史的成就，及我国古代美学上的意识形态一样，方法如果还素朴扎实，客观全面，也必然会得到些新的认识，新的结论。新社会为一切工作具备了良好条件，等待有心人去努力，新的历史剧天地实宽阔无边！

近年因为在博物馆搞陈列工作，和杂文物碰头机会比较多。又因好事，间或把这些杂常识为国内搞研究教学、生产设计各方面服务，并商讨得失。前者多涉及名物形象制度沿革，后者多有关花纹图案艺术发展和相互关系，材料有虚有实，有直接也有间接。从传统搞学术眼光看来，这通不是"历史"，也算不得什么"学术"，因为大学里教文史的还少有计划使用这些材料，也还少有人开始认真用它来作进行研究的对象。不过我们如果在艺术各部门谈"优秀传统"的"古为今用"，求话不落空时，却不能不需要有人肯下狠心，来学十年八年，才可望比较正确掌握住这份材料，并好好利用它。特别是搞新的历史剧，显明是相当有用的，能形成历史空气增加艺术效果的。懂得越多越全面具体，用处也就越大。记得学习文艺政策时，常提起"革命现实主义和浪漫主义相结合"一句话。这句话解释运用或许人各不同。历史剧的应用，作为是"在历史唯物主义基础上，适当结合浪漫主义的手法,来进行写作或演出",求实现这个企图,得到预期成果,从历史文物广泛的用点心,个人认为是有深刻意义的。

这点想象自然只限于"新的历史剧"的安排上,和京戏及其他旧戏全不相干。因为戏剧中真内行说来,京戏服装道具的处理,是和剧情密切结合,充满历史感兴,图案艺术又格外高,不宜轻率随便更动的。记得三十年前,某一回朋友请客,席上除程艳秋先生外,还有位×老先生,谈起三国戏中的诸葛孔明时就说过:"卧龙先生一出场,身上那件绛紫缎子平金八卦衣,手中那把鹅毛扇,和胸前那一部长长的青胡胡的髯口,只那么一摇,一晃,一抹,神气多潇洒,多美!用不着开口,卧龙先生就活灵活现在我们面前站定了,不由得人不叫好!"提到《贵妃醉酒》时,他并且说:"那一身华贵衣服,那一举一动,简直就是一个杨玉环再世!"当时席上有个少不更事年青大学生,插了句口说:"这那里像是历史上的真人?那一身衣服,拖拖沓沓,也实在不美,唐代人才不这样穿衣!"使得专家感到恼火,忒愣愣的反问:"这不是历史,你说说还有什么是历史?年青人知道什么美,真胡说八道!"大学生原来是他的侄儿,读的是历史系,当然明白京戏传统也并不怎么早,有些花旦穿的衣裤鞋袜,还是民国初年式样,但专家气势大,便不敢再分辩了。事隔三十年,这几句话犹如还在我耳边。于是明白,"历史空气"四个字的含义和"美"差不多,是因人而异,因事而异的。凡能够从过去或当前旧戏得到一切满足的普通观众或专家,莫误解我有意在贬低京戏服装艺术价值和历史价值。京戏服装道具是否能改革,以及如何改革才适应新的要求,原是另外一回事,另一种问题,应当由旧戏专家去研究商讨。本文只想从近年服务对象,国内作新的历史剧、歌舞剧朋友,希望在一个历史现实物质基础上来进行新的演出设计时,商讨一下,运用些什么材料,历史空气会浓厚一些？假若说，拟重新演出《屈原》，做些什么准备，就容易得心应手，达到预期效果？

二　人物的造形

　　首先是这个历史上爱国诗人屈原的形象的塑造。从旧有的形象说，有许多不同样子，采用那一个比较合适？大家熟习的自然是文人画家特别感兴趣的陈老莲木刻屈原。身材瘦而高，衣袍格外长大，头小得不合比例，戴上一个古怪希有的高冠，佩了把唯一无二的长剑，一切怪而不美。从某种意义说来，似乎倒符合"中国吉诃德先生"形象所需要，但是和爱国诗人屈原性情人格实少共同点。画里充满明清之际由崔子忠、吴彬一脉相传文人画浪漫古怪夸张矫情，处处见出装模作样，却反映不出屈原由于身处忧患，严肃和热情交织形成的沉郁中见超脱的风度。

　　其次是上官周笔下的屈原。作者在《晚笑堂画传》中，把握唐宋诗文人的性格神情，能时有巧思，作得潇洒脱俗。至于作屈原，由于时代悬隔，得不到大处。

　　其次是《名臣图》像中那个屈原，稿或出自元明，近于一般官本，仍不抵用。额部隆起而神情紧张，和个算错了账的布客，或落第举子一样，也得不到屈原应有精神。

　　比较典雅且见出一点人格深度和内涵邃智光辉的，还是元代张渥摹北宋李公麟绘《九歌图》中那个三闾大夫。衣冠虽还不离一般宋人绘古事习惯，作成唐代高士图模样，上衣而下裳，衣沿及领袖均加宽襕，和战国时人装束大有距离，但是好处却比其他画像作得素朴、庄重、自然，面目且富人情味。一望而知是个真正有思想、能思想、在思想的古人。中等身材，面目清癯憔悴，作泽畔行吟状，俨然若有深忧在心，又始终不为之屈伏。国家存亡人民哀乐深深缚着这个爱国诗人的灵魂,却勇于承担这个历史苦难。也有一点美中不足处,即面貌过于家常了些,近似杜甫、陶潜,可不大像屈原。作者画出了诗人平易近人的一面,得不到诗人情怀高亢悲愤、飞跃超越那一面。时代一隔,限制了画家的理解力。想从面目间把握住一切,本来并不容易,能作到这样,已算是难能可贵了。

四个画像的时间虽有远近,表现技术也各有长处,惟共同弱点还是"历史气氛"不足。作书籍插图,无碍于事,作戏剧主角可不够理想。势必须从另外一个角度,一堆材料里去找寻,看能不能有别的可代替东西。

近三十年长沙楚文物大量的发现,丰富了我们对于楚国物质文化面貌和内容的认识。千百种色彩绚丽纹样活泼,结合壮丽与秀雅而为一的艺术造形,让我们进一步明白,原来屈原文学上的成就,并不是凭空产生,除了历史时代政治背景外,还孕育成熟于这样一种绚丽多彩物质文化背景中。若缺少这个物质基础,实不可能产生这么丰富想象与才华。文物中特别重要可说第一手材料,是楚墓殉葬用百十种彩绘男女木俑,和反映于漆器上部分彩绘人物生活景象。除美帝盗去部分,长沙、郑州、历博、故宫、南博均各有相当收藏。其次是近年在河南、山西及其他地区发现反映于细刻薄铜器和金银错器上战国时人生活形象。又蒋玄佁先生在他编的《长沙》一书里,有几个复原男女样子,也相当重要,例如本图中之一男子,就正是个典型楚人。中等身材,颧骨略高,下巴锐短呈三角形,眉浓面短,眼大而有神,嘴角翘起两撇小小仁丹胡子,除了胡子式样可能

战国楚墓彩绘俑
(据蒋玄佁《长沙》)

是春秋战国以来所通行,少地方性,其余均具楚人特征。直到如今,还可在湘资沅澧诸流域任何一码头市镇上发现这种体型。从这个楚俑可以看出一种聪明智慧和倔强果决的混和,具有这种性格的人,总是精力充沛,热情忠贞,决不会和当时在朝佞臣、得宠小人,及其他颟顸自私、见利忘义、庸碌短见官僚同流合污,哺糟啜醨混日子的。在国家大计中,为了高瞻远瞩,见微知著,当然不能和佞臣权要意见一致,因此由贬斥、放逐,而终于自沉清流死去,以身殉国,是当然也是必然。

屈原经历忧患甚多,在政治放逐中,一面为楚国被强秦侵凌分崩离析痛心,一面长时期风尘仆仆,在沅水流域驾一叶小舟,过着漂流不定生活,不免辛苦流离,形容枯槁。个别画像既难于合适,因此若把几个有典型性楚俑,和李公麟所绘三闾大夫,好好结合起来,或可塑造出一个新的屈原。特别是身材、服装、面目神态、内蕴情感,如善于从这个楚俑取法,必可望把握住诗人应有特点多一些。

也不妨提出另外一种补充意见,屈原身为贵族,任职朝廷,好衣锦绣华美,宜与史传相合。惟既遭放逐,官职业已取消,在野之身,衣用高人逸士装束,纯朴淡素,比较相宜。性情既玉洁冰清,袍服又潇洒脱俗,合当时处境,身份性情也相称。这种意见是对的。即始终身衣浅色也有必要。因为若在宫廷会议,人物易突出,放在先王先公祠堂金碧辉煌华美幻异彩绘背景前,更容易产生极佳效果。

新出西汉壁画,和过去洛阳出土彩绘人物砖中有几个形象,面目表现和衣服处理都值得注意。不得已求其次,则另外四个不同形象,时代即或稍晚,还是各有所长:一即《斵琴图》中曳杖而行之中年人,二即《北齐校书图》中之一位,三即龙门石刻中隐几忘言之病维摩,四即《高逸图》中之一位,诸人形象本来或均出于顾生手笔，宜于作嵇康、谢安、二王造形取法。但是如能有所折衷，也可望塑造出一个新的屈原，比李公麟作终究高一筹。

其他角色，如在朝君臣，在野平民，还有以下材料可以用作参考：

一、洛阳西汉壁画二桃杀三士故事部分，其中一近似晏婴人物。

二、洛阳彩绘砖男女群像。

三、沂南汉墓石刻《列士传》部分。

四、辽阳汉墓壁画百戏部分。

五、《列女仁智图》部分。

六、《女史箴图》部分。

七、望都汉墓壁画官吏部分。

八、《北齐校书图》主题部分。

九、信阳楚墓漆瑟彩绘。

十、长沙楚墓漆奁彩绘。

十一、《七十二贤图》明拓本。

至于戏中女性——女嬃或婵娟及其他，除长沙出帛画妇女，彩漆绘妇女群像，信阳出妇女俑，辉县等出土细刻铜器花纹，及故宫藏采桑宴乐金银错器花纹诸妇女，形象简繁不一，可作参考外，《长沙》书中那几个复原楚俑女子，更值得重视。特点同样是眉重而眼大，明秀热情，勇敢坚强。颊间点胭脂法作成三角形一小簇，有时代特征。照《青史子》、《大戴礼记·保傅篇》及刘向《五经通义》叙述，妇女化妆点胭脂法，和金银指环应用，实出于周代宫廷制度。由于宫廷妇女过多，胭脂点数代表妇女经期过后日子多少，金银指环则用有无孕娠识别，藉此一望而知。但从楚俑分析，却可证明至少到战国时，小簇点胭脂法已成比较一般性装饰，不再限于宫廷旧规。正相反，类似宫廷妇女形象，反映于一个彩绘漆奁上的细腰妇女群像，脸颊间却未发现小簌胭脂。即大量出土彩绘木俑，也不普遍使用。至于金银指环的实物，至今为止，似只西汉才流行，且多在长江以南。年青妇女装束特点之一，还有发式，少女（或少妇）发多向后梳拢，中部作一蝴蝶结，余发下垂及腰，也有鲜明时代性，除战国俑外，只西汉俑还有同式，双环或只作一环，东汉石刻壁画均少见。如果觉得那个妇女形象静止不活泼，还得取些动的姿态，旧传顾笔《女史箴图》中一些女子，编发式样还相同，惟头上多两支由象笄衍进而成的金雀钗而已。由晋代人说来，这已经是一种"古装"，当时的妇女并不这么打扮自己的。南朝俑从无这个式样。

若婵娟年事较小，此外又还得有些在宫廷里楚王身边供娱乐使唤的年青妇女，和楚辞《招魂》叙述印证，尚有如下一些当时或较晚形象有用：

一、长沙出彩绘漆奁细腰盛妆妇女群像。

二、洛阳金村出二雕玉舞女。

三、《女史箴图》中诸妇女。

四、《列女仁智图》中诸妇女。

五、洛阳出彩绘砖上诸妇女。

第一和"楚王好细腰"传说相符合，第二是两个未成年舞女形象，第三、四中可以发现作君夫人的模特儿，第五近似《史记》中所说"揳鸣琴，蹑利屐，长于目挑心招"的燕赵游女。

如照《国殇》叙述，还需要一个或一组"执吴戈被犀甲"在战车上披坚执锐冲锋陷阵视死如归的武士。这也有现成的。吴戈宜错金。全戈则信阳、长沙均有出土，不宜过分长大致如弄具。犀甲亦有可参考物。武士必盔甲齐全，一错金镜子反映刺虎骑士，盔上两旁插短短鹖尾二支，正是古代勇士至死不屈的象征，形象具典型性。另外一个铜器座承，和山西侯马出甲士陶范，虽不过三五寸大，衣甲均作得十分具体。用楚墓出土俑作主要参考，三结合，不大费事，也可塑造出一个神情逼真的楚国英雄！

《国殇》是驾战车出征的，肖云从绘用宋式甲马，有图案画面，少历史气氛。安阳有二马车出土，浚县有四马车出土，辉县有小战车模型。如照司马法或其他文献记载，战车组织必三人合作分工：一司御执辔，一卫执剑盾，主或秉枹击鼓，激励三军斗志，或挽弓发矢，遥射远处，或奋戈直前，和迎面敌将搏斗。剑盾弓弩楚墓均有实物可参。鼓宜横搁，上扬羽葆。战车如必从活动形象中得到印象，绍兴神像镜有各式四马车浮雕，用斜剔法处理。《洛神赋图》四马车，马更神骏活泼，前者车具帷帘绣幰，应属于曹操赠杨彪所谓"通明绣幰四望七香车"，也即古诗"轩车来何迟"的轩车，后者车作芝盖羽葆九斿，类王者所用"金根车"不妨略去车盖和九斿之旗。此外尚有四川蜀砖过桥二马车。如作为背景表现，只求图案效果强烈，则参辽阳汉墓壁画车马。特别是《国殇》如虚写，不作实生活事件反映，只作为忠烈祠中一类楚国功臣英雄来表现，结合屈原去到这类楚国先王先公祠堂而作全剧背景处理时，用辽阳画车马甲骑必可得到令人满意成果。

佞臣中上官大夫、靳尚等，需要适当突出，便于和屈原对照，《列女仁智图》中太宰伯嚭形象可借用。腰金鸣玉，面目肥泽，外若柔顺忠实，内怀狡诈阴险，长于阿谀逢迎，从不面折廷争，这种反面人物的塑造，今古一例，在戏剧中是比较容易掌握的。但必须避忌和京戏文丑的同一，夸张过分反而破坏整体。

仆从和平民，或就《晋文公复国图》有所参考，这个画产生时代虽晚到12世纪，部分形象如马夫等等，还不完全失去古意。

三 其他道具的应用

人的形象问题得到具体解决后，随之而来是一系列"物"的问题。车马兵器即有了着落，还有不少其他事事物物，比如说，忠心耿耿，情怀郁怫的屈原，来到先王先公祠堂，对壁画部分有所质询，有所指斥，呵天而问涉及百十种古事故记时，有关倏忽千里的九首雄虺，躯体巨大的龙伯长人，究竟是个什么样子，应当如何表现？风雨雷电诸神，某一后来形象，作得比较深刻动人。主要材料应当是长沙出绢帛画上诸神像，及木雕彩绘诸神像，信阳出大型彩绘木雕神像，及漆瑟上彩绘诸像，加以综合，能给我们极多有益启发。其次是武氏祠石刻黄帝伐蚩尤场面。最合用可能却是敦煌洞窟里北朝壁画上部，那里就恰好还有个九首雄虺，龙伯大人和风伯、雨师、雷公、电母等等在云中奔驰活动景象。就这个画面加以分析，有可能还传自西汉中叶。王充入洛观书系东汉初年，解除挟书律不久，即说起书传中所述雷公手持连鼓形象。今画中雷公手持半圆串鼓，不仅可证汉人传说，且可作《周礼》"八面鼓"本来证明，纠正后人《三礼图》谬误。又东王公西王母驾九斿龙凤车在风云中奔驰，主题画也早可成熟于《穆天子传》写成时期，晚亦不会迟于西汉，似乎也可应用于祠堂壁画上。麦积山壁画伎乐天，通沟壁画伎乐天，时代虽较晚，部分乐器也不古，惟在画法上均深深体会到战国或汉代人思想感情，相当活泼生动。因之似乎也可以参酌取用。

楚人既重巫信鬼，主题画求与屈原思想感情吻合，必须流畅活泼，恣纵多方，且具有一种梦幻般感染力。但建筑装饰，却不妨把华美典重好好结合起来,产生对立矛盾效果。因之如下一些装饰图案,或可加以利用,把单位放大到一定尺寸,便能给观众一种崭新形象:

一、信阳出土漆案漆瑟边沿纹饰,及棺椁彩绘图案。

二、辉县出土漆鉴花纹。

三、长沙出土彩漆绘笭床和安徽寿县李三孤堆出楚铜簠凤纹。

建筑窗棂要求部分透光,便于让几绺强烈蓝光和柔和绿光交织,透过一些几何纹样格子,映照到祠堂中壁画、神像和条案及其他什物上面,形成应有神秘幻异气氛,是一件需要仔细安排的事情。长沙出土几个透雕金银绘画笭床,和辉县出大漆鉴花纹,信阳出那个镂空铜筒花纹,借用来作窗棂设计,都相当合用。谈建筑史的朋友,或拘泥于部分材料,可能认为直到唐宋,直条子窗棂还是一切古建筑窗棂基本式样,相信不过楚辞中说的"刻方连",或汉人所谓"青琐""绮窗""柿蒂""列钱"的实际应用,那就让我们在戏剧中不妨先来改进一下。事实将证明这个改进却只是一种复原。明目更新的发现中,必可见到这种窗棂的。

建筑如露顶,不妨用树皮石板作成,因为直到目下为止,还未闻在楚国所属通都大邑发现过筒瓦和瓦当。但即使这样,却无碍于在梁椽上彩绘龙蛇。如建筑必飞甍卷檐,而祠堂又是竹木结构,也可参考云南石砦山青铜贮贝器上神庙建筑式样。建筑如需门,洛阳西汉壁画那个双龙夹卫门楣上金釭衔璧的墓门,相当壮观。

庭院布局如结合楚辞叙述考虑,不妨用一片兰花分阶段植于一定范围中,会给人以植兰九畹印象。尽管文字学家以为当时"兰"指的是另外一种香草,事实上我们若循屈原上行路线由常德到芷江,触目所见,总还是一箭箭素馨兰和一丛丛鱼子兰。二千多年前不同处，大致只是栽种方式，现在多盆景，过去在园圃花坛间而已。

坐具是个比较麻烦问题。照本来习惯，如席地而坐，台下视觉将不怎么好，即或用长榻可作适当补救，时间稍久，演员起身时不免踉踉跄跄。得想个既不违反历史本来而又为观众所能接受的变通方式。招魂上谈"笼箐"，即现在烘笼或火桶，汉代或叫薰笼。手提、脚踏或直坐在上面，无所不备。大小不一，式样也不一。用处本为取暖，稍后兼用薰香，汉代以来多腰鼓式，隋唐以后却多墩子式。宋代上加绣袱，名叫"绣墩"，在朝则从臣赐坐使用，在家则相当长时期还为妇女所专用。薰笼一般必编竹而成，四旁有孔可以泄气，稍后用木漆，还作开阖式，直到明清瓷制绣墩，露天搁置花园里，上面还刻画一片绣袱，下面四旁留几个透空花孔，依旧保留些薰笼原来形迹。唐代月牙杌子是由它变形而成。大型方式火桶或火箱，多用木头做成，开阖式长榻，基本上也是由它衍进而来。因此曹操《上杂物疏》和晋人《东宫旧事》提起过的漆画花纹大小薰笼，如能复原作为坐具，是可以使用的。

家具中还可以用昂头高脚案子，搁置壶罍羽觞饮食用具。案形可折衷于山西、河南细刻铜器花纹和信阳出土实物。席前方丈之案应指信阳出大案，惟足部过低，只适用于席地而坐，若坐具已改变，案足亦必需适当加高，或参曹植墓出土陶制曲腿案，足部无妨再提高些即成。因为敦煌唐初壁画讲经座前高案有例可沿。惟曲腿部分切忌如近人所作《十八拍》、《十五贯》案子夸张，致失去整个平衡。屏风衣桁可兼用，视需要而定。屏风多固定于坐具或卧具后及两侧，分单扇、两折或三叠诸式，汉石刻到《列女仁智图》，有一系列形象可以参考。衣桁即衣架，可以移动位置。屏风上装饰如作大卷云，彩绘漆箧孝子传故事上有反映，但近两汉制度。不妨参战国金银错，或彩绘漆棺花纹，同是卷云，来得典雅而活泼。如上面需作故事画，参《列女仁智图》、《晋文公复国图》、《七十二贤图》及孝子、列女、列仙诸传图，或用武梁祠石刻表现方式，或用沂南汉石刻、洛阳西汉壁画方式，各有可取处。衣桁最早式样无闻。目下只《高逸图》近晋式，赵城明应灵王殿壁画、白沙壁画、石家庄壁画上反映属宋式。上面衡木两头略微昂起如唐式卷草，也有可能古代或作成龙首，如钟磬笋簴架子式样，下用双凤作承。衣桁可照需要调动位置，又可在上面按照需要搭上各种彩色衣裙，在利用上可补充台面空虚，值得加以利用。

楚辞虽有"佩长剑之陆离，冠切云之崔嵬"，长剑高冠在屈原和佞臣面折廷争时使用，可增加壮丽气势。在公退之余，回返私室，不免形成累赘。过去历史剧似少注意到这一点。因此兵器如何搁置，宜加考虑。楚墓曾出过几个剑棂，搁置案头还得用。沂南石刻且有一个搁兵器专用架子，也可以借用，置于私室一角。又春秋以来，由于诸侯爱好，儒家扇扬，用玉比拟人格品德，因此有"君子无故玉不去身"之说。战国且更加重视。屈原爱美，也应分佩玉。但是应用亦看场合而定。盛服入朝佩玉为当然，公退卸去些为必然。珠玉藏于方形严具中，有长沙、辉县、信阳战国物，广东汉代物可以参考。楚墓出土多大型青玉龙佩，似只殉葬应用，一般用杂佩，如辉县出土杂佩。

四 语言及其他问题

"不学诗，无以言"，春秋以来，士大夫立朝议政，出使专对，引诗证事明志具一般性。照《史记》叙述，屈原立朝议事执正不阿，且敏于应对。演出不论是话剧还是歌舞剧，都必须在这方面作适当突出处理。才辩雄赡而精粹，且富有诗意，应如何从经传诗歌中加以申引，值得好好注意。经子中格言妙语，宜脱口而出，用作证事明理帮助。相对一方，也应当常引用鄙言俚谚，似是而非，形成对照，此中才有戏可做！原剧本若在这部分有忽略时，无妨酌量增改。不仅在戏的发展中，见出屈原之为人，在每一段落片言只语中，也应当反映出屈原的性格或灵魂。

楚国宫廷或先王先公祠堂，必有金石管弦之乐。长沙曾出过一组伎乐俑，木已腐朽，仅存轮廓。信阳漆瑟上彩绘伎乐，也只存部分残余，惟笔简意足，神情犹可得大半。琴瑟钟磬长笛外，还发现匏笙的吹奏。楚人喜笙歌，是传统本色，和史传可以印证。根据信阳漆瑟上那一组彩绘伎乐，还得知建鼓横置，顶扬羽葆，已和汉石刻及《洛神图》河伯所击之鼓相似。内中且有一长袖舞人，舞姿也为汉石刻所常见，因之宫廷燕乐，根据这些材料重新安排，且以笙瑟为主，用一组管弦乐器配音，必相当清雅悦耳。至于宗庙里钟磬之悬，则参信阳出实物和几种铜器上笋簴处理，必不至于大错。几种器物上的反映，和《尔雅》、《考工记》等记载大致还相合。这些材料对于编钟编磬悬系方法虽小有差别，却共同纠正了近千年来《三礼图》附会不实处，可惜近代学人注意到这些地方的还不多！

舞女用金村二玉女有典型性，若使用于祠堂中婆娑乐神，尚容易得《九歌》遗意。无论是话剧或歌舞剧，在对白或独唱中，均宜避免乐声压倒人声现象。即表现诗人的沉思愤懑，在可能情形下，借助钟鼓齐鸣，可造成悲壮气氛，也宜避免无节制的杂乱狂躁。在音量上过度夸张，并不能反映屈原情感的深度。乐器中不用二胡，尽可能不用这个近代乐器，给人听觉也会新鲜些。

资料取舍应用，一切当然视剧情需要而定。惟新的历史剧如果拟从这些具体材料参考取法，来作新的演出，导演和每一角色，似乎都需要有一点新的精神准备，首先即不恋恋于近年来演出上得到的小小成功，勇敢些再试试大迈一步，作新的突破。例如《虎符》、《十八拍》、《文成公主》、《胆剑篇》、《武则天》等等由于初步从现实出发，利用了些原有材料，各得相当成功。又适当利用了些旧戏锣鼓点子，也得到观众首肯。事实上说来，这还是保守了一点。如果能够更客观些，也大胆些，来理解历史种种，必然会同意。比如说，在色彩上不随便使用金银，不随便用彩绘，在形象上妇女头饰不随便滥施珠翠，男子冠巾也有一定节制，衣服反派不随便用领肩和长背心，武器不随便放大，衣甲也不许可过分夸张。涉及番君胡王更需要用一种现实态度，不从京戏取法，作成丑怪形象。……总而言之，凡事能更客观些，不为传统或个人习惯爱好的框框和美的框框所限制，能从全局着眼来进行新的尝试，结果可以预期，必然将得更大的成功。

  个人意见认为新的历史剧的演出，若希望得到较多历史气氛，首先即是在衣饰上必需将京戏服装过分强烈到火辣程度的图案化影响除去，而形成一种单纯典雅节奏的美，才可望给观众带来一种崭新的印象。由此得来的成功，必然将远远超过目前各戏情形。这不仅将给普通观众一种崭新深刻印象，也可望启发比较少数新的导演、演员和历史剧作者，让大家明白，原来历史戏还有如此广阔无际的天地！同时也将提高一些文艺批评家，明白新的有血有肉有思想的历史剧，历史气氛实不能凭空产生，不能从外国什么权威泰斗抽象理论意见产生，唯有眼睛向下，凡事从实际出发，向必需学习的事物认真学习，向值得注意处认真注意，从中吸取知识和智慧，情感和力量，把什么是"美"也扩大提高到相应要求程度，来鼓励帮助新的历史剧的不断产生，新的导演和演员不断提高，更新的历史剧，才会面目一新，给人爱国教育更深刻，美的感受更强烈。

未来剧作者是不是也宜于这么要求他的写作？剧作者原有极大自由来进行写他的新作，本文不拟妄论。不过也曾这么估想到，一个敢于大胆用笔塑造历史人物或重视历史人物形象的作者，总不会是保守的，以目下所得成就为满足的。在更新的宏章巨构中，企图作个人已得纪录的突破，必然会承认作品的动力，放在一种更广泛的现实主义坚固基础上，将更容易处理他的热烈饱满历史感情，使得剧中角色更富有生命灵魂。特别是年青一代的历史剧作者，凡是敢于在这种新的广泛而深刻认识基础上进行新的写作的，尝试的成功，无疑将为我们这个世纪历史剧吹来一阵充满春天气息的好风。

无论新戏旧戏，后台都少不了几个熟习一切道具弄弄杂活的人。他从不算得一个"艺术家"，从不在谢幕时出头露面向观众鞠躬，甚至于从不受一般同事特别注意过，即工作了一二十年，可能他尚无资格作为剧协成员之一。但是，他还是一声不响工作下去，工作得兴致满好。由于他深深明白任何戏的演出，除了"人"以外还需要什么"物"，懂得这些物的重要性。并且这些物搁在台上什么地方，会起什么作用，有时也比导演还清楚。一个在博物馆搞资料工作的同志，工作情形是和他们差不多的。因此也乐意和他们一道工作，用同样工作态度和热情，来为明天更新的历史剧的演出而服务！这点不成熟意见，便是基于这种后台打杂的经验而提出。对于今后这类历史剧的演出，是否还有点用处？实希望从另外一回的新的演出得到证明！真有这种大胆的导演和演员，个人将从凡事一盘棋出发，认为能为他们这种新的勤劳勇敢工作服务打杂，感到光荣和兴奋！

物质文化史文选

明织金锦问题[*]

明代用于佛经封面的丝织物，值得我们特别注意，因为这是目下我们知道的，唯一研究明代和唐宋以来丝织物的重要材料。除去素色彩缎不计，提花的大致可分作三类，一、本色花的（单色），二、妆花的（二色到七色），三、织金的（各种不同加金）。现在说的主要是织金部分。

这部分丝织物，从种类区别，计包括有锦、缎、绫、罗、绸、纱、绢和三四种混合麻、毛、棉，名目一时还不能确定的纺织品。从用金方法区别，计包括有部分加金和全部织金，处理技术又可分别为捻金（搓金线），印金（泥金印花）和片金（缕金丝织），以及用于比较少量刺绣品上的平金、盘金和蹙金。其中应当数片金织成的占主要地位，分量格外多。（这种片金至少在汉末就已使用，当时名叫"金薄"，到宋代名叫"明金"、"简金"。）花样则由古式的龟背纹，到唐代的柿蒂、樗蒲、独窠、

---

[*] 本文曾以《明代织金锦问题》为题，发表于1953年7月26日《光明日报》，署名沈从文。1986年5月收入商务印书馆香港分馆《龙凤艺术》一书时，文末补入从《织金锦》移来涉及明织金锦的4个段落，篇名改为《明织金锦问题》。现据《龙凤艺术》文本编入。

连枣，宋代的云凤、舞鹤、散答花、生色花，真达到丰富惊人程度。即单纯用金银丝缕加绿蓝织成的条子式闪光锦（或宋人说的金条纱）所得到的华美色调效果，也是后来丝织物中少见的。

这份材料的重要性，并且还是多方面的。工艺上的成就，可给新的生产取法处就很多。或用它作根据，和记录明代丝织物著名的《天水冰山录》相结合，就可望把明代特种丝织物的名称性质和花纹，理解得清楚而具体。其实还是一把珍贵难得的钥匙，可以为我们开启研究宋元丝织物的大门，比一般文献都落实、有用。如没有它作比较资料，许多文献记录都是死的，而且彼此孤立存在，始终不大可理解的。特别是关于元代特种丝织物，政府曾设立专局，消耗了中国无数黄金和人民劳力，大量生产的纳石失金锦，究竟是个什么样子，包含了多少种类，多少颜色和花纹，有些什么特征，它和唐宋以来加金丝织物又有什么不同，对于明织金有多少影响？如此或如彼，如仅从元典章或元代其他文献来研究，是解决不了问题的。从明织金锦材料的清理中，却有了一条线索，可以试探追寻，不至于迷失方向。这也就是说，我们如善于学习，把实物和文献结合起来，谨慎客观的从更多方面广泛联系比较入手，就可以把研究工作有效推进，不至于如过去学人搞美术史工作方式，研究对象本是某物，只孤立的用书证书，写出的还是书，和实物始终漠不相关。且由于忽略实物，不知不觉间已糟蹋了无数现实重要材料。再如能够进一步，把它和宋代关于丝织物文献，《营造法式》中的彩绘，及其他石刻、壁画，故事人物画里衣著陈列联系，在一定时间中，我们即可希望把宋代锦缎的花纹和其他问题，也逐渐认识明白清楚，再不至于如前人对于这个工作苦无下手处。我们并且还很可以说，如能把敦煌唐代人物画和几个唐宋之际的重要人物故事画（如《捣练图》、《韩熙载夜宴图》）的服装花纹，日本正仓院收藏的中国唐代绫锦花纹，西域出土的绫锦花纹，及史传诗歌涉及唐代丝织物文献，好好结合起来，即有可能把唐代丝织物问题，也清理出一些头绪。很显然，这一环知识，是值得有人来这么用一点心的。若能得到应有的进展，对于其他许多部门的工作，都必然有其重要意义，发生推动作用。

这个工作自然也并不简单，困难处必须想法克服，成就且有一定限度。首先是个人知识见闻有限，而牵涉到的问题却极多。许多小问题目下还少专家学人作过研究。最重要的敦煌材料一时且难得到。其次即文献难征信，实物又不充实。因为仅以明代三百多年生产而言，除川、湘不计，江南的苏、杭、嘉、湖、江宁五个大生产单位，每年每处上贡锦缎数万匹，究竟织造了多少不同种类？在社会不断发展下又有多少变化？历史记录就是极不具体的。《天水冰山录》所记的丝织物名目虽不少，现存的实物虽还可到一万点以上（不同种类的约略估计也总可到一千种），但是比起总生产量来说，不免微乎其微。又关于明代外来纺织物，名目已经知道的将近百种，缅甸进贡纺织物特别多。印缅都长于织金襕，当时纺织物可能有加金的。但就现有单位中找寻，除一种铁色斜褐，一种白色地如粗麻布作的织金物品，另有一种满地金作紫藤葡萄花纹的，似非中国习惯花纹，近于印度风，可见不到更多些这种舶来品的痕迹。即以现有材料为限，大部分虽可以用比较方法，分别得出明代早期、中期和晚期，但正确的时代，还是不容易掌握。又有些丝织物上面还留下有明代地方官府检验合格印记，有些还加织工姓名，都十分重要，只可惜太稀少。一部分经板上虽刻有完成年月，只能供参考，可不能完全依赖它作根据。因为经面的材料，若是从明代西什库中的承运、广盈、广惠、赃罚四库取来，事实上每部大藏经所用的丝织物，照例就包括了百十种新旧不同、时代不同、种类不同的材料，前后相差可能到数百年。有的印刷虽晚，经面会用元明之际旧材料。有的板片虽早，却能发现有明天启以后万字流水小花锦在内。更有些大小不一的零散经面，来源已不易明白，材料却分外突出，如大宝照锦、大折枝秋葵锦、散花樗蒲锦、大朵梅花、大朵海棠锦，究竟是明还是元以前锦，还得结合其他材料综合研究、分析，才会明白。最无可奈何处，是万千种重要有用的资料，由于从来没有得到应有的注意，业已大部分在近五十年损毁散失。外国人的豪夺巧取，官吏的无识，奸商的无孔不入，共同作成这个文物摧残情形，罪过可真大！办艺术教育作人之师的眼目蔽塞，也有责任未尽处。1937年以来，日本帝国主义者且明目张胆劫掠了无数重要的珍品出国（日人收藏彩印的部分，有好些种在国内即从来未发现过）。1946年以后，北京各寺庙五百年来的收藏，许多都上了天桥旧货摊，再转送燕京造纸厂，整车装去作"还魂纸"！织金锦的经面当时认为无用处，就大规模拿去烧金。凡有机会烧的大都在建国前数年中陆续烧掉。目下所谓公私收藏，不过是其中劫余一小部分而已。但截至目下为止，即想把这部分残余材料集中起来，技术上还是相当费事。此外譬如北京大小庙宇如广济寺、法源寺、雍和宫……西山卧佛寺、大觉寺、潭柘寺及八大处各庙宇，藏经楼中必然还有许多原封不动保存得比较完整，却包含了更多重要资料的藏经，并其他有用资料。如何组织一点人力，普遍调查一番，再把这些材料集中到一处来，手续也是不简单的。势必需这么材料集中，来作全面了解，才可能把工作做得更具体。由此出发，近千年来丝织物特殊和一般的问题，才可望逐渐得到解决。而这个工作的进展，也才能够真正帮助其他部门工作的进展，例如古典戏剧改良时首先碰到的服装材料花纹制作问题。复原古代人物故事画或历史画、壁画及古坟中彩绘或石刻画，所碰到的衣饰花纹本色问题。特别是新的实用美术教学和美术史教学，涉及近千年来丝织物工艺发展和成就，应正确交代几句话时，因为有了总结性正确知识，才不至于隔靴搔痒，违反历史本来！优秀遗产值得我们好好学习取法，也可望把工作从具体认识出发，由千百种不同材料不同花纹中，提出百十种最有代表性和现代性的好式样，不至于到时茫然落空。

现在只就历史博物馆收藏，北大、清华、美院及李杏南同志私人收藏的材料一部分检查分析，已启发鼓励了我们探索古代丝织物的可能性，和工作所能达到的远景。特别是这些材料一和历史文献结合时，它的重要意义即如何分外显明！下面是几个不同的事例：

例一，唐川蜀遂州贡有樗蒲绫宋有樗蒲锦，文献上都一再提起过。南宋初年宫廷中使用各种不同绫锦分别装裱古代字画，就用樗蒲锦装裱梵隆和尚等杂画。从装裱画迹种类看，樗蒲锦在宋锦中似属于中等。宋人程大昌著《演繁露》，为这种锦作过一回说明："今世蜀地织绫其文有两尾尖削而中间宽广者，既不像花，亦非禽兽，乃遂名为樗蒲。"虽因此知道比较明确，其实还是并不清楚。樗蒲绫锦究竟是个什么样子，花朵有多大？什么颜色？如何组织？我们都不易想象。但在近万点经面丝织物中，却发现有四种梭子形花纹织金锦，基本上和程大昌叙述花纹都相合。其中一种大红地五彩加金的，还完全是宋人所见的式样，既为唐宋樗蒲绫、锦花纹提供了可靠的物证，且丰富了四种古代蜀锦的花纹。另外三种是黄地和绿地织金缎（明人说缎，即唐人所谓绫）、柿红地织金罗，同是四寸大梭子形花纹，因是纯粹织金，还看得出是由两个楔劈形龙凤拼合组成的花纹，制作时代即或出于明代，花式实更近于唐宋本来（特别是红色织金罗，样式古质，近于明以前作品）。从这里且可看出樗蒲绫锦花纹唐代原样还是游龙翔凤，有可能且是张彦远说的，原样出于唐初窦师纶，即唐代流行的"陵阳公样"。到宋代失去本意，才发展成佛背光样子，非花非兽。由这个梭形纹样，我们也间接弄明了古代樗蒲形制的大略，原来是腰圆形。比《水经注》叙某水说的"石子圆如樗蒲"，又更进一步。（传世唐宋以来牙刻双陆博具，和明代金制仿双陆酒樽，花纹均刻龙凤，也可证明樗蒲原来作龙凤纹的可能性极大。）

例二，唐有盘绦缭绫，见于李德裕《请免造诸锦绫奏状》，以为各种丝织物都文采珍奇，极费人工，这个文件中提及其他几种锦类名目，和张彦远《历代名画记》所说，唐初在益州检校修造的窦师纶设计出样的对雉、斗羊、十余种绫锦名目大都相合。日本正仓院收藏的中国唐锦中，还可发现这些文样。惟盘绦缭绫是什么，则不得而知。宋有盘雕锦，又有簇四金雕锦，列入每年例赐大臣将帅袄子锦中。花式在宋代文献中也少说明。但知道唐宋男子战袍用锦，总是规矩花可能性大些。晕锦类花式，还可从敦煌唐代武士和神将战袄知道大略。盘雕则难言。《营造法式》彩绘部门，有簟纹格子，金铤、银铤、锁子，都近于编织绦纹。明人笔记称盘绦和簟纹相通。明经面青绿锦中，却发现两种格子锦，和《营造法式》举例完全一样，组织经纬方法，也全是宋式。因此得知唐之盘绦和宋之簟纹、盘雕、金银铤，名虽有雅俗，东西还是相差不多。这种锦纹和锁子不同处，一为簇四，一为簇三，实同出于编织竹簟席子法。锁子锦明清均有捻金织的，即专作袄袍用，和唐宋画中武将袄子花式还完全相同（画中尚另有龟背、连钱、回文、万字、鱼鳞等等七八种）。因此得知道，唐宋之盘绦，盘雕，青绿簟文，决不会出于这几种锦式以外。

例三，宋有葵花锦，文献记录无说明。但知宋人重折枝写生，用到工艺上通称生色花。丝织物中生色花，必然和同时代在漆瓷诸器中反映的相差不太多。磁州窑白釉瓷枕、瓶罐，黑白绘剔花，都有折枝秋葵。宋元之际剔红填彩漆盒子，且有满地生色折枝秋葵，和宋人花鸟册页上的彩色秋葵，宋代仿崔白画作的刻丝秋葵，可说是异曲同工，各有千秋。只是宋锦中秋葵，却无人知道究竟。但从明代青红加金缎地锦中，却有三种不同式秋葵花纹发现。一种是大红地五彩加金的，花朵大过五六寸，并花带叶每一单位占一尺半以上面积。疏朗朗布置方法，竟完全和宋瓷画作风一致。另有两种鸦青地三寸大花头五彩加金的，作满地密集布置法，如宋元雕漆式，用浅蓝、粉绿、明黄、银红和柿红组织花叶，花叶之间再勾金，综合形成一种奇异华美的效果，与陶宗仪著《辍耕录》说宋元五彩雕填戗金漆器竟完全相合。这种秋葵锦设计之巧，和布色之精，都不是明代画家如陆治、林良、吕纪、边景昭诸人笔下能达到。惟有对于自然界生态具有高度颜色感和韵律感的宋代画家和丝织物工人，才有可能作得出这种伟大设计样子来！从比较归纳方式，我们说，这种秋葵锦即非宋时生产，还是出于宋代旧样，大致是不会错的。

例四，宋有青地莲荷锦，内容也不明白。但莲荷反映于宋代其他器物纹饰上时，如建筑彩绘、石刻、瓷器花，特别是瓷器中的磁州窑、当阳峪窑、临汝窑、吉州窑、越州窑等等折枝串花式，都已具一定格式。明锦青绿加金锦中，串枝花不下卅种，全是唐式宋式。其中有一种绿地莲荷锦，用绿色地作水，生色花浮沉水面，织银作梗绕花半圈，以极端明确和单纯主题，得到艺术上的惊人效果，也只有把艺术和技术结合而为一的宋代机织工人，才有可能具有这种深刻的理解。把这种伟大的单纯的莲花锦和宋定州白瓷的素描莲花，及赵昌等绘画同列，无人惑疑它不是宋式锦。另有一种青地五彩加金莲花锦串枝花式既完全和宋代彩绘串枝法相同，晕色方法且比彩绘为完整生动。其中一种红地莲花织金缎，用写生法作串枝，完全是宋人画稿在丝织物上的反映。

例五，宋有皂木锦，文献一再提过，它的用处也是装裱旧画，属于中下等锦，花式品质都难确定。可以理解到的，只是在古代棉织品中"吉贝、白叠子布已成过去，越诺布也不再于贡赋，草棉又还未到长江下游大规模种植"这个时代，一种黑色棉锦而已。在明经面丝织物中，即发现过两式墨锦：一种是黑皂地浅蓝串枝牡丹花棉织锦，串花法完全是宋式，地用棉，提花用丝，在明丝织物中为稀有之物。它的织法有可能是从宋代皂木锦传来。另有一种是黑地加金五彩小串枝莲花牡丹锦，经纬均极粗，似有苎麻混合，花朵只一寸大小，而枝干壮实，配色却十分妩媚天真。虽和前一种不是同类，却近于唐宋之际作风。

例六，南宋时记载女真人事的《大金集礼》叙述服制时，常提起一种红地藏根牡丹红锦，明经面丝织物中也有一式，红地红花，串枝法还和唐石刻、宋辽金石刻，都极相近，比《营造法式》彩绘还古典稳厚。这种红锦织法，也还是宋代本来的。

例七，宋人笔记称文彦博守成都，因贡谀后妃，曾织灯笼锦以献。明加金锦中也有三式灯笼锦，虽难确定是否北宋花锦式样，但和宋画中所见灯笼样子却相合。我们说，这是宋式锦，也是不至于违反历史本来的。

这类特别丝织物，除明代经面保留部分比较完整，居多都在明清之际或更早些日子里，已被剪裁成更零碎的小片或狭条，用作供佛用的百衲袈裟、幡信、披肩、经垫和装裱密宗佛像边缘装饰，且因在长年香火薰灼中，早失去了本来的华美色泽。但是材料中一鳞半爪，就依然还可见出原有伟大处。其中一部分生产的时代，或即在南宋，有些又和元代纳石失金锦，关系十分密切。

此外在宋元文献上经常提起的几十种宋锦名色，除一部分不易判断，至于龟背、琐子、䴔鹅、云鹤、翔鸾、舞凤、柿蒂、灵芝、凤穿花、八答晕、牡丹、芙蓉、宝照、方胜、水纹等等绫锦，在明经面加金和遍地金织物中，几几乎是随处可以接触。而且用建筑彩绘、石刻、绘画中衣饰桌椅披垫、纹样参证比较，是更容易得到它的本来面目的。特别是南宋以来提起过的几种金锦，和《大金集礼》提起作衣服垫褥的锦缎，都无一不可以用现存明锦相近花纹，和现存宋元画上所见的同式金彩锦缎花纹，比较分析，发掘出它本有的色泽和出处。

如另一方面，能把这部分丝织物，和唐宋以来反映到各种工艺上的类似花纹联系，来多用一点心，我们就会肯定承认，这部分残余锦缎，在工艺美术史上的真正价值，实在还远比所叙述的重要，比现存宋元以来文人字画且更值得重视。因为通过这部分材料，对于一个新的艺术史研究者和工艺美术工作者说来，它的启发性将是十分广泛的，即以字画鉴定而言，许多传世名画，如隋展子虔的《游春图》、唐孙位的《高逸图》、宋徽宗的《听琴图》，求符合本来，产生的时代可能都要移晚一些。因为一从器用服制等等着眼，展画山非唐人所见"甸饰犀枒"作风，格不古。孙画器物非唐制，席上边缘花更错误，近于无知妄人伪造。《听琴图》官服作白靴，和当时规制不相合。疑心它是后人伪托，或粉本着色，都有了个物质根据。还有些时代难于确定的无名旧画，也可望从装裱用的丝织物和纸张绢素上特征联系比较，有些帮助启发，得出一些新的线索。

工作牵涉范围既然极广，问题又多，求——得到十分正确完满的解决，自然是不可能的。我们还不如说，即把它范围限制在明代经面加金丝织物本身研究上，也不免会常有错误。例如初步检查历史博物馆收藏资料时，对于定名就费踌躇，常有把同一衣料因部位不同，部分加金部分本色花，误作两种材料来处理的。

不过从工作实际摸索中，不断发现问题，改正错误，一点一滴做去，总依然是可望逐渐向前，日有所获的。

目下极重要的事，还是如何把国内各处现有材料集中，不再让它零星分散。属于私人的，应尽可能设法收集转成公家所有。至于尘封不动搁在大小庙宇藏经柜里的，安全上虽有了保障，事实上却是呆材料，无多意义。希望这些呆材料见出新的生命，唯一办法即把它集中，调三五个年青艺术工作人员，用一二年时间，来分类整理，一切都可望了解得十分具体。因为许多种绫锦，虽已清楚了它的本来名目和历史地位，但当作当时室内装饰或歌舞戏剧效果来说，理解得还是极少。比如一部分花头大过六寸以上的秋葵、莲荷、牡丹等织金锦，或八答晕红锦、满地花莲鹭锦，当时似即多用到床榻垫褥、椅披茶围上，和拼合多幅作房室殿堂帷幔屏风用。若照《韩熙载夜宴图》布置，使用锦缎处实在极多，锦步幛面积可能大过二三丈，才充分见出当时设计者组织花纹的匠心独运处。若照《大金集礼》、《元故宫遗录》二书所叙，殿堂土木被文绣情形，且必然有五六丈大帐幔，现存经面每片不过八九寸，经套也只有二尺见方，用部分测全体，很像以管窥豹，虽可见到豹身一二斑点，整体的华美和壮丽处，还是不易把握，问题也就并没有真正得到解决。只有材料集中，并能从拼合中试作些复原大件帷帐时，才有希望更进一步了解种种不同材料，不同花纹、在不同面积上得到的最好效果。用这种知识来作新的设计参考，或教学引证，也才可说是曾经向优秀伟大传统好好学习过来，不至于自以为是，糟蹋了有用遗产，还向人说是曾经将遗产批判选择过来。

这种材料集中研究分析的结果，对于国家新经济建设中丝毛棉纺织物生产花纹设计，影响启发更必然是空前的。这些前后将近一千年来出于中国伟大智巧劳动机织工人（大部分且是女工）

手中的艺术品，所具有的民族性、现代性以及健康性，如善于取法，必然远比目下设计专家作的图样，更合乎新中国人民需要，容易得到亿万人民的热爱和欢迎的！

明代丝织物加金，遗存物如此丰富惊人，必需和这个历史发展联系来认识，才能理解。明代在政治上虽解除了蒙古民族统治中国的百年间残忍压迫，和完全封建性的工奴制的阶级剥削，恢复了汉人政治上和其他兄弟民族部分的应有地位，但统治阶级的心理状态，却受元代一百年统治影响极大。明代君主的极端专制、猜忌、残忍、大小官吏的贪污和对人民无情，是承袭了元代政治，改变不多的。政府用种种不正当手段、严格法令和纸币政策，把大量金银土地聚敛到极少数人的手中，这些金银大致分作三方面消耗：除一部分打造日用器物首饰，死后还随同殉葬（如定陵和万历七妃子墓，都各有金银器百十斤。相传王振衣冠冢内也有六十余斤金器）；一部分装饰宫殿庙宇、土木偶像；第三种用途耗费，还是承袭元代习惯，用作织金锦缎生产。这也就是明代丝织物加金的物质基础和历史根源。这种风气还是不断发展的。因此从历史文件看来，一再见到禁止用金的法令。但社会另外事实，却越来越加扩大这种用金的范围。例如《天水冰山录》载严嵩家中金银器物首饰名目，即不下数百种，而加金丝织物且难于区别计数。严家比起来还不算大阔佬。至于宦官宠臣如王振、钱宁、江彬辈，因失宠抄家时，照例除百万两黄金，上千箱金珠宝玉外，还常常有几千杠锦缎绫罗。且不独大官豪吏这样，即地方上小官小吏也是这样。《金瓶梅》中的西门庆，不过是山东州府上一个流氓暴发户，找了几注横财，做了一个小官，开了爿绸缎店，拜寄蔡太师做了干儿子，家中三妻四妾，就穿着织金裙袄，丫环使女，也使用销金巾子。故事虽托名说的是北宋末年时事，反映影射的恰是明代中叶以来，中等社会中某种人物的生活。

明代这种织金锦，保存于明《大藏经》封面中，目下估计可能还有十万单位，种类杂而多，且有新旧不同，实由于来源不同。据清初高士奇《金鳌退食笔记》称："明《大藏经》厂在玉熙宫遗址西边"，照旧图推测，即现今北京图书馆附近，和收藏丝织物的西什库，相隔实不多远。西什库是明内藏库一部分，其中储存丝织物的计四库。如经面材料照前人说实出于内库，个人认为大致包含三种不同来源：一、承运库，宫中帝王后妃及其他用过时了的旧衣旧料；二、广盈库和广惠库，江南各省每年上贡制造新旧丝织物；三、赃罚库，没收失宠犯罪大臣赃罚物中的新旧材料。从现存经面丝织物分析，这种推测大致是和事实不会太远的。

笔记还说这几个库清初有三十年封锢不开，尘封堆积，后来才派人清点。北京各庙宇藏经，一部分印刷或在清代康雍之际，用的是明代材料，就是这个原因。若照版片刊刻年月和丝织物内容试作推测，大体上可分作三个时期：第一个时期或在正统十四年刻经完成后不久；第二个时期或在万历初年刻本完成后；第三个时期或在清初雍正新刻完成稍后，因之用的材料既有了清初浅色花锦，同时还有更多明代旧料。织金锦的历史探讨，是个国内还少有人注意到的问题，个人只是从常识出发来试作分析。这个叙述，由于个人见闻不广，读书不多，难免会有疏略错误。求比较少些错误，合乎历史事实，实待国内专家学人指教，并将材料更集中起来解决。这个简单报告的提出，是期望能够抛砖引玉，引出真正行家好文章来的。

我们从古漆器可学些什么[*]

近十年来，出土文物古代工艺品中使我们视野开阔，计五个部门，即金属加工、陶瓷、漆器、丝绸和雕玉。特别是漆器上的彩绘，丰富了我许多知识，除明白它的工艺图案艺术特征外，还藉此明白它和在发展中的社会历史的密切关系。

北京荣宝斋新记，新近用彩色套印木刻法，试印行了十种漆器图案，在美协会场随同其他木刻画展出。凡看过的人都同声赞美，对于二千二三百年前楚漆工的优秀成就，感到惊奇爱好外，还对于现代木刻表现的高度艺术水平尊重和钦佩。这些漆器大部分是从"楚文物展"和"全国出土文物展"中的漆器选印的。数量虽然不算多，却可以代表近年来中国古代漆器的新发现。特别重要是长沙楚墓出土的战国漆器。把这类漆器的花纹，用现代彩色木刻套印，在国内还算是首一次，是惟有政权在人民手中的今天，政府和人民，才会同样重视这种古代文化优秀遗产，把它

---

[*] 本文作于1955年，是讨论由作者编选、荣宝斋新记木刻水印出版《中国古代漆器图案选》的4篇文章之一。曾编入《沈从文全集》第28卷，于2002年12月由北岳文艺出版社出版。

来当作研究、学习和鉴赏对象的。

楚漆器的出土，最重要是三个地方，即安徽寿县、湖南长沙和河南信阳。起始于1933年前后，安徽寿县"李三孤堆"楚王坟的盗掘，除发现近千件青铜器外，还得到一片有彩绘云纹的残漆棺。这片残棺是后来去作调查的李景聃先生，在附近一个农民人家猪圈边偶然看到，知道是从墓中取出，才花了点点钱买回的。漆棺壮丽华美的花纹，让我们首次对于战国时代的漆画，得到一种崭新深刻的印象。上面装饰图案所表现的自由活泼的情感，是和战国时代的社会文化发展情形完全一致的。但是注意它的人可并不多，因为一般学人还是只知道从带铭文青铜器证文献，一片孤立棺板引不起什么兴趣。

两汉书常提起少府监所属东园匠工官，当时专造"东园秘器"，供应宫廷需要及赐赠王公大臣死后殓身殉葬。共计事物约二十八种，中有"东园朱寿之器"，或"砂画云气棺"，同指彩绘花纹漆棺。旧俄时代"科斯洛夫考查团"，在蒙古人民共和国诺音乌拉汉代古墓中发现的彩绘云气纹残棺，上面保存的云中鸿雁花纹，是目下有代表性和说明性的重要遗物，没有它，东园匠所造"朱寿之器"制度是不得明白的。因楚漆棺的出土，和科学院后来在河南辉县发掘，得到一片作黼绣纹图案的残棺，我们才藉此明白，汉代流行的丧葬制度，原来多是根据周代旧制加以发展的结果，并非凭空产生。即朱绘棺木，也并非从汉创始。辉县棺上彩绘的花纹，更为我们提出黼绣纹一项重要参考材料，修正了汉代以来说的"两弓相背"的注疏敷会，得出了它的本来面目。

长沙楚墓漆器的发现，比寿县器物出土稍晚一些，在抗日战争初期，因商承祚、陈梦家二先生的介绍，才引起部分学人的注意。旧中央博物馆筹备处方面，才当买古董一样收集了几件漆杯案。但是对于它的历史问题和比较知识，还是知道不多。出土有用材料多分散各地私人手中，由于保存不善，大都逐渐干毁。大批特别精美的器物，并且早被美帝国主义者的文化间谍，用种种狡诈无耻的方法，盗运出国。因此国内多数历史学者和美术史专家，直到解放前后，还很少有人知道楚漆器的发现，在新的学术研究方面，具有何等新的意义。

解放以后，由于人民政府保护文物政策法令的实施，一方面把国内私人重要收藏，陆续购归国有；另一方面又学习苏联先进经验，在全国工业建设地区，经常配合一个文物工作组，清理出土墓葬遗址文物。材料日益增多后，战国时期楚文化的面貌，就越加明确，自从前年楚文物在北京历史博物馆举行展出后，许多人才认识到楚文化形象和色彩，实在丰富惊人。反映于文学作品中，曾产生爱国诗人屈原的诗歌，反映于工艺美术，还有当时楚国金工所铸造的青铜镜子，青铜加工兵器，木工作的大型彩绘雕花错金棺板，弓工作的便于远射鱼鸟的弓弩和赠缴，以及漆工所作的各种色彩华美造形完整的漆器，特别具有代表性。文学和这些工艺品本来是两种完全不同的成就，却有一个共同的特征，就是"热情充沛，而色彩鲜明"。其实我们应当说，爱国诗人屈原的文学作品的背景，计包括三种成分：一个是土地山河自然景物的爱好，另一个是社会政治在剧烈变化中人民苦难的现实，第三个是劳动人民在物质文化方面创造的辉煌成就。屈原文学作品的风格，是综合了这一切的忠实反映。又汉文化受楚文化影响极深，文学上的关系，比较显著，前人已经常有论述。至于工艺生产方面的影响，由于这些新的发现，才进一步给我们许多启发。

楚漆器加工部分，大约可以分作四类：一多色彩绘，如漆盾和人物奁具；二朱墨单色绘，如羽觞和圆盘；三素漆针刻细花，如大小奁具；四浮雕罩漆，如大小剑匣。楚漆器花纹特征，从总

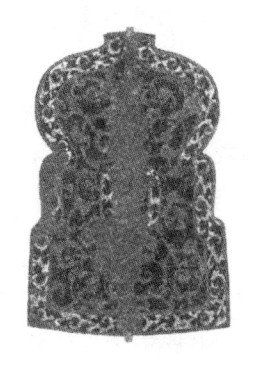

的方面来说，是主题明确，用色单纯，组织图案活泼而富于变化。表现技术从不墨守成规，即或一个漆羽觞的耳部装饰，也各有匠心独运处。在器物整体中，又极善于利用回旋纹饰，形成一种韵律节奏感。例如图录中的龙凤云纹漆盾（见图1）和新出土的凤纹羽觞，都得到同样高度艺术成就。构图设计，还似乎未臻完全成熟，却

图1　彩绘云龙纹漆盾

充满了一种生命活跃自由大胆的创造情感，处处在冲破商周以来造形艺术旧传统的束缚，从其中解放出来，形成一种新的发展。最显明的是用三分法处理的圆式图案，本出于殷商青铜和白陶器中的"巴纹"，当时在彩绘木雕上镶嵌的圆泡状的蚌片，也有同样花纹。春秋战国时新流行的"玉具剑"的柄端，也常使用这个圆式图案：或错金，或嵌松绿石，或嵌一片白玉，多用三分法加工。但是因为面积小，变化就不怎么多。在楚漆器中，奁具和盘子类需要范围极广（见图2、图3），每一个套奁里外，常

图2　彩绘云纹漆盘　　　　图3　彩绘云纹漆奁

用到五六种不同装饰图案，绘画的表现又比雕刻镶嵌简便，因此

这种图案，竟达到丰富惊人的美术效果。经过汉代再加以发展，如在他处发现之三辟邪奁里装饰和三熊盘，设计妥帖周到处，在中国工艺图案史的成就上，也应当占有一个特别地位。

楚漆器的花纹，大部分是用龙凤云纹综合组成，却并不像铜器花纹的凝固。从个别优点而言，如本图录中的漆案（见图4），因为平面空间比较大，红黑二色对照调子鲜明，即或只用几道带子式花纹作间隔装饰，经常也作得特别美观。羽觞造形不必受定型限制，材料处理伸缩性大，能把完整造形秀美花纹结合成为一体，更容易见出古代楚漆工的大胆和巧思。彩绘大漆盾同墓出土共四件，现存比较完全的计二件，虽大小形式相同，可是每一盾上的装饰图案，都表现出不同风格和性格，图案的综合变化，真是无比巧思。狩猎云纹漆奁花纹（见图5），和战国以来一般金银错器花纹，显然一脉相通，也就为我们初步提供了许多物证，明白同式图案的发展，长江流域荆楚吴越工人实有大贡献。这时期金银错和刺绣花纹，其实都是由漆器花纹发展而出。

图4　彩绘云凤纹漆案

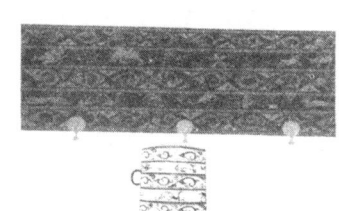

图5　彩绘狩猎云纹漆奁

这些东西值得我们重视，不仅因为它是"战国漆器"，更重要还是"战国时代装饰艺术的作风"。种种花纹图案当时无疑还曾反映到造形艺术各部门，特别是建筑彩绘装饰上，具有那个时代风格的特征。

汉代漆器在材料应用和图案设计两方面，都进一步有了新的成就。首先是特种漆器的制造，已成国家特种手工业生产一个重要部门，除政府所在地的长安洛阳，少府监所属工官东园匠，经常大量生产各种"乘舆髹器"，此外"西蜀"、"广汉"和"武都"各地，也特别设立工官，监造各种精美漆器，并把成品分布到国内各个地区去。这些金银加工漆器，通名"金银文画钿器"或"叁带金银钿器"，艺术价值既高，同时也是当时货币价值极高的特种工艺品。

这种金银加工漆器，在器材应用上的新发展，是用麻布丝绢作胎的夹纻器，多加上金银及铜鎏金附件，通例是平面部分用柿蒂放射式图案（多如水仙花式），腰沿部分则作三带式，另加三小熊作脚。这么一来，既增加了器物的坚固结实，同时又增加了华美。图案沿用旧形式部分，也有了充实和变化，如圆式图案利用三分法表现，因为需要范围日益广大，就创造了许许多多种好看新样子。又从魏武《上杂物疏》和《东宫旧事》记载，结合汉墓出土陶漆器看来，得知汉代以来当时还盛行径尺大小长方形"巾箱"、"严具"、"方盝"和收藏文具药物的筐匣，都需要用长方式和带子式装饰。圆筒形的奁具，边沿也需要带子式装饰，因此更促进了这一式图案的多样化，打破了战国以来龙凤云纹反复连续的规律，并打破了图案组成的习惯，代替以种种不同的新画面。一个时代的艺术，内容必然反映出一定程度的社会思想，汉代统治者重儒术，企图利用孝道来巩固政权，孝子传故事就成了漆器中的主题画。汉代现实生活喜骑射游猎，狩猎图反映到种工艺品装饰图案中，漆器也有分。汉代宫廷方士巫觋最善于附会神仙传说，影响政治文化各方面，到东汉夹书律废除解禁后，这类信仰并且逐渐由宫廷流行到广大民间。例如云气纹中的四神及其他杂鸟兽作主题的装饰，一切工艺品上无不加以反映，彩绘漆更作成多种多样的发展，云气纹中还常有羽人仙真夹杂其间。传说中最普遍的西王母，在造形艺术青铜砖石各部门都有表现，在漆器上无例外也占了一个特别位置。由于造形艺术上的西王母形象普遍反映是在东汉，我们就有可能把几个过去认为是六朝人伪托的汉代小说，产生时代提早一些，因为两者都不会是孤立产生的。

汉代由于铁冶生产发展，提高了农业和手工业生产，加以文景两朝数十年间，政治上对于人民压迫比较缓和，知道节用惜物，在这个劳动人民生产物质积累基础上，帝国大一统的局面，到武帝刘彻时代才逐渐完成。这时期国境四方的军事活动，郊天封禅仪式的举行，都不惜大规模使用人力物力，表示统治者政治上的大排场和成功的夸侈。更因神仙传说的浸润，长安宫廷园囿中，根据《史记》、《汉书》、《三辅黄图》、《汉旧仪》等记载，向上拔举的土木建筑，多已高达数十丈，神明台还相传高达百丈，云雨多出其下。每年祀太乙岁星时，还必用太祝率领三百名八岁大童男女，各穿锦绣衣裳，在台上歌舞娱神！为仿效方士传述的海上三神山景象，在长安挖掘了个昆明池，池中作成蓬莱、方丈、瀛洲三山，上面还放下各处送来的黄鹄白鹿、奇花异草，建筑更极华丽无比。气魄雄伟正是这个时代的特征，这点特征也反映到漆工艺的装饰设计上。这时期最有代表性的纹样，多是山云华藻起伏绵延中，有羽人仙真往来其间，鸿雁麋鹿，虎豹熊罴，青鸦白兔，野麋奔兕驰骤前后。图案来源或从两个矛盾部分综合而成：一个是纯粹社会现实享乐生活的写照，另一个却是对于神话传说的向往。汉代宫廷文人司马相如等，曾分别用富丽文辞来形容铺叙的问题，在日用漆器上，常常结合成为一个画面，而加以动人表现。

汉代金银加工的特种漆器，文献上如《汉书·贡禹传》的《奏议》、《盐铁论》的《散不足篇》、《潜夫论》的《浮侈篇》，早都提起过，近三十年全国范围内汉墓均有精美实物出土，已证明历史文献记载的完全正确。从朝鲜民主主义共和国和蒙古人民共和国出土有铭刻文字的汉代漆器,更得知当时生产分工已经极细,一件小小羽觞,由作胎糅到完成,计达七八种不同分工。绘画向例由专工主持,这种画工必须具体掌握生物形象的知识,能够加以简要而准确的表现,还必须打破一切定型的拘束,作自由适当的安排,不论画的是什么,总之,都要使它在一种韵律节奏中具有生动感。齐梁时人谢赫,谈论画中六法时,认为画的成功作品因素之一,是"气韵生动"。过去我们多以为这一条法则,仅适宜于作人物画好坏的评判。如试从汉代一般造形艺术加以分析,才会明白,照古人说来,"气韵生动"要求原本是整个的,贯穿于绘画各部门——甚至于工艺装饰各部门的。一幅大型壁画的人物形象,可以用它来作鉴赏标准,一个纯粹用静物组成的工艺图案,同样也应当符合这种标准。最值得注意一点,即大多数工艺图案,几乎都能达到这个要求。汉代漆器图案,"气韵生动"四个字,正是最恰当的评语。

还有一个问题,也值得附带一提,就是这种工艺图案,还另外为我们保留了一点汉代社会史的材料。《三国志·魏志》,记载中国名医华佗事迹,曾提起过他常教人古代导引养生之术,即所谓"熊经鸟申却行返顾五禽之戏"。这种"五禽之戏",极明显是从西汉以来就曾经被海上方士当成延年益寿的秘密方技传授的。以熊鹿为主的五禽名目,史传上虽有记载,形象活动世人却少知识。研究中国医药卫生史的人,也还少注意到。可是我们如果试从汉代漆器多留点心,就会发现漆器图案中的鸟兽名目行动,竟多和《华佗传》中说起的"熊经鸟申"大致相合。这绝不会是一种偶然的巧合。熊鹿活动形象变化之多,古代方士注意它的运动规律,用来当作锻炼身体的模仿学习对象,正是十分自然的。

《华佗传》所说的"五禽之戏",也就是鱼豢著《魏略》,记邯郸淳初次会见三国名诗人曹植时,曹植解衣科头,朗诵俳优小说数千言后,当面表演的"五椎锻"。"五椎锻"原属于卫生运动技术一类,也就是古代的导引法。是熊经鸟申返顾却行五禽之戏。传习来处,当时或得于郃俭左慈诸方士,还有可能和古代印度波斯文化交流有些渊源。

我这点推测,可能是完全不对的,但是从这么一个问题说来,也就可见从实物出发,对于中国物质文化史的研究探讨,还是一条新路,值得有人向前迈进一步。在全国范围内数量以十万计(将来还会以百万计)的出土文物,对于今后文史研究的影响,也是极明显的。多数人如依旧照过去对于古文物情形,只把它当成古董看待,货币价值既不高,很多又缺少美术价值,保存文物的重要性将不容易明确。惟有能够把它当成古代物质文化发展史的地下材料看待,才会觉得这里有丰富的内容,值得我们用一种新的态度来发现,来研究,来理解!依个人浅薄私见,历史科学能否成为一种科学,就决定于研究者方面,对于新的材料的认识态度而定。我们业已理解到,如孤立片面的从文献学出发,贯穿史料,对于古代社会的面貌,文献不足征处,将永远成为空白;如相反,善于把这百十万件分布全国各个不同地区的地下文物,好好的和历史文献结合起来,从一个更全面更扎实的认识基础上,学习运用马列主义,进行新的分析探讨,就有可能,把许许多多的问题,逐渐明白清楚,文化史的空白处,也都可望逐渐充实填补起来。正犹如我们对于古代漆器一样,本来只是从文献上知道一些名目,并且由于宋明以来《三礼图》、《三才图会》等书中半出于猜想的图画,对汉以前事多附会曲解,所得印象更不可靠。通过了近廿年多数人的劳动,在一定时间中,把出土材料分析综合,并联系其他出土材料作进一步比较,就可由"完全无知"进而为"具体明白"。并且由几件乍一看来,平凡普通,破烂皱缩的漆器上的残余花纹,因此明白了从战国到汉末,前后约六百年时间中的彩绘装饰艺术的作风,而这种艺术作风,原来和社会各方面关系,又还如此密切!因此让我们深深相信,必然还有许许多多历史问题,出土文物可以帮助我们具体解决。

古代镜子的艺术[*]

中国金工用青铜铸造镜子,约在春秋战国时期。多数镜子的背面,都有精美的装饰图案,从造型特征和艺术表现看,可以分成两类,代表两种不同风格:一种镜身比较厚实,边沿平齐,用蟠虺纹作图案主题,用浅浮雕、高浮雕和透空雕等技法处理的,图案花纹和河南新郑、辉县、山西李峪村及最近安徽寿县各地出土青铜器部分装饰花纹相近。有一种透空虺纹镜子,数量虽然不多,做法自成一个系统,产生时代可能早一些。另一种镜身材料极薄,边缘上卷,图案花纹分两层处理,一般是在精细地纹上再加各种主题浅浮雕,地纹或作涡漩云纹、几何纹及丝绸中的罗锦纹。主题装饰有代表性的,计有山字形矩纹、连续矩纹、菱形纹、连续菱纹、方胜格子嵌水仙花纹、黼绣云藻龙凤纹、长尾兽(蜼)纹,及反映当时细金工佩饰物各式花纹。这部分图案比前

---

[*] 本文曾以《古代镜子的艺术特征》为题,1957年8月发表于《文物参考资料》第8期。1958年11月作为《题记》编入《唐宋铜镜》一书,由中国古典艺术出版社于1957年12月出版,《题记》含该书编选说明内容。1960年3月和1986年5月,又以《古代镜子的艺术》为题,分别编入北京作家出版社和商务印书馆香港分馆的《龙凤艺术》一书出版。现据商务印书馆香港分馆的《龙凤艺术》文本编入。

一部分有个基本不同处，是它和古代纺织物丝绸锦绣花纹发生密切联系，制作精美也达到了当时金铜工艺高峰，产生时代可能稍晚一些，先在淮河流域发现，通称"淮式镜"。建国后长沙战国楚墓中出土同类镜子格外多，才知道叫它作"楚式镜"比较正确。从现有材料分析，青铜镜子的发明，虽未必创自楚国，但是楚国铸镜工人，对于生产技术的进步提高和改进图案艺术的丰富多样化，无疑有过极大贡献。镜子埋藏在地下已经过二千三百余年，出土后还多保存得十分完整，镜面黑光如漆，可以照人。照西汉《淮南子》一书所说，是用"玄锡"作反光涂料，再用细毛呢摩擦的结果。后来磨镜药是用水银和锡粉作成的。经近人研究，玄锡就指这种水银混合剂。由此知道我国优秀冶金工人，战国时期就已经掌握了烧炼水银的新技术。这时期起始流行的鎏金技术，同样要利用水银才能完成。这些重要发现或发明，是中国冶金史和科学技术发明史一件重大事情，由于新的科学技术的应用，使得中国金工装饰艺术，因之更加显得华美和壮丽。当时特种加工镜子，还有涂朱绘彩的、用金银错镂镶嵌的，加玉背并镶嵌彩色琉璃的，都反映了这个伟大历史时期金铜工艺所达到的高度水平。

到汉代，青铜镜子应用范围日益广泛，图案花纹也不断丰富以新的内容，特别有代表性的如连续云藻纹镜，云藻多用双钩法处理，材料薄而卷边，还具楚式镜规格，大径在五寸以内，通常都认为是秦汉之际的制作。有的又在镜中作圆框或方框，加铸四字或十二字铭文："大富贵，宜酒食，乐无事，日有憙"是常见格式。或用"安乐未央"四字铭文，必横列一旁。

其次是种小型平边镜子，镜身稍微厚实，铜质泛黑，惟用"见日之光长毋相忘"八字作铭文，每字之间再用二三种不同简单云样花式作成图案，字体方整犹如秦刻石。图案结构虽比较简单,铭文却提出一个问题,西汉初年社会,已起始用镜子作男女间爱情表记,生前相互赠送,作为纪念,死后埋入坟中,还有生死不忘意思。"破镜重圆"的传说,就在这个时期产生,比后来传述乐昌公主故事早七八百年。又有大型日光镜,外缘加七言韵语,文如《长门赋》体裁,借形容镜子使用不时,作为爱情隔阂忧虑比喻。另有一种星云镜,用天文星象位置组成图案,或在中心镜钮部分作九曜七星,又把四围众星用云纹联系起来,形成一种云鸟图案。这都是西汉前期镜子。第三种是中型或大型四神规矩镜,用青龙、白虎、朱雀、玄武分布四方作主要装饰,上下各有规矩形,外缘另加各种带式装饰,如重复齿状纹、水波云纹、连续云藻纹、连续云中鸟鹊夔凤纹,主题组织和边缘装饰结合,共同形成一种活泼而壮丽的画面。正如汉代一般工艺图案相似,在发展中起始见出神仙方士思想的侵入。这种镜子或创始于武帝刘彻时尚方官工,到王莽时代还普遍流行,是西汉中期到末叶官工镜子标准式样。有的在内外缘间还加铸年号、作者姓名和七言韵语,表示对于个人或家长平安幸福的愿望。最常用的是"尚方作竟真大巧,上有仙人不知老,渴饮玉泉饥食枣……"和"新有善铜出丹阳,和以银锡清且明,巧工作之成文章,左龙右虎辟不祥"等语句。有些还说起购买的做生意凡事顺心能发大财。又有铭文说"铜以徐州为好,工以洛阳著名"。它的产生年代和图案铭刻反映的社会意识,因之也更加明确。第四种是大型"长宜子孙"、"长宜高官"铭文镜,字体作长脚花式篆,分布四周,美丽如图画。图案简朴,过去人认为是西汉早期制作,近年来多定作西汉末东汉初期成品。此外还有由四神规矩发展而成的神人龙虎镜、分段神像镜、"位至三公"八凤镜、"天王日月"神像镜、凸起夔龙镜、西王母车马人物镜,可代表汉末过渡到魏晋时代的产品。八凤镜用平剔法,简化对称图案如剪纸,边缘或作阴刻小朵如意云，富于民间艺术风味。神仙龙虎镜，有的平面浮雕龙虎和西汉白虎、朱雀瓦当浮雕风格相同，形象特别矫健壮美。一般多用浅浮雕，是西汉以来技法。较晚又用圆浮雕法把龙虎简化，除头部其他全身都不显明，产生年代多在桓帝祠老子以后，有署建安年号的。神仙龙虎镜加"胡虏殄灭四夷服，多贺国家得安宁"等七言诗的，创始于西汉，汉魏之际还有摹仿。又有一种高圆浮雕鼍龙镜，龙身高低不一，在构图和表现技法上是新发展。特别引人注意的是西王母东王公车马神像镜，铜质精美，西王母蓬发戴胜，仪态端庄，旁有玉女侍立，间有仙人六博及毛民羽人竖蜻蜓表演杂技。主题图案组织变化丰富，浮雕技法也各具巧思。有的运用斜雕法，刻四马并行，拉车奔驰，珠帘绣幰，飘忽上举，形成纵深体积效果，作得十分生动，在中国雕刻艺术史上是新成就，后来昭陵六骏石刻及宋明剔红漆雕法，都受它的影响。这种镜子浙江绍兴一带出现最多，为研究汉代西王母传说流行时代和越巫关系问题，提供了重要线索。

又根据近年出土记录，西汉以来还有鎏金、包金和漆背加彩画人物各种不同加工大型镜子产生。当时除尚方工官特别制作外，铸镜工艺在国内几个大商业城市，也已经成为一种专门手工业，长安、洛阳、西蜀、广陵都有专门名家，铸造各式镜子，罗列市上出售。许多镜子上的铭文，就把这些事情反映得清清楚楚。这些镜子当时不仅被当成高级美术商品流行全国，还远及西域各属及国外。近年在西北出土镜子，可根据它判断墓葬相对年代。在日本出土汉镜及汉式镜，又得以进一步证明中日两国间文化的交流，至晚在西汉就已开始，比《魏略》说的东汉晚期早过二百年。东汉末年到三国时期，还有一种铁制镶嵌金银花纹镜子，早见于曹操《上杂物疏》记载中。近年来这种镜子在国内也常有出土。镜钮扁平，图案花纹比较简质，和八凤镜风格相近，开启后来应用铁器错银技法。惟铁质入土容易氧化，完整的镜子保存不多。

晋、南北朝三百余年中，除神像龙虎镜、西王母镜，东晋时犹继续生产，此外还有"天王日月"铭文镜，边缘多用云凤纹处理，内缘铭文改成四言，如道士口诀律令。再晚一些又有分卦十二生肖四神镜、高浮雕四神镜、重轮双龙镜、簇六宝相花镜等等。后四种出现于六朝末陈、隋之际，唐代还流行。南北朝晚期镜子图案，逐渐使用写生花鸟作主题后，在技法表现上也有了改进和提高，花鸟浮雕有层次起伏，棱角分明，充满了一种温柔细致情感。主要生产地已明确属于扬州，可说明这阶段南方生产的发展和美术工艺的成就。

唐代物质文化反映于造型艺术各部门，都显得色调鲜明，组织完美，整体健康而活泼，充满着青春气息。镜子艺术的成就，同样给人这种深刻印象。镜身大部分比较厚实（特别是葡萄鸟兽花草镜），合金比例，银锡成分增多，因此颜色净白如银。造型也有了新变化。突破传统圆形的束缚，创造出各种花式镜。大型镜子直径大过一尺二寸，小型镜子仅如一般银币大小。并且起始创造有柄手镜。至于图案组织，无论用的是普通常见花鸟蜂蝶，还是想像传说中的珍禽瑞兽或神话故事、社会生活，表现方法都十分富于风趣人情，具有高度真实感。唐代海外交通范围极广，当时对外来文化也采取一种兼容并收的态度来丰富新的艺术创造内容，在音乐、歌舞、绘画、纺织图案、服装各方面影响都相当显著。镜子图案的主题和表现技法，同样反映出这种趋势。例如满地葡萄鸟兽花草镜、麒麟狮子镜、醉拂菻击拍鼓弄狮子镜、骑士玩波罗球镜、黑昆仑舞镜、太子玩莲镜，都可以显著见出融合外来文化的痕迹。前一种图案组织复杂而精密，用高浮雕技法处理，综合壮丽与秀美成一体，在表现技法中格外突出。后几种多用浅浮雕法，细腻利落，以善于布置见长，结构疏密恰到好处。极小镜面也留出一定空间，使得花鸟蜂蝶都若各有生态，彼此呼应，整体完善而和谐。

唐代统治者宣扬道教，神仙思想因之流行，在唐镜的图案上也得到各种不同的反映。例如嫦娥奔月镜、真子飞霜镜、王子晋吹笙引凤镜、仙真乘龙镜、水火八卦镜、海上三神山镜，图案组织都打破了传统的对称法，作成各种不同的新式样。唐代佛教盛行，艺术各方面都受影响，镜子图案除飞天频伽外，还有根据莲花太子经制作的太子玩莲图案，用一些胖娃娃作主题，旋绕于花枝间。子孙繁衍瓜瓞绵绵是一般人所希望。因此这个主题画在丝绸锦绣中加以发展，就成为富贵宜男百子锦。织成幛子被单，千年来还为人民熟习爱好。汉代铸镜作带勾多在五月五日，唐人习惯照旧，传说还得在扬子江中心着手，显然和方士炼丹有瓜葛牵连。又八月五日是唐玄宗生日，定名叫"千秋节"（又称千秋金鉴节），照社会习惯，到这一天全国都铸造镜子，当作礼物送人，庆祝长寿。唐镜中比较精美的鸾衔长绶镜、飞龙镜和特别加工精美的金银平脱花鸟镜、罗钿花鸟镜，多完成于开元天宝二十余年间，部分且为适应节令而产生。唐代社会重视门阀，名家世族，儿女婚姻必求门当户对，但是青年男女却乐于突破封建社会的束缚来满足恋爱热情。当时人常把它当作佳话奇闻，转成小说、诗歌的主题。镜子图案对于这一个问题虽少直接表现，但吹笙引凤、仙人乘龙、仙女跨鸾，以及各式花鸟镜子中鹡鸰、鸳鸯、鹁鸽口衔同心结子相趁相逐形象及鱼水和谐、并蒂莲形象，却和诗歌形容恋爱幸福及爱情永不分离喻意相同。镜子铭文中，又常用北周庾子山五言诗及唐初人拟苏若兰织锦回文诗，借歌咏化妆镜中人影，对于女性美加以反复赞颂。

唐代特种加工镜子，计有金银平脱花鸟镜、罗钿花鸟镜、捶金银花鸟镜、彩漆绘嵌琉璃镜,这类具有高度艺术水平的镜子图案,有部分和一般镜子主题相同;有部分又因材料特性引起种种不同新变化,如像满地花罗钿镜子的成就,便是一个好例。这些镜子华美的装饰图案,在中国制镜工艺发展史上达到了一个新的高峰。

唐镜花样多,有代表性的可以归纳成四类:第一类宝相花图案,包括有写生大串枝、簇六规矩宝相、小簇草花、放射式宝相及交枝花五种。第二类珍禽奇兽花草图案,包括有小串枝花鸟、散装花鸟和对称花鸟等等;鸟兽虫鱼中有狮子、狻猊、天鹿、天马、鱼、龙、鹦鹉、鸳鸯、练鹊、孔雀、鸾凤、鹡鸰、蝴蝶、蜻蜓等等。第三类串枝葡萄鸟兽蜂蝶镜,包括方圆大小不同式样。第四类故事传说镜,包括各种人物故事,社会生活,如真子飞霜、嫦娥奔月、孔子问荣启期、俞伯牙钟子期、骑士打球射猎等等。特别重要部分是各种花鸟图案,可说总集当时工艺图案的大成。唐人已习惯采用生活中常见的花鸟蜂蝶作装饰图案,应用到镜子上时更加见得活泼生动（这是唐镜图案最值得我们学习的一点）。花鸟图案中如鸾衔绶带、雁衔威仪、鹊衔瑞草、俊鹘衔花各式样,又和唐代丝绸花纹关联密切。唐代官服彩绫,照制度应当是各按品级织成各种本色花鸟,妇女衣着则用染缬、刺绣、织锦及泥金绘画,表现彩色花鸟,使用图案和镜子花纹一脉相通,丝绸遗物不多,镜子图案却十分丰富,因此镜子图案为研究唐代丝绸提供了种种可靠材料。

唐镜在造型上的新成就,是创造了小型镜和各种花式镜,打破了旧格式,如银元大小贴金银花鸟镜,八棱、八弧、四方委角等花式镜等。

宋代镜子可分作两类:在我国青铜工艺史上应当占有一个特别位置的,是部分缠枝花草官工镜。造型特征是镜身转薄,除方圆二式外，还有亚字形、钟形、鼎形及其他许多新式样出现。装饰花纹也打破了传统习惯，作成各种不同格式。新起的写生缠枝花，用浅细浮雕法处理，属于雕刻中"识文隐起"的做法。图案组织多弱枝细叶相互盘绕，形成迎风浥露效果。特别优秀作品，产生时代多属北宋晚期。宋人叙丝绸刺绣时喜说"生色花"，有时指彩色写生折枝串枝，有时又用做"活色生香"的形容词，一般素描浮雕花朵都可使用。这种"生色花"反映于镜中图案时，作风特别细致，只像是在浅浮雕上见到轻微凸起和一些点线的综合，可是依然生气充沛，具有高度现实感和韵律节奏感。这一类官工镜子，精极不免流于纤细，致后来难以为继。另有一类具有深厚民间艺术作风的，用粗线条表现，双鱼和凤穿牡丹两式有代表性，元明以来犹在民间流行。

北宋在北方有契丹辽政权对峙，西北方面和西夏又连年用兵，因此铜禁极严，民间铸镜多刻上各州县检验铸造年月和地名，借此得知当时各县都有铸镜官匠。第二类镜子的创作，就完成于这种地方官工匠手中，文献和实物可以相互证明。

青铜镜子的生产，虽早在二千三四百年前，一直使用下来，到近二百年才逐渐由新起的玻璃镜子代替。如以镜子工艺美术而言，发展到宋代特种官工镜，已可说近于曲终雅奏。劳动人民的丰富智慧和技巧以及无穷无尽的创造力，随同社会发展变化，重点开始转移到新的烧瓷、雕漆、织金锦、刻线等等其他工艺生产方面去了。青铜工艺虽然在若干部门还有不同程度的进展，例如宋代官制规定，还盛行金银加工的马鞍装具。最低品级官吏，都使用铁錾银鞍镫。铁兵器杂件也常错镂金银。宋宣和仿古铜器，在当时极受重视，制作精美的商周赝品，直到现代还能蒙蔽专家眼目。创造的也别有风格，不落俗套。南宋绍兴时姜娘子铸细锦地纹方炉，在青铜工艺品中还别具一格。不过制镜工艺事实上到南宋时已显明在衰落中，特别是在南方，已再不是工艺生产的重点。这时扬州等大都市的手工业多被战争破坏，原有旧镜多熔化改铸铜钱或供其他需要。一般家常镜子，重实用而不尚花纹。在湖州、饶州、临安闻名全国的"张家"、"马家"、"石家念二叔"等等店铺所作青铜镜子，通常多素背无花，只在镜背部分留下个出售店铺图记。一般情况且就铜原料生产地区，由政府设"铸鉴局"监督，和铸钱局情形相似，用斤两计算成本，三百十文一斤。镜工艺术水平低落是必然的。私人铸造虽然还不断创造新样子，却受当时道学思想影响，形态别扭，纹样失调，越来越枯燥无味。如有些用钟或鼎炉式样，铸上八卦和"明心见性"语句的，在造型艺术处理上不免越来越庸俗。女真族在北方建立的金政权和南宋政权对峙，生产破坏极大，官私铸镜，虽还采用北宋串枝花草镜规模，此外也创造了些新式样，但就总的趋势说来，工艺上还是在日益下落中，少发展，少进步。

《中国丝绸图案》后记*

中国人养蚕织丝，起源很早。历史传说大多把新事物的发明算到著名的帝王将相名分上，养蚕属于妇工，因此说是黄帝的妃子嫘祖的发明。这个传说虽不可尽信，但已相当古老，至少让我们得知，约在四千年前，中国某些气候温和的地区，已有蚕丝的生产。

从公元前16世纪开始的殷商时代，中国的丝织工艺，显明已经有了发展。从近世出土的殷商时期的青铜器物上，可以看到蚕文的装饰。在甲骨文字中也常有"蚕"、"桑"的记载。安阳殷墓出土的遗物，其中有雕刻蚕形的玉石，和青铜戈援上残留的具有精美几何纹的绢帛。这些资料帮助我们初步了解到当时的丝织业情况。

西周以来，丝织工艺生产更加发达，当时治丝、染色，政府都设有专官主持。楚国并设有种蓝草作靛青的令尹工官。春秋战国是中国历史上一个重要的时代。由于铁工具的使用，大大提高了社会的生产力，在这个基础上商业也发达起来，大城市因之更

---

* 《中国丝绸图案》由中国古典艺术出版社于1957年12月出版。

加繁荣。当时临淄的丝织业就非常发达，陈留出产彩锦，产品遍于全国，产品质量相当高，很受上层社会重视。近年来，长沙出土的楚文物中，已发现多种有花纹的丝织物，给了我们一些直接的知识。结合当时其他工艺品的花纹（如金银错、青铜器、漆器等）来看，可以知道这个时期的图案装饰多是菱形几何纹，和变形的鸟兽龙凤等，风格秀美，结构谨严，有很高的美术价值。史传中经常提起的繡纹锦绣，虽还少见实物出土，但图案基本式样，我们参看燕国花瓦和魏国漆棺的花纹，却已得到一个明确具体的印象。

汉帝国建立后，政府在齐设三服官（山东滕县新发现的汉石刻，有纺织生产过程画像），长安另设东西织室，生产特种丝织物，供应各方面需要。西北羌胡民族特别爱好中国锦缎，每年就有近万匹锦绣输出。张骞出使西域时，也带去大量丝织品。这时的织造技术已有很高的水平，可织出各种复杂的图案花纹；到东汉时锦绣成品中已使用加金的技术。丝绸染色，也有着惊人的成就；西北出土的汉代锦绣，虽然距今有二千年的时间，但颜色仍然鲜艳如新。汉代的装饰图案，活泼奔放，突破了战国以来的格式；取材多是日常生活中接触到的云彩鸟兽，狩猎骑射，并往往间杂以吉祥文字，如"新神灵广"、"登高明望四海"、"万年益寿"、"宜子孙"等，反映出当时的社会思想意识。本书中的

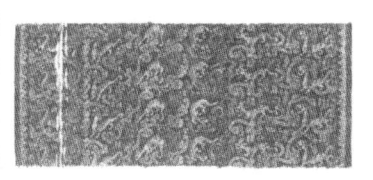

图1 汉 红地"韩仁绣"彩锦

"韩仁绣"彩锦（图1），是一片汉代的典型作品。在整个图案组织中，风云流动，鸟兽奔驰，彼此穿插自如，形成一种生动活泼的气氛；其中种种不同的动物，或凶勇猛烈，或天真稚气，都各有各的神态。这时期西北生产的毛织品"氍毹"、"毾㲪"和

西南出产的细麻布"筒中花练",精美的木棉布"白叠"、"阑干",同样有极高的成就。毛织品的花纹,充满了西域民族活泼愉快的情感,为中原所重视。

三国时北方的曹魏,广开屯田,兴修水利,生产得以恢复和发展。于是在手工业方面就有马钧的科学发明,改良了织绫机,简化了提花手续,使丝织生产率得以提高。当时川蜀丝绸产量大大增加,丝绸生产具有极大的经济意义。据《诸葛亮文集·教令》中所载:巴蜀与曹魏战争的时候,蜀国主要的军费就仰赖于丝绸的贸易。又据《邺中记》、《东宫旧事》等记载所列锦缎的名目,可知汉代特种锦绮的花纹到了晋代还在继续发展中。《邺中记》所提起的"大小登高"锦,"大小明光"锦,"大小博山"锦,用近年西北出土的汉代文字花锦对照起来,可以明确得知一部分还是汉锦式样。至于《东宫旧事》所说的"七彩杯文绮"或为新出图案。南北朝丝织实物虽不多,惟在敦煌彩绘壁画藻井花纹中,却留下异常丰富的材料,和唐代锦缎花纹比较,可以看出锦缎中的串枝花图案,实成熟于这个历史阶段。

唐代是一个"大有朝气"的时代,有着光辉灿烂的文化。在丝织工艺方面,一方面是织造技术有着新的进展,服饰用金的方法也已经有十四种之多;另一方面是图案设计有了新风格,配色技术也显著提高。或气魄浑厚,色彩典雅,给人以丰满健康的感觉;或纤丽秀美,别有温柔细腻的情趣。部分小簇折枝及大团牡丹花纹,形象既趋向写实,但又不失去图案效果,生动而富有装饰性。张彦远所著《历代名画记》中曾提及唐初窦师纶"陵阳公样",如"对鹿"、"斗羊"、"翔凤"、"游鳞"、"天马"、"麒麟"等等,因为花纹章彩奇丽,流行百年尚为人喜爱(图2)。这类丝绸图案的丝织实物,部分从西北的古墓发掘出来,虽然年代相隔很久,但至今仍然有一种清新生气的感觉。唐代丝

图2 唐 茶色地花树对羊绸

绸生产已具全国性，照《唐六典》诸道贡赋丝绸名目说来，已不下百种。本色绫和多色染缬花纹也非常秀美。唐代文化对当时东亚和世界文化有着巨大的影响和贡献，同时也吸收融化了部分外来文化，在工艺图案上，具体地反映这个问题。

宋代承继了唐代的传统。一方面发展了写生花的装饰方法；另一方面又发展了满地规矩花纹的装饰方法。北宋丝织品种类繁多，仅彩锦就有过百种名目。这一时期的实物资料虽然不多，但以营造法式彩绘部分间接材料和先后两代直接材料比较，却提供了许多十分可靠的证据，让我们得知宋锦几种基本花纹。对于北宋定州缂丝的成就，从本书这一片紫地鸾鹊谱图案的配色和构图上，也可得到一个印象（图3）。唐代丝绣图案喜用鸟衔花作主题，这片缂丝还保有唐代图案的格式。南宋时候的缂丝，就已完全转为名家绘画的复制，不常采用这种对称图案了。

明代的手工业有着空前的发展，丝织工艺是当时最主要手工

图3 宋 紫地鸾鹊穿花缂丝

业之一。丝织业的生产地区，从唐宋起始已遍布于长江下游，到元明特种锦缎生产便以江浙为重点。明代丝织物资料，现在还保存着的，估计全国至少还可有五万余件，绝大部分是当时作为佛经封面而保留下来的。这些丝织物的经面和《天水冰山录》所记载的各种丝绸锦缎，给我们提供了明代丝织工艺兴盛的概况。明代丝织工艺继承了唐宋以来的优良传统，又有了新的发展，产生了千百种华美惊人的图案。宋式串枝花朵富丽堂皇，配色大方。单色缎子花朵更特见巧思，善于把写生和装饰效果有机地联系起来。如本书中的绿地串枝牡丹缎图案，就是一幅杰出的作品（图4）。牡丹花虽接近写实，为了适合图案的要求，柔叶弱枝生动而有规律地穿插陪衬于主题花朵之间，洋溢着一股活跃的生命力，给人一种节奏韵律的美感。像这样的作品，在明代丝织物图案中，是屡见不鲜的。至于本书中大串枝牡丹锦，配色浓艳富丽，尚保存明初大云锦气魄，或出于宋元帐幕锦旧式。在"百

图4　明　绿地牡丹花绸

花齐放，推陈出新"的今天，我们新的图案设计，将从这里汲取到丰富的养分。

清代的丝织品，由于时代较近，我们所能见到的资料因之格外多。这里选取的多属于残余材料的复原。江宁织造的成就，如从文献分析，康熙一代多仿宋，规矩锦成就特高，金线细如发丝。雍正一代重配色，构图秀丽，配色温雅，在中国锦缎中自成一格。乾隆一代起始吸收西洋花式和织法，促进锦缎的新变化，但已不如康熙雍正的产品。总之，清代工艺品中，丝织图案的成就，是值得我们重视的。特别是近二世纪丝织工艺在设计和织造方面，大都是紧密的配合了服饰的要求。例如清代中叶以来，许多漳绒和彩缎袄裤图案，都是适合当时衣服裁制式样而织造的。直到19世纪末期，还不断有惊人的创造，花样翻新。如把一树玉兰、一枝梅花，或一丛牡丹、一簇荷花等作主题，安排于一件衣料上，大都得到极好的效果。又如在一件漳绒短袄上，只织出了一丛兰花，从衣襟一直伸展到袖子上，这种大胆而新颖的设计意匠，实给我们近代工艺设计以极大的启发。

数千年来劳动人民的智慧和巧思所集成的中国古代丝织工艺的优良传统，是中国古代物质文化的一个重要的组成部分，同时也是中国现代丝织工艺发展的一个不可缺少的参考宝库。因此对这份可贵的遗产作系统的科学的整理和研究，有着重大的现实意义。这个集子里的图案，只是就教学和工作中参考的资料，加以整理复原的结果，距离社会要求还远得很。但愿通过这个小小的努力，取得一点经验，能把工作再推进一步，并作为引玉之砖，希望国家博物馆、工艺美术界和有关生产部门，能互相配合协作，把万千种冻结在库房中的重要遗产，投入点人力，加以整理介绍出来，使我们光辉灿烂的丝织工艺，在人民时代得到应有的注意。并从这些丰富的遗产基础上，创造出多种多样的新图案！

龙 凤 艺 术[*]

——龙凤图案的应用和发展

民族艺术图案中，人民最熟习的，无过于龙凤图案。但专家学人中说到它时，最难搞清楚的，也无过于龙凤图案。因为龙的形象既由传说想象而成，反映到工艺美术造形设计中，又在不断发展变化，如仅仅抄几条孤立文献来印证，是不能解决问题的。记得年前在报刊上曾看过一篇小文章，谈起龙的形象，援引宋人罗愿《尔雅翼》关于龙的形容，以为怪诞不经，非生物所应有。其实这个材料的称引，即用来解释宋代人在绘画、雕刻、陶瓷、彩绘装饰、锦绣图案中反映的龙形，也就不够具体而全面。不仅无从给读者一种明确印象，即文章作者本人，也不能得到一个比较符合当时人想象作成的各种不同龙的形象。原来龙虽然是种想象中的动物，但在历史发展中，却不断为艺术家丰富以新的形象。即以《尔雅翼》作者时代而言，龙的样子也就是多种多样

---

[*] 本文1958年9月曾以《龙凤图案的应用和发展》为题，发表于《装饰》第1期，署名沈从文。1960年改为现标题收入北京作家出版社《龙凤艺术》一书，1986年5月又收入商务印书馆香港分馆《龙凤艺术》一书出版，并配人插图。现据商务印书馆香港分馆文本编入。

的。有传世陈容的画龙，多作风云变幻中腾攫而起的姿式。有磁州窑瓶子上墨绘和剔雕的龙，件头虽不大，同样作得还雄猛有力。但是它是宋式，和唐代明代风格都大不相同。最有代表性的，是山东曲阜孔子庙大成殿那几支盘云龙石柱，天安门前石华表的云龙，即从它脱胎而出，神情可不一样。至于敦煌宋代石窟洞顶藻井画龙，也还有种种不同造型，却比《营造法式》图样生动活泼。在锦绣艺术中最著名的，是宋徽宗赵佶所绘《雪江归棹图》前边那片包首刻丝龙，配色鲜明，造型美丽，可说是宋代龙形中一件珍品。但是如不用它和明清龙蟒袍服比较，还是得不着它的艺术特征的。宋代龙形必然受唐代的影响，可是最显著的却只有定窑瓷盘上的龙形，还近于唐代铜镜上的反映，别的材料已各作不同发展。上面说的不过是随手可举的例子。如就这个时代龙的艺术作全面分析，那就自然更加言之话长了。

历来龙凤并提，其实凤的问题也极复杂，由于数千年来用它作艺术装饰主题更加广泛而普遍，它的形象也在各个时代不同发展变化中。

凤的形象如孤立的只从《师旷禽经》一类汉人记载去求证，也难免以为怪诞虚无，顾此失彼。要明白它必需就历史上遗留下各种活泼生动的形象材料，加以比较，才会知道凤凰即或同样是一种想象中的灵禽，在艺术创造中却表现多方，有万千种美丽活泼式样存在。如从联系发展去注意，我们对于凤的知识，就可更加丰富具体，不至于人云亦云了。

在人民印象中，历来虽龙凤并称，从古以来，且和封建政治紧密结合，龙凤形象成为封建装饰艺术的主题，同时也近于权威象征。但事实上两者却在历史发展中似同而实异，终于分道扬镳，各有千秋。决定龙凤的地位，并影响到后来的发展，主要是两个故事：有关龙的是《史记》所记黄帝传说，鼎湖丹成乘龙升天，群臣攀龙髯也有随同升天的。关于凤的是萧史吹箫引凤，和弄玉一同跨凤上天故事。同是升天神话传说，前者和封建政治结合，后者却是个动人爱情故事，后来六朝人把"攀龙附凤"二词连用，作为一种依附事件的形容，因此故事本来不同意义也失去了，不免近于数典忘祖。其实二事应当分开的。

龙历来即代表一种权威或势力，中古以来的传说附会，更加强了它这一点。汉唐以来，由于方士和尚附会造作，龙的原始神性虽日减，新加的神性却日增。封王封侯，割据水府，称孤道寡，龙在封建社会制度上，因之占有一个特别地位。凤到这时却越来越少神性，可是另一面和诗文爱情形容相联系，因之在多数人民情感中，反而日益亲切。前者随时势推迁，封建结束，龙在历史上的尊严地位，也一下丧失无余。虽然在装饰艺术史中，龙还有个位置。现代造型艺术中，龙的图案也还在广泛使用。戏文中角色有身份的必穿龙袍，皇帝必坐龙床，国内外到北京参观，对建筑雕刻引起最大兴趣的，必然是明代遗留下来那座五彩琉璃作的九龙壁。木雕刻易留下深刻印象的，是故宫各殿中许多木刻云龙藻井。石刻中则殿前浮雕云龙升降的大陛阶，特别引人注目。春节中舞龙灯，也还是一个普遍流行热闹有趣节目。不过对于龙的迷信所形成的抽象尊严，早已经失去意义了。至于凤呢，却在人民情感中还是十分深厚而普遍。新的时代将依然在许多方面成为装饰艺术的主题，作各种不同反映。人民已不怕龙，却依旧欢喜凤。

龙凤在古代艺术上的形象，和文字中的形容，相互结合来注意，比单纯称引文献来分析有无，还可明白更早一些时候古人对于二物想象的情感基础。甲骨文字上的龙凤，还无固定形式，但是基本上却已经可以看出龙是个因时屈伸的灵虫，凤是个华美长尾的灵禽。双龙起拱即成天上雨后出现的虹，可知龙在三千年前即有能致雨的传说或假想,并象征神秘。但龙又像是可以征服豢养的,所以古有"豢龙氏",黄帝后来还骑龙上天。在铜玉骨石古器物上图案反映作各种不同形象发展,过去统以为属于龙凤的,近来已有人怀疑。但龙凤装饰图案,在古器物中占主要地位,则事无可疑(图1~5)。关于龙的问题拟另作文章探讨。现在且看看凤凰这种想象灵禽身世和发展。

图1 原始社会 玉龙
(内蒙古翁牛特旗三星他拉村出土)

图2 原始社会 龙纹彩陶盆
(山西襄汾陶寺出土)

图3 原始社会 猪头龙

图4 商 玉凤
(河南安阳殷墟妇好墓出土
中国历史博物馆藏)

在一片商代透雕白玉上,作成如一灵鹫大鹏样子,爪下还攫住一个人头，这是凤，且不是偶然的创作，因为相同式样的雕刻还不少。气魄雄健，似和文字本来还相合，却缺少战国以来对于凤凰的秀美观念。但在同时一件青铜器花纹上的典型反映，却是顶有高冠，曳着长尾，尾上还有眼形花纹，样子已和后来孔雀相差不多。因此得知后来传说中的凤凰和平柔美形象，在此也有了一点基础。

古记称："有凤来仪"、"凤凰于飞"，让我们知道，这种理想的灵禽，被人民和当时贵族统治者当成吉祥幸福的象征，和爱情的比喻，也是来源已久，早可到三千年前，至迟也有二千七八百年。它的本来似属于鸷鹰和孔雀的混成物，但早在三千年前即被人加以理想化，附以种种神秘性。西周是个比较务实的时代，凤的性质因之不如龙怪诞。稍后一点的孔子，有"凤鸟不至，河不出图"之叹，可见有关凤凰神奇传说，还是早已存在的。凤是一种不世出的大鸟，一身包含了种种德性，一出现和天命时代都关系密切。凤凰既然那么稀有少见，历来人民却又如何在艺术上加以种种表现，越到后来越作得生动逼真，而且成为爱情的象征，是有个历史发展过程，并非凭空而来的。我们值得把它分成几个不同阶段（或类型）来分析一下。

一、是从甲骨文上刻有各种凤字，到易经上"有凤来仪"时代，也即是在文字上还无定形，而在佩玉上如大鹫，在铜器

图5　商　青铜觯上龙凤纹

花纹上如孔雀时代。值得注意是这时妇人发簪上，也已经使用了凤凰。可知一面是祯祥，一面又起始和男女爱情有了一定联系。

二、是诗经上有"凤凰于飞"、孔子有"凤鸟不至"、楚辞

有"鸾鸟凤凰，日已远兮"、故事中有"吹箫引凤"传说成熟时期。也即是真凤凰证明已少有人见到，而在造型艺术中，却产生了金村式秀美无匹的雕玉佩饰和长沙漆器凤纹图案，以及金银错器、青铜镜子上各种秀美活泼云凤图案时期。

三、由传世伪托《师旷禽经》对于凤凰的描写，重新把凤凰当成国家祥瑞之一来看待，附会政治，并影响到宫廷艺术，见于帝王年代则有"天凤"、"五凤"、"凤凰"，见于造型艺术，先成为五瑞之一，又转化为朱雀，代表了南方，和青龙、白虎、玄武象征四方四神。在建筑上则有朱雀阙，瓦当上出现朱雀瓦。即一般大型建筑也都高据屋顶，作展翅欲飞的金雀姿式（后来的铜雀台也是由此而成），而在艺术各部门中，又都有一定地位时期。

四、在人民诗歌中，已经和鸳鸯、鸂鶒、练雀等相似地位，同为爱情象征。反映到青铜镜子艺术上更十分具体。但在封建宫廷艺术中，另一面又和龙重新结合，成为上层统治权威象征，特别是女性后妃象征。此外在博具中的双陆、樗蒲，都得到充分使用。因之"龙凤呈祥"主题图案，也成熟于这个时期。然而在一般艺术图案中，它却并不比鸳鸯、鸂鶒等水鸟更接近人民，讨人欢喜。

图 6　明　宣德雕漆双凤牡丹八瓣盘

五、因牡丹成为花中之王，在艺术上和牡丹作新的结合，由唐代的云凤转成"凤穿牡丹"、"丹凤朝阳"，反映到工艺图案各部门（图6），因此逐渐独占春风，象征光明、幸福、爱情和好等等，形象上也越来越作得格外秀美华丽，同时又成为人民吉祥图案中主题画时期。

我们说一切事物都在发展中不断变化，凤凰图案其实也并不例外。多数人民所熟习的凤凰，图案的形象，和它应用的范围，以至于给人情感上的影响及概念，原来也这么在不断发展变化中。

例如凤为鸟中之王说法虽古到二千年前，牡丹为花中之王的提法，却起于唐宋之际，只是千多年前事情。至于把两者结合起来，成为"凤穿牡丹"的主题画，反映到工艺美术各部门，成为人民所熟习的事情，照目下材料分析，实成熟于千年间的宋代。虽然"龙凤呈祥"的图案，也大约是从这时期起始在宫廷艺术中大大流行，还继续发展。"凤穿牡丹"图案，却逐渐成为人民十分亲切喜爱的画面。这也还有另外一个现实原因，即《牡丹谱》、《洛阳牡丹记》等著述的流行和实物栽培的普遍，增加了人民对于牡丹名色的知识。想象中的凤凰，因之在人民艺术家手中，作成种种美丽动人姿式，共同反映于艺术创造中。

元明清三个朝代中，龙始终代表一种神性，又成为九五之尊的象征，因此不能随便亵渎。服装艺术上随便用龙是违法受禁止的。虽然"龙舟竞渡"的风俗习惯在长江以南凡有河流处即通行，为广大人民娱乐节目之一。而逢年过节舞龙灯的风俗，且具有全国性。但是在另外一方面，即从晋六朝以来，佛教宣传江湖河海各有龙神，天上还有天龙八部，凡是龙王均能行雨，因此到唐宋以来，特封江湖河海诸龙为王为侯，这种龙神名衔直到19世纪还不断加封。南方各地任何小小县城，必有个龙王庙，每逢天旱，封建统治者无可奈何，就装作虔敬，去庙中祈雨行香，把应负责任推到龙王身上，并增加人民对于龙的敬畏之忱，也即增加封建神权政治。因此龙不能随便使用。直到五十年前，迷信还深入人心。至于凤凰和牡丹结合后，却和人民情感日加深厚，尽管在封建制度上，凤凰还和王侯女性关系密切，皇后公主必戴凤冠，用凤数多少定品级等次。在宫廷艺术中，又还依旧是龙凤并用，可是有一点大不相同处，乱用龙的图案易犯罪，乡村平民女的鞋帮或围裙上都可以凭你想象绣凤双飞或凤穿牡丹，谁也不能管。至于赠给情人的手帕和抱兜，为表示爱情幸福，绣凤穿花更加常见。至于民间俚曲唱本，并且开口离不了凤凰，"鱼水和谐"、"鸳鸯戏荷"、"彩凤双飞"同属民间刺绣主题，深入人心。凤的图案已不是宫廷所独用，早成为人民共同艺术主题了。换句现代话说，即凤接近人民，人民因之丰富了凤的形象和内容。凤给广大人民以生活幸福的感兴和希望。从表面看，因此一来，凤的抽象地位，不免日益下降，再不能和龙并提。事实上凤和人民感情上打成一片，特别是在民间妇女刺绣中简直是赋以无限丰富的艺术生命，使之不朽，使之永生。

但是我们也得承认另外一种事实，即在近千百年来封建上层艺术成就中，丝绸锦绣袍服、瓷、漆和嵌镶工艺、金银加工等，凡百诸精细造型艺术图案，龙的图案也有其一定成就，而且占有主要地位，凤只是次要地位。不过从艺术形象言即或同用于百花穿插，龙穿花总近于勉强凑合，凤穿花却作得分外自然。论成就，还是凤穿花值得学习。最有代表性的是明代宣德以来和清代初期，在五色笺纸上用泥金银法描绘的云凤或穿花凤，创造了无数高度精美活泼的艺术品，给人以一种深刻难忘印象。和西南地区民间刺绣的万千种凤穿牡丹（图7）同放一处，可用得上两句话概括形容："异曲同工，各有千秋。"

俗说凤凰不死，死后又还会再生。这传说极有意思。凡是深深活在人民情感中的东西，它的历史虽久，当然还会从更新的时代，和千万人民艺术创造热情重新结合，得到不朽和永生。

图7 苗族刺绣凤纹

（我这个简短分析小文，有一个弱点，即称道文献不多，而援引实物作证又感图片难得完备，说服力不强。只能说是一个概括说明。工艺图案龙凤问题多，值得专家分一点心来注意。我这里只近于抛砖引玉，如能从每一部门——建筑彩绘、石刻、陶瓷、丝绣，都有介绍这个装饰图案发展的专文写出来。国际友人问到龙凤问题时，我们的回答，也就可望肯定明确，不至于含糊笼统了。）

谈 染 缬[*]

——蓝底白印花布的历史发展

丝绸印花古代名叫"染缬",加工技术种类多,各有不同名称,后来发展成蓝底白印花布的一种,宋元时就材料说名"药斑布";就染法说名"浆水缬"。转用到棉布印染,成一般性流行商品时,必然是在明代松江棉布大量生产以后,但其发轫也许会早至公元前,可联系到西南地区织作的白叠、栏杆布上头去。白叠布用木棉织成,栏杆斑布似有织有染,在汉代和西北生产的细毛织物"罽"及"氍毹""毾㲪"同样受人重视。印花丝绸现存较早材料是长沙战国楚墓一件被面,花纹不详悉。其次是西北出土的一片晋代成品,上印重叠斑花,如照唐宋名称,应名"玛瑙缬"。晋缥青瓷作褐斑花的,即和当时染缬纹相通。近于仿染缬而成。

染缬的缘起,《二仪实录》以为:"秦汉间始有,陈梁间贵

---

[*] 本文曾发表于《文物参考资料》1958年第9期,署名沈从文。1960年和1986年5月,分别收入北京作家出版社和商务印书馆香港分馆出版的两种《龙凤艺术》专集。现据商务印书馆香港分馆《龙凤艺术》文本编入。

贱通服之。隋文帝宫中者，多与流俗不同。次有文缬小花，以为衫子。炀帝诏内外官亲侍者许服之。"此书记载史事常多以意附会，不可尽信，惟谈及染缬在六朝流行，隋代宫中受重视，还不太荒谬。《搜神后记》曾提及紫缬事。唐人记载称代宗宝应二年，启吴皇后墓，有缯彩如撮染成作花鸟之状。小说则以为玄宗柳婕好妹，性巧，因发明花缬。《云仙散录》记："郭元振落梅妆阁有婢数十人，客至则拖鸳鸯缬群（裙），参一曲。"白居易诗"黄夹缬林寒有叶"，又说"成都新夹缬"，就实物和文字联系分析，可知染缬盛行于唐代，技术也成熟于唐代。唐代丝织物加工，已使用过种种不同的复杂技术，大致可分成两大类：第一类包括色彩复杂的文锦和两色花或本色花的绮、縠、绫、罗以及花纹突起的"剪绒"，薄如烟雾的"轻容"、"鲛绡"纱。这些丝织物除剪绒外，其余加工方法，都是在织机提花过程中一气呵成。第二类包括各种不同的"刺绣"和"贴绢"、"堆绫"、"泥金银绘画"、"染缬"等等。加工方法都是在丝织物成品上或衣裙材料成品上，另外通过复杂手续完成的。

唐代中等以上人家妇女的衣裙和家庭日用屏风、幛幔，多应用染缬。现存材料有重要参考价值的，应数甘肃敦煌和新疆发现品，以及日本正仓院部分藏品。从这些材料分析，得知唐代至少已有三种染缬技术普遍流行：即蜡缬、夹缬和绞缬。

一、"蜡缬"，就是我们常说的"蜡染"。它又分单色染（图1）和复色染两种。复色染有套色到四五种的。因不同颜色容易相互浸润，花头多比较大，无论是串枝花或团窠花，构图饱满，特别宜于作幛子帘幕。元明时流行的通俗读物《碎金》中记过九种染缬名目，有檀缬、蜀缬、撮缬（即撮晕缬）、锦缬（当指方胜格子式，如旅大所藏残佛幡，现在中国历史博物馆陈列）、蜜儿缬、浆水缬、三套缬、哲缬、鹿胎斑（即宋之鹿胎）。内中

图 1 唐 蓝色蜡缬绢
(新疆吐鲁番阿斯塔那出土印度新德里国立博物馆藏)

说的"三套缬",大致就指这种生产品,名目似乎也是民间通称,因为根据元明文献记载和明初丝织物分析,元明人实在已不生产这种高级印染丝绸。近来常听人说现代西南蜡染从唐代蜡缬发展而出,事实或者正相反。西南蜡染原有个更久远的传统,应从木棉织物的栏杆斑布算起。唐代蜡染技术上的成就,决非某人发明,很可能是从西南兄弟民族方面传入中原加以发展的结果。到宋代中原蜡染技术在应用上已日趋衰退时,西南民间却依旧流行蜡染,名"点蜡幔",和广西黎、瑶族精美提花棉布"黎单"同为人民爱好。又朝鲜在唐代从中国传去的染缬法,北宋时也还流行,应用到普通幛子类。《高丽图经》二十八:"缬幕,非古也,先儒谓系缯染为文者谓之缬。丽俗今治缬尤工,其质本文罗,花色即黄白相间,灿然可观。其花上为火珠,四垂宝网,下有莲台花座,如释氏所谓浮屠状。然犹非贵人所用,惟江亭客馆于属官位设之。"

染缬由于技术条件限制，图案纹样和锦缎多不相同，即同一种图案，和色效果也不一样。唐代蜡染的图案式样，除实物外，在绘图中还有些线索可寻，例如宋徽宗摹张萱《捣练图》中有两三位妇女衣裙，就属于染缬中的蜡缬或夹缬。《虢国夫人游春图》中也有几个骑马人衣服是蜡缬，不是锦绣。史传称：开元天宝之际，杨氏一门得宠，小器易盈，争学奢侈，贵妃用刺绣工七百人，杨氏诸姨则用金玉锦绮工达千人。记载虽容易夸张失实，但由于当时统治阶级的奢侈糜费形成一种社会风气，染缬的花样翻新，可能和这个时期关系格外密切。此外唐陶俑表现着染缬的也相当多，唐三彩常用的花斑和宋人所说的"玛瑙缬"，技术处理实有相通处。敦煌壁画中佛菩萨的穿著、经变故事和供养人的部分穿著，以及藻井、屏风、幛幔上都还保留下许多重要参考材料，值得我们注意。

唐代不仅妇女衣裙用染缬，男子身上的袍袄同样有使用它的，如《张议潮出行图》中的兵卫仪从骑士，身上穿红著绿，染缬就占相当重要分量。北宋帝王出行身前有两万多御前步骑队伍护卫，照《宋史·舆服志》和周必大《绣衣卤簿图》记载，其中一部分就必须著某种花鸟兽染缬团衫。这种染缬团花小袖齐膝袄子以及花缬帽，还是根据唐"开元礼"制度而来的，可知开元时就有用染缬作军服的制度。又敦煌晚唐《劳度义斗圣图》中几个举袖迎风的妇女和另外坐在一旁几个披袈裟的罗汉僧徒，也同样有著染缬的。女的身上所著名叫"团窠"缬；罗汉身上披的袈裟，作水田方罫山水绉折纹的，照唐宋习惯应当叫作"山水衲缬"。水田衣的使用，当时算是一种时髦。

二、"夹缬"（图2）的制法，是用镂空花板把丝绸夹住，再涂上一种浆粉混合物（一般用豆浆和石灰作成），待干后投入

图2　唐　夹缬残片
（法国巴黎居伊梅博物馆藏）

染缸加染，染后晾干，刮去浆粉，花纹就明白现出，宋人笔记说的"药斑布"，《碎金》说的"浆水缬"就指这一种。说它是蓝底白印花布的前辈，大致是不错的。这样作成的染缬，花色必浅于其他部分；如用花板夹住，直接于漏空处用颜色刷染，花色就深于其他部分。后者虽也叫染缬，但材料可并不曾入过染缸（三套缬中可能也有用刷染法加工的）。这种染缬必用花板，较早的记载有北宋张齐贤著《洛阳缙绅旧闻记》称："洛阳贤相坊，染工人姓李，能打装花缬，众谓之李装花。"其次是《宋史·舆服志》载政和二年诏令："后苑造缬帛，盖自元丰初置为行军之号，又为卫士之衣，以辨奸诈，遂禁止民间打造。令开封府申严其禁，客旅不许兴贩缬板。"到南宋后已解禁，所以朱熹文集中攻弹唐仲友文即说到假公济私，用公家缬板染私人彩帛事，又《梦粱录》谈临安市容时，说到许多彩帛铺，所谓彩帛，部分即印花缬帛。

用此法印到布上的名"药斑布"，相传出于宋嘉定中归姓，《图书集成》引旧记称："药斑布出嘉定及安亭镇，宋嘉定中归姓者创为之。以布抹灰药而染青，候干，去灰药，则青白相间，有人物、花鸟、诗词各色，充衾幔之用。"（《图书集成》卷六八一，苏州纺织物名目）这种印花布，明清之际又名"浇花布"，同书松江条称："药斑布俗名浇花布，今所在皆有之。"

又夹缬和蜡缬用同一技术加工的，有《岭外代答》所记"傜斑布"："傜人以染蓝布为斑，其纹极细。其法以木板二片镂成细花，用以夹布，而熔蜡灌于缕中，而后乃释板取布投诸蓝中。布既受蓝，则煮布以去其蜡，故能受成极细斑花，灿然可观。故夫染斑之法，莫傜人若也。""傜人……或斑布袍裤。妇人上衫下裙，斑斓勃蔚，惟其上衣斑纹极细，俗所尚也。"

三、"绞缬"（图3），是把成匹丝绸或衣裙成品，照需要把

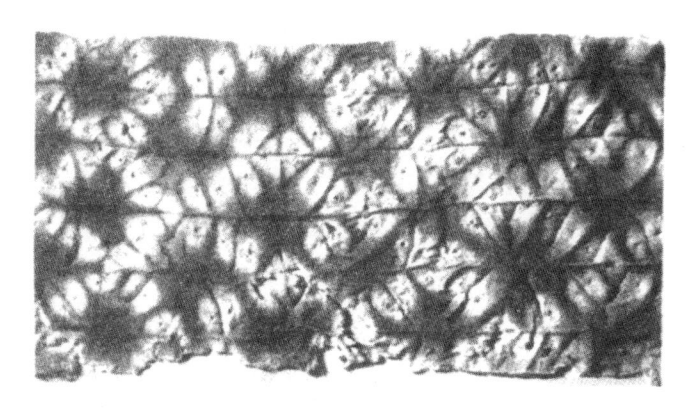

图3　唐　棕色绞缬绢

某部分用线缚着、缝着或作成一定襞折，用线钉固，染后晒干，再剪去线结，就自然形成一定图案，有蝴蝶、海棠、蜡梅、水仙等等简单小簇花样。最简便的是唐人所谓"鱼子缬"，比较复杂的则为"撮晕缬"。宋人笔记所谓"撮晕花样"、"玛瑙缬"，《碎金》中提起的"鹿胎缬"，大都和这种染缬分不开。一般说来，绞缬做法比较简便，并且能随心所欲作成个人爱好的花样，不受缬板限制，因此在当时人应用上也就相当普遍。不过既然非商品生产，容许个人匠心独运，出奇制胜，又必然有人会逐渐把它作得极其精美。绞缬和其他染缬一样，也可使用套色加工。"撮晕"和"鹿胎"在北宋都特别提出加以法律禁止，反映出这类高级染缬，加工技术必相当烦琐不下于套色蜡染。

"鹿胎"似以川中生产特别讲究，观史传禁令可知。《宋史·食货志》："诏川陕市买场、织造院，自今非供军用布帛，其锦、绮、鹿胎、透背、六铢、欹正、龟壳等段匹，不须买织。"又仁宗天圣时，诏减两蜀岁输锦、绮、鹿胎。……景祐初……其后岁辄增益梓路红锦、鹿胎。庆历四年复减半。

撮晕虽已知为染缬类，"鹿胎"一名过去却少有人明白是什么。从比较材料分析，可推测属于染缬，花纹属于梅花斑，以紫红为主。《洛阳牡丹记》称："鹿胎花者，多叶紫花，有白点，如鹿胎之纹。故苏相禹圭宅有之。"可知鹿胎为紫地白花。《牡丹记》又称："鹿胎红者……色微红带黄，上有白点如鹿胎，极化工之妙。欧阳公花品有鹿胎花者，乃紫花，与此颇异。"可知也有红地白斑的。又宋人著《洛阳花木记》，说芍药中有"黄缬子、红缬子、紫缬子、白缬子"四种。可知有用芍药花样的，至少且有黄红紫三色。至于白缬，注明为千叶白花，又可知花是本色，底子染绿。又"一捻红"系"浅红中有深红一点，易作缬"。芍药谱说，红色深浅相杂，类湖缬，得知湖缬系深浅红相杂。宋代工艺图案重写实，从这些花的著录中也可得到缬和鹿胎基本纹样若干种面貌。

又鹿胎紫的花纹，实创于六朝，相传陶潜著的《搜神后记》，就提到这种花缬："淮南陈氏于田种豆，忽见二美女著紫缬襦，青裙，天雨而衣不湿。其壁先挂一铜镜，镜中视之，乃二鹿也。"镜中是鹿，可知身著紫缬即作梅花斑。

唐代机织工人，已经常能够织造配色华美、构图壮丽的锦缎，达到高度艺术水平。且能织金锦。用小簇花鸟作主题的本色花绫，又因为和当时官服制度相关，更容易得到全面发展的机会。染缬和刺绣虽然同属于丝绸加工，在应用上却相似而不尽同。贵族妇女衣裙，歌伎舞女衣裙，凡是代表特种身份或需要增加色彩华丽效果时，服饰加工多利用五色夺目的彩绣、缕金绣和泥金绘画。这些大量反映在唐人诗歌中，从诗歌描写中考查，我们还可知道这种高级丝织物加工的主题画案，经常用的是什么花、什么鸟和某几种常见的昆虫。这些花鸟昆虫形象和表现方法，现存实物虽不够多，可是另外却留下许多十分可靠的样稿可以参考，最重要的是大量唐代青铜镜子上的花鸟浮雕。绞缬法极简便的是十字纹样，明清有的地方性纺织物中，还采取这种绞缬法加工。图案充分保留唐代风格的，惟西藏人民织造的五色"氆氇"，特别有代表性。

应用染缬在唐代既有一定程度的普遍性，它不会不影响到其他工艺部门。显而易见的是它和当时三彩陶器花纹彩色的相互关系。有些三彩陶的宝相花和小簇花，都可能是先用于丝绸染缬，后来才转用于陶器装饰的。正如同一般说的搅釉木纹陶，实出于犀毗漆的模仿。

染缬多宜于用在熟软薄质丝绸上。一般染缬多用青碧地，正如《唐史》所称："妇人衣青碧缬，平头小花草履"，是某一时期流行制度。从出土三彩俑上还可看到一些青碧缬衣裙的基本式样。但唐人已习惯用红色，由退红（又名"不是红"，和"肉红""杏子红"相近）到深色胭脂红，红色实包括了许多种不同等级。部分花缬必然是要利用这不同等级的红色形成美丽效果的。古代红色染料主要是紫草和红花，宋代以后才大量从南海运入苏木。红花出西北，所以北朝以来有"凉州绯色为天下最"的记载。但到唐代红花种植已遍全国，四川也有大量生产，所以蜀锦多红地。其实唐代不仅蜀锦著名，蜀中染缬也有一定地位。唐《韦绶传》就称：帝尝过韦绶院，时天寒，绶方寝，帝覆以妃子所著蜀缬袍而去。白居易诗又有"成都新夹缬"句子赞美蜀缬。史称后唐庄宗派宦官白正嗣入蜀监军，还时得文锦五十万匹。后些时期孟昶投降于宋，库入绫锦彩帛数目加倍多。这是大量丝织物中的彩帛，照唐代习惯，是所谓染彩为纹的丝织物，也就应当包括有各种时新花纹的染缬。

染缬图案不断在发展中，但受材料和技法限制，照例保留下更多更美观简便的花样，到后来继续流行。唐宋过渡期在五代，陶穀《清异录》称："显德中创尊重缬，淡墨体，花深黄。二部郎陈昌达，好缘饰，家贫，货琴剑作缬帐一具。"由于爱好，甚至把穷书生的琴和剑都卖去，换一顶时新染缬帐子。这一面反映社会风气的影响，另一面也说明染缬的新花样。这种深色地的花缬，到北宋时还流行，后来被政府用法令禁止，技术才失传。宋锦中有"紫方团白花"、"褐方团白花"等等名目。按锦织不出这种花样；如从染缬去研究，则还有些线索可寻。《宋史·舆服志》载天圣三年诏令："在京士庶，不得衣黑褐地白花衣服并蓝、黄、紫地撮晕花样。妇女不得将白色褐色毛缎并淡褐色匹帛制造衣服，令开封府限十日断绝。"诏令中举的黑褐地白花衣服及蓝、黄、紫地撮晕花样，都明指染缬。一种日用生产品由政府用法令禁止，可知成品流行必相当普遍，生产又相当费工。

北宋染缬禁令中，还有禁止"跋遮那缬"一项，初步研究知道"跋遮那缬"指的应当是一种加金的印染丝绸。至于这种高级丝织物加工技术，是否和当时新疆金绮工有关，或者直接和隋代西域名画家"尉迟跋质那"尉迟甲僧乙僧之父有关？我们一时还难解决。这里已涉及北宋染缬问题。前边曾提到北宋在某一时期中，曾禁止民间使用染缬，市上出售装花缬板的商人也算犯罪。这种创于五代，流行宋初，深色地黄白花的染缬，因受禁止而断绝，我们是否可从别的线索得知它的花纹图案基本调子？新出土材料特别重要的，是虎丘塔中经函中发现那几片三凤团花碧罗缬经袱。因为一切还具有唐代规格。以个人意见，直接材料虽不多，间接比较参考材料最重要的还是陶瓷，例如北方山西晋阳窑、南方福建建阳窑、江西吉州窑，几种深色黑紫釉印花点碗盏，有作银星斑的，有作黄兔毫斑的，有作玳瑁皮或鹧鸪翅斑的，有作犀皮漆中波罗斑的——特别重要是吉州窑烧造的紫褐釉印黄白花鸟三凤或方胜如意的茶盏花纹，图案组织基本上还是唐代式样，和染缬完全相通。由此启示，得知当时的确必有这种深色底子黄白花的染织物存在而且流行，才同时或稍后能具体反映到陶瓷制作上。

谈金花笺[*]

时代和主要内容

  金花笺照北京习惯称呼是"描金花笺",比较旧的称呼应当是"泥金银画绢"或"泥金银粉蜡笺"。原材料包括有绢和纸,一般多原大六尺幅或八尺幅,仿澄心堂的一种则是斗方式,大小在二尺内。制作时代多在17世纪后期和18世纪前期。主题图案的表现方法大致可分成两种形式,一是在彩色纸绢上用金银粉加绘各种生色折枝花,一是在彩色纸绢上作各种疏朗串枝花或满地如意云,再适当加上各种龙凤、八吉祥或花鸟蝴蝶图案。反映到这种彩色鲜明的纸绢上的,不论是庄严堂皇的龙凤,还是生动活泼的花鸟蜂蝶,看来却给人一个共同的愉快印象,即画面充满生意活跃的气氛,它具有一种18世纪文人画家绝办不到,惟有工人艺术家才会有的,豪放中包含有精细、秀美中又十分谨严的装

---

 [*] 本文曾以《金花纸》为题,发表于1959年第2期《文物》杂志,1960年收入北京作家出版社《龙凤艺术》一书,篇名改为《谈金花纸》。1986年5月收入商务印书馆香港分馆版《龙凤艺术》时,篇名改为《谈金花笺》。现据商务印书馆香港分馆文本编入。

饰艺术风格。特别是整幅纸张的装饰效果，显得极其谨严完整，部分花鸟却又自由活泼，相互调和得恰到好处，它的产生虽在二百年前，到现在仍使人感到十分新鲜。

这些纸绢似创始于唐、宋，盛行于明、清，当时多是特意为宫廷殿堂中书写宜春帖子诗词或填补墙壁廊柱空白，也作画幅上额或手卷引首用的，在悬挂时可起屏风画作用，有的位置就等于屏风。宋代以来，人称黄筌父子在屏风上作花鸟画为"铺殿花"，语气中实含有讽刺。其实照目前看来，倒正说明了这类画的长处是笔墨扎实，毫不苟且，因之装饰效果特别强。17、18世纪以来，金花笺上的花鸟云龙，长处还是照旧，应属于"铺殿花"一个分支。作者部分是清代宫廷中如意馆工师，部分是苏州工匠。在苏州织造上奏文件中，有一份关于同治八年制造五色蜡笺工料价目，十分重要。价目是：

计细洁独幅双料两面纯蜡笺，每张工料银五两玖分。

又洒金蜡笺，每张加真金箔洒金工料一两一钱五分二厘，每张工料银六两二钱四分二厘。

又五色洒金绢，每张长一丈六尺，宽六尺，每尺用加重细洁纯净骨力绢，需银一两，颜料练染工银三钱，真金箔一钱四分七厘，洒金工银三分一厘，每尺银一两四钱七分八厘，每张银二十三两六钱四分八厘。

文件中说的是比较一般的洒金纸绢，由此可推知，18世纪以来，加工极多的泥金绘画纸绢，当时价格必然更贵。如把这个价目和绸缎价目相比较，当时特别讲究的石青装花缎子，不过一两七钱银子一尺，最高级的天鹅绒，只三两五钱银子一尺，这种加金纸绢价格之高可见一斑。

画师姓名我们目前知道的虽不多，但艺术风格则可从花笺本身一望而知：早期多接近蒋廷锡父子，较晚又和邹一桂有些相通，山水画笔法则像张宗苍、董诰。这情形十分自然。因为作者既然多是如意馆工师或苏州画工，艺术风格受宫廷画师影响，是不足为奇的，特别是容易受后来作宰相的蒋廷锡画风的影响。但是如从图案布局效果看来，这些画却早已大大超过了他们，每一幅画都注意到整体效果和部分的相互关系，节奏感极强，有很高的艺术成就。

泥金银技术在一般工艺上的发展

泥金银技术比较普遍的使用到丝绸衣物、木漆家具和其他各方面，是在唐、宋两代，即公元六七世纪到12世纪。明杨慎引《唐六典》，称唐人服饰用金计十四种，宋王栐著《燕翼贻谋录》，则说北宋时用金已到十八种，各有名目开列。今本《唐六典》并无用金十四种的名称，其他唐宋以来类书也少称引。从名目分析，杨说恐怕只是据王栐著作附会，不很可信。但唐代泥金、缕金、捻金诸法用于妇女歌衫舞裙之多样化，则从当时诗文中可以说明。时间更早一些，如《南齐书·舆服志》、《东宫旧事》、《邺中记》和曹操《上杂物疏》均提及金银绘画器物，可知至晚在东汉时，泥金银绘画技术，就已应用到工艺各部门，而且还在不断发展中。

但是，最早使用在什么时候，如仅从文献寻觅，是无从得到正确解答的。数年前，长沙战国楚墓出了几个透雕棺板，前年信阳长台关楚墓出了个彩绘漆棺和大型彩绘漆案，上面都发现有泥金银加工、绘饰精美活泼的云龙凤图案，因此才知道早在春秋战国之际，当装饰艺术部门正流行把黄金和新发现的白银应用到镶嵌工艺各方面时，同时也就发明了把金银箔作成极细粉末，用做绘画材料，使用于漆工艺上，增加它的艺术光彩。这是公元前四五世纪的事情。

用金银在各色笺纸上作书画，也由来已久。文献著录则始于汉晋方士用各色绸帛、笺纸书写重要经疏。这个方法一直被沿袭下来，直到19世纪不废。直接施用于服饰上则晋南北朝是个重要阶段。当时由于宗教迷信，使得许多统治者近于疯狂地把所占有的大量金银去谄媚神佛，装饰庙宇。除佛身装金外，还广泛应用于建筑彩绘、帐帷旗幡各方面。因佛披金襕袈裟传说流行，捻金织、绣、绘、串枝宝相花披肩于是产生，随后且由佛身转用到人身的披肩上。唐代的服饰广泛用金，就是在这个传统基础上的一种发展。绘画中则创造了金碧山水一格，在中国绘画史上占有特别地位。笺纸上加金花，也在许多方面应用。李肇《翰林志》即说过："凡将相告身，用金花五色绫笺。"又《杨妃外传》称李白题牡丹诗即用金花笺。唐人重蜀中薛涛笺，据《牧竖闲谈》记载，则当时除十色笺外，还有"金沙纸、杂色流沙纸、彩霞金粉龙凤纸、绫纹纸"等。这些特种笺纸，显然有好些是加金的。《步非烟传》称："以金凤笺写诗。"明陈眉公《妮古录》则称："宋颜方叔尝创制诸色笺，并砑花竹、鳞羽、山水、人物，精妙如画。亦有金缕五色描成者。"元费著作《蜀笺谱》称："青白笺、学士笺及仿苏笺杂色粉纸，名'假苏笺'，皆印金银花于上。和苏笺不同处，为苏笺多布纹，假苏笺为罗纹。"且说："蜀中也仿澄心堂，中等则名玉水，冷金为最下。"明屠隆《考槃余事》谈宋纸上说及团花笺和金花笺，并说元时绍兴纸加工的有"彩色粉笺、蜡笺、花笺、罗纹笺"。明代则有"细密洒金五色粉笺、五色大帘纸洒金笺、印金五色花笺"。吴中则有"无纹洒金笺"。《成都古今记》亦称除十样彩色蛮笺外，还有金沙、流沙、彩露、金粉、冷金诸种金银加工纸。范成大《吴船录》，曾见白水寺写经，是用银泥在碧唾纸上书写，卷首还用金作图画。大约和近年发现虎丘塔中写经、上海文管会藏开宝时写经同属一式。宋袁褧《枫窗小牍》则说"皇朝玉牒多书于销金花白罗纸上"。《宋史·舆服志》也说宋官诰内部必用泥金银云凤罗绫纸，张数不同。除上面记载，反映宋代纸上加金银花已相当普遍外，即在民间遇有喜庆事，也流行用梅红纸上加销金绘富贵如意、满池娇、宜男百子等当时流行的吉祥图案。男女订婚交换庚帖，一般还必须用泥金银绘龙凤图案。由此得知，宋代虽然禁用金银的法令特别多，却正反映社会上用金实在相当普遍，难于禁止。王栐也以为当时是："上行下效，禁者自禁而用者自用。"又宋代以来日用描金漆器早已成社会习惯，所以《梦粱录》记南宋临安市容时，日用漆器商行，"犀毗"和"金漆"即各不相同，分别营业，可见当时金漆行销之广和产量之多。宋李诫《营造法式》并曾记载有建筑上油漆彩绘用金分量及做法。

　　契丹、女真、蒙古等族，从9世纪以来，在北方政权前后相接，计五个世纪，使用金银作建筑装饰，虽未必即超过唐宋，惟服饰上用金银风气，则显然是同样在发展中。特别是金、元两代，把使用织金丝绸衣物帷帐作为一种奢侈的享受，且用花朵大小定官品尊卑，服饰用金因之必然进一步扩大。陶宗仪著《辍耕录》还把元时漆器上用金技术过程加以详细叙述。到明代，漆工艺专著《髹饰录》问世时，更发展了漆器上用金的种类名目。举凡明清以来使用在金花纸绢上的各种加工方法，差不多在同时或更早都已使用到描金漆加工艺术上。综合研究必有助于对金花笺纸材料的理解和认识。

金花笺在工艺上的特征

　　金花笺一般性加金技术处理，根据明清材料分析，大致不外三式：一、小片密集纸面如雨雪，通称"销金"、"屑金"或"雨金"，即普通"洒金"。二、大片分布纸面如雪片，则称"大片金"，又通称"片金"，一般也称"洒金"。三、全部用金的，即称"冷金"（在丝绸中则称为"浑金"）。冷金中又分有纹、无纹二种并有布纹、罗纹区别。这部门生产，宋、明以来苏蜀工人都有贡献，贡献特别大的是苏州工人。纸绢生产属于苏州织造管辖范围，这是过去不知道的。

明清花笺制作，按其艺术特征，可分成几个阶段：

一、显然属于明代的，计有朱红、深青及明黄、沉檀四色。材料多不上蜡，属于粉地纸绢类，花多比较草率大派，银已泛黑，折枝和龙形与明代锦缎、瓷器纹样相通。

二、明清之际的，多作各种浅粉色地子薄花绢，用金银粉末特别精神，画笔设计也格外秀雅，和同时描金瓷上花纹近似。

三、乾隆时期的，多五色相配搭，外用黄色粗花绫裹成一轴。纸料比较坚实，花纹却较板滞，但图案组织还是极富巧思。

四、道光、同治以后的，纸张多较薄，色料俱差，金银色均浅淡，画笔也日益简率。

从材料性质说，大致也可以分成三种：一、细绢上加粉彩地加金银绘；二、彩粉地加金银绘；三、彩粉蜡地加金银绘。

如从花纹区别，大体有如下各种：一、各种如意云中加龙凤、狮球或八吉祥折枝花；二、散装生色折枝花；三、各式卷草串枝花加龙凤、狮球、八吉祥、博古图。从花纹上看，云多作骨朵如意云形的，清代虽还沿用，其实是明式，和明云缎花纹相似。至于细如飘带不规则五彩流云，则是清式。云中有蝙蝠，如"洪福齐天"，必是清代。其中又有早晚，从蝙蝠形状可知。龙多竖发猪嘴（所谓猪婆龙），凤作细颈秀目，并有摇曳生姿云样长尾，即非明也是清初仿，和瓷器一样。博古图主题是康熙所特

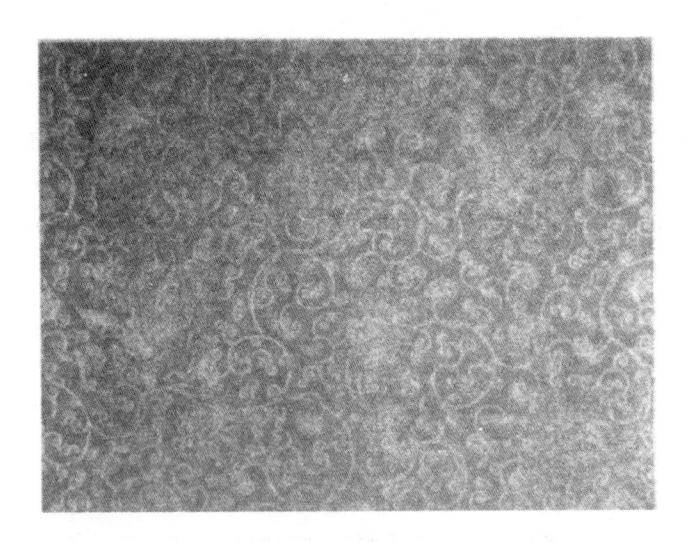

图 1　朱砂红地泥金银变格蝴蝶牡丹画绢　17 世纪后半期

图 2　银白泥金折枝花粉蜡笺　18 世纪

图3 银红地泥金流云春燕蜡笺 18世纪

图4 宝蓝地泥金绘折枝花仿澄心堂笺 18世纪

有，道光也有仿效。细金屑薄粉笺多属康熙，有各种浅色的。另外还有一种斗方式金花笺，纸下角加有一个长方条朱红色木戳，作"乾隆年仿澄心堂纸"八字，上用细泥金银绘花鸟、松竹、山水、折枝花，纸分粉笺和蜡笺两种，粉笺较精，多紧厚结实如玉版。又有一种作"仿照体仁殿制"字样，纸式相同。我疑心这类笺纸是明宣德时制作，清代才加上金花的。还有一种斗方式作冰梅花纹的，所见计有二式：一种是在银白薄蜡纸上用金银绘冰梅，加小方戳则称"玉梅花笺"，创始于康熙，乾隆时还在复制。一种是薄棉茧纸，花纹透明，尺码较小，五色俱备，生产时代当在明、清之际，或明代南方工人本于"纸帐梅花"旧说，专为裱糊窗槅用的。

一 点 意 见

纸是祖国劳动人民伟大发明之一，它的主要成就，首先是在科学文化传播上所起的巨大作用。其次是由于特种加工，又产生了许多精美特出的纸张，在艺术史的进展上作出了特别的贡献。泥金银花笺则在制作技术上和绘画艺术上，都反映出18世纪前后制纸工人技术和民间画师艺术的结合，值得予以应有重视，但是在古代艺术研究领域里，这一部分材料却往往被忽略。这牵涉到对绘画艺术的看法问题。照旧的看法，什么文人墨客，随便即兴涂抹几笔，稍有些新意思，一经著录，就引起收藏家的注意关心。至于这种工艺画，不拘当时用过多少心血，有何艺术成就，也被认为是一些工匠作品，不值得注意。照个人理解，从这些工艺画的艺术成就本身，以及从它对今后轻工业生产各部门进行平面装饰设计时的参考价值来看，都应加以认真的整理研究，才对得起这部分优秀遗产。

谈皮球花[*]

近四百年中国工艺图案中，有种不规则的美丽小团花图案，由于使用范围广，我们一见总觉得十分面熟。最常见于老式窄蔻

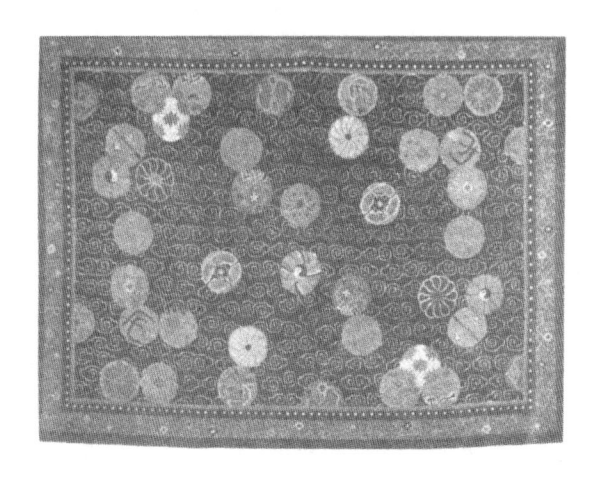

---

[*] 本文于1959年5月5日在《装饰》第5期发表，署名沈从文。1960年和1986年5月，分别收入北京作家出版社和商务印书馆香港分馆出版的两种《龙凤艺术》专集。现据商务印书馆香港分馆《龙凤艺术》文本编入。

蓝印花麻、棉布上面，作成种种不同的反映。此外在描金漆器上，彩绘瓷器上，描金和砑印粉蜡笺纸上，錾花银铜锡器物上，及丝绸印染刺绣上，都可以发现它，形成一种活泼秀美的装饰效果。这些图案花朵除在印花布帐子被面上有时大到三四寸，其余通常不到一寸大小，三三两两挤聚在一处，虚空部分或用别的花草填补（如描金漆），或加花鸟蝴蝶相衬（如蓝印花布），也有仅只是这种主题图案，再无其他装饰的（如珐琅彩和豆彩瓷）。图案基本形式或在圆圈内作旋回云纹，或作放射式分裂花纹，排列方法有"么"、"么二"、"二三"等不同处理，和骰子天九牌有些关连。照北京习惯，一般叫做"皮球花"，名称虽然有点俗气，花朵可说既家常，又别致，有些还显得天真而妩媚，充满一种青春气息，十分逗人欢喜。工艺图案中如求"古为今用"，这部分遗产，值得我们给予一点应有的注意关心，因为它和金花笺的写生折枝花异曲同工，在新的日用轻工业生产各方面，凡是需要装饰图案处，都可加以利用。就个人认识，搪瓷、热水瓶、电灯罩、宫灯、玻璃器、瓷器、描金漆器、印染头巾、手绢、枕套、被单、桌布、绸纸伞、手提包和作衣裙料子的麻、棉、丝绸，如善于取法，都可望得到令人满意的结果。

皮球花的起源，由来已久。在商代青铜器上和白陶器上，就都有过这种回旋云纹略微凸起浮沤式的装饰图案。在安阳侯家庄出土的彩绘龙纹木雕器物痕迹上，还有用寸许大蚌壳雕成的相同团花镶嵌在上面。又青铜制斧钺上，也有这种镶嵌，可知已是三千年前一般工艺装饰。到春秋战国时，除一般小件透雕圆形玉佩青铜剑柄端，又有用雕玉、或松绿石、金银错各种加工方法，作成这种圆式三分旋回云纹图案装饰的。过去通称"巴文"。至于三四百年前的皮球花纹，直接影响或出于九百年前北宋的"连钱"、"毬路"锦的变格。古代连钱毬路锦，应当是满地密花，有《营造法式》彩绘和清初康熙仿宋锦可证。我们说"变格"，因为它破坏了原有图案组织的规则。宋代民间瓷最先使用这个变格图案。在丝绸上反映，河南白沙北宋墓壁画中，有个妇女的外衣，又使用这种变格连钱花纹。其次山西元代壁画一个帐子上，也有相似花纹。至于作成牙牌丁拐三三两两相聚形式，在工艺品若干部门成为主题图案，时间却多在17世纪到19世纪之间。就现有百十种材料分析，且知道工艺美术采用这个图案，时间也有先后，并非同时产生。较早见于一个明代青花瓷坛上，约在16世纪初期，和蓝印花布样子产生时代相差不多，可见它其实来自民间。其次表现到描金漆器上，时间似稍微晚些，约当明清之际。到18世纪初，在"铜胎画珐琅"洋瓷上，以及"珐琅彩"瓷上，"豆彩"瓷上，都得到新的表现机会，达到艺术上的成熟期。以雍正豆彩瓷上反映艺术成就特别突出，组织健康活泼，配色明秀典雅，具有高度艺术水平。此外在描金花粉蜡笺上，也创造了些不同格式，布置活泼而新鲜。到18、19世纪间，除粉彩瓷继续使用这种图案，产生许多作品，此外银、铜、锡各种金属用器上，也使用过这种图案，用錾花法加以表现。并起始在丝绸中广泛应用；例如天鹅绒雕花，挽袖平金，彩色刻丝，和刻金银衣料，都使用到。由于材料不同，加工过程不同，各有不同艺术成就。19世纪下半期，流行的彩色印花丝绸，彩色印花洋布，和荷花紫及竹青色本色花缎，更多采用这种图案。材料面积较宽，花头也稍大一些。这已近于曲终雅奏，此后即由盛而衰。至于同光时在蓝釉瓷瓶上加金团花，花式日益板滞少变化，既不能如18世纪表现到珐琅彩豆彩瓷上那么秀美灵活，也不能如19世纪初反映到丝绸上那么出众翻新，可说是这种图案在工艺应用上的真正尾声。但17、18世纪保留在蓝印花布上这个花样，却在20世纪全国农村中还继续流行，直到现代，说明人民对它的爱好成习惯已多年。江浙和西南农村妇女，多欢喜用它作包头首巾和围裙、被面、帐子，令人眼目明爽。花朵大小随要求不同，帐子上有大到五寸的。事实上它也比目下许多现代派或未来派的圈圈点点彩色印花布还健康美丽得多，受群众欢迎是十分自然的。

17、18世纪以来，工艺图案种类多，反映到陶瓷、丝绣和描金三大系生产上不下万千种。优秀的写生折枝，多若迎风浥露，充满青春生命。串枝花和小簇花，即作规矩花式，也依旧十分活泼美丽，而且千变万化，各有不同风格，远非当时文人画可比。过去我们对它的忽视，实由于对它的无知，而安于旧的艺术欣赏习惯，把少数为封建地主所爱好的扬州八怪一类文人画价值抬得高高的，却漠视人民工师这些优秀成就。特别值得我们注意的，是康、雍、乾三朝百年间在丝绣、瓷、漆器上的彩色或单色图案，以及在彩色纸绢上、漆器上的描金敷彩花纹，艺术水平格外高。由于当时设计工师，从传统得到启发，深深明白什么是艺术效果，非常虔诚认真来处理它，因此才产生那么多富于创造性的优秀作品。即以皮球花而言，基本式样虽不出小团花图案范围，但具有高度创造热情和艺术巧思的设计打样工师，却能在小小圆圈内，加以多种不同的处理，形成各种不同的反映，再由这种小团花三三两两相聚，或花朵大小不等，或花朵色调不一，彼此相互浸润影响，因此突破了一般团花的格式，产生出一种活泼节奏感。基本花式虽极简单，应用起来却变化无穷。我们说，优秀遗产值得学习取法，也正是这些地方。

近年政府十分重视花布生产的提高，市面常见有许多好看的彩印花布，千百年青美工同志的共同努力，贡献值得称赞。但也还有一些地区，一部分生产，依旧是圈圈点点无节制无选择的使用，而且满足于这种成就，以为是人民所欢迎的。其实这些花布，不仅缺少最低艺术效果，也实在相当浪费染料。年青人在美术学校学印染图案，究竟跟老师学了些什么？很值得仔细研究一下。教了二十年印染图案的人之师，常说"写生变化"，提法是不错的，可是自己目前是否能一口气正确无误画得出三五十种不同品种的本国好花样，再加以变化，使它更美一些，作为示范？同时又还提得出百十种出于古代老艺人手中，反映到工艺各部门的好花样，提供作同学参考？如他自己在具体实践上并没有做到这件事，花布改进的一环，可能先是个学习问题。有关学习似应当首先从老师带头作起，不宜再耽误下去。因为明日一系列轻工业日用品，都需要组织健康颜色明快的好看花朵，才符合新社会人民的愉快感情。老一套教学方法，同学应当知道的多不知道，已证明不大得用。向优秀遗产学习应当不是一句空话，必需作些具体顽强努力。要自己先下点本钱，狠心踏实学几年，此后才有东西可教。已经在参加日用品美术设计的年青朋友，想要突破现在生产一般艺术水平，也需要放开眼光，扩大学习兴趣，端正学习态度，素朴虚心，扎扎实实，从遗产万千种好花样中多吸取些营养，来丰富新的创造。多明白些若干年来无数老师苦心孤诣，为我们留下这一笔无比丰富遗产，究竟有些甚么，又有多少还可以借鉴取法，再试来大胆运用它到新的生产各部门去，看看它的效果，是陈旧还是新鲜，才是道理！我们认为一切研究都为了有助于新的创造。目前对美工设计同志说来，敢想、敢做之外，似乎还可以补充两个字——敢学。必需"敢学"，古为今用的提法才不至于落空。

玻璃工艺的历史探讨[*]

中国玻璃或玻璃生产,最早出现的年代,目下我们还缺少完全正确具体的知识。但知道从周代以来,在诗文传志中就经常用到如下一些名词:"璆琳"、"球琳"、"璇珠"、"珂玬"、"火齐"、"琉璃"、"琅玕"、"明月珠"和晋六朝记载中的"玻瓈"、"瑟瑟",后人注解虽然多认为是不同种类的玉石,如联系近十年古代墓葬中出土的丰富实物分析,这些东西事实上大部分是和人造珠玉发生关系的。这种单色或复色、透明或半透明的早期人造珠玉,后来通称为"料器"。古代多混合珠玉杂宝石作妇女颈部或头上贵重装饰品,有时还和其他细金工镶嵌综合使用。如同战国时的云乳纹璧,汉代玉具剑上的浮雕子母辟邪、璲和珥、云乳纹镡首等。也有仿玉作殓身含口用白琉璃作成蝉形的。汉代且更进一步比较大量烧成大小一般蓝绿诸色珠子,用做帐子类边沿璎珞装饰。武帝的甲乙帐,部分或即由这种人造珠玉作成。到唐代才大量普遍应用到泥塑佛菩萨身体上,以及多数人民日用首饰上和部分日用

---

[*] 本文原载于1960年1月《美术研究》。1986年收入香港商务印书馆发行的《龙凤艺术》一书。现据《龙凤艺术》文本编入。

品方面。至于名称依旧没有严格区分。大致珠子或器物类半透明的，通称"琉璃"，透明的才叫"玻璃"。事实上还常常是用同类材料做成的。又宋代以后，还有"药玉"、"罐子玉"或"硝子"、"料器"等名称，也同指各色仿玉玻璃而言。外来物，仅大食贡物即有"玻璃器"、"玻璃瓶"、"玻璃瓮"、"碧—白琉璃酒器"等名目。而彩釉陶砖瓦，这时也已经正式叫做琉璃砖瓦。《营造法式》一书中，且有专章记载它的烧造配料种种方法。

在中国西部发掘的四千年前到六千年间新石器时代晚期墓葬中，已发现过各种琢磨光滑的小粒钻孔玉石，常混合花纹细致的穿孔蚌贝，白色的兽牙，编成组列作颈串装饰物。在中国河南发掘的约三千二百年前青铜器时代墓葬中，除发现大量精美无匹的青铜器和雕琢细致的玉器，镶嵌松绿石和玉蚌的青铜斧、钺、戈、矛、兵器，同时并发现许多釉泽明莹的硬质陶器。到西周敷虾青釉的硬质陶，南北均有发现。这时期由于冶金技术的进展，已能有计划地提炼青铜、黄金和铅，并学会用松绿石镶嵌，用朱砂做彩绘。由于装饰品应用的要求，对玉石的爱好，和矽化物烧造技术的正确掌握，从技术发展来看，这时期中国工人就有可能烧造近于玻璃的珠子。至晚到约二千八九百年前的两周中期，有可能在妇女颈串装饰品中发现这种人造杂色玉石。惟西周重农耕，尚俭朴，这种生产品不切于实用，因而在农奴制社会中要求不广，生产品即使有也不会多。到二千四五百年前的春秋战国之际，由于铁的发现，和铁工具的广泛使用，生产有了多方面的进步，物质文化各部门也随同发展。襄邑出多色彩锦，齐鲁出薄质罗纨，绮缟细绣纹已全国著名。银的提炼成功和鎏金鎏银技术的掌握，使得细金工镶嵌和雕玉艺术都达到了高度水平。金银彩绘漆器的大量应用，更丰富了这一历史阶段工艺的特色。在这时期的墓葬中，才发现各种品质纯洁、花纹精美的珠子式和管状式单

色和彩色玻璃生产（图1）。重要出土地计有西安、洛阳、辉县、

图1　战国　彩色玻璃珠
（传湖南长沙出土　中国历史博物馆藏）

寿县、长沙等处。就目前知识说来，内容大致可以分成三大类：1.单色的：计有豆绿、明蓝、乳白、水青各式。2.复色的：计有蓝白、绿白、绿黄、黑白两色并合及多色并合各式，近于取法缠丝玛瑙和犀毗漆而作。特别重要的是一种在绿蓝白本色球体上另加其他复色花纹镶嵌各式。这一品种中又可分平嵌和凸起不同的技术处理（图2）。3.棕色陶制球上加涂彩釉，再绘粉蓝、银

图2　战国　彩琉璃珠佩饰
（湖北江陵马山1号楚墓出土）

白浅彩的。这一类也有许多种不同式样。这些色彩华美鲜明的工

艺品，有圆球形或多面球形，又有管子式和枣核式，圆球形直径大过五公分以上的，多属第三类彩釉陶球，上面常用粉彩作成种种斜方格子花纹图案，本质实不属于玻璃。一般成品多在直径二三公分左右。其中第二类加工极复杂，品质也特别精美，常和金银细工结合，于金银错酒器或其他器物上如青铜镜子，做主要部分镶嵌使用。或和雕玉共同镶嵌于金银带钩上（图3），或单独镶嵌于鎏金带钩上（如故宫所藏品）。也有用在参带式漆器鎏金

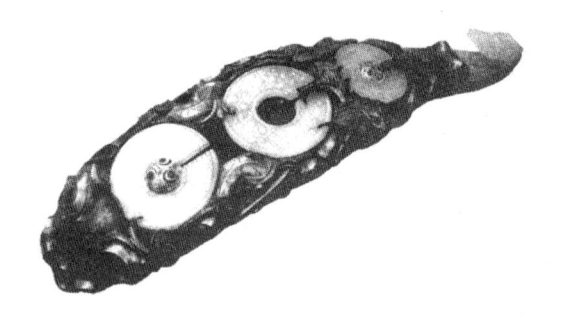

图3　战国　银质鎏金镶玉嵌彩琉璃大带钩
（河南辉县固围村出土　中国历史博物馆藏）

铜足上的（如中国历史博物馆藏的奁足）。但以和金玉结合作综合处理的金村式大罍和镜子艺术成就特别高。从比较材料研究，它在当时生产量还不怎么多。另有一种模仿"羊脂玉"做成的璧璜，和当时流行的珍贵青铜玉具剑的剑柄及漆鞘中部的装饰品，时代可能还要晚一些；早可到战国，晚则到西汉前期。品质特别精美纯粹，则应数在河南和长沙古墓出土的蓝料喇叭花式管状装饰品。过去以为这是鼻塞或耳珰，现已证明还是串珠的一部分。时间多属西汉。又长沙曾出土一纯蓝玻璃矛头（图4），还是战国矛头式样。广东汉墓又发现两个蓝料碗和整份成串纯净蓝

色珠子，其中还有些黄金质镂空小球。

图4　西汉　玻璃矛头
（湖南长沙沙湖桥出土）

年来这部门知识日益丰富，二千年前汉人墓葬遗物中玻璃装饰品的出土范围越加普遍。除中原各地，即西南的成都、南方的广州、东南的浙江以及中国东北和西北边远的内蒙古、新疆、甘肃各个地区，都有品质大同小异的实物出土。小如米粒的料珠，也以这个阶段坟墓中出土的比较多。惟第二类复色的彩料珠，这时期已很少见。至于彩釉陶珠则更少。原来这时节中国釉陶用器已全国使用，如陕、洛、河北、山东之翠绿釉，广东、湖南之青黄釉，长江中部各地之虾背青釉，以及长江下游江浙之早期缥青釉都达到成熟时期。并且有了复色彩釉陶，如陕西斗鸡台出黄釉上加绿彩。出土料珠一般常是绿蓝水青单色的。其中具有代表性的应数长沙和洛阳出土，长度约三公分小喇叭式的蓝色料器和1954年在广州出土的大串蓝料珠子。

湖南出土的品质透明纯净玻璃矛头，和广东出土的两玻璃碗，格外重要。因为可证明这时期工人已能突破过去限制，在料珠以外能烧成较大件兵器和饮食器。

由于海外文化交流的发展，汉代或更早一些时期，西北陆路已经常有大量中国生产的蚕丝和精美锦绣，外输罗马、波斯和中近东其他文明古国，并吸收外来物质文化和生产技术。这种玻璃生产品，除中国自造外，技术进展自然也有可能是由于外来文化交流的结果。并且还有可能一部分成品是从南海方面其他文明古国直接运来的。因《汉书·地理志》载黄支调斯诸国事时，就提起过"武帝时曾使人入海市明珠璧琉璃"，又《西域传》也有"罽宾国出琉璃"语，《魏略》则称"大秦国出赤、白、黄、青、绿、缥、红、紫十种琉璃"。但从出土器物形式，如作云乳纹的璧、白料蝉、浮雕子母辟邪的剑饰、战国式的矛头等看来，可以说这部分实物，是只有在国内才能生产的。晋南北朝以来翻译印度佛经，更欢喜用"琉璃"、"玻璃"等字句。因此过去中国历史学者受"中国文化西来说"的影响，多以为中国琉璃和陶器上釉的技术，都是外来物，而且时间还晚到汉魏时代。近年来新的殷周有釉陶器的发现，和晚周及汉代大量精美玻璃实物的出土，和数以万计墓葬材料的陆续出土，已证明旧说见解实不正确。

现在我们可以比较肯定的说，中国工人制造玻璃的技术，由颗粒装饰品发展而成小件雕刻品，至晚在二千二百年前的战国末期已经完成。再进一步发展成日用饮食器物，二千年前的西汉也已经成功。战国古墓中，已发现有玉色琉璃璧和玉具剑柄，以及剑鞘上特有的玻璃装饰物品。汉代墓中并有了死者口中含着的白琉璃蝉，广东汉墓并且已经发现琉璃碗。魏晋时人作的《西京杂记》、《汉武故事》、《飞燕外传》和三国《胡综别传》，如记载还有一部分可靠性，则早到西汉，晚到三国时期，还使用过大片板状琉璃作成的屏风。虽然这时期小屏风做蔽灯用的还不过二尺见方（见《列女仁智图》），用于个人独坐的，也不过现在的三尺大小（见彩筐冢所得彩漆筐上绘孝子传故事）。然而还是可以说明板玻璃已能有计划烧出。换言之，即中国板玻璃的应用，时间有可能也早过二千年前。三国以后诗人著作中，已经常提起琉璃器物，如著名叙事诗《孔雀东南飞》就说及琉璃榻，傅咸文中曾歌咏琉璃酒卮，其他还有琉璃枕、琉璃砚匣、笔床各物。又著名笔记小说《世说新语》内容多是辑录魏晋人杂传记而成，其中记"满奋畏风，在晋帝坐，北窗作琉璃扉，实密似疎，奋有寒色"。又记王济事，称济为人豪侈，饮馔多贮琉璃碗器中。石崇、王恺斗富为人所共知，如为三尺高珊瑚和数十重锦步障，其实也谈起琉璃碗事。可知西晋以来已经有相当多的产量。惟记载未说明出处，是来自南海或得自西域，抑或即本国工人烧造，未可得知。

西晋末年，因西北羌胡诸游牧氏族侵入中国汉族文化中心的长安、洛阳，战事并继续发展，中国国土因此暂时以长江为界，分裂成两个部分，即历史中的南北朝时期。在长江以北，游牧民族军事统治者长时期的剧烈斗争，使重要的生产文化成就多遭受严重破坏。琉璃制造技术，也因此失传。直到北魏拓跋氏统一北方后，才又恢复生产，《北史》称："琉璃制造久失传，太武时天竺国人商贩至京（指洛阳）自云能铸五色琉璃。于是采砺山石于京师铸之。既成，光泽美于西方来者。乃诏为'观风行殿'，容百余人。光色映澈。观者见之莫不惊骇，以为神明所作。自此中国琉璃遂贱，人不复珍之。"由此可知彩色琉璃的烧造技术在北方确曾一度失传。到此又能大量烧造平板器物，直接使用到可容百人行动的大建筑物中。这类活动建筑物虽然已无遗迹可寻，但在同时期墓葬中，却有重要实物发现。建国后河北景县封姓五座古墓发掘中，除得到大量具有时代特征的青釉陶瓷外，还得到两个玻璃碗，一个蓝色，一个浅绿色，现陈列于北京中国历史博物馆。这种碗当时似为服长生药所用，晋代人有称它做"云母碗"的。

这时期南中国生产已有进一步发展，绿釉瓷的烧造也达到了完全成熟期。薄质丝绸和新兴造纸，更开始著闻全国。文献记载中虽叙述过用琉璃做种种器物（如庾翼在广州赠人白砷，似即白色料器），由于制作技术究竟比较复杂，并且烧造技术仅掌握在少数工人手里，成品虽美观，还是远不如当时在江浙能大量生产的缥青色釉薄质瓷器切合实用。又因政治上经过剧烈变化，正和其他文化成就一样，玻璃无法进一步发展，关于实物品质形式的知识我们也知道不多。惟这个时期正是中国佛教迷信极盛时期，统治者企图借宗教来麻醉人民的反抗意识，大修庙宇，照史书记载，北朝统治者曾派白整督工七十万人修造洛阳伊阙佛寺。南朝的首都金陵相传也有五百座大庙，北朝的庙宇则有一千三百多个。此外还有云冈、敦煌、麦积山、天龙山、洛阳、青州、巩县等石窟建筑群。这时期的佛像以土木雕塑而成，而且都经常使用各色珠玉宝石、琉璃作璎珞装饰物。试从现存洞窟壁画雕塑装饰，如敦煌壁画近于斗帐的华盖、藻井部分边沿的流苏来看，还可想象得出当时彩琉璃珠的基本式样及其应用情形。隋代政府收藏的书画卷轴，照史志记载，也有用各色琉璃作轴头的。隋仁寿时李静训墓中几件水绿色玻璃器（图5），是目前为止出土文物中最能说明当时生产水平的几件实物。《隋遗录》记载中提及的宫中明月珠，有可能即为如宋人笔记小说所说的一种白色新型大琉璃灯。所不同处，只是隋代还当成宫中奇宝，宋代则已为商店中招徕主顾之

图5　隋　绿玻璃瓶
（陕西西安李静训墓出土）

物。《隋书·何稠传》称曾发明绿瓷，历来学者多据这点文献材料，说绿瓷成于何稠。如以近年出土文物判断，则绿釉瓷北方早可到东汉永元，惟白瓷倒只在隋代初次出现，透明绿琉璃也在这

一历史阶段达成熟期。

　　唐代由于社会生产力的发展，琉璃制作也有了新的发展。庙宇殿堂雕塑装饰更扩大了彩色琉璃的需要，根据《唐会要》和《唐六典》记载，除由政府专设"冶局"主持全国庙宇装饰佛像的琉璃生产外，日用器物中琉璃的使用，也日益增多。唐诗人如李白等，每用豪迈愉快感情歌颂现实生活时，提及西凉葡萄酒必兼及夜光杯或琉璃钟，此外琉璃窗、琉璃扉也常出现于诗文中。惟多近于从《艺文类聚》中掇拾《西京杂记》等文作辞章形容，不是事实。因直到晚唐苏鹗《杜阳杂编》记元载家红琉璃盘，还认为是重要宝物，可知珠玑易烧，大件瓶盘还不多见。又《唐六典》卷四说："平民嫁女头上金银钗许用琉璃涂饰。"《唐六典》完成于天宝时代，可知当时一般小件琉璃应用的普遍程度。不过作器物的特种彩色琉璃，依旧似乎不怎么多。直到宋代，真腊贮猛火油和其他外来蔷薇露，还特别记载是用玻璃瓶贮藏，记大食传入中国贡品时，也曾提及许多种玻璃器。可知中国工人还不熟悉掌握这种烧造技术。这问题如孤立的从技术发展上来认识，是不易理解的，甚至于因此会使人对于战国、汉代以来琉璃生产的成就产生怀疑。但是如联系其他部门生产情形看，就可知道这种情况倒十分自然的事。唐代瓷器的烧造，品质已十分精美。河北邢州的白质瓷器，和江南越州的绿釉瓷器生产品不仅具全国性，并且有大量成品向海外各国输出。又中国丝绸锦缎，原来就有一个更久远的优秀传统。发展到唐代，薄质纱罗由汉代的方孔纱到唐代的轻容、鲛绡，更有高度的进步。生产的发展和社会多数应用的要求有密切关系，玻璃和陶器比较，技术处理远比陶器困难，应用价值却又不如陶器高，这是当时透明琉璃不容易向应用器物发展的原因。玻璃和薄质纱罗和纺织物比较，也是如此。薄纱中"轻容"，诗文中形容或称"雾縠"，显示质地细薄，已非一般人工可比。由于这类轻纱薄绢的生产，既结实又细致，甚至于影响到中国造纸工业的进展。例如五代以来虽有澄心堂纸的生产，在绘画应用上，却始终不能全代替细绢的地位。一般作灯笼、糊窗槅子，用纱罗早成社会习惯，而且在使用时具有种种便利条件，价值更远比玻璃低贱，这是使平板玻璃在唐代不容易得到发展的又一原因。因此直到晚唐《邺侯家乘》称代宗时岭南进九寸琉璃盘，又权臣元载家有径尺红琉璃盘，都认为是难得宝物。唐代重灯节，每到正月元宵全国举行灯节。当时政府所在地的长安灯节，更是辉煌壮观。据《朝野佥载》叙述，睿宗和武则天时灯有高及十丈延续百丈的。这种成组列的灯彩，个体多作圆形或多面球形的骨架，用薄纱糊就，画上种种花纹，灯旁四角还点缀种种彩色流苏珠翠。琉璃的使用，是作为灯旁装饰，灯的主要部分还是用纱。借此可知某一部门的生产，常常和其他部门生产相互制约，有些还出于经济原因。唐代镜子工艺可说是青铜工艺的尾声，然而也是压轴戏，许多作品真可说近于神工鬼斧，达到金属工艺浮雕技术最高水平。并且已经大量使用金银薄片镶嵌在镜子背面，制作了许多华丽秀美的高级艺术品外，还曾用彩色琉璃镶到镜子背上，得到非凡成功。可是却没有工人会想到把这种琉璃磨光，设法涂上磨镜药，即可创造出玻璃镜子。这种玻璃镜子直到一千年后才能产生出来，结束了青铜镜子延长约二千三百年的历史使命。仔细分析，还是受条件制约限制，即当时铸镜工艺优秀传统，已成习惯，而且十分经济，才不会考虑到还有其他更便宜的材料可以代替。

清初瓷器加工[*]

由康熙、雍正到乾隆，前后一百三十多年时间中，就整个中国陶瓷发展史算来，不过占时间五十分之一左右。即从北宋景德镇生产影青瓷起始，也只占时间八分之一左右。但是，这百多年中景德镇瓷生产，却随同社会其他生产发展，史无前例，突飞猛进，创造了瓷器艺术空前纪录，仿古和创新，无不作得尽美尽善，达到瓷器艺术高峰。瓷业工人和画家，不仅对于中国工艺美术史作出光辉贡献，对于世界美术史也是一种无可比拟的贡献。我们常说"学习优秀传统，便于古为今用"，看看这部门成就，有多少值得我们借鉴取法，试从各方面来作一回探索，应当是一种有意义的努力。

关于清初瓷器问题，前人已做过了不少工作，较早一时期，唐英的《陶冶图说》、《陶成纪事诗》和稍后的朱琰《陶说》曾谈起当时生产上许多事情和艺术品种、烧造过程，以及兴废原因。目下读来对我们还十分有益。晚清人从赏玩出发，江浦陈浏

---

[*] 本文作于1962年秋，成稿后即供景德镇陶瓷研究所编撰《中国的瓷器》一书参考引用。曾编入《沈从文全集》第28卷，于2002年12月由北岳文艺出版社出版。

作的《寂园叟说瓷》（即《陶雅》），南海许之衡作的《饮流斋说瓷》，也补充了不少材料。对于艺术评价，虽和当时个人爱好，及国际市场有关，现在说来有不尽正确处。但作者在五六十年前，究竟经眼过手不少珍品，因此很多意见，还是相当重要。特别是晚清作伪仿旧部分。再其次，即近人杨啸谷对于《古月轩瓷考》的专著，纠正了近二世纪来世人对于画珐琅瓷的许多传说。郭葆昌在伦敦艺展陶瓷图录清代瓷器部分作的介绍，郭为洪宪瓷的监制人，在旧的瓷器鉴藏家称大行家，对于清御窑官窑特别熟习，谈的也相当中肯，均值得注意。

一般说起清初瓷器艺术成就时，康、雍、乾三王朝是不应当分开也不可能完全分开的。因为烧瓷重经验，老工人和老画师，历来在当地本行中都极受尊重，在生产上占主导地位。带徒弟也尊重家法，分门别类，各有师承。并不是北京换了一个皇帝，就即刻影响到下面生产。此外，主持江西官窑御窑生产，对于景德镇这百年来艺术成就有过一定贡献的唐英，本人在镇厂工作数十年，也即贯穿了这三个朝代。特别是御窑或官窑的仿古，如仿官、哥、定、汝、均、龙泉，有不少直逼古人，有不少且远胜古人，以及仿均仿宣成而得到新的进展，由此更进而仿古铜、金银错，所得到的惊人成就，和唐英数十年在镇厂工作就不可能分开的！

但是，从学习陶瓷艺术史而言，我们却有必要，把它作适当划分，来看看它的发展，将更容易明白它在艺术上的不同特征和个别成就。因为即或是共同从一个优良传统参考取法，事实上在这一点，前后也是大不相同的。比如说青花，康熙青花近似从嘉万自然继承加以发展，雍正青花却有意从宣成取法。配料加工技术有了显明区别，艺术成果因之也就截然不同。分析它的同异，明白它的原因，正是学习所必须。艺术成就有类似情形，受的影响不尽相同，反映于成就上也十分显著。

影响较大的自然还是景德镇的传统成就，但又并不完全这样。景德镇生产青白瓷，虽有了近千年历史，但到今为止，地方还僻处赣北一角，交通闭塞，年产数十万担瓷器，主要运输工具，除了公路可以利用载重约三四吨的卡车，此外即只有过去千年来那条水面运输道，小船载重也不过三几吨。生产技术，由于过去千年私营习惯，同业间历来各自保密，绝少技术交流。地方自然环境既和外边近于隔离，生产习惯又妨碍彼此切磋，收共同提高效果，一切看来都不免有些孤立绝缘，容易固步自封。事实上却也不尽然。首先是生产必然受市场供求影响。历来长江上下游和北方要求是不一致的。比如折腰式足部较高的青花器，器形介于碗碟之间，江南人习惯使用的，北方人却用不着。又如明代中叶以后，江苏地主文化抬头，爱美观念随之而变，要求于日用瓷，也必然是清雅脱俗，不要花里胡哨。宜兴陶和嘉定刻竹著名一时，正反映这一点。当嘉靖、万历间景德镇正在大量为北京宫廷生产五彩瓷或釉色深靓的青花瓷时，供给江南中上层日用瓷，却多仿成化，用淡青画花，画意亦多从沈周、文征明、陈道复、徐文长取法，笔墨活泼而潇洒。故事主题画也都充满生活气息。这从近年太湖东山明墓中大量发掘出土实物可证。至于外销东南亚华侨用瓷，却尚彩色，由于多供办喜事用，因之"凤穿牡丹"主题画，在清初瓷器坛罐中，占有较大分量。后来粉彩的使用和发展，且和这个客观要求分不开。

另外部分即仿古，镇厂所谓"官古器"，不仅受北京宫廷收藏官、汝、均、定、哥诸宋瓷直接影响，极其显著。即器形部分，也不免受明代《宣德炉图谱》或宋之《博古图》影响。到《西清古鉴》、《古玉图谱》刊载后，器形花纹受古代铜玉影响且更多。彩色或青花和一道釉暗花，艺术加工的要求，事实上也脱离不了当时北京政府造办处如意馆宫廷画师艺术风格的影响，以及造形艺术各方面的影响。特别重要还是明代文人山水花鸟画和明代通俗戏剧小说人物故事版画的影响。以及工艺图案中丝绸、刻丝、刺绣和描金填彩漆雕竹、木、玉、石等等艺术水平艺术趋向发生一定联系——总而言之，便是影响仍然来自上下四方。有些是有意的，如帝王爱好对特种瓷的烧造。有些是必然的，如当时社会艺术水平和艺术风格。因之影响也好坏不一。同样在当时是新成就，有的值得学习取法，转用到现代生产上，还可望起良好作用，比如康雍两朝瓷器的造形，和许多种花纹与颜色釉。有的又此路不通，近于绝路，比如乾隆中晚期仿漆木釉或象生花果动植物等戏玩器物，或某种加工格外复杂之转心瓶，在瓷器工艺史上，虽不失为一个"前无古人后少来者"的新品种，可是在继承传统方向上，外销瓷势不可能让我们在这方面再来努力用心。即以雍正一朝成就而言，也有相同情形，必有所选择。才不至于走回头路。例如化木釉、炉均釉、以至于油红作盖雪法加工艺术，当时虽有极高成就，都费力不易见好。如今看来，已成历史产物，新生产即不必取法。

同是一种创新，在当时得到一定成功，或且认为近于奇迹，从发展和继承考虑，还是得分别对待。康熙素三彩在艺术上成功是肯定的，善于学习必然还有广大前途，取得新的成功。至于玲珑透空器，出路就有限。玲珑和透空是两种不同加工做法。前者多指部分青花作边沿装饰，其余白地满布米粒般透明点子盘碗，创始于康熙，当时为"难得珍品"，现代已成普及品，高级美术瓷不会再用。透空瓷多指白瓷镂刻连续万字，部分或开光作折枝花，间接影响来自晚明落花流水绫，直接影响却是雕竹刻玉，作管状花薰。盖碗也并不宜喝茶，只是放放茉莉花而已。更多是作笔筒。时代一过，便失去意义了。矾瓷不上釉，利用率更差。

硬五彩山水人物花鸟，用钱舜举、唐棣、文征明、陆包山、仇英等元明人浅青绿画法布色，作山石树木，常有独到处，见新意。所得艺术效果，经常即比清代文人画家在纸绢上作品还高一筹。在今后艺术瓷生产上，还是有较广阔天地，可以发展。但是同属硬五彩，用锦地开光或锦边加金，过分繁复的装饰，和现代人对于美的要求即大不相同，求继续发展恐已不容易。雍正油红变均，同样达到高峰，艺术效果各有千秋。只是油红或后来的珊瑚釉，再加金墨的化木釉，加工均极费力，今后也难以为继。但是呈粉紫肉红复色之一道釉变均，釉泽明匀肥厚，作案头陈设瓶器或雕刻，却还大有前途，值得作进一步试验，取得新的成果。在国际上也还可望得到极高的评价。

乾隆象生动植花果和其他仿造，虽做得异常逼真，终不出玩具范围，今后决不会成为学习的方向。但是配色充满青春生气的豆彩图案，和浆胎、粉定、甜白，用碾玉法作成的各种典雅秀美装饰图案，还是有许多值得好好学习效法处，可以利用到各种日用美术瓷、陈设瓷及建筑用花砖瓷上，得到新的不同成功。

康熙墨地开光刀马人（戏剧故事）大瓶子，在世界上虽著美名，径尺高的冰梅青花坛罐，在国外大博物馆里也有一定地位，受到鉴赏家尊重，事实上再生产已无什么价值。不过如善于用五彩或素三彩布色技法，来处理现代新题材，反映新歌舞或兄弟民族生活新面貌，作为特殊礼品瓷，画稿又精美不俗，器形又秀拔稳定，必然还可得到好评。

康雍珐琅彩，粉彩，硬五彩，素三彩，豆彩……总的说来，多是成宣彩绘瓷的进一步发展，虽作得精美异常，在生产技术上不免会受一定限制。但是如果能有计划、有选择，试转用于新的贴印花，或照相法印花，依旧是前途未可限量。如果贴印花技术上已无多问题，过去价值巨万的特种瓷，事实上在未来未尝不可以成为新社会较多数人可以得到的美术日用品。而且这也应分是我们努力的一个方向。即凡是可以用贴印花技术完成的加工，宜于充分使用到康雍比较复杂图案设计的长处，试转用于明天日用瓷生产上，来丰富广大人民的生活。

器物造形有相同情形。康雍均重视造形，无论是陈设品或日用器具，都取得极多成就。凡是晚明器形的拙重失调处知所避免，成宣长处又知所取法。同一梅瓶、天球瓶、玉壶春瓶，大多数都作得秀美挺拔，不见俗气。但是也有些筒子式瓶，或仿汉方壶，或仿铜觚，器形变格别扭，并不美观。雍正立器更多出新样，花纹繁简，结合器形安排，有不少作得十分秀雅稳定，富有雕刻中女性健康美。但是也有些过于求新，形态失调，如某种美人肩式瓶子，及玉壶春式瓶子，中下部比例过小，稳定感不足，必借助于较厚底部，就不足为训。又橄榄尊或炮弹式瓶器，不论大小也难见好。

总之，学习传统或利用传统，是一个比较复杂的问题。一面必须作比较全面的理解，一面还有必要从目前外销瓷问题多知道些情形，国际市场上什么中国瓷特别受重视，得好评？某一种生产在技术上已得到解决，某一种还有待努力作些试探？……必须从各方面注意，我们说"学习优良传统和古为今用"，才不至于落空。将来才可望更进一步，在旧有生产基础上，作出新的贡献。若对过去一无所知，或所知有限，当前问题何在也难把握，此后到工作岗位上去时，不论是教陶瓷艺术还是生产设计，都不免会感到困难，觉得学得不多，懂得不透，作用不大。

所以学习传统，主要还是便于利用传统，知其得失，能有所取法，本于"一切研究都是为了有助于新的创造"这样一个目的，我们值得把这三个历史王朝比较重要的品种和艺术特征，和其所以如此如彼的艺术背景及时代爱好影响，分门别类，试来作一回初步探索。

康熙一代成就得失

一色釉部分，计有茄皮紫、葡萄紫、宝石红（郎红）、豇豆红、苹果青、瓜皮绿、孔雀绿、松绿、葱绿、西湖水、宫黄、蛋黄、霁蓝、洒蓝、天蓝、乌金釉、芝麻酱釉……

釉下彩部分，计有素三彩、青花加紫、釉里红加绿、硬五彩、豆彩、洋彩……除豆彩不如雍正，多釉泽明莹，获得过去未有成功。

釉上彩部分，计有描金、五彩加金、堆花加彩、墨彩加金、墨地开光五彩、粉彩、油红（或加金）、玳瑁斑三彩、珐琅彩、料彩……除粉彩、油红不如雍正，灵活明润，其他也都超越明代，特别是画工精美，设计多见巧思。

仿古部分计有粉定、影青、冬青、变均、冬青挂粉、米哥……

其他部分，计有矾瓷（不上釉）、玲珑透空瓷……

一色釉加工特征，总的说来，釉料特别细致莹泽，胎质薄而硬度高（从比例说，胎比雍乾薄而硬度高），色泽或深靓，或柔美，均突过明代成就，可一望而知。较小盘碗多削底齐平，如成宏时制作。除青色釉下款外，尚有料款、金书、墨书和油红款，及刻字款，印章款。除年款外，还有花式款（如蕉叶），及私家款（如拙存斋）。

茄皮紫多八寸到一尺二盘子，釉色深紫，泛玻璃光，近似从明代紫色琉璃陶取法而成。也有大冰盘，作暗花云龙。瓶器少见。色较浅如带粉则成葡萄紫（或称葡萄水），四五寸暗云龙凤碟子较多。少大件立器。

宝石红即郎窑红，传为当时督抚江西兼监景镇瓷事郎廷极所烧造。红色鲜明如宝石，灯草边，米汤底（或灰绿底，起冰片），远法宋紫均，近从宣德红技术得到启发，所以也可以说是仿古，也可说是创新。宜于作一尺以上立器，釉色易鲜明。作大海碗，胎较薄，或因窑位不合，一般下部多如窜烟泛黑，并在碗下开片（也有绿郎窑，翠绿釉色，玻光透亮，海外估价高，国内不受重视。近于变格。非本来长处。且容易作伪）。这部门生产可能和康熙四十四年办万寿有关，因为由王原祁领衔绘制的《万寿盛典图》，五丈多长画卷中，许多在街头案桌上摆的古董陈设，到处可以发现郎窑红瓶。器形多较拙重，胎亦较厚，惟釉色宝光鲜明。决不会是偶然巧合。

祭红出于明宣红，色较固定，略泛灰紫。小器物印合马蹄尊，易出光彩，色亦较柔艳。再嫩紫则成豇豆红。惟在技术上却依然近似两种烧法。不同特征是祭红釉和彩相融成一体，不见玻璃光。豇豆红常泛薄薄玻璃光。是否彩上吹釉而成，值得研究。豇豆红中现青点黑斑，则称苹果青，或出于火候轻重不匀，或有计划作成，不得而知。宜于作小器物，立器不高过一尺，平器径不过六寸。观音瓶、莱菔尊、马蹄尊成就有代表性。杯盘少见。

瓜皮绿多翠绿如瓜皮。釉细质精，大器胎松则开鱼子片，小盘碟作暗云龙凤极精。也有不作花纹的。泛蓝则成孔雀蓝（或孔雀绿）。较浅则成松绿。釉色出明正德时，有暗花碗可证。孔雀蓝除故宫成份器物，此外实少见。当时或只是具试验性烧造，所以产品不多。市面流行一种用楷体字印于折枝花薄碗里部，"显德年款"伪柴窑，近半世纪以来，到处可发现，较先作伪，或者也在康熙时。可算是孔雀蓝一个分支，唯一的继承者。松花绿则绿中间黄。松绿则近于仿绿松石。

葱绿色为淡绿，只有小杯盏和杯托碟子，制作极精。色比松绿淡，益淡则称西湖水矣。但更正确些说来，西湖水实指淡影青，永乐雍正均有之。也即所谓湘湖釉。康熙素三彩中的绿色，实为浅冬青。在康熙一代，凡这类釉色多小件器，极少见大型立器。

宫黄指正黄，比弘治娇黄略深，大冰盘小碟均有，或作暗云龙。又有一种象鼻坛子，高过一尺，不署款，或顺治末康熙初年烧造。蛋黄亦即粉黄，多若带粉，康雍均有。莱菔尊和小杯碟，比弘治釉肉厚而细腻不及。结合造形要求，莱菔尊艺术成就特别高。

霁蓝（或祭蓝）宣德已作得色调深沉稳重，惟部分盘子成橘皮纹细点。康熙有进展，釉密贴胎骨，光润细腻，色益深沉。且作大瓮，即《红楼梦》中说的鬼脸青坛子。径尺盘子多暗云龙，刻暗款。较小白底则用青写款。当时盛行石青缎子，为清初官服不可少。因之祭蓝瓷亦受重视。亦称霁青。色较浅则成宝石蓝，通称宝蓝。两者均有大型细长颈胆瓶和天球瓶，供大案陈设用。色再浅，并带斑点（如漆中的蓓蕾漆，惟不突起）名叫洒蓝。洒蓝常加描金。器形一般多较小。也有八寸盘中心部分开光作青花，外沿洒蓝勾金的。盘式多较浅，如平铺一片，边沿极薄，器形或受些外来影响。

乌金釉近于山西黑釉。宋代山西、河南、河北均有黑釉器，吉州窑也有。似由仿漆而得到进一步发展。宋黑釉碗钵，经常多保留一道白边，和漆器中的"釦器"相似。宋黑定、紫定、红定也还用这个装饰。清康熙景德镇黑釉器，却只烧造案头陈设用瓶子，产量不多，近于聊备一格（至于黑地开光，实和油红同上釉上彩）。酱釉近于紫红定，有七寸盘奶子碗，少立器。

釉下彩指釉下多色瓷而言，青花是主流。成绩特别突出是素三彩，硬五彩和豆彩。釉里红和青花，元代已能完全掌握，惟两色釉同时处理,到清初才出现。通名"青花夹紫"。再在部分空处加入豆青,就成"素三彩"。豆青或平涂,或在斜剔山石部分涂上,红、蓝、绿三结合往往产生出一种崭新和色艺术效果,加之画意布局,又极清雅脱俗,因此成就格外显著。五寸大笔筒较多,若作花觚,高过二尺,必分段加工,各不相同。也有大天球,玉壶春,灯笼罐诸式。用沈石田笔法作山水画,用恽南田法作花鸟画,清新淡雅,别具一格。后来画家新罗山人华秋岳,配色法学得二三分,世人即以为新奇,其实远不及素三彩在瓷器中所得效果。作中型陈设瓷和日用茶具,在新的生产上,无疑还有广大前途,可创新纪录。

青花夹紫虽由康熙创始,事实上到雍正才得到充分发展,艺术成熟无遗憾。素三彩则后来难以为继,雍正时即已近于失传。但是另有一种豆青地加紫勾青露白的,也叫素三彩,康雍均有生产。乾隆犹继承。至于冬青青花,冬青挂粉,惟雍正作得格外出色,画笔秀丽,造形也挺拔不群,作得十分精神。又有冬青地青花夹紫露白大天球瓶,云龙山水画均极成功。

豆彩多作成化款。日用盘子类特别多,大部分属民窑。或因嘉万以来重成窑,代有仿效,因之历来谈成窑总是时代难分,《陶雅》且说凡见紫成窑器多康雍时物。作鸡缸类杯子,容易得到成功。豆彩在晚明虽少大器,技术始终未失传。清初民窑盘子类,用鸳鸯戏荷作主题画较常见,料不及明代精致,且多见窑灰。官窑继作,仍多仿成。有大鱼缸,绘双锦雉和牡丹玉兰花石,通称"玉堂富贵",是康熙时代最常见工艺主题,在雕漆、织锦、刻丝、刺绣……均常用到。在瓷器青花豆彩五彩粉彩使用更多样化。瓷器上牡丹常作双重台,有时代特征。大鱼缸艺术成就有代表性。技术加工较繁琐,先烧青花部分,再加彩勾金,入炉烘成。豆彩加红多矾红,加绿多豆青,再添配粉嫩黄紫,各色均浅淡，因之多显得色调清新明朗。惟部分直接仿成，用青用彩均较重，也能给人以沉重感。但比硬五彩还是柔和得多。

硬五彩多重彩，加工过程有种种不同。有在已成白器或青花器上施彩，再全部喷釉，完成后全身透亮的。如径尺二三果盘，绣球花盘，有代表性。有部分开光用粉彩或豆彩法复烧，锦边锦地部分却用墨和矾红泥金等为主调，烧成后锦地部分并不光亮的。又有锦地开光，开光部分只作墨彩折枝花鸟或人物画的。一般说来，重彩调子较强烈，即在小小瓶子上，一用重绿重墨，深红，效果亦必相当强烈。和这一时代秀美造形及洁白光泽瓷胎相结合，往往形成对比，矛盾统一，相当美观。要求效果恰恰和豆彩或素三彩相反。不过有的锦地开光锦地占比例过多，分量过重，开光部分失去主题吸引力，整体看来华美中不免见得繁缛杂乱。小花满布更易邻于庸俗，形成硬五彩无可讳言弱点。后来广彩器即由此脱胎，形成一种相似而不同艺术风格，影响直到近代生产，还有继续，也有一定出路。惟景德镇再生产恐不是方向。也有可能这种杂花草繁琐无章的锦地，本来即属于广东工艺装饰传统，源远而流长，景德镇锦地锦边，实由之影响而来!

洋彩，珐琅彩也应属于洋彩。但是这里说的只指一种仿洋磁而言，如康乾时白地金边饭器，和黄地釉下墨釉上勾金之花篮，都属于这一类。花篮器形也外仿。饭器中碗碟，胎多较薄。常用墨画加金。产量不多，影响不大，只近于宫廷玩好，配合当时畅春园洋式建筑内部陈设而作。或部分为赠送外宾而作。少发展性。铜胎画珐琅器仿作的品种较多。

釉上彩——描金。宋代定窑中除白色或牙白色釉外，还有黑釉的墨定，酱红釉的红定，及色较深些的紫定，近年发掘才又知道还有绿定。紫定墨定有加金彩的，作折枝牡丹，水禽芦荷。或仿漆器描金而成。明代嘉靖万历间有金红绿地描金串枝宝相碗。

清初继承这个传统，作各式不同发展，有描金，一般多在蓝釉或黑釉瓷上使用。在彩瓷上勾金，则近似丝绣中的间金。又有在彩绘瓷上用大面积涂金作金莲花的，有在油红器上加金的。总的说来不外这么数种。凡釉上彩多通过复烧加工。也有豆彩或青花，到北京后再吹黄加绿加紫的，器真而彩伪，多由市估走洋装而来。

墨彩也分数种：一、在白瓷上用淡墨作山水花鸟画，由康熙起始，雍正续有发展，乾隆则部分彩地开光作山水画雪景，转心瓶上还使用。画稿多从张宗苍等时人取法，格俗不美。康雍笔意虽不俗，效果还是不怎么好。二、墨彩地开光加彩绘山水花鸟及刀马人物，多立器，在国内本不入瓷品。因在国外受重视，和法花一样，才适当注意到。但大部分已散失国外，而且道光光绪均有仿作，真伪难分。三、用重墨素瓷上作折枝花，形成黑白强烈对照。前者受晚明以来白绫画影响较多，因为当时衣裙、桌围、帐子无不通行这一格式，有的还在墨上加金，十分别致。其次近于漆器镶嵌，明代也已流行，惟清初才转用到瓷上装饰。用重墨在素白瓷上作折枝花竹，近于和漆器中的剔灰相反而成。由于画意重布局，设计，瓷质又白净细致，因此也清雅脱俗。用于茶壶笔筒等较小日用器或文房用具，有一定成功。用于大型陈设品还少见。

粉彩在康雍乾是一大类，范围广，成就高。并且在道光以后还继续得到不同发展，20世纪初二十年，且成为景德镇生产主流。由慎德堂、行有恒堂，到怀仁堂、静远堂，无一不是以粉彩见长。因此现代景德镇生产，保留瓷艺人才，也还是这一部分专家较多。康雍粉彩来源，大致包括两个方面：一即如前所叙述，或出于社会销售对象，如嫁妆货的需要及东南亚华侨外销需要，因此丹凤朝阳、富贵如意、风穿牡丹、玉堂富贵等主题画，在政治上不犯忌讳、在社会习惯上又具有吉祥象征意义的题材，上了民窑"客货"瓷器。红色加彩由比较呆滞的矾红，改进为鲜明活泼、活色生香的粉彩，由民窑客货得到成功后转为官窑御窑应用，估计可能不会大错。其次即生色折枝处理艺术要求，从宋代即已起始，即只在部分加工，留出一定空处，北方的定窑、磁州窑，南方吉州窑，都善于作这种折枝布局。到明代，北方彭城窑民间用茶酒器，依旧长于在牙色瓷上绘水墨折枝，而且花用白料带粉。花在瓷器一角，画意多从徐青藤陈白阳取法，笔简意足，潇洒不俗。明代景德镇也起始用米哥瓷加青花挂粉，惟小簇花较多。到清康熙，起始见粉彩，枝叶用料和明代五彩瓷无别，惟花朵粉红，略微突起。当时流行之五伦图，在工艺美术应用具普遍性，因之也用于粉彩瓷，多坛罐大器。或作人物故事画，西厢记和渊明访菊、林和靖妻梅子鹤、西园雅集、郭子仪上寿等等主题画为常见。若作折枝花，多用陈白阳、边景昭、恽南田、蒋南沙笔意，山茶、月季、腊梅、牡丹为常见。进一步发展，才把虞美人、延寿菊等杂花同在一盘碗中。瓷既白净细致，花色又鲜明秀美；艺术成就就因之格外高。人物故事除从通俗小说戏剧取法定稿，也有现实生活反映，情趣活泼。主要艺术特征在粉红料精，鲜明如生。即或大件刀马人，粉红也占一定分量，和民间年画配色有相通处。在国内，过去未入赏玩家藏品范围，在海外，则陈列于大博物馆，代表17—18世纪间东方瓷器艺术成就一部分。

油红——或矾红。宋有红彩，多在民间粗瓷上使用。明宣德有矾红，多用于青花烧成后空处加烧，如红云龙凤……红料极细，有光泽。成化再加黄绿则成五彩。正德上用器，有纯用红鱼龙的，材料较粗，色呆滞，胎质亦粗，或正当武宗讨伐宸濠前后，江西在战乱中，生产低落时。嘉万恢复五彩烧造，大如龙缸窑也烧彩器，小碟小盏和文房用具均加红，表示尊贵，瓷质色料未提高。作鱼罐，红蓝相映成趣，布局壮伟，艺术相当高。作大龙凤瓶盘绣墩，五色堆积，不免杂乱无章。这个时期器物造形多笨拙，不大美观。也有红绿地金花碗，近于朱绿漆描金。艺术水平远不及成宣。到清初，红料特别精细，因此重新单独使用，由康熙到雍正，达到本部门历史高峰。用红如用墨，在精美白瓷上作八仙过海大小碗，瓷质既温润无比，红料又浓淡轻重运用如意，画面又出高手，康熙一代成就，实独一无两，此后即难以为继。雍正则长于用盖雪法，结合精致串枝图案处理，得到极大成功。康熙墨彩加金，红彩也加金。

玳瑁斑三彩，或称虎皮斑。虽脱胎于唐三彩，惟在极薄白瓷上加工，彩色又鲜明强烈，效果亦大不同于唐三彩。品种似不多，只中小盘碗常见。也作藏族打奶茶用奶子壶，如一长筒。有靶有流，在瓷中自成一格。又有两色玩具猫。

又有一种绿地紫地黄地大折腰碗，碗旁刻双勾折枝，填黄白杂彩，近于从辽三彩或彩琉璃陶取法，似办万寿时民窑凑和而成（私家作署"拙作斋"款的，多大海碗或供碗，多青花加红，也有豆彩，彩料多较重，后来彩华堂、彩润堂、彩秀堂三种私家款，还受到一定影响）。

仿古。粉定多浆胎，印盒极佳，质薄而硬。印花划花少定意，自成一格。影青近晚期冬青，浅色则成湘湖釉，俗称西湖水，春波绿。变均到雍才成熟，康色较重。

青花部分规矩图案尚用明嘉万法，花较板滞，少变化。随后才出现新题材，大量用山水人物画于各种瓶罐上，得到惊人成功。但画稿却依旧来自明代文人画。冬青堆白花，通称冬青挂粉。冬青亦有加青花的。兼青花白粉亦属素三彩别格，产量不多，此后即无闻。明有米哥加青花挂粉，冬青青花加彩即由此而来，所以说也是仿古。

玲珑透空，技术不相同。玲珑指部分透明，宋已有之，为影青划花，部分在灯影下即呈透明。技法明代永乐犹继承，胎益薄，花益细，色转深，胎质亦可见指螺纹。清玲珑不同于过去，即透明部分作米点状，满布碗中，均匀整齐。盘碗居多。透空则近于雕成，一般用万字地，部分或者还作折枝花，如从明代"落花流水"素绫得到启发而作。其实或因雕竹花薰而作瓷香薰，再进而作瓷盖碗，盖碗并不宜于品茶，放茉莉珠兰而已。

珐琅彩，或锦地开光作规矩花，或彩地串枝宝相，或折枝花，规矩花和当时郎世宁等外籍画师技法或者有一定联系。较后才变化规矩图案成折枝花。折枝多参蒋南沙蒋溥画法。设计布彩，均第一等。由铜胎画珐琅影响而成。随后成为一个独立品种，贯穿于康雍乾三个时代。这部分作品，一部分也有可能是在景德镇制胎，由京中如意馆加彩回炉作成的。

料彩有时多指透明蓝料使用较多时并形成堆花效果而言。因豆彩五彩亦透明，然满地绿笔筒却不叫料彩。蓝料应用较多或加透明粉红，即叫做料彩。如雍胭脂红玉壶春云龙瓶，即称料彩。料彩兴起和鼻烟壶有关。

谈瓷器不能不熟悉康雍，谈景德镇十七八世纪间成就，更不能忽略康雍。雍正时间极短，前后不过十三年，但一切生产多达到历史空前水平，不仅胎质精，釉泽好，花样有高度艺术成就，即造形也前无古人，常能结合秀雅和健壮而为一体，时代特征鲜明。但种种成就，无不于康熙即已奠好基础。其中惟有一点大不相同，即青花，雍取法宣成，用青浅淡，近于有意使之散晕，从散晕中取得柔和效果。康青则直继承嘉、隆、万，深青疑重。以画作例，雍法元人，康则近于宋，且近北宋。效果不同，由于要求不同，时代风气不同。

谈康熙成就，不能离开青花。一色釉和彩绘部分，虽近于百花齐放，各到不同高峰。但从近六百年景德镇生产传统而言，青花到康熙，可以说真正是集其大成，达到"前无古人，后少来者"地步。主要成就还是得从物质基础去分析，才符合本来。计有两方面：一是青料的研磨提炼纯净无杂质（是否原料来源不同，难于明白）。因此烧出的青花器，能深浅如意，真如像名画家用墨说的"墨分五彩"。二是画意特别高。例如故事画部分，有的虽取材于一般明代板画，反映到笔筒和凤尾瓶上时，画意却多特别活泼有精神，不像板画呆滞。山水画即或用当时一般性题材，如耕织图，鱼乐图，琴棋书画，西园雅集，赤壁夜游，经营布局，和整体效果，常比当时名家高手四王吴恽还高一筹。有的甚至于即或取材二王，如瓶子上笔筒上的山水画，用于五彩或青花瓷，取材恽南田，如笔筒上的素三彩或粉彩、青花，由于受器形限制，结合器形要求，重新处理，部分或简化，部分或有所改变，所得结果，也往往出人意外。特别是青花和素三彩，在画境上大大突破绢素上的成就，自成一格。若就同时画笔作个比较，不仅为扬州八怪文人画家不可及，即二王恽南田，也难相比，部分案头插花尺余立器如象腿尊，用青花作折枝花鸟，笔简意足，生机天趣，都直逼八大，可说是八大画法直接继承者（同时也可说八大笔意实由之而出，因为晚明青花瓷，中型坛罐类，即已多有简笔花鸟近似八大的，算算时间，实比八大还早大几十年）。

康熙青花瓷艺特别突出，并非凭空产生，除有个物质基础外，还有许多方面影响的结果。首先应说是善于继承过去优良传统，在固有底子上进一步不断提高得来的。因为试从成品作个比较，就可看出明清之际的崇祯、顺治，部分青花瓷使用青料，已显得沉静细致而活泼，初步见出从单色料达到画家用水墨晕染法产生"墨分五彩"作用，试验中已取得一些成果。其次即明代以来，画家如沈周、文征明、陆包山、唐寅、张灵、仇英等山水画，吕纪、林良、边景昭、陆包山、陈白阳、徐青藤等花鸟画，丁云鹏、尤求、崔子忠、吴彬等人物画，还各自留下一大堆名迹和墨本，分散国内。木刻中除通俗戏剧小说插图，多刻得极精致，此外又还有顾氏画谱，唐诗画谱，诗余画谱，素园石谱，海内奇观，程氏、方氏墨苑，吴骚合编，御世仁风，十竹斋彩印画笺谱及菊竹杂花鸟图谱数百种，大量传播流行。一般说来，这个艺术传统，是比清初当时几个著名画家笔墨既扎实得多，也范围广阔、内容丰富得多。更主要自然还是景德镇本身，明代三百余年烧造青花瓷经验技术的积累，才能吸收消化这些成就，转用到瓷艺上来，起决定作用。加之清政府重视瓷业，官窑一去明代强迫命令限额贡奉制度，每有烧造，多照顾到商业成本，不过分苛索窑户。御器厂重要烧造，仿古多由宫廷取真宋器作样子，彩绘多由如意馆画师设计出样，反复试烧，不惜费用。委派专官监督，如臧应选，郎廷极，刘伴阮，年希尧，唐英等，本人又多具有较高艺术鉴赏水平，有的且躬亲其事，和工人一道，从生产实践上取得各种经验，所以在万千陶瓷工人、画师共同不断努力中，才创造出惊人奇迹，产生出万千件具有高度艺术产品，在世界上博得普遍佳誉。直到现代，许多资本主义国家的瓷业，高级日用瓷生产，还多以能摹仿康雍青花，在国际市场上受重视，得好评。可见它的影响是如何深远而广大！

我们常说学习优良传统，康熙一代值得我们学习的自然还多，上面所说，不过特别显著一部分，在博物馆陈列室和图录中容易接触到的而言。事实上在烧造过程和用料提炼上一系列技术，也还有许多值得我们用一个较长时间（半年或一年）去到景德镇陶研所向现存老师傅讨教处。因为青花瓷这时代色泽格外纯净、鲜明、活泼和取材之精，火度之高，都必然有不可分割的联系，以及每一部门技术的进展综合而来。忽略了其中任何一个环节，都不可能得到的！

螺钿工艺试探[*]

这个草稿应属于古代漆工艺史部分，举例虽较简略，还有代表性，提法也较新，可供漆工艺史或工艺史参考。

作陈列说明，某一时漆器或镶嵌器也应分明白它前后有什么联系，从发展上说才有道理，孤立即无话可说。

——作者题于原稿封套

一 螺钿工艺的前期和进展

近年来，工艺美术品展览会中，观众经常可见到一种螺蚌类镶嵌工艺品，一般多使用杂色小螺蚌，利用其本来不同色彩，及不同种类拼逗粘合而成花鸟山水，有的从赏玩艺术出发，作成种种挂屏、插屏、盘盒，有的又从日用目的出发，专作烟灰碟和其

---

[*] 本文作于1963年，1997年6月首次发表于《传统文化与现代化》双月刊第3期，系不完整稿。全文编入《沈从文全集》第28卷，于2002年12月由北岳文艺出版社出版。现据《沈从文全集》文本编入。

他小玩具，或精工美丽，或实用价廉，在国内外展出，都相当引人注意，得到一定好评。我国海岸线特别长，气候又温和适中，螺蚌种类极多，就原料来说，几几乎取之不尽，用之不竭。因此由广东到东北，沿海各都市工艺美术研究所，对于这一部门工艺生产，如何加以发展，是个值得注意研究的问题。特别是这种取之无尽的原料，如能较好的和沿海几个都市同样富裕的童妇劳动力好好结合起来，它的前途实无限美好。将在旧有的螺甸工艺中，别出蹊径，自成一格，在赏玩艺术、实用艺术和玩具艺术生产中，都必然有广阔天地可供回旋。

在新的工艺品展览中，在文物艺术博物馆中，在人大礼堂各客室和其他公共花园及私人客厅里，我们又经常可看到用薄薄蚌片镶嵌成种种山水、花鸟、人物故事画面的挂屏、插屏、条案、桌椅、衣柜、书架及大小不同的瓶、盒、箱、匣，不论是家具用具还是陈设品，花纹图案多形成一种带虹彩的珍珠光泽，十分美丽悦目。总名叫"螺甸"器。做得特别精美的，上面还加有金银，或和金银综合使用，则名叫"金银嵌软螺甸"。若系径寸大切磨略粗蚌片镶嵌面积较大花纹到箱柜上的，名叫"硬螺甸"。这种蚌片或在玉石象翠杂镶嵌占有一部分位置，则称"杂宝嵌"。前者多精细秀美，后者却华丽堂皇，各有不同艺术成就。这些工艺品产生的年代，一般说来，较早可到唐代，已达高度艺术水平；最多的为明清两代，是全盛期也是衰落期。这个以蚌片为主的工艺品种，照文献记载，虽成熟于唐代，其实源远流长，属于我国镶嵌工艺最古老的一种。但是又和新近出现的嵌贝工艺，实同一类型，关系十分密切。因为同样是利用海边生物甲壳作为原料，来进行艺术加工，成为赏玩陈设美术品或日用品的。它不仅丰富美化了人民文化生活的内容，也代表我国工艺品一部门艺术成就，在世界美术博物馆镶嵌工艺陈列品中占有一定地应，十分出色，引人注目。

螺甸原属于镶嵌工艺一部门，主要原料是蚌壳。一般多把蚌壳切磨成薄片、细丝，或切碎成大小不同颗粒，用种种不同技术，镶嵌于铜木漆器物上，和漆工艺进展关系且格外密切。但应用和做法以及花纹图案，却又在不断发展变化中，因此于历史各个阶段里，各有不同成就。即同一时代，也常因材料不同，器物不同，艺术要求不同，作成各种不同艺术表现。例如同属明代螺甸器，大型家具如床、榻、箱、柜、椅、案和案头陈设插屏，及大小盘合，就常常大不相同。有时甚至于把这些东西放在一处，即容易令人引起误会，以为"螺甸"若指的是这一种，其他就不宜叫做螺甸。也有器物大小差别极大，加工技法艺术风格又极其相近的。前者或出于地方工艺特征，例如山西、北京、苏州、广东生产就不一样。即或采用的是同一主题画，山西用大蚌片在木制衣箱柜门上镶嵌大折枝牡丹图案，地子不论红黑，一般多不推光，花样也以华丽豪放见长。至于苏式条案，这一丛牡丹花却多作得潇洒活泼，具迎阳含露清秀媚人姿态，漆面且镜光明彻可以照人。至于用小说戏文故事题材作的小件盘合，艺术风格不同处就格外显明。但也有由于个人艺术成就特别突出，影响到较多方面较长时期生产，令人一望而知这是某某流派的。例如明代苏州艺术家江千里，一生专以作金银嵌软螺甸小件器物著名，小只寸大杯子，三寸径小茶碟，大不过径尺插屏合子。并且特别欢喜作《西厢记》故事（有的人且说他一生只作《西厢记》故事），由于艺术精深，影响到明清两代南方螺甸制作风格，大如床榻、桌案，小如砚匣、首饰箱、杯盘，形成"江千里式"。和张成杨茂作的剔红漆器，杨埙作的描金倭漆，都同样起着极大影响。除此以外，还有个时代因素，也影响到生产器物和艺术风格。比如唐代铜镜背面和琵琶、阮咸背面，都有螺甸作成的，以后即少见。清代到乾隆以后，玻璃镜子和其他小幅插屏画绣，都流行用广作螺甸框子，因此京苏也多仿效。道光以后，卧室堂房家具流行红木嵌螺甸，因此广东、苏州产生大量成分螺甸家具。从镶嵌工艺应用范围说来，我们还没有发现历史上另外尚有比螺甸工艺在应用上更广泛的。

我们若想知道这部门工艺美术品种较详悉，明代漆工艺专书《髹饰录·坤集》内中曾记载下许多不同名目，反映得相当具体。明代权臣严嵩被抄家时，还留下个家产底册，名叫《天水冰山录》，也列举了好些螺甸家具材料。若把这两个文献记载，结合故宫现有大量螺甸器和其他大博物馆收藏实物，以及被帝国主义者豪夺巧盗流失海外实物图片加以综合，有关这部门工艺美术知识，显然即将丰富扎实许多。

螺甸工艺的起源和进展，与蚌器的应用分不开。由应用工具进而为艺术装饰，又和玉石情形大体相同，都可说是"由来已久"。所以在镶嵌工艺中，名称虽不古，事实上出现却较早于其他镶嵌工艺。因为蚌器的应用，是在新石器时代，已成为某些地区某些部落当成利于刮削简便合用的辅助工具的。锯类的出现，有两个来源：在西北某些地区为细石片镶嵌于骨柄上作成，中原或南方某些地区，最早便是用蚌壳作成。由于原料易得，因此在新石器时代，成为辅助生产工具。由于光泽柔美，且容易处理，因此在青铜时代，有机会和玉石同样，转化为镶嵌装饰工艺原料，施用于建筑和其他器物方面。这自然只是一种"想当然尔"的说法，惟和事实相去必不太远。

试从出土古文物注注意，我们即得知殷商时，由于青铜工艺的进展，雕文刻镂的工艺，也随同工具的改变而得到长足进展，代替了延长数千年的彩绘艺术，而作出许多新成就。青铜器母范代表了当时刻镂工艺的尖端。此外骨类的刻镂成就，也比较突出。玉石用双线游丝碾的做法，也是划时代成就（且直到战国，技术上犹并未超过）。为进一步追求艺术上的华美效果，利用各种不同原料的综合镶嵌艺术，因之应运而产生，反映到工艺各部门，特别是几个主要部门，成为奴隶社会制上层文化美学意识的集中反映。较原始的情形，我们还无知。我们能接触到的，还只是青铜文化成熟期，在青铜器上的镶嵌工艺。主要加工材料是松绿石、美玉和骨蚌片。可能还有些其他混合油漆矿物粉末彩料。为什么恰好选这几种材料作镶嵌原料？试加分析，即可知这也并非偶然事情。玉和骨蚌的性能，都是古代工人由于工具利用十分熟习的材料，而绿松石却是青铜原料一部分。这些材料有时综合使用，有时单独使用，全看需要而定。比如玉戈、玉矛、玉斧钺、玉箭镞，多是主要部分挑选青白美玉，却用青铜作柄，柄部即常嵌松绿石颗粒拼成的花纹图案。反映漫长石器时代已成过去，因而从石料中挑选出光泽莹润温美难得的玉类，加以精工琢磨，作为象征性兵器而出现。这种兵器一部分在当时也有可能还具实用价值，正如《逸周书·克殷篇》所叙述，武王当时得反戈群众和西南八个兄弟民族共同努力打败了纣王，纣王在鹿台自杀后，武王还用玄钺素钺亲自动手把这个大奴隶主的头砍下悬旗示众，表示天下归于姬周。但一般只是象征尊贵与权威，制作美丽重于实用却十分显明。还有一类主要部分全用青铜，只器身和柄部花纹图案用松绿石镶嵌的，除上述的几种兵器外，尚有一种弓形带铃器（可能是盾类装饰），随身佩带小刀及车马具和部分礼器与乐器。就中又还有完全把玉石退缩到附属地位，和松绿石蚌壳位置差不多的，例如有种大型青铜钺，刃面阔径将达一尺，中心部分有个二寸大圆孔，孔中即常镶嵌一个大小相等小玉璧，璧中有一小孔，孔中又再嵌一松绿石珠，其他柄部刃部有花纹处也满嵌松绿石。这类兵器照文献记载，是历来为最高统治者或主兵权的手中掌握，象征尊严和权威的（汉代将帅的黄钺和后来的仪锽，都由之而来）。蚌类和青铜器结合，也只是在这类斧钺中发现过。最多是在另一方面，和漆木器物的结合。

从比较大量材料分析，商代青铜镶嵌工艺，主要材料是用松绿石作成的（部分可能使用油漆混合其他矿物粉末彩料填嵌。因为兵器类有许多凹陷花纹，还留下些残余物质）。所得到的艺术效果，实相当华美鲜明。很多器物虽经过了三千多年，出土后还保存得十分完整。至于焊接药料是和后来金工那样，用明矾类加热处理？还是用胶漆类冷处理？这些问题尚有待金工专家进一步作些探讨。青铜斧钺孔中也还有用楔入法镶嵌可以活动的，从开孔内宽外窄可以知道。

从青铜器镶嵌工艺看来，它是个重点工艺，却不是唯一的孤立存在的事物。铜陶石刻容器的成形，或本于动植原形，如脼尊兕觥；或本于竹木器，如簠簋笾豆。除容器外，当时竹木器应用到各方面也是必然事情。兵器必附柄，乐器得附架，礼器食器势宜下有承座而上有盖覆。此外收藏衣物和起居坐卧用具，都得利用竹木皮革，由于青铜工具的出现，竹木器物工艺上更必然得到迅速进展，扩大了彩绘刻镂加工的范围。镶嵌工艺使用到竹木器上，也必然随同出现或加多。用青铜作为附件的用具也会产生。至于骨蚌类用于竹木器物上增加艺术上的美观，自然就更不足为奇了。我们说骨蚌类使用于青铜器方面虽不多，一起始即和漆木器有较密切的联系，这种估计大致是不会太错的。在来源不明的殷商残余遗物中，经常发现有大量方圆骨片，一面打磨得相当光滑，一面却毛毛糙糙，且常附有些色料残迹。另外有种骨贝情形也多相同。若非全部都是钉附于衣服或头饰上遗物，有可能当时是胶合粘附于器物上的。而且它当时并非单独使用，是和其他彩绘刻镂综合应用的。

安阳侯家庄大墓出土遗物中，还留下二十余片高约尺余宽近二尺的残余彩绘花土，上面多用朱红为主色，填绘龙纹兽纹，图案结构龙纹和铜盘上情形相似，多盘成一圈，兽纹则和武官村墓大石磬虎纹极其相近（记得辉县展览时，也有这么一片朱绘花纹，时代可能比安阳的早一二世纪）。在这类材料花纹间，就还留存些大径寸余的圆形泡沤状东西，或用白石或用蚌片作成，上刻三分法回旋云纹（即一般所谓巴纹），中心钻一小孔，和其他材料比较，且可推知小孔部分尚有镶嵌，若不是一粒绿松石，便是其他彩料。因为一般骨笄上刻的鸟形眼孔，和青铜钺上玉璧中和蚌泡中心，加嵌松绿石具一般性。

这种径寸大泡沤状圆形蚌饰，在古董店商代零散遗物中相当多，由于习惯上少文物价值，所以无人过问。既少文物经济价值，也不可能作伪。究竟有什么用处，还少专家学人注意过。考古工作者既未注意，一般谈工艺美术的又不知具体材料何在。事物孤立存在，自然意义就不多。但一切事物不可能会孤立存在。试从商代青铜器、白陶器作的尊、罍、敦、簠、盘、斝、爵等略加注意，会发现几乎在各种器物肩部，都有完全近似的浮沤状装饰，三分法云纹虽有作四分的，基本上却是一个式样，才明白这个纹样在商代器物上的共通性。这些蚌片存在也并非孤立。从形状说最先有可能仿自纺轮，从应用说较早或具有实用意义，把带式装饰钉固到器物上，增加器物的坚固性。特别是在木器上使用时，先从实用出发，后来反映到铜陶上才成为主要装饰之一部门。从铜陶上得知这类圆形蚌器曾用在圆形器物的一般情形，从朱绘花上又得知用在平面器物上情形，从青铜斧钺上且知道还使用到两面需要花纹的器物上情形。

尽管到目前为止，有权威性专家，还抱着十分谨慎的态度，不能肯定那份朱绘残痕为当时彩绘漆器证明，且不乐意引用

《韩非子·十过篇》中传说的朱墨相杂的漆器使用于尧舜，对于商代有无漆器取保留态度。但事实上漆的应用，却必然较早于商代，而成熟于新石器时代，由长时期应用而得到进展的。

在新石器时代或更早一些，人类和自然斗争，由于见蜘蛛结网得到启发，学会了结网后，捕鱼狩猎加以利用，生产方面显然得到了一定进展。用草木纤维作成的网罟类，求坚固耐久，从长期经验积累中，必然就会发现，凡是和动物血浆接触，或经过某种草木液汁浸染过的，使用效能即可大增。这类偶然的发现，到有意识的使用，成为一定知识，也必经过一个时期。此外石器中由小小箭镞到大型石斧，都必需缠缚在一种竹木附件上，使用时才能便利，求缠缚坚固，经久不朽，同样要用血浆和草木液汁涂染。漆的发明和应用，显然即由于这种实际需要而来。至于成为艺术品还是第二步。这也正和我们蚕桑发明一样，如《尔雅》叙述，古代曾经有个时期，为驯化这种蠕虫，桑、柞、萧、艾等不同草木均曾经利用过。后来野生蚕只有柞蚕，家养蚕以桑蚕为主，同样是经过人民长时期共同努力的结果，不可能是某某一人忽然凭空发明。漆的发明过程也不例外。

所以我们觉得，在青铜文化高度发达的商代，还不会使用漆器，漆工艺还不能得到相应进展，是说不过去的。它的发明与应用只能早于青铜工艺成熟期，而不可能再晚。

商代这种圆泡状蚌饰，大致有两种不同式样，一种作⌒式，一种作⌒式，形状不同由于应用不同。前者多平嵌于方圆木漆器物上，或平板状器物上，后者则嵌于青铜钺上。现存故宫和其他博物馆这类蚌器，在当时使用，大致不出这两个方面。这是目前所知道的较早螺甸。

这个工艺在继续发展中，从辛村卫墓遗物得知，圆泡状蚌饰还在应用，另外且发现有嵌成长方形转折龙纹的。又这时期当做实物使用的蚌锯蚌刀已较少，只间或还有三寸长蚌鱼发现，和玉鱼相似，或直或弯，眼部穿孔，尾部作成薄刃，有一小切口，还保留点工具形式，事实上只是佩带饰物。玉鱼到春秋战国转成龙璜，蚌鱼便失了踪。失踪原因和其他材料应用有关，和生产进展有关。

文献中材料涉及螺钿较重要而具体的，是《尔雅》兵器部门释弓矢，说弓珥用玉珧为饰。考古实物似尚少发现。从其他现存残余文物中，也未见有近似材料可以附于弓珥的。事实上蚌类器材饰物在春秋战国时已极少使用，主要原因是由于社会生产进展，工艺上应用材料也有了长足进展。金属中的黄金，在商代虽已发现薄片，裹于小玉璧上，到这时，却已把这类四五寸阔薄片，剪成龙凤形象，搥成细致花纹，使用于服饰上。又切镂成种种不同花纹，镶嵌于青铜器物上，较早还只在吴越特种兵器上出现，随后则许多地方都加以应用，大型酒器也用到。人民又进一步掌握了炼银技术，作成半瓢形酒器，或和黄金并用产生金银错工艺。又学会发明了炼砂取汞的技术，因此发明了鎏金法。并能把金银作成极细粉末，用作新的彩绘原料。雕玉方面则由于发现了高硬度的碾玉砂，不仅能切割刻镂硬度较高光泽极美的玉石，且能把水晶玛瑙等琢磨成随心所欲的小件装饰品。到战国以来，由于商品交易扩大范围，中原封建主为竞奢斗富，不仅能用南海出的真珠装饰于门客的鞋上，并且还可以由人工烧造成各种彩色华美透明如玉的琉璃珠，作为颈串或镶嵌到金铜带钩及其他日用器物上去。有的且结合种种新发现材料，综合使用，制成一件小小工艺品，如信阳、辉县等地发现的精美带钩，见出当时崭新的工艺水平。相形之下，蚌类器材在装饰艺术中，可说已完成了历史任务，失去了原有重要位置，由此失踪就十分平常而自然了。

二　螺甸工艺的进展

螺甸工艺在美术中重新占有一个位置，大致在晋南北朝之际，而成熟于唐代，盛行于唐代。特别是在家具上的使用，或在这段时期。直延续到晚清。

照文献记载，则时代宜略早一些，或应在西汉武帝到成帝时，因为用杂玉石珠宝综合处理，汉代诗文史传中均经常提起过。宫廷用具中如屏风、床榻、帘帷、香炉、灯台和其他许多东西，出行用具如车辇、马鞍辔……无不有装备得异常奢侈华美价值极高的。出土文物中，也发现过不少实物可以证明。例如故宫所藏高过一尺半径过一尺的鎏金大铜旋，器物本身足部和承盘三熊器足，就加嵌有红绿宝石和水晶白料珠子等。其他洛阳各地出土器物，镶嵌水晶、绿松石和珠玉的也不少。前几年，江苏且曾发现过一个建筑上的黑漆大梁板，上嵌径尺青玉璧，璧孔如嵌一径寸金铜泡沤，上还可承商代斧钺衔璧制度，联系近年洛阳西汉壁画门上横楣联璧装饰，可以对于《史记》、《汉书》常提过的汉代宫殿布置"蓝田璧明月钉"叙述，多有了一分理解，得到些崭新形象知识，为历来注疏所不及。汉代官工漆器物中，除金钿黄耳文杯画案外，又还有剪凿金银薄片成鸟兽人物骑士舞乐，平嵌在漆器上的。金银、珠玉、绿松石、红宝石、水晶、玛瑙，以及玳瑁，均有发现，惟蚌片实少见。主要原因不是原料难于技术加工，可能还是原料易得，不足为奇。

杂宝嵌工艺在晋南朝得到进展，大致有三个原因：一出于政治排场，晋《舆服志》、《东宫旧事》、《邺中记》、《南齐书·舆服志》，即有一系列关于这方面的记载。二出于宗教迷信，由《三国志·陶谦传》到《魏书·释老志》、《洛阳伽蓝记》和王勋《舍利子感应记》，及南北史志、传中许多记载，都提到这一历史阶段，由于南北统治者愚昧无知，谄佞神佛，无限奢侈靡费情形，魏晋时托名汉人遗著的几个小说和时代相去不多的《神仙传》、《拾遗记》，内容所载人物事迹虽荒唐无稽，美而不信，但记载中有关服食起居一部分东东西西，却和汉代以来魏晋之际物质文化工艺水平有一定联系，不是完全子虚乌有，凭空想象得出。三为豪门贵族的竞奢斗富的影响。如《世说·汰侈篇》及南北史志传记载，和当时诗文、歌咏，无不叙述到这一时期情形。西晋以来，工艺方面进展的重点似均在南方。如像绿色缥青瓷的成熟，绿沉漆的出现，纺织物则紫丝布、花绫、红蕉布、竹子布，无不出于南方。北方除西北敦煌张骏墓的发掘，传说曾出现过大量玉器，且有玉乐器、玉屏风等物出土，此外似只闻琉璃制作由胡商传授，得到新的进展，大有把玉的地位取而代之之势。夹纻漆因作大型佛像，也得到发展。其余即无多消息。关于雕玉，南方更受原料来源断绝影响，不仅无多进展，且不断在破坏中。如金陵瓦棺寺天下闻名三绝之一的玉佛，后来即不免供作宫廷嫔妃钗鬓而被捶碎。加之由于神仙迷信流行，用玉捣成粉末服食可以长生的传说，成为一时风气，葛洪启其端，陶弘景加以唱和，传世玉器因此被毁的就必更多！（这也就是这一时期南北殉葬物中均少发现玉器另外一个原因。）当时琉璃已恢复生产，而且得到进一步发展，由珠子和小件璧环杯碗而作成屏风，和能容百余人的"观风行殿"，也可说即由于代替玉的需要而促成。当时豪族巨富如石崇，虽说聘绿珠作妾，用真珠到三斛。另一妾翾风，则能听玉声，辨玉色，定品质高下。但和王恺斗富争阔时，提及的却是紫丝布、珊瑚树一类南方特产。且力趋新巧，以家用待客饮食器物，能够全部是琉璃制成为得意（这种琉璃碗有时又称云母碗，专为服神仙药而用。近年在河北省景县封氏墓曾出土两件）。

外来文化的影响，也起了一定作用。因为许多杂宝名目虽然已经常在汉代辞赋中使用，至于成为一般人所熟习，还是从佛经译文中反复使用而来的，六朝辞赋中加以扩大，反映虽有虚有实，部分大致还是事实。例如常提到的兵器鞍具、乐器和几案屏风的各种精美镶嵌，大致还近事实。使用材料且扩大到甲虫类背甲、翅膀，日本收藏文物品中，就还留下个典型标本。蚌片镶嵌既有个工艺传统，且光彩夺目，原料又取之不尽，且比较容易技术加工，和漆工艺结合，并可得到较好艺术效果，螺甸重新在工艺品中占有一个位置，就不是偶然而是必然了。

它产生、存在，而实物遗存可不多，大约有三个原因：一、由于和日用漆木器结合，保存不容易。二、由于和宗教结合，历史上好几次大规模毁佛，最容易遭受毁坏。三、由于当时生产即属特种工艺品，产量本来就不大。七弦琴多称金徽玉轸，事实上琴徽最常用的是螺甸，这种乐器恰好就最难保存，何况其他特别精美贵重器？《北史》称魏太后以七宝胡床给和尚，照佛经记载，七宝中必包括有"车渠"，车渠即大蚌类。

唐代把螺甸和金银平脱珠玉工艺并提，一面征调天下名工，作轮番匠至长安学习传授技术，一面又常用法律加以禁止，认为糜费人工，侈奢违法。两者都证明这个工艺品种是属于特种高级工艺而存在的。在一般制造为违法，宫廷生产却无碍。特别是用法令禁止，恰好证明它在民间还有生产，而且相当普遍，才需要用法令禁止！

从现存唐代镶嵌工艺品比较分析，和部分遗存唐代实物螺甸镜子乐器和其他器物艺术成就分析，我们说在这个历史阶段是中国螺甸工艺成熟期，大致是不错的。正仓院几件遗物和近来国内出土几件镜子和其他器物，证实了我们这个估计。和当时佞佛关系密切，杂宝镶嵌的讲经座，《杜阳杂编》即叙述得天花乱坠。这个书记载虽多美而不信，但从另外一些文献，如韩愈《谏迎佛骨表》及间接形象反映，如敦煌壁画初唐到晚唐各种维摩变讲经座，各种佛说法图经座中镂金布彩情形看来，《杜阳杂编》有关这部分叙述，倒不算过分。实物材料之难于保存，还是和前面说到的几个原因分不开。主要大致还是其中第二个，会昌毁佛和五代毁佛，几次有意识的大变动，因之保留不多。

有关这一阶段的螺甸花纹，过去可说无多知识。不过一切东西不可能是在孤立情形下产生的，螺甸花纹图案也不例外，必然与其他镶嵌工艺有一定联系。如鸾含长绶、串枝宝相、雀踏枝、高士图、云龙，一般工艺图案都惯常使用，螺甸也不例外。唐代镶嵌工艺图案有它活泼的一面，也有它板滞的一面，镜子是个最好的例子。金铜加工由于处理材料便利，就显得格外活泼，螺甸受蚌片材料限制，不免容易板滞。这自然也只是相对而言。克服由于材料带来的困难，得到更新的进展，似在宋明间，特别是明代四百年，江南工人贡献大而多。

这个工艺进展若从分期说，应说是第三期。清初百年宜包括在内。

三 螺甸工艺的全盛期

宋代生产上的进展，影响到工艺普遍进展。许多日用工艺品不一定比唐代精，可是却显明比唐代普遍，陶瓷是个显著的例子。其次是丝绣。再其次就是漆工艺。唐代漆艺以襄州所产"库路真"为著名，照《唐六典》记载有"花纹"和"碎石纹"两种。"库路真"究竟是某种器物名称，如鞍具或奁具？还是漆器中某种花纹（如犀皮中剔犀或斑犀，或如东邻学人推测，与狩猎纹有关)？是个千年来未解决的问题。但唐人笔记同时还说到，襄样漆器天下效法。既然天下效法，可见后来已具普遍性，技术加工和艺术风格，总还可从稍后材料中有些线索可寻。敦煌唐画有作妇女捧剔犀漆画雕剑环如意云的，是否即其中之一种？又传世画宋人《会乐图》，从装束眉眼服装看来为唐元和时装，筵席间也有近似玳瑁斑漆器。从各方面材料加以分析，库路真器有可能和犀皮漆描金漆两种关系较深。宋代临安漆器行中即有金漆行与犀皮行，可说明两个问题：一是分行生产，反映生产上的专业化。二是产量必相当多，在当时已具有普及性，不是特种工艺。

至于螺钿，则大致还属于特种产品。两宋人笔记和其他文献记漆事的甚多，有三个记载特别重要：一是《大金吊伐录》中几个文件，有个关于金军围城向宋政府需索犒军金银，宋政府回答，宫中金银用器已聚敛尽罄，所用多漆器。说明当时宫廷中除金银器外，必大量使用漆器。另一文件是贿赂金兵统帅礼物的，中有珍珠嵌百戏弹弓一具。证明正仓院藏唐代百戏弹弓，宋代还有制作，并且是用珍珠镶嵌而成。二是《武林旧事》记南宋绍光时高宗到张俊家中时，张家进献礼物节略，较重要的除织金锦明明为特种高级纺织物，还有两个螺钿盒子，用锦缎承垫。其所以重要或不仅是螺钿器，可能盒中还贮藏珠玉宝物。但特别指出螺钿，可见必然作得十分精工。三是南宋末贾似道生日，谄佞者进献螺钿屏风和桌面，上作贾似道政绩十事，得知当时寿屏已有用本人故事作题材应用的。详细内容艺术安排虽不得而知，但从宋明屏风式样，唐代金银平脱琴螺钿镜人物故事处理方法，和元明间螺钿漆门几案插屏柜等布置人物故事方法，及宋元人物故事绘画习惯，总还可得到一种相对知识。

至于唐宋以来螺钿重新得到抬头机会，重新在美学上产生意义，另外有个原因，即由于珍珠在这个时期已成艺术中重要材料。宋代宫廷从外贸和南海聚敛中收藏了大量珍珠，照《宋史·舆服志》记载，除珠翠作凤冠首饰，椅披到踏脚垫子也用珍珠绣件。有个时期将多余珠子出售于北方时，数量竟达一千多万粒。珍珠袍服衣裙马具也常见于记载。直到元代，贵族还常赐珠衣。珍珠既代表珍贵和尊贵，在美学上占有个特别位置，螺甸因之也重新在工艺品中得到位置，而且应用日益广阔。

元明间人谈漆艺较具体的为《辍耕录》，《辍耕录》叙漆器做法，计四部分，黑光、朱红、鳗水、戗金银诸法，而不及螺甸。《髹饰录》坤集，填嵌第七中即将"螺钿"列一专目，称一名"蜔嵌"，一名"陷蚌"，一名"坎螺"。又有"衬色蜔嵌"，雕镂第十又另有"镌蜔"，既属雕镂，则可知还是从唐代做法而来。又犏斓第十二，子目中还有综合做法，如"描金加蜔"、"描金加蜔错彩"、"描金错洒金加蜔"、"描漆错蜔"、"金理钩描漆加蜔"、"金双钩螺钿"、"填嵌加蜔"、"填漆加蜔金银片"、"螺钿加金银片"等等不同做法。

《天水冰山录》所载漆家具器物中属于螺甸的有"螺甸雕漆、彩漆大八步等床"、"螺甸大理石床"、"堆漆螺甸描金床"、"嵌螺甸有架亭床"。仅仅床榻大器即有这么许多种，其他可知。

通俗读物《碎金》，也记载有许多名目，不及螺甸。《格古要论》里也说及一些问题。作者曹昭虽在明初，补充者王佐时代实较晚。王佐曾官云南，因之有关云南剔红漆艺较熟悉。谈螺甸品种较详细的还是《髹饰录》里坤集中部分记载，由此得知，明代实螺甸漆制作全盛期。但现在部分时代不甚明确的遗物，却显明有些实由宋元传来。

明人笔记称元末明初南京豪富沈万三家中抄没时，有许多大件螺甸漆器多分散于各官司里，大案大柜的制作，不计工本时日，所以都特别精美。又《天水冰山录》记权臣严嵩被抄家时，家具文物清单中，也有许多螺甸屏风床榻。当时实物虽难具体掌握，但从现存故宫一个大床和几个大案，中国历史博物馆几个大柜和长案木器等看来，还可知道明代螺甸家具艺术上基本风格，技术上加工不外两式：有用大片蚌片嵌大丛牡丹花树的，多不加金银，通称硬螺甸，历史博物馆所藏的几个大黑漆木箱，可以作为代表。黑漆不退光，黯沉沉的，花朵布置也比较犷野，装饰气魄和元明间青花瓷图案还相近，制作时代可能亦相去不多远。数量不怎么多，生产地有说出于山西绛州，无正面可靠证据，但也缺少反面否定证据。另有一式即中国历史博物馆所藏大柜大案，和故宫在解放后接收的一架大床，和另外收购的几个长案，多用金银嵌细螺甸法，通称软螺甸，作人物故事楼台花鸟，精工至极。部分且用漂霞屑金蚌末技法，并用大金片作人物身体。构图布置谨严细致，活泼典雅。八尺立柜，丈余长案，人物不过寸许，不仅富丽堂皇，也异常秀美精工，可称一时综合工艺登峰造极之作。惟时代过久，因之部分金片多已脱落，修补复原不免相当困难。

传世江千里金银嵌软螺甸，作小插屏匣盒及茶托酒盏，加工技法或即从之而出，时代则显明较晚。这些大件器物的其中一部分，是否即明人所说元明间沈万三家中物？或同样出于江西工人所作，原属严家器物？实有待进一步从器物中花纹图案，特别是人物故事题材设计加以分析比较。但有一点可以肯定，即这类工艺进展，显然和南方工艺不可分。因为《髹饰录》作者生长地嘉兴西塘杨汇，是南方漆工艺集中处，工匠手艺多世传其业，这个书的写成，乾集部分内容虽可能本于宋人朱遵度《漆经》，坤集做法品种实反映元明成就。

从加工技术说，剔红、斑犀、刷丝、戗金、雕填、螺甸，各有不同特征，比较上金银嵌软螺甸工艺特别复杂，因此传世遗物也较少。惟从艺术成就而言，则比明代宫廷特别重视的果园厂剔红成就似乎还高一些。

四　十八九世纪的商品生产

到十七八世纪由康熙到乾隆的百年时间，漆工艺普遍得到进展，惟重点或在四个部门：剔红、泥金银绘、五彩戗金雕填和剔灰。主要是宫廷中的剔红器，料精工细，成就就格外显著。大件器物且有高及丈余的屏风和长榻大案。其次是描金和雕填，大如屏风，小如首饰箱、镜匣、盘盒，也无不作得异常精美。特别是泥金用"识文隐起"法制作的盘盒类，达到高度艺术水平。花纹图案和器形结合，成就格外突出，为历史所仅见。第三即犀皮类多色"斑犀"和"绮纹刷丝"，和雕填描金相似，举凡《髹饰录》坤集中所提到的各种综合加工品目，差不多都在试制中留下些精美遗产，现在大部分还收藏于故宫。第四是产生于明清之际一种"剔灰"漆，以大件屏风和条案占多数，中型圈椅、交椅、香几，则多反映于明清之际画像中。一般多黑漆剔出白地，主题部分山水人物花鸟为常见，也作博古图，边沿则用小花草相衬。北京、山西均有制作。技术流传到如今还有生产，多供外销。至于螺甸漆，在和明代或清初成品比较下，工艺成就不免有些下降，并未突破江千里式纪录。但有了一点新的发展，为其他漆工艺所不及，即和其他新的工艺结合，以新的商品附件而出现，生产数量日有增加，生产品种也随之越来越多。并由此应用风气，重新扩大到家具方面，成为19世纪高级家具主流。例如由于玻璃镜子的出现，结束了使用过两千多年圆形铜镜的历史使命，出现了一二尺长方挂式银光闪闪的玻璃镜，和七八尺高屏风式大穿衣镜。较早还只限于贡谀宫廷而特制，过不多久，即成高级商品。这类新产品的镜框座架，一般多用紫檀、㶉鶒、花梨、红木等镶螺甸作成。自鸣钟来自海外，不多久广州、苏州均能仿造，外边框盒部分，除鎏金和广珐琅装饰，也流行用螺甸装饰。此外用平板玻璃作材料，在反面用粉彩画人像或山水花鸟画，以及时间稍晚，用百鸟朝凤作主题画的广东绣双座案头插屏，和其他陈设品，几几乎无不使用硬木螺甸框架。总之，到了19世纪初叶，凡是带一点新式仿洋货的工艺品和高级用品，用得着附件时，即有螺甸出现。即通常日用品如筷子羹匙，也有螺甸漆木制成的。从数量品种说，实达到了空前需要。至于装饰花纹，广式串枝花为常见，附于贵重器物上为宫廷特别制作的，间或还具清初工艺规格，用金银嵌软螺甸法。至于一般性商品制作，即不免结构散乱，花叶不分，开光折枝艺术性也不怎么高，有的且相当庸俗。主题画面采用明清戏文故事板画反映的，由茶盘发展而成烟盘，工艺精粗不一，章法布局已不及明清间同样主题画精细周到。这也正是一切特种工艺转成商品后的必然情形。道光以后，这部门工艺又发展到一般中上层家庭使用成堂成套硬木家具上，成为达官贵人家中一时时髦事物。这类硬木家具，多用灰白大理云石或豆沙色云石作主要部分镶嵌，边沿则从上到下满嵌螺甸，大如架子床、带玻璃镜衣橱、条案、八仙桌、杨妃榻、炕床、梳妆台、独腿圆桌、两拼圆桌、骨牌凳、太师椅、双座假沙发，无不使用到。北京颐和园和中国历史博物馆，就还各自留下许多这类家具器物，代表这一时代工艺成就。且有为当时新式特别会客厅专用的高及一丈五尺，宽过二丈开外的镜橱，除八面方圆镜子，其余全部镶嵌螺甸花鸟草虫的。

此外即由于帝国主义的侵略，有意毒化全中国人民，鸦片烟在中国流行后，约半世纪中，在贵族客厅、达官衙署和有帝国主义借通商为名强占的租界区内，新式旅馆和大商号中，社会风气无不用鸦片烟款待客人，邀请客人上炕靠灯，几几乎和解放前敬奉客人烟茶情形相似。吸烟必有一份烟具，除枪灯外，即搁置备用烟斗高二三寸长约尺余的斗座，和承受一切烟具的长方烟盘，比较讲究的，也无不用硬木螺钿器作成……

由于生产各部门对于螺钿器的需要，因此这部门工艺，在19世纪中国逐渐进入半殖民地化过程中，百业凋敝不堪情况下，反而得到广大市场，呈历史空前繁荣。部分关心特种工艺的朋友，谈及螺钿工艺进展时，常以为进入18世纪，这部门生产即因原料供应不及而衰落，若所指仅限于明代特种高级工艺品江千里式金银嵌软螺钿器，是不怎么错的，若泛指一切螺钿器，却大是把这种种全忽略过去了。事实上三千年来螺钿应用上的广泛和数量上增多，19世纪的生产，可说是空前无比的！这是螺钿工艺的尾声，也反映帝国主义者侵略势力打进中国大门以后，中国特种工艺生产所受影响格外显著的一个部门。它的真正衰落与结束则和延长数千年的封建腐朽政权一道，于太平天国反帝反封建革命到辛亥革命三四十年中。

五　螺蚌类在其他方面的应用

螺蛳、蚌壳和贝类，在螺钿镶嵌工艺以外，作为珍贵难得的材料加以利用，历史上比较著名的一件事情，是《佚周书》中提起过的"车轮大蚌壳"和有朱鬣的白马，同认为是天下难得之物，当时作为贿赂，把周文王救了出来，免遭纣王毒手，在政治史上起过一定作用。商代遗物中则经常发现有一二寸径花蚌蛤，上面用棕红粉白颜料，绘画些齿纹水纹图案，这些东西在当时是纯粹玩具，还是一种内贮油脂类化装品用具，已不得而知。

《周礼》称古代贵族埋坟，必用蜃粉封闭，即烧制大蛤作灰而使用。实际材料似乎还少发现。惟近年来出土楚墓多有在棺椁外用一厚层白膏泥作封土的，隔绝了内外空气和其他有机物浸蚀，墓中许多文物因之而保存下来，或即循古礼制的一种代替材料做法。汉代人则用"车渠"琢成各种器物。车渠是一种甲壳极厚的大蚌，琢成器物多作哑白色，切割得法打磨光莹也有闪珍珠光泽的。直到明清，还流行用来制作带钩和帽顶，并且清代还成为一种制度，官僚中较低品级必戴车渠顶。唐代人欢喜饮酒，又好奇，因此重视海南出产红螺杯、鹦鹉螺杯，诗人即常加以赞美。明清到近代还继续使用，惟一般多改作水盂和烟灰碟，再也想不到这东西过去就是诗人所赞美的贵重酒器了。又本于印度佛教习惯，举行宗教仪式，常用大玉螺作为乐器，通称"法螺"。敦煌唐代壁画即有反映。后来喇嘛教沿袭使用，且成为重要法器，明清以来制作精美的，边沿还多包金嵌宝。左旋螺则因希有难得而格外贵重。由于宗教迷信，和其他几种器物并提，通称"八吉祥"或"八宝"。除实物在宗教界看得十分重要，还反映到千百种工艺品装饰纹样中。又兄弟民族中也有把这种法螺代替号角，用于军事上和歌舞中的，如唐代白居易诗记骠国乐，乐队中就有吹玉螺的。

贝类商周除天然产外，还有骨、玉、铜和包金的种种。或作为商品交换中最早的钱币，或用于死亡者口中含殓，或作为其他人身装饰品和器物镶嵌使用。古诗中有"贝胄朱绶"语，则显然在周代还有用红丝绳串连装饰在武将甲胄上，表示美观象征权威尊严的。从近年发现云南滇人遗留文物中大量贝类的发现，又得知西南地区，到西汉时还用它作为货币使用。直到晚清，南方小孩子所戴风帽，用贝作为坠子，也还常见。蒙藏妇女，则至今还有把小贝成串编排于辫发上，当成难得的装饰品的。汉代又流行一种贝制卧鹿形玩具，用大玛瑙贝作鹿身，用青铜作鹿头脚，大耳长颈，屈足平卧，背部圆润莹洁，且有点点天然花斑，十分秀美。《史记·封禅书》说，汉代方士喜宣传海上三山，上有白色鸟兽，长生不死。乐府诗亦有仙人骑白鹿语。金银错器上还有仙人驾双鹿云车反映。这类用大贝作的鹿形工艺品，可能也即产生于武帝时代，由于仙人坐骑传说而成。

三国时曹植和其他文人均作有车渠碗赋，文字形容显得光泽明莹，纹理细密，和缠丝玛瑙极相近。近年山东鱼山曹植墓出土文物中除一个金博山冠饰外，还有分玉佩，一个青精石器和一个小小圆盏式玛瑙佩饰，和文章形容极相合。可证明前人说车渠为宝石之一种，还有一定道理。用海蚌类作车渠时代必比较晚些。

说"熊经"[*]

《庄子·刻意》中说到：

> 吹呴呼吸，吐故纳新，熊经鸟伸，为寿而已矣，此道（导）引之士，养形之人，彭祖寿考者之所好也。

其中"熊经"即是一种健身方法，郭庆藩《集释》引司马彪注云："若熊之攀树而引气也。"而成玄英注亦云："如熊攀树而自悬。"看来乃是模仿熊的动作而创造的类似今日体操的健身方式。

在《庄子》的时代，大约健身法分为两大类，一类是"导"，即"导气令和"，《庄子》说"真人之息以踵，众人之息以喉"，前者就是流转周身的气的运转，人以意念使"气"周行全身经络，以达到"吐故纳新"，强身健体的效果，并根据自己内部器官的具体情况，采取"吹"、"呴"、"呼"、"吸"各种不同的运气方式，就如《云笈七签》卷五十六所分别的那样，只不过《云笈七签》分得更细更繁琐些，另一类是"引"，即"引体令柔"，即包括"熊经"、"鸟伸"等各种形体锻炼在内的养生

---

[*] 本篇1990年6月曾发表于台北《中国文化》丛刊第2期，署名沈从文。现据《中国文化》发表文本编入。

方法，正像《抱朴子·别旨》所说的"或伸屈，或俯仰，或行卧，或倚立，或踯躅，或徐步"，大约这种方法最初是古人受动物运动启发而创造的，所以多以动物名命名，就像《抱朴子·对俗》所说："知龟鹤之遐寿，故效其导引以增年。"

西汉以来，有关卫生保健的方法曾有过不少论著，但保存下来的却不多，按《汉书·艺文志》的记载，共有四大类，一是"神仙"、二是"房中"、三是"医药"、四是"导引"，各有分别。但是，"神仙"之法多属迷信，又极糜费，普通人难以做到，只有帝胄贵室可以仿行，所以汉武帝刘彻才会上方士的大当，甚至还把一个公主嫁给了方士，并封为"文成 利将军"，筑百丈高台，用三百个八岁的童男童女，穿上锦绣衣服通宵歌舞，结果神仙不来，只好把这个骗子杀了；"房中"本是一种在性交中讲求节欲保精的方法，如天师道之"合气"，但这也往往只有帝王家有兴趣施行，因为只有帝胄贵室才养了无数嫔妃宫女，所以久而久之便成了帝王纵欲之术，完全变了性质；"医药"当然对大多数人有用，但也有缺陷，一是名医秘方人所罕知，用的药也往往少数有钱人能办得起，尽管到唐代曾将孙思邈《千金方》刻石公开，宋代更将宫廷秘方全部公之于《圣济方》、《政和本草》，但无钱人仍未见得能照方抓药；二是即便照方抓药，仍是消极治病，不是事先预防，所以只有第四类"导引"是很积极的预防方式，而且"导引术"人人可以自学，"熊经"、"鸟伸"之类形体运动更是容易，就像小孩学体操一样。

旧时说"熊经"往往从《庄子》一下子说到华佗"五禽戏"，华佗云："古之仙者，为导引之事，熊颈鸱顾，引挽腰体，动诸关节，以求难老。"见于《三国志·华佗传》，但从《庄子》到华佗中间隔了数百年整整秦汉两代，"熊经"之类健身术难道在这数百年中竟湮没无闻，直至华佗才重新发掘么？这显然不可能,所以,我们以出土文物资料为主,参以文献记载,重新考证汉代"熊经"的流传,以补足这一段历史的空缺,并以实物图片来形象化地说明"熊经",以弥补文字资料无法详细表述的缺陷。当然,在出土文物中,马王堆三号汉墓的《导引图》当然是考证"熊经"的最重要资料,其中第四十一图正是"熊经"(图1)!不过,马王堆三号汉墓年代在西汉初年,比它稍晚的《淮南子·精神》中仍有"熊经、鸟伸、凫浴、蝯躩、鸱视、虎顾"的记载,那么《导引图》能够继承战国以来的导引套路就很自然了。问题是,在此之后,"熊经"是不是仍然一直没有失传?在文物资料中是否有证据可以证明《庄子》到华佗是一脉相传?我们考证的结论是肯定的。

图1 马王堆出土帛书《导引图》第41式"熊经"(摹本)

说"熊经" 337

图 2 西汉金银错管状车器上的熊经图案
河北保定 1964 年出土（摹本）

图 2 就是 1964 年河北保定出土西汉金银错管状车器上的六个"熊经"图形。第一个有如熊攀树刚刚起步，前肢如抱树干，

后肢一足在地，一足抬起；第二个则后肢作弓箭步，前肢一伸向前，掌心向外，掌尖向上，一在身后，曲肘向上，这与今日各种武术的一个常见动作十分相似，而汉代各种文物中也常见熊的这一类似形象，如西汉硃绘漆盘中之熊（图3）、洛阳西汉空心砖

图3　西汉硃绘漆盘之熊（摹本）

墓彩绘门上部之熊（图4）、东汉错银车轴中之熊（图5）等；第三个则后肢交错而立，前肢一在身后，一曲在身前；第四个则

图4　西汉洛阳空心砖墓彩绘门关上部的"熊经"图案（摹本）

图5　东汉错银车轴上的"熊经"图案　中国历史博物馆藏陈列品（摹本）

作跨步，后肢一曲一直，分在两侧，前肢左曲右直，左肢曲肘向下，右肢直而向侧上，西汉青铜酒尊（图6）、洛阳空心砖墓彩绘（图7）中所见之熊亦有相似姿式；第五个则后肢一足在地，

图6 西汉青铜酒尊上的图案（摹本）

图7 西汉洛阳空心砖墓彩绘（摹本）

一足抬起，前肢右曲左直，若右肢抬起，左肢向下后方摆动，整个身体亦随之旋转；第六个则较复杂，后肢右肢向一侧蹬出，左肢则外撇曲膝，前肢右曲肘翻掌，左曲肘掌心向后，山西西汉墓出土青铜酒尊腰部所见两个熊像与此也相仿（图8）。

图 8　山西右玉西汉墓出土之青铜酒尊腰部所见二熊
（原为浮雕，线图难见效果）

汉代文物中所见"熊经"图像远不止此，零星的尚有许多，但成套的当以此为首，另武氏祠石刻《黄帝伐蚩尤图》中另有四熊（图9），其姿式亦可能是"熊经"中的，可惜残破且过于简略，仅存轮廓，只好一并附于此供参考。从这些资料中可以看出，首先，自战国人已有"熊经"方法以来，汉代一直延绵不衰；其次，"熊经"在汉代已远不止"攀树而引气"一种姿式，很可能已经完成了包括各种姿式在内的套路；再次，华佗创"五禽戏"，其中"熊"一部分，当是吸收了汉代"熊经"术的成果而光大之的，绝不是心血来潮的突然发现。东汉末崔寔《政论》说："夫熊经鸟伸虽延历之术，非伤寒之理。"《汉书·王吉传》更引王吉说："俯仰屈伸以利形，进退步趋以实下。"可见西汉、东汉人并没有把"熊经"等方法遗忘，反而记得很牢；而且分析得也很清醒。

可是，汉魏之后，"导引"便被纳入道教系统，《道藏》"尽"字号有《彭祖导引图》。"临"字号又有托名彭祖的《摄生养性论》，显然均为伪托，《道藏》里还有许多讲"导引之术"

的著作也都附会了很多神秘怪异的迷信思想，不过，也有不少古代"导引"的方法被完好地保存在这些杂芜的书中，像陶弘景《登真隐诀》卷中便辑有不少健身的方法，《云笈七签》卷三十二《杂修摄》引《导引经》也记有各种引挽之术，这些也许与"熊经鸟伸"都有密切的渊源关系，只是越到后来，它们的本来面目便越含混，以致人们渐渐忘记了它们的起源不过是人类对于动物的"摹仿"。

图9　四熊均取自武氏祠石刻《黄帝伐蚩尤图》部分（摹本）

扇子史话[*]

扇子，在我国有非常古老的历史。出于招风取凉、驱赶虫蚊、掸拂灰尘、引火加热种种需要，人们发明了扇子。

从考古资料方面推测，扇子的应用至少不晚于新石器时代陶器出现之后，如古籍中提到过"舜作五明扇"。但有关图像和实物的发现却较晚。目前所见较早的扇子形象是东周、战国铜器上刻画的两件长柄大扇，以及江陵天星观楚墓出土的木柄羽扇残件。从使用方面看，由奴隶仆从执掌，为主人障风蔽日，象征权威的成分多于实际应用。

战国晚期到两汉，一种半规型"便面"成为扇子的主流。其中以江陵马山楚墓出土、朱黑两色漆篾编成的最为精美。便面一律用细竹篾制成，上至帝王神仙，下及奴仆烤肉、灶户熬盐，无例外地都使用它。

魏晋南北朝时期，"麈尾"、"麈尾扇"、"羽扇"及"比翼扇"相继出现。"羽扇"前期本由鸟类半翅制成，后来用八羽、

---

[*] 本文是作者《扇子应用进展》专著的缩写，发表于《人民画报》1987年第8期，署名沈从文。

十羽并列，且加了长木柄。"麈"是领队的大鹿，魏晋以来尚清谈，手执麈尾有"领袖群伦"含意。"麈尾扇"传由梁简文帝萧纲创始，近于麈尾的简化，固定式样似在纨扇上加麈尾毛两小撮。"比翼扇"又出于麈尾扇，上端改成鸟羽，为帝子天神、仙真玉女升天下凡翅膀的象征。

隋唐时"麈尾"虽定型，但使用范围缩小。"纨扇"起而代之，广为流行。"纨扇"亦即"团扇"，主要以竹木为骨架，制成种种形状，并用薄质丝绸糊成；历来传说出于西汉成帝（前32～前7年）朝。南北朝时，纨扇扇面较大，唐代早期还多作腰圆形，近乎"麈尾"之转化。唐开元、天宝年以来才多"圆如满月"式样。纨扇深得闺阁喜爱，古代诗词中多有反映，如"团扇、团扇，美人并来遮面"，"银烛秋光冷画屏，轻罗小扇扑流萤"，"团扇复团扇，奉君清暑殿，秋风入庭树，从此不相见"。藉团扇刻画出少女种种情态或愁思，可见扇子的功能已大为扩展。

宋元时期纨扇尽管还占主要地位，且更多样化，但同时也出现另一新品种"折叠扇"，即折扇；一般认为是北宋初从日本、高丽传入的。南宋时生产已有相当规模。但扇面有画的传世实物连同图像反映、画录记载，两宋总计不到十件，元代更少。这种情况也许因当时多用山柿油涂于纸面做成"油纸扇"，不宜绘画，只供一般市民使用；或与当时风习有关，虽也有素纸"折叠扇"，但只充当执事仆从手中物，还不曾为文人雅士所赏玩，因而尚未成为书画家染翰挥毫的对象。元代山西永乐宫壁画，保留了大量元人生活情景，"折叠扇"仍只出现于小市民手中。

到了明代，折扇开始普遍流行，先起宫廷，后及社会。明永乐年间，成都所仿日本"倭扇"，年产约两万把。早期扇骨较少，后来才用细骨。扇面有加金箔者，特别精美的由皇帝赏给嫔妃或亲信大臣，较次的按节令分赐其他臣僚。近年各地明代藩王墓中均有贴金折扇及洒金折扇出土。浑金扇面还有用针拨画山石人物的，极似倭扇格式。也有加画龙、凤的，可能只限于帝后使用。至于骚人墨客等风雅之士，讲究扇面书画，使之更近于工艺品。当时的川蜀及苏州都是折扇的主要产地。折扇无疑已成为明代扇子的主流，影响到清代，前后约三个世纪之久。

歌舞百戏用扇子当道具，也是由来已久。唐宋"歌扇"已成为诗文中习用名辞，杂剧艺人不分男女腰间必插一扇；元杂剧中扇子已成为必不可少的道具，习惯上女角多用小画扇，大臣儒士帮闲多用中型扇，武臣大面黑头等则用白竹骨大扇，有长及二尺的。演员借助扇子表现角色的不同身份和心理状态，妙用无穷。剧目和文学作品中也有以扇为主题的，如"桃花扇"、"孙悟空三借芭蕉扇"、"晴雯撕扇"等，可见其影响之大。

折扇外骨的加工，明代已得到极大发展。象牙雕刻、螺钿镶嵌，及用玳瑁薄片粘贴，无所不有。但物极必反，不加雕饰的素骨竹片扇也曾流行一时，甚至一柄值几两银子。清代还特别重用洞庭君山出的湘妃竹，斑点有许多不同名称，若作完整秀美"凤眼"形状，有值银数十两的。至于进贡折扇，通常四柄放一扇匣内，似以苏浙生产的占首位。

清代宫廷尚宫扇，包含各种不同式样。雍正四妃像中，即或执折扇，或执宫扇。宫扇一般式样多为上宽下略窄，扇柄多用羊脂玉、翡翠、象牙等珍贵材料加工而成，扇面还有用象牙劈成细丝编成网孔状的，这实在只是帝王的珍玩，已无任何实用意义。

至于农人，则一律是蒲葵扇，雍正《耕织图》中，他本人自扮的老农也不例外。高级官僚流行雕翎扇，贵重的有值纹银百两的，到辛亥革命后才随同封建王朝覆没而退出历史舞台。后来京剧名角余叔岩、马连良扮诸葛亮时手中挥摇的雕翎扇，大约从北京的前门外挂货铺花四五元就可买到。

中国古代服饰研究（节选）[*]

---

[*]《中国古代服饰研究》专著，初稿成于1964年，1981年9月商务印书馆香港分馆初版，1992年8月出增订本。全书收入《沈从文全集》编为第32卷，于2002年12月由北岳文艺出版社出版。均为繁体字。

现据《沈从文全集》文本，节选约15%章节编入。

中国古代服饰研究引言

  中国服饰研究，文字材料多，和具体问题差距大，纯粹由文字出发而作出的说明和图解，所得知识实难全面。如宋人作《三礼图》，就是一个好例。但由于官刻影响大，此后千年却容易讹谬相承。如和近年大量出土文物铜、玉、砖、石、木、漆、刻画一加比证，就可知这部门工作研究方法，或值得重新着手。汉代以来各史虽多附有舆服志、仪卫志、郊祀志、五行志，无不有涉及舆服的记载，内容重点多限于上层统治者朝会、郊祀、燕享和一个庞大官僚集团的朝服官服，记载虽若十分详尽，其实多辗转沿袭，未必见于实用。私人著述不下百十种，如《西京杂记》、《古今注》、《拾遗记》、《酉阳杂俎》、《炙毂子》、《事物纪原》、《清异录》、《云仙散录》等，又多近小说家言，或故神其说，或以意附会，即汉人叙汉事，唐人叙唐事，亦难于落实征信。墓葬中出土陶、土、木、石、铜诸人形俑，时代虽若十分明确，其实亦不尽然，真实性也只能相对而言。因社会习惯相承，经常有从政治角度出发，把前一王朝官吏作为新王朝仆从差役事。因此新的探讨，似乎还值得多方面去求理解，才可望得到应有的新认识。

本人因在博物馆工作较久，有机会接触实物、图像、壁画、墓俑较多，杂文物经手过眼也较广泛，因此试从常识出发，排比排比材料，采用一个以图像为主结合文献进行比较探索、综合分析的方法，得到些新的认识理解，根据它提出些新的问题。但出土文物以千百万计，即和服饰有关部分，也宜以百十万计。遗物既分散国内外各地，个人见闻接触究竟有限，试探性工作中，自难免顾此失彼，得失互见，十分显明。只是应用方法较实际，由此出发，日积月累，或许还是一条比较唯物实事求是的新路。因此在本书付印之前，对于书中重点作些简要介绍，求教于海内外学者专家。

本书中商代部分，辑录了较多用不同材料反映不同衣着体型的商代人形，文字说明却较少。私意这些人形，不仅反映商王朝不同阶层，可能还包括有甲骨文中常提到的征伐所及，当时与商王朝对立各部族，如在西北的人方、鬼方，在东南的徐、淮夷，在西南的荆、楚及巴、濮各族人民形象。在铜、玉、陶、石人形中，必兼而有之。特别是青铜兵器和其他器物上所反映形象，多来自异族劲敌，可能性更大。

西周和东周，材料比较贫乏，似可作两种解释。一、为立国重农而比较节俭，前期大型墓葬即较少。而铜玉器物制度，且多沿袭商代式样。礼制用玉占主要地位，赏玩玉物却不多。（近年在湖南、云南和其他地区出土大量商代玉器，和史称分纣之宝玉重器于诸有功国事之大臣情形或相关。说是商代逃亡奴隶主遗物，似值得商讨。）二、用土木俑殉葬制犹未形成。车乘重实用而少华靡，有一定制度。车上装饰物作铜人形象亦仅见。领作矩式曲折而下、上承商代而下及战国，十分重要。另一铜簋下座两扇门间露出一个人像，虽具体而微仍极重要。据近年江南出土东周残匜细刻纹饰反映生活情形看来，制作也还简质。在同时青铜器物纹饰中为仅见。直到春秋战国，才成为一种常用主题装饰图案。

春秋战国由于诸侯兼并，技术交流，周代往日"珠玉锦绣不鬻于市"的法规制度已被突破，珠玉锦绣已成为商品市场特别商品一部门，因之陈留襄邑彩锦，齐鲁细薄丝织品和彩绣，及金银镶嵌工艺，价值连城之珠玉，制作精美使用轻便之彩绘漆器，均逐一出现于诸侯聘问礼物中，或成为新兴市场特种商品。衣着服饰之文彩缤纷，光辉灿烂，车乘装饰之华美，经常反映于诗歌文传记载中。又由于厚葬风气盛行，保存技术也得到高度进展。因之近年大量出土文物中，一一得到证实。三门峡虢墓出土物，和新郑出土物，河南信阳楚墓出土物，安徽寿县蔡侯墓出土物，辉县琉璃阁出土物，金村韩墓出土物……及近年湖北随县曾侯墓出土物，河北中山王墓出土物，文物数量之多，制作之精美，无一不令人眼目一新，为前所未闻。特别是在这一历史阶段中，运用各种不同器材，反映出人物生活形象之具体逼真，衣着服饰之多样化，更开拓了我们的眼界不少。前人千言万语形容难以明确处，从新出土文物中，均可初步得到较正确理解。有的形象和史传诗文可以互证，居多且可充实文献所不足处。不过图像反映虽多，材料既分散全国，有的又流传国外，这方面知识因之依然有一定局限性。丝绸锦绣，且因时间经过二十四五个世纪，残余物难于保存本来面目。但由于出土数量多，分布面积广，依旧可以证明一部中国古代物质文化史，还保得上好于地下。今后随同生产建设，更新更多方面的发现，是完全可以肯定的。综合各部门的发现加以分别研究，所得的知识，也必然将比过去以文献为主的史部学研究方法，开拓了无限广阔的天地。"文物学"必将成为一种崭新独立科学，得到应用重视，值得投入更多人力物力进行分门别类研究，为技术发展史、美术史、美学史、文化史提供丰富无可比拟的新原料。如善于应用，得到的新成就，是可以预料得到的。因为世界任何一个国家，都没有条件保存得那么丰富完整物质文化遗产于地下！

近人喜说战国是一个"百家争鸣、百花齐放"的时代。严格一点说来，目下治文史的，居多注重前面四个字，指的只是诸子百家各自著书立说而言。而对后面四个字，还缺少应有的关心，认识也就比较模糊。因为照习惯，对于百工艺业的成就，就兴趣不多。其实若不把这个时期物质文化成就各部门成就加以深入研究，并能会通运用，是不可能对于"百花齐放"真正有深刻体会的。因为就这个时代的应用工艺的任何一部门成就而言，就令人有目迷五色叹为观止感！以衣着材料言，从图像方面还难得明确完整印象。但仅就近年河北出土中山王墓内青铜文物，和湖北随县曾侯墓出土棺椁器物彩漆文饰，和当时诗文辞赋形容衣饰之华美，与事实必相差不多。由春秋战国到秦统一，先后近三个世纪。由于时间、空间、族别、习惯不同，文献材料不足征。目下实物图像材料反映虽较具体，仍只能说是点点滴滴。但基本式样，也可说已能把握得住。如衣袍宽博属于社会上层；奴隶仆从，则短衣紧袖口具一般性，又或与历来说的胡服有些联系。比较可以肯定的，则花样百出不拘一格、式样突破礼制是特征。至于在采用同一形式加工于不同器物上，如金银错器反映生活文武男女有相近处。就我们目下知识，只能作如下推测：即这类器物同出于一个地区，当时系作为特种礼品或商品而分布各地，衣着反映因之近于一律，和真实情形必有一定差距。我们用它来说明，这是春秋战国时工艺品反映当时人事生活作为主题的新产品。同时也反映部分社会现实，似不会错误。若一律肯定为出土地社会生活，衣着亦即反映某地区人民衣着特征，证据还不够充分。

秦代统一中国后，虽有"天下书同文车同轨"记载，至于这一历史时代的衣着，除了秦尚黑，囚徒衣赭，此外我们却近于极端无知。直到近年，才仅从始皇陵前发现几件大型妇女坐俑，得知衣袖紧小，梳银锭式后垂发髻，和辉县出土战国小铜人实相近，与楚帛画妇女发髻亦相差不多。最重要的发现，是衣着多绕襟盘旋而下。反映于铜器平面图像上，虽不甚具体，反映于木陶彩俑、铜玉人形等立体材料上，则十分明确。腰带边沿彩织装饰物，花纹精致处，多超过我们想象。由比较得知，这种制度，一直相沿到汉代，且具全国性。证明《方言》说的"绕衿谓之裙"的正确含义。历来从文字学角度出发，对于"衿"字解释为"衣领"固不确，即解释为"衣襟"，若不从图像上明白当时衣襟制度，亦始终难得其解。因为这种衣服，原来从大襟至胁间即向后旋绕而下。其中一式至背后即直下，另一式则仍回绕向前，和古称"衣作绣，锦为缘"有密切联系。到马王堆西汉初期古墓大量实物和彩绘木俑出土，才深一层明白如此使用材料，实用价值比艺术效果占更重要意义。从大量图像比较，又才明白这种衣着剪裁方式，实由战国到两汉，结束于晋代。《东宫旧事》和墓葬中殉葬铅木简椟，都提到"单裙"、"复裙"。提到衣衫时，且常有某某衣及某某结缨字样。结缨即系衣时代替钮扣的带子，分段固定于襟下的。（衣裙分别存在，虽在近年北京琉璃河出一西汉雕玉舞女上，即反映分明，但直到东汉末三国时期才流行。图像则从《女史箴》临镜化装部分进一步得到证实。）

秦代出土人形，主要为战车和骑士，数量达八千余人。人物面目既高度写实，衣甲器物亦一切如真。惟战士头髻处理繁琐到无从设想。当时如何加工，又如何能持久保持原有状态？髻偏于一侧，有无等级区别，是一个无从索解的问题，实有待更新的发现。

两汉时间长，变化大，而史部书又特列舆服部门，冠绶二物且和官爵等第密切相关，记载十分详尽。但试和大量石刻彩绘校核，都不易符合。主要原因文献记载中冠制，多朝会燕享、郊天祀地、高级统治者的礼仪上服用制度；而石刻反映，却多平时燕居生活和奴仆劳动情况。且东汉人叙西汉事已隔一层，组绶织作技术即因战乱而失传，悬重赏征求才告恢复，可知加工技术必相当复杂。近半个世纪以来，出土石刻彩绘图像虽多，有的还保存得十分完整，惟绶的制作，仍少具体知识。又如东汉石刻壁画的梁冠，照记载梁数和爵位密切相关，帝王必九梁。而石刻反映，则一般只一梁至三梁，也难和记载一一印证。且主要区别，西汉冠巾约发而不裹额。裹额之巾帻，东汉始出现。袍服东汉具有一定形制，西汉不甚严格统一。从近年长沙马王堆出土大量保存完整实物，更易明确问题。又帝王及其亲属，礼制中最重要的为东园秘器廿八种中的金银缕玉衣。照汉志记载，这种玉衣全部重叠如鱼鳞，足胫用长及尺许玉札缠裹。从近年较多出土实物看来，则全身均用长方玉片联缀而成，惟用大玉片作足底。王侯丧葬礼仪，史志正式记载，尚如此不易符合事实，其余难征信处可想而知。

又汉代叔孙通虽订下车舆等级制度，由于商业发展，许多禁令制度，早即为商人所破坏，不受法律约束。正如贾谊说的帝王所衣黼绣，商人则用以被墙壁，童奴且穿丝履。

从东汉社会上层看来，袍服转入制度化，似乎比西汉较统一。武氏石刻全部虽如用图案化加以表现，交代制度即相当具体。特别是象征官爵等级的绶，制度区别严格，由色彩、长短和绪头粗细区别官品地位。武氏石刻绶的形象及位置，反映得还比较清楚。直到汉末梁冠去梁之平巾帻，汉末也经过统一，不分贵贱，一律使用。到三国，则因军事原因，多用巾帽代替。不仅文人使用巾子表示名士风流，主持军事将帅，如袁绍崔钧之徒，亦均以幅巾为雅。诸葛亮亦有纶巾羽扇指挥战事，故事且流传千载。当时有折角巾、菱角巾、紫纶巾、白纶巾等等名目，张角起义则着黄巾。可知形状、材料、色彩，也必各有不同。风气且影响到晋南北朝。至于巾子式样，如不联系当时或稍后图像，则知识并不落实。其实仿古弁形制如合掌的，似应为"帢"如波浪皱摺的，应名为"幍"。时代稍后，或出于晋人戴逵作《列女仁智图》，及近年南京西善桥出土《竹林七贤图》，齐梁时人作《斲琴图》，均有较明确反映。

至两晋衣着特征，男子在官职的，头上流行小冠子，实即平巾帻缩小，转回到"约发而不裹额"式样。一般平民侍仆，男的头上则为后部尖耸略偏一侧之"峭头"，到后转成尖顶毡帽。南北且有同一趋势。妇女则如干宝《晋纪》和《晋书·五行志》说的衣着上俭而下丰（即上短小，下宽大），髻用假发相衬，见时代特征。因发髻过大过重，不能常戴，平时必搁置架上。从墓俑反映，西晋作十字式，尚不过大。到东晋，则两鬓抱面，直到遮蔽眉额。到东晋末齐梁间改为急束其发上耸成双环，名"飞天紒"，邓县出土南朝画像砖上所见妇女有典型性，显然受佛教影响。北方石刻作梁鸿孟光举案齐眉故事，天龙山石刻供养人，头上均有这种发式出现，且作种种不同发展。但北朝男子官服定型有异于南朝，则为在晋式小冠子外加一箪子式平顶漆纱笼冠。因此得知，传世《洛神赋图》产生时代，决不会早于元魏定都洛阳以前。历来相传为顾恺之笔，由服饰看来，时代即晚。

隋统一中国后，文帝一朝社会生活比较简朴。从敦煌壁画贵族进香人，到青白釉墓葬女侍俑比较，衣著式样均相差不多。特征为小袖长裙，裙上系及胸。

谈唐代服饰的，因文献详明具体，材料又特别丰富，论述亦多。因此本书只就前人所未及处，略加引申。一、为从唐初李寿墓中出土物，伎乐石刻绘画，及传世《步辇图》中宫女看来，可得如下较新知识：初唐衣着还多沿隋代旧制，变化不大。而伎乐已分坐部和立部。二、由新疆近年出土墓俑，及长安新出唐永泰公主、懿德太子诸陵壁画所见，得知唐代"胡服"似可分前后两期，前期来自西域、高昌、龟兹，间接则出于波斯影响，特征为头戴浑脱帽，身穿圆领或翻领小袖衣衫，条纹卷口裤，透空软底锦勒靴。出行骑马必著帷帽。和文献所称，盛行于开天间实早百十年。后期则如白居易新乐府所咏"时世装"形容，特征为蛮鬟椎髻，眉作八字低颦，脸敷黄粉，唇注乌膏，影响实出自吐蕃。图像反映有传世《宫乐图》、《倦绣图》均具代表性。实元和间产物。至于开元天宝间，则画迹传世甚多，和胡服关系不大。叙发展谈衍变，影响后世较大，特别值得一提的，即帷帽。历来相传出于北齐"幂䍦"，或称"幂罗"，以为原遮蔽全身，至今无图像可证。帷帽废除于开元天宝间，是事实亦不尽合事实，因为宫廷贵族虽已废除，以后还流行于民间，宋元画迹中均可发现。在社会上层，也还留下部分残余痕迹，即在额前露出一小方马尾罗，名"透额罗"。反映于图像中，只敦煌开元间《乐廷环夫人行香图》中进香青年眷属或侍女三人额间，尚可明白位置和式样。透额罗虽后世无闻，但转至宋代则成为渔婆勒子、帽勒，且盛行于明清。帷帽上层妇女虽不使用，代替它的是在头顶上披一薄纱，称"盖头"。宋代用紫罗，称"紫罗盖头"。反映于北宋上层妇女头上，《花石仕女图》有代表性。反映于农村妇女，则南宋名画家李嵩《货郎图》中几个农村妇女头上，均罩有同式薄质纱罗。就一般说，既有装饰美观作用，亦有实用价值，才因此继续使用。

妇女花冠起源于唐代，盛行于宋代。名称虽同，著法式样迥异。唐代花冠如一顶帽子套在头上，直到发际。《宫乐图》、《倦绣图》反映都极具体。至于宋代花冠，则系用罗帛仿照真花作成。宋人尚高髻，向上直耸高及三尺，以至朝廷在皇祐中不得不用法律禁止。原因是当时花冠多仿拟真花。宋代尚牡丹芍药，据《洛阳花木记》记载，由于栽培得法，花朵重台有高及二尺的，称"重楼子"，在磁州窑墨绘瓷枕上即常有反映。此外《洛阳花木记》《牡丹谱》《芍药谱》称"楼子"、"冠子"的多不胜数。宋人作《花石仕女图》中所见，应即重楼上花冠。且由此得知，至于传世《簪花仕女图》，从人形衣着言，原稿必成于开元天宝间，即在蓬松发际加一点翠金步摇钗，实纯粹当时标准式样。如再加一象生花朵，则近于"画蛇添足"、不伦不类矣。这种插戴在唐代为稀有少见，在宋则近一般性。宋代遇喜庆大典，佳节良辰，帝王出行，公卿百官骑从卫士无不簪花。帝王本人亦不例外。花朵式样和使用材料，均有记载，区别明确。图像反映，更可相互取证。又唐代官服彩绫花纹分六种。除"地黄交枝"属植物，其余均为鸟类衔花，在铜镜和带板上，均有形象可证，惟图像和实物却少证据，是一待解决问题。

宋人衣着特别值得一提的，即除妇女高髻大梳见时代特征，还有北宋一时曾流行来自契丹上部著宋式对襟加领抹（花边）旋袄，下身不著裙只著长统袜裤的"吊墩服"，即后来的"解马装"，影响流行于社会上层，至用严格法律禁止。但伎乐人衣着，照例不受法令限制，所以在杂剧人图画中，还经常可见到这种外来衣著形象。男子朝服大袖宽衫，官服仍流行唐式圆领服制度，和唐式截然不同处，为圆领内必加衬领。起于五代，敦煌壁画反映明确。而宋人侍仆和子侄晚辈，闲散无事时，必"叉手示敬"。在近年大量出土壁画上所见，及辽、金墓壁画上的南官及汉人部从，亦无例外，随处可以发现这种示敬形象。宋元间刻的《事林广记》中，且用图说加以解释。试从制度出发，即可发现有些传世名画的产生年代，或值得重新研究。例如传世韩滉《文苑图》，或应成于宋代画家之手，问题即在圆领服出现衬领，不可能早于五代十国。《韩熙载夜宴图》，其中叉手示敬的人且及一和尚，也必成于南唐降宋以后，却早于淳化二年以前。画中人多服绿。《宋大诏令集》中曾载有淳化二年诏令，提及"南唐降官一律服绿，今可照原官服朱紫"。可知《夜宴图》产生时代必在南唐政权倾覆以后，太宗淳化二年以前。尚有传为李煜与周文矩合作的《重屏会棋图》，内中一披发书童，亦不忘叉手示敬。历来鉴定画迹时代的专家，多习惯于以帝王题跋，流传有绪，名家收藏三大原则作为尺度，当然未可厚非。可最易忽略事物制度的时代特征。传世阎立本作《萧翼兰亭图》，人无间言，殊不知图中烧茶部分，有一荷叶形小小茶叶罐盖，只宋元银瓷器上常见，哪会出现于唐初？古人说"谈言微中，或可以排难解纷"。但从画迹本身和其他材料互证，或其他器物作旁证的研究方法，能得专家通人点头认可，或当有待于他日。

元蒙王朝统治，不足一世纪，影响世界却极大。大事情专门著作多，而本书却在统治范围内的小事，为前人所忽略，或史志不具备部分，提出些问题，试作些叙述解释。一如理发的法令歌诀，二如元代男女贵族衣上多着四合如意云肩，每年集中殿廷上万人举行"只孙讌"制作精丽只孙服上的云肩式样。三如全国大量织造纳石矢织金锦，是否已完全失传。四如女人头上的罟罟冠应用情况，等等进行些比较探讨。是否能够得到些新知？

至于明清二代，时间过近，材料过多，因此只能就一时一地引用部分图像材料结合部分朝野杂记，试作证明。又由于个人对丝绸锦绣略有常识，因此每一段落必就这一历史时期的纺织品辉煌成就也略作介绍。惟实物收藏于国家博物馆的以十万计，书中举例则不过手边所有劫余点滴残物，略有一斑而已。

总的说来，这份工作和个人前半生搞的文学创作方法态度或仍有相通处，由于具体时间不及一年，只是由个人认识角度出发，据实物图像为主，试用不同方式，比较有系统进行探讨综合的第一部分工作。内容材料虽有连续性，解释说明却缺少统一性。给人印象，总的看来虽具有一个长篇小说的规模，内容却近似风格不一分章叙事的散文。并且这只是从客观材料出发工作一次开端，可能成为一种良好的开端，也可能还得改变方法另辟蹊径，才可望取得应有的进展，工作方法和结论，才能得到读者的认可。

好在国内对服装问题，正有许多专家学者从各种不同角度进行研究工作，且各有显著成就。有的专从文献着手，具有无比丰富知识，有的又专从图像出发，作的十分仔细。据个人私见，这部门工作，实值得有更多专家学者来从事，万壑争流，齐头并进，必然会取得"百花齐放"的崭新纪录突破。至于我个人进行的工作，可能达到的目标，始终不会超过一个探路打前站小卒所能完成的任务，是预料得到的。

一九八〇年四月，于北京

四·商代墓葬中的玉石陶铜人形

图二一是几个用玉、石、陶等不同材料作成的人形。从商代墓葬中出土,是奴隶制社会墓葬中早期出现的"俑"。由于在阶级社会里身份不同,衣着形象也各不相同。

商代是奴隶制社会,当时殉葬俑,估计有如下几类不同身份的人:一、奴隶——奴隶社会一切物质文化的创造者。二、较小部落的奴隶主及战败后成为俘虏或待赎取的人质。三、常在大奴隶主身边服务当差的比较亲信臣妾和供娱乐的弄臣。四、作为当时鉴戒的亡国灭祀的前一代古人,例如酗酒的夏桀。五、大奴隶主或其近身血缘亲属。至于本图中某人是某种身份,虽难于肯定,但从形象衣着还是可以得到部分理解。例如手负桎梏的陶俑,显然是奴隶或俘虏人质(图二一·上左)。本图下方白石雕刻踞坐人形,身穿精美花衣,头戴花帽,如不是奴隶主本人,即是身边的弄臣或"亡国丧邦"有所鉴戒的古人,三者都有可能作成酗酒不节、放纵享乐的形象。至于其中一个头着高帽(巾子),身穿长袍,裳裙曳地,衣前附有皮革的"韠"或锦绣的"黻"下垂"圜杀其下"的人物,按身份,如不是个小奴隶主,也应当是个地位较高的亲信奴隶(图二一·上右),因为古代奴

图二一

上左——商——盘发、带手梏奴隶陶俑（安阳小屯出土）
上右——商——高巾帽、佩黻贵族玉人（安阳出土）
中上——商——织纹衣、束腰带贵族白石雕像（安阳侯家庄出土）
中下——商——织纹衣贵族白石雕像（安阳小屯出土）
中左——商——高冠人形玉佩（安阳小屯出土）
中右——商——高冠人形玉佩（安阳侯家庄出土）
　下——商——平顶帽、翻领绣纹衣贵族白石雕像（安阳四盘磨村出土）

隶社会和前期封建社会都把身前这件东西象征"权威"，并用不同质料色泽花纹分别本人"等级"。

从这份材料中，衣着式样至少可以看出有三四种各不相同。一、袖子小而衣长不及踝，头发剪齐到颈后，又像是编发成辫子再盘旋于头顶（图二一·上左，插图一）。二、后裾下垂齐足，前衣较短附一斧式装饰物，即最古的"韦韠"或"黻"，也就是后来文献常说的"蔽膝"（围裙）。头上如不是尖顶帽，就是裹巾子（图二一·上右）。以后虽少见，但是缠裹方法，还始终保留到西南苗族或其他兄弟民族男女头上。三、短衣齐膝，全身衣着有不同花纹，领袖间、平箍帽子及宽宽腰带，都可能是提花织物作成。腹前也若有兽头纹样精美"蔽膝"作装饰（图二一·中、下）。第三种衣服虽短，身份不一定较低。这一点认识相当重要。因为后来一般说法，奴隶主及封建统治者宽袍大袖是权威象征，凡衣短齐膝，就是"胡服"。但据汉代武氏祠石刻古人形象反映，传说中的几个有功于人民的古帝王名臣，如神农、颛顼、后稷、夏禹，穿的全都是大同小异的小袖短衣。可以间接证明本图这种人当时社会地位并不低。所谓"胡服"，战国时含义，应当是短衣齐膝，使用带钩，便于骑射。就近年出土相当多的铜、玉、陶和其他材料的人物形象看来，春秋间社会上层衣着，还有不少短衣齐膝，用组带系腰，显明是中原固有式样。白石雕和玉雕人像头上，一再出现近似汉代"平巾帻"式的平顶帽或帽箍，也是个重要问题，可证实这种帽式源远流长，最晚在商代即已出现。春秋战国在某一地区某一种人头上还经常应用。并非汉代史志所说，西汉末年王莽因头秃无发才起始应用，其实比他早一千多年即已经上头。至于这些不同巾帽，是否即史志说的古代"毋追"、"冔"、"章甫"、"委貌"等夏商以来奴隶主冠帽本来形象，或式样有某种共通处，尚难肯定。另有几种雕玉女

四·商代墓葬中的玉石陶铜人形

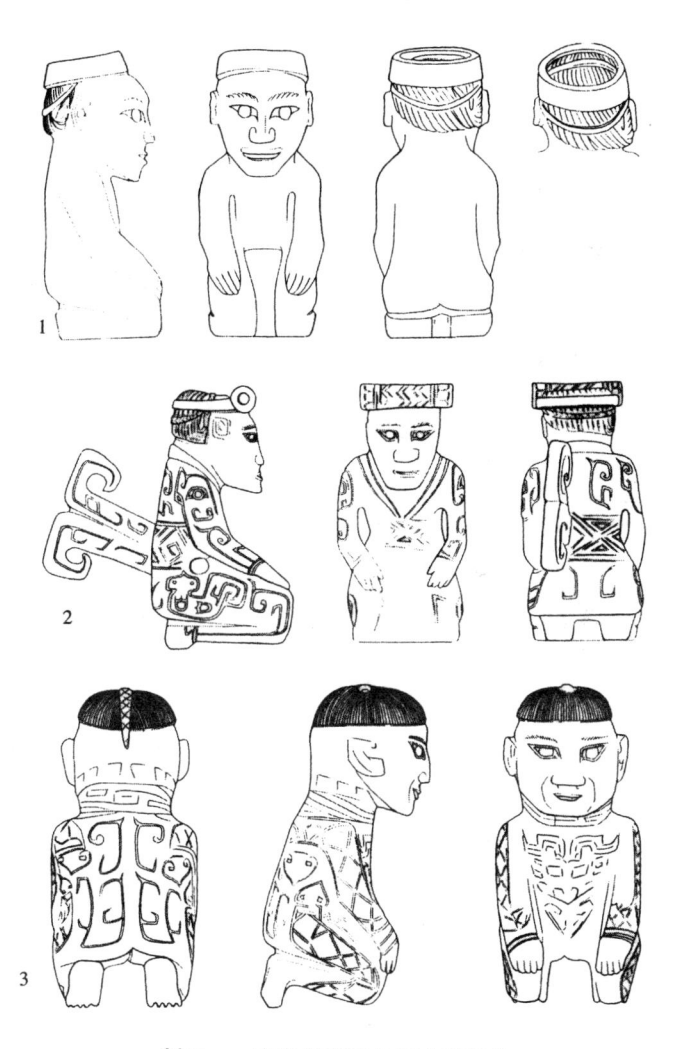

插图一 安阳殷墟五号墓人形雕像

1、3——石人 2——玉人

子头部加有装饰，与商代墓葬中大量发现的，刻有鸟形的骨玉笄比较，可得到些当时妇女发饰的基本知识。

故宫还收藏有两个商代雕玉青年贵族男女头像。男的帽子式样相同，女的上施双笄，两鬓垂发卷曲如蝎子尾，十分重要。因为在雕玉人形佩件中，男女都出现过卷发垂肩情形（插图二·2、3）。

插图二　殷代玉雕头像

1——高冠人首玉柄
2——青玉女佩（故宫博物院藏）
3——黄玉鹰攫人首佩（故宫博物院藏）

商代人民已经能织极薄的精细绸子和几种提花织物，在铜玉器上留下显明痕迹。若据本图中白石刻人像，一个衣带间作连续矩纹，既曾经反映于同时期铜和白陶器的花纹上，又与春秋战国人像衣着和雕玉纹饰及秦汉之际大空心砖边沿纹饰相通，应当是由织席发展而成的一种较原始的多彩锦纹（图二一·中上·中）。从发展作分析，这种彩锦即是后来唐代的"双矩锦"，宋代的"青绿簟纹锦"等一系列规矩图案锦的前身。西南兄弟民族中,如傣、壮、苗、土家族,直到如今,还有使用结构简单的小腰机,用丝、毛、棉、麻纤维作经纬,两手理经提花,用牛肋骨压线,织成各种毛棉规矩花图案的花边、被面、手提袋、花腰带等。连续矩纹的处理,和本图中石刻衣着花纹十分相近。另一石刻像,衣上作零散不规矩双钩云纹,和同时期碾玉做法相同,可能是绘绣花纹(图二一·中下)。

又据安阳发掘材料,死者头上发饰,有的多上耸而向后倾,上面除骨玉笄外,还插有一或数枚古琴式扁平玉簪(照《周礼》似名为"衡")和垂于额间成组列的小玉鱼。图中两种透雕曲璜式人形佩,头部也作成这种"满头珠翠"向后倾斜延伸式样(图二一·中左、插图二·1)。或即汉代以来记载天子所戴卷梁通天冠所本。但汉石刻千百种,所见梁冠,均作前高后卑式,无

(a) (b)

插图三　乳虎卣上的人形

相似形象可证。在壁画中出现时代更晚。即传说中的东王公西王母，也只在一二件汉晋间南方出土铜镜上作成这种冠式。惟北朝石刻及敦煌唐代壁画才有戴这种向后延伸卷曲、上缀金玉冠子的贵族形象，似多本于史汉《舆服志》叙冠服作的图解。近年出于新疆唐代墓葬中绸被上画伏羲、女娲像，也发现有戴这种向后卷曲古式冠子的。衣着同是短齐膝部。巧合似非偶然，宜有所本。隋代统一中国后，重定舆服制度，有帝王卷梁嵌珠玉齐天冠（或通天冠），但一般只是在唐道教于壁画间绘诸天星宿头上戴它，以后千多年却成为天子朝服之一，也是根据汉舆服叙冠冕制度而来。至于汉石刻壁画，反映当时上层人物

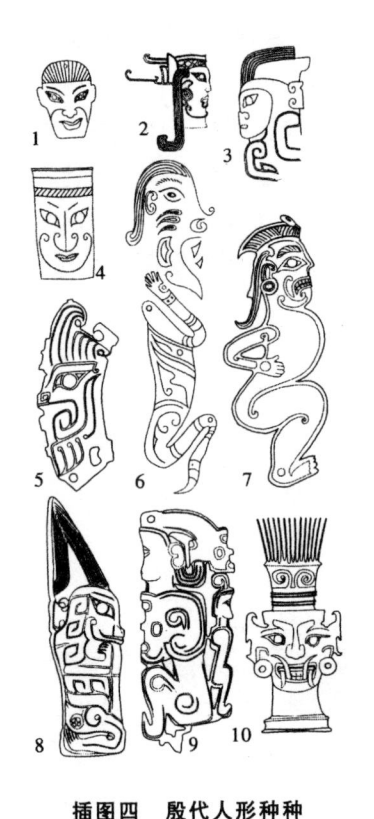

插图四　殷代人形种种

1、2、3、4、5、10——人面形玉饰

6——铜刀上所见人形

7、8、9——人形玉饰

生活相当具体，可是至今为止，从未有相近冠式发现。从插图部分玉片透空雕人形头上所见，则这种向后延伸的长冠，或于较早时用某种胶类将发胶固后，经过缠裹上缀装饰而成。立体玉人还少见。又男性发式，挽成发辫盘于头上再罩帽箍，已近通用格式。部分则发剪到头部，部分剪到一定长度后即加工卷曲（插图三、四）。从甲骨文字记载反映，殷商时期主要征伐对象有两

个，即西部的戎羌和东南的淮夷。至于荆蛮成为征伐对象，时间似较后。这些在玉、石、铜上的人物形状，可能有一部分正是各个敌对而又强有力的西羌和东夷人形象。特别是铜兵器上卷发人形，必有所寓意，不会是偶然出现的（插图四·6）。

六·周代男女人形陶范

　　山西侯马东周青铜冶铸场遗址出土。这些图像前后曾分别发表于《新中国的考古收获》和《文物》中。
　　原物是为铸造青铜器物座承用的。同时期或稍后铜器物都有发现。如中国历史博物馆藏青铜残余座承，作一佩剑穿云纹花衣武士。这些人形一般多作双手上举，如有所承托。（到汉代后，这类器物座承，才一律改用三熊代替，铜尊、铜斛、玉奁、釉陶仓、石砚，无不可以发现。）
　　图中男女都穿长只齐膝的上衣。时代相近出土物，还有传为洛阳金村韩墓发现的一个银人（旧称"银胡人"〔插图一〇〕），和一个梳双短辫衣下有襞折如短裙式青铜弄鹊女孩（图二九·上），和相传同出金村韩墓几个头戴小冠子铅铜制作的烛奴（灯座），及近年新出土的战国时青铜烛奴，衣着均同样长齐膝部，绕襟到背后，衣带多明确用丝织物编成，作蝴蝶结式，不用带钩。可知这种服式，是我国古代阶级形成初期，统治阶层人物尚未完全脱离劳动，为便于行动的衣式。由商到东周末春秋战国，沿用已约一千年，社会中下阶层始终还穿用到。有关"胡服"，若仅指衣式而言，这种小短袖衣，有可能原是古代中原所固有，影响及羌戎的。

图二三

上、下左——春秋——丝绦束腰、齐膝直裾短衣男子陶范（山西侯马牛村出土）

下右——战国——丝绦束腰、绣纹短衣、佩短剑青铜武士（山西长治分水岭出土）

几个人形的产生时代，从大量陶范花纹联系判断，当比赵武灵王采用"胡服骑射"时代早一些。和史传说的胡服相近，产生存在却较早。因为胡服虽无当时实物形象可证，较晚一点反映于汉代匈奴族青铜饰物上和汉石刻上形象，尚比较完整，同样还是小袖而衣长齐膝。在我国西北部，这种衣服式样，始终变化不大。直到唐代，突厥、回鹘族衣着，与此还极其相近。有的衣襟也同样向右作矩形倾斜，不到腋即直下。有的又作对襟式或改作圆领翻领，一般且多右衽。（即汉朝赠予匈奴君主之"锦绣衣"，南朝以来即成定制，特织的"蕃客锦袍"。唐代西蜀广陵每年均特别织造的蕃客锦袍，就出土实物看来，式样就始终相差不多。）

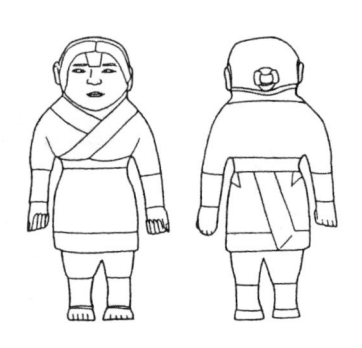

插图一〇　传洛阳金村韩墓出土银人

图中诸人形衣式，可能是夏商以来固有式样，并非来自西北游牧部族。因为武梁石刻作夏禹、颛顼等古人图像，就和本图人形衣制大同而小异。这些石刻衣着必有所本，绝非完全出于汉人臆造。近年安阳妇好墓新出几个商代玉石人形，小袖而衣长齐膝，都反映得相当真实具体。本图人形身上穿的那种连续矩纹的纺织物花纹，和商代青铜及白陶花纹均相同，近似当时两色或彩织花纹。另外一种有间隔条子式方折回旋云纹，商代方铜鼎和白陶壶上也均有同式花纹发现。这种相似，决不会是偶然的。图中诸人形腰间系的组带，是丝绦打蝴蝶结，而未使用革制皮带加钩，也值得我们注意。这种结带方式，可由《诗经》中"执辔如组"一语得到一点启发，明白当时御车手握缰辔部分，形象必与本图中组带处理相近。

春秋战国以来，儒家提倡宣传的古礼制抬头，宽衣博带成为统治阶级不劳而获过寄食生活的男女尊贵象征。上层社会就和小袖短衣逐渐隔离疏远，加上短靴和带钩，一并被认为是游牧族特有式样了。事实上所谓胡服，有可能还是商周劳动人民及战士一般衣著。由于出土材料日益增多，"胡服骑射"一语，或许重点应在比较大规模的骑兵应用，影响大而具体。

河南信阳二号楚墓出土彩绘青年妇女木俑（插图一一，正反侧面不同形象），刻削技术虽比较简质，衣著加工精细处，却为我们提出许多新问题。如领袖间，显明是用不同材料配合并用不同剪裁方法加以处理，形成完美艺术效果的。系腰的大带及绕襟而下的缘边丝织物材料，花纹也各不相同，图案精美谨严规整而多样化。由此可知，当时实物配色调和华美，也必然和图案组织完全相称。更重要的是，木俑胸前杂玉佩的几种组合方法，大大开阔了我们的眼界。因此明白，春秋战国之际，这一历史阶段新出现的彩琉璃和玉质明莹雕琢精美"麻花绞"式"蚩尤环"及大型玉璜的出现，组列成杂佩饰，应用设计，实多式多样，不拘一格。正如稍后一时人形容带钩应用"宾客满堂"视钩各异"情形相同"。

三礼旧说，对于古代玉佩制度的标准规格化，可能只限于礼制上应用。至于到了春秋战国，君子无故玉不去身，一面成为人格象征，一面成为玩赏事物时，不仅洛阳金村韩墓那一组佩玉，

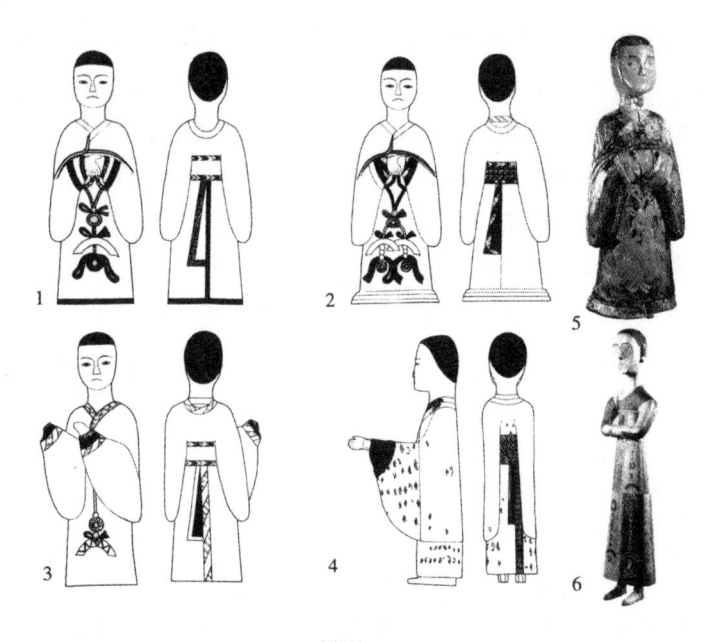

插图一一

1—6—— 楚墓彩绘木俑
5—— 信阳出土
6—— 江陵出土

即三门峡虢墓出土那一组佩玉,都不合制度。因为前者过于简单而后者又过于复杂。特别是河南辉县出土那一份玉物中琢工异常精美、两端兽头可以活动的大型白玉龙璜,和光彩夺目的彩琉璃及白玉蚩尤环如何组合成套,当时如何应用于人的身上,就难于设想。若就本图作例,会觉得这份珍贵装饰品的艺术效果,是完美无缺的达到理想的。

其中一大袖妇女衣上的残余花纹(插图一一·4),应是丝织物中的"绮绚纹",在楚墓出土残余实物中即有发现。在战国楚式青铜镜纹中，和马王堆汉墓出土彩绣衣料花纹中，同样间杂于云气纹中出现。据朱德熙先生意见，"绮"或"䋠"字，惟楚竹简出现过。这种大量反映于楚文物铜、漆及织绣特殊图案，可能实较早同出于楚国工人手中。

另一木俑（插图一一·6），为近年湖北江陵楚墓中所出。体态修长而衣式奇特。胸前两组佩饰并列而下，编缀制度极具体，和《楚辞》中所描写"篡组绮缟，结琦璜些"、"灵衣兮被被，玉佩兮陆离（琉璃）"情形正相符合。衣作交领小袖式，分块拼合如水田衣，左右对称但设色相反，与出土中山国玉雕人物棋格纹衣着貌似而实不同（参见插图九·2）。其形制或有所本，或近于春秋时的"偏衣"。《左传》闵公二年（前660），晋献公使太子申生师师伐东山皋落氏，"公衣之偏衣，佩之金玦"。注家云："偏衣，《晋语》亦作'偏裻之衣'。裻，背缝也。……自此中分，左右异色，故云偏裻之衣，省云偏衣。"这种服装，当时在中原地区不合传统法度，被视为"尨奇无常"招致不祥的奇装异服。故《周礼》：阍人职守之一是"奇服怪民不入宫"。但到战国时期，尤其在南方楚地则情形有所不同，文化上水平较高，礼制方面少禁忌，如三闾大夫屈原喜欢高冠奇服，年既老而不衰，楚文王好獬冠，便举国风行，因此服饰方面种种新的尝试就易于产生，也易于发展和流行。以此俑为例，衣着色彩的对比非常强烈，在各个方向上都富有远距离表达效果，很像今天登山、滑雪运动中的一类"标志服装"，应用上似有专门性质，当时社会服饰的多样化程度，于此可见一斑。

八·战国帛画妇女

此画长沙楚墓出土，现藏湖南省博物馆。是目前世界上较古在丝绸上作的一幅中国妇女画，艺术价值和历史价值都相当高。插图一四则为近年新发现一尺幅相近男子驭龙升天帛画，可能均属死者本人生前的面貌。

原图上部画有一双健翮凌云的飞凤，前侧有一个壁虎状龙形。因龙足不清晰，只摹一足。摹本展出时，有误以为系"夔一足"的反映，从而引申作解说。（插图一五）其实原画四足具备。这类装饰图案，是春秋战国一般性图案，反映到工艺品各方面，相当普遍。以在漆器上作的云龙凤图案，格外活泼生动多样化而富于艺术效果。

图中妇女作侧面行进状。关于服饰有几点特征，值得注意。

一、上作不规则云纹绣，旁加深色宽缘，在楚墓男女俑中都常有发现，可以用来证"衣作绣、锦为缘"，是春秋战国以至汉代贵族男女衣着通常式样（见图二六）。画的是人而不是神。《尔雅·释衣》称袖身扩大部分为"袂"，袖口缩敛部分为"袪"。本图所见，和信阳出土楚墓彩绘女性木俑（见插图一一）大致相同，式样也比较标准。小口大袖俗谓"琵琶袖"，汉代还

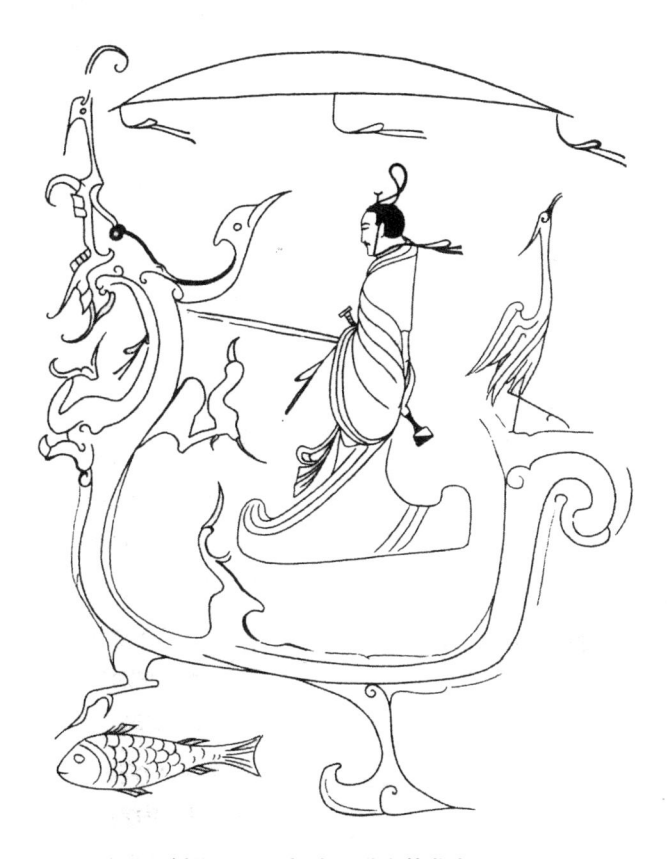

插图一四　长沙子弹库楚墓帛画

保持不变。照后来刘熙《释名》所说，有袖口的为"袍"，无袖口的为"衫"。这种衣服，不分男女，应当通称为"袍"。据发掘工作者提及，信阳彩俑出土时，是当成捧巾栉的侍女，二八列侍于大型镇墓怪兽两旁。是当成人加以比较真实反映，而不是当成神来夸张表现的。这幅帛画并不例外。

二、腰间束丝织物大带，不是犀比钩的革带。腰身束得极细

插图一五　战国——长沙陈家大山楚墓帛画
（据郭沫若《文史论集》图版一）

小，和长沙楚墓彩绘漆卮上的妇女形象相近，可证这种好尚已成社会习俗（见图二七）。反映具一般性，当时是作为美的标准而出现的。马廖疏引民谚"楚王好细腰，宫中多饿死"，暴露了当时楚宫廷部分现实。但细腰装束原不限于宫廷，新出较早材料如

图二五　战国——云纹绣衣、梳髻贵族妇女帛画
（长沙陈家大山楚墓出土）

金村几件玉雕舞女已足证明。（据信阳楚墓出土彩绘俑摹本看来，这种束腰带，有种种不同花样，制作得十分精美讲究的〔见插图一一〕。）

三、发髻向后倾，并延伸成后世"银锭式"或"马鞍翘"式样。时代相近妇女形象，有河南辉县出土战国小铜妇女俑，发髻处理相同。骊山出土秦代大型陶女俑，云南石寨山出土西汉末大型青铜妇女跪像,及另一奴隶主形象,发髻的位置、式样,都十分相近。可以说,战国初到西汉末,这种髻子式样及位置具一般性。

四、眉短而浓,显明曾加过工,和其他楚俑相似。可知《楚辞·大招》中用"粉白黛黑"形容当时女子化妆,既有区域特征,也具一般性。

附图另一男性帛画,作驭龙升天状。宽衣博袍,头上着薄纱高冠一片,和领下结缨,均若用极其轻薄丝织物作成。《汉书·江充传》叙江充以常服见武帝时,"充衣纱縠禅衣,曲裾,后垂交输,冠禅缅步摇冠,飞翮之缨",或有共通性。此图实本于黄帝升天传说为死者而作,图像应即死者本人。至于画幅中龙身后立一鹭鸶,龙前还绘一鱼,只近于点缀画面,看不出什么深远含意。

一五·战国鹖尾冠被练甲骑士

中国人用马作为坐骑，过去多据部分文献，以为起始于战国时赵武灵王。根据近半世纪安阳发掘报告，得知商代就已有人马共同殉葬，近于战骑或坐骑。惟一般马匹的应用，多限于驾车。

骑兵作战是古代游牧族习惯。先或使用于狩猎和驱逐侵犯牛羊的狼群。战国时，七国中原战事中，才有大规模新式骑兵出现，代替了春秋以来规模较小的兵车战，不久且成了作战的主力。这个新的装备特征是运动性加强，且有利于速战速决。《荀子·议兵》说楚军"轻利僄遫（速），卒（骤）如飘风"。又说"善用兵者感忽悠暗，莫知其所从出"。《战国策·齐策一》说齐军"疾如锥矢，战如雷电，解如风雨"，都形容战事中运动迅速的重要，与胜利密切相关。和《孙子兵法》上提及的"攻其无备，出其不意"，"始（静）如处女……后（动）如脱兔"的作战理论完全相合。

当时七国各有大量骑兵，并用它作迂回包围战。《史记·白起列传》称："秦奇兵二万五千人绝赵军后，又一万五千骑绝赵壁间。"楚有骑兵一万。都彰明显著影响战国成败。且主要战役进行中，用兵常以十万计，使用战骑也到万匹。指挥战事因之也成了一种高度艺术，产生了许多观察敏锐，头脑灵活，既富魄力，又能随机应变的专门军事指挥将帅。军事理论，特别是《孙子兵法》中的各种重要理论原则，正是在军事装备起了较大变化、争战频繁的这种历史现实情况下产生的。

图三二　战国——错金银刺虎镜上鹖尾冠、练甲、执短剑骑士
（传洛阳金村古墓出土）

惟最早骑士比较完整的形象，留下的并不多。图三二中骑士也还属间接材料，虽在猎取虎豹，还能说明部分问题。身穿手臂可以活动的用犀革加彩绘作成组甲或练甲，甲式长短和山西长治近年出土作为器物座承小型铜武士及长沙楚墓出土的彩绘木俑十

一五·战国鹖尾冠被练甲骑士

分相近。手执短剑，剑的长度也和侯马出土陶范战士腰间佩剑比例及图像所见形象反映相近（见插图二五）。特别重要处是头盔上插二鸟羽，可联系到史志相传赵武灵王"胡服骑射"中的"鹖冠"、"鹬鸘冠"，或和它有相通处。其所以用鹖尾，《古禽经》早有说明："鹖冠，武士服之，象其勇也。"又应劭《汉官仪》称："虎贲，冠插鹖尾。鹖，鸷鸟中之果劲者也。每所攫撮，应爪摧碎。尾上党所贡。"又《续汉书》云："羽林左右监皆冠武冠，加双鹖尾。"可证汉代或较早即已实有其事，汉以来成为制度应用，虎贲骑士即必头戴鹖尾，穿虎文锦袴。二千多年武将一系列头戴鹖尾形象，都由之发展而来。时间较后有北朝时宁万寿孝子石室二门卫，表现得且格外完整而具体。而在某些边远地区，由于地方出产色泽华美的雉鸟，在舞乐中或进行宗教仪式中，即早有大量战士或奴隶，头戴长长雉尾的形象出现。如云南石寨山古滇人铜鼓上的反映，就是一例（插图二九·4）。又四川出土的一件三角形戈上，也有一个头戴长长雉尾的形象出

插图二九·鹖尾冠

1——刺虎镜骑士　2——西汉砖骑士　3——宁万寿石棺门卫
4——石寨山出土铜鼓花纹　5——安阳侯安庄1004殷墓铜盔两件

现。从戈的形制比较分析，产生时代，可能还早过本图中骑士百十年。时人因此或以为系"巴渝舞"形象。这个舞的来源有二说：一为纪念刘邦胜利而作，一为参加武王伐纣的西南八个部族中巴、濮等族为庆祝胜利而作。"濮人"即"僰人"，居云南昆明一带。舞人图像有手执三角形戈及长盾，上还有长羽作为装饰，反映问题也较多。至于安阳出土的商代铜盔，有在盔顶中心部分作一管状物，若用唐代以来的盔上装置作比较，可能原来必插有一二支较短鹖尾或别的鸟翎，以象征威武或区别军中等级（插图二九·5）

插图三〇　秦蹲跪式步兵俑

（秦始皇兵马俑坑出土）

秦代大型陶俑甲士，是近年陕西临潼骊山秦始皇陵附近出土的一小部分殉葬品。规模之大，数量之多，为历史所少见。照《史记·秦始皇本纪》记载，始皇初即位，就穿治骊山。及并天下，即调用七十余万人，穿三泉，下铜而致椁，宫观百官奇器珍

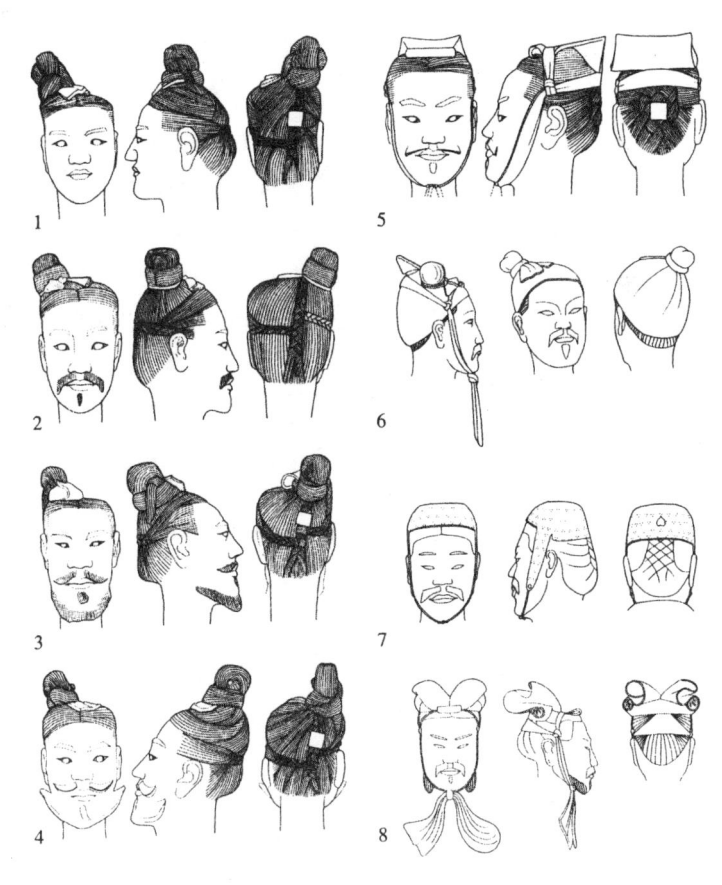

插图三一　秦兵俑中所见发式

（秦始皇兵马俑坑出土）

怪徒藏满之。以水银为百川江河大海，机相灌输。上具天文，下具地理。二世皇帝且下令把所有过万宫女及参预修建皇陵内部的工人全部殉葬，以免泄漏机密。这个陵墓，在汉时即有亡羊入墓穴，牧羊儿寻羊遗火焚毁，火烟数月不绝传说。但可以焚毁的，只限于竹木器用、建筑结构部分,其他遗存在另一时可望全部暴露于地面。有关秦代服制,只从《史记》得知,秦迷信过去阴阳五行家说,以水德而王天下,因此服制尚黑色,指的或只是帝王本人郊祀礼仪中使用,和当时其他人无关。这份数以万千计的陶俑,从实物看来,未能证明曾用黑涂饰过。可能是就地烧成后就地加工上色,于始皇葬后就加以封盖,因此保存得十分完整。衣甲特征反映得十分具体,部分在甲片上还另加组带,重在增加其强韧与灵活性。甲片较大,式如后来的两当,肩部虽加覆膊,式样极短,只能对肩部起保护作用。总的说来,制度实比较简单(插图三〇)。脚下穿的和汉代钩履相近,前端较长而微作上曲。头部巾裹多式多样,巾子包头较前简单,兜鍪近于用皮革作成,有一种近似冠子的,或属于中下级武官身份,有待进一步分析。最特别的是一般步兵,发髻多向上耸而略偏右(有的或偏左),编结之复杂到不可思议(插图三一)。是否和当时军事组织或所属番号有关,不得而知。惟步卒衣甲,与近年在湖北随县曾侯乙墓出土漆甲、河北满城汉初刘胜墓铁甲联系比较,特别是个值得研究的问题。

二八·汉代舞女

下图据广州东汉墓出土舞俑,及绍兴出土青铜镜子舞女图像摹绘。

图七四

上左——汉——戴花冠、长袖衣舞女彩绘陶俑(广州东汉墓出土)
上右、下——汉——长袖衣、细绢裙舞女(浙江绍兴出土铜镜纹饰)

左上图舞女，衣汉式袍服，举手作舞容。惟在特高大髻花冠上满插珠翠花朵，衣左衽，大袖长袍，在两汉出土绘画陶俑中为少见。制作虽较简质，衣着结构组织却相当完整。另三图均为江浙一带出土西王母神像镜子所见"天女"、"玉女"形象。这类镜子产生时代虽或晚到魏晋之际，衣着却是汉代式样，长袖见时代特征。舞容显得活泼利落。特别如右上图所反映，袖口宽博，随即骤为缩小（如较后戏中舞衫海青褶子）。大袖口里则折叠得整整齐齐可以伸缩自如之"水袖"，并另附一近于飘带式样极长巾子。用大带束腰，右腰侧系一丝绦，末端悬几个小铃，在舞旋中必发出细碎响声。衣下作重叠襞折，便于在急骤旋转中展开。下著阔边大口裤。全部造型完美而调和，在汉代舞女形象中别具一种健康清新风格。在西王母座前出现，显然和越巫密切相关。徐坚《初学记》卷十五引《夏仲御别传》称："仲御从父家女巫章丹、陈珠二人，妍姿冶媚，清歌妙舞，犹若飞仙。"可知这种女巫必能歌善舞，而且必长得艳冶娟秀，名分上才能事神，事实上却重在使观众倾心。

巫在中国古代原始社会中，即有"先知者"特别地位，行为又和舞不可分。进入奴隶制社会的商周时，还是医巫并提，祭祀娱神，解祟禳灾，均必用巫。平时社会地位且比纯技术性的医还高一些，和奴隶主关系也格外密切。虽在天灾人祸来临，民心惶惶，奴隶主感觉到政治上会发生影响时，为转移责任，照例采焚巫曝觋方式，用这种人作替罪羊，缓和政治上危机。但正因此，巫的社会作用，却始终保存下来。

秦汉以来，社会组织虽进入封建制成熟期，朝廷却因循古代习惯，设有九巫，各主不同神祠。九天巫、云中巫、楚巫、越巫等等，在法律上既得到认可，宫廷里数以万千计的宫女信仰中，亦有一定位置，因此争宠夺权，巫蛊狱事不断出现。当事者虽经

插图四六　汉代舞女

1——南昌东郊西汉墓象牙饰舞人
2——北京大葆台西汉墓玉舞人
3、4、5——铜山西汉崖墓玉片舞人
6、7——玉舞人
8——武威磨咀子汉墓漆樽图案舞蹈部分

常在残酷刑罚中死去，巫的地位势力却并未丧失，依然在政治上受利用，起作用。在民间，也始终有广大信徒。武帝刘彻好神仙，迷宫燕齐方士巧佞谎言，以为炼成黄金不死药，即可以长生不死。东汉以来，社会有了进展，宫廷中巫鬼政治势力日益衰退，南方民间杂神祠却特别加多。人民椎牛酹神，饮食歌舞，举国若狂。邯郸淳作《孝女曹娥碑》，即叙述到曹娥的父曹盱，"能抚节弦歌，婆娑乐神"。因逆潮迎伍君神而溺死上虞江中。绍兴出土镜子，即常有伍子胥神像。内中以西王母神像镜最多而制作极精。镜中舞女，多作在西王母前歌舞情形，反映出祀神用年轻美貌女巫歌舞的社会现实，和《夏仲御别传》记载可相互印证。

插图四六中诸舞女图像，作为佩饰用牙玉作成，舞容多呈静止状，一手上举，一手下垂，具一般性。或系因为牙玉佩件原和礼制相关，《周礼》注人舞，"以手袖为威仪"。同时且受使用材料限制，因此不免文静中见板滞，欠活泼。反映于砖印石刻宴会乐舞中图像，才潇洒自由，给人以随风转折双袖飘举感。至于两汉文人诗赋中的舞姿形容，则惟在彩绘中才能给人以一种翔鸾舞凤飞燕惊鸿眩目动人印象。

三六·长沙马王堆一号汉墓中几件衣服

下图取自《长沙马王堆一号汉墓》图版部分，说明参考前书六十六页关于"曲裾袍"叙述。

图八二

上——汉——信期绣锦缘绵袍（长沙马王堆一号汉墓出土）

下——汉——印花敷彩纱绵袍（长沙马王堆一号汉墓出土）

这个墓葬文物，内容异常丰富，包罗万有，是解放以来近三十年出土西汉古墓葬保存得最完整的一份重要材料，可供治文史、艺术、医药、卫生、饮食、器用等等有关专家学者进一步深入研究。若能联系同时及先后传世出土有关材料作比较分析综合，显然将给人以十分有益的启发，可望促进文史研究工作摆脱旧有过时的以书注书的孤立方法，充分从这个新的物质文化成就宝库中，取精用宏，得到崭新的进展。

仅就衣式为例。据报告，老妇身上保存完整衣服计十二件，内中有九件均属曲裾。此外半已残毁的衣料中，还有四五件也属曲裾衣式。这显明是按照《礼记》上说的"深衣"式样裁制而成。衣样尺寸虽不尽与文献叙述相合，即在同墓这份遗物中，式样也并不一致。但是同属随襟旋绕而下，却大同小异。即此一点，已足证明宋人聂崇义的《三礼图》作的深衣剪裁式样不足信。千年来，博学宏儒关于这个问题的研究讨论，也因此全落了空。

这些曲裾袍特征多是方领、曲裾、衣襟下达腑部，即旋绕于后。乍一看来，不免感到十分新奇，认为这又是一个新发现。事实上却是早已有之，文献上早就提起过。各持一说的商讨，且已进行了两千年。因为照习惯，各自引书证书，总归得不到定论。所争的是五个字中的一个字，即扬雄《方言》中提起的"绕衿谓之帬（即裙）"的"衿"字。或以为"衣领"，或以为"衣襟"，注释家不厌其烦引经据典反覆求证，可无人注意到这一句话的全部含意。问题的症结是"裙"在扬雄时代或较早，究竟是个什么样子，始终没有人注意过，也没有人知道。因为人人都自以为对于"裙"认识得十分清楚。尽管人们非常熟悉乐府诗里的"缃绮为下帬，紫绮为上襦"，"何以接欢欣，纨素三条裙"，且能称引《东宫旧事》中提到的太子纳妃时衣服中有单裙、复裙，还同时注意到，近年出土魏晋间和稍后墓葬出土的铅板和木简牍上常有相近文字提及的衣裙名目。但是都不明白裙的应用忽然大量出现的原因，也绝对说不出裙子的式样和汉晋前后有什么不同处，更绝不会联系到"绕衿谓之裙"五个字上去。因为一联系追究，那就更难于理解了。其实一接触实物，问题就得到了解决。首先将会承认衣领不能绕，衣襟才能绕，正如附图中附注所说，绕向后边，通叫做"裙"。原来如此，简单之至（插图五四、五五）。

插图五四　马王堆一号汉墓帛画中部墓主人及侍从像

以目下出土图像知识判断，大约在春秋战国之际，信阳楚墓一份彩绘木俑，反映得已十分明确清楚。长沙出的彩绘俑时代稍后一点，式样还是相差不多。长沙出的几件西汉前期实物，和大量尺来长彩绘俑，还证实了古代说的"衣作绣，锦为缘"的事实。洛阳金村战国韩墓出土的几个玉雕舞女，则说明这个衣着制度，在战国或更早些时实具共通性，并不是孤立事物。山东济南无影山西汉墓中一组彩绘伎乐俑，那个舞女穿的同样是旋绕而下。即在两旁七个大袖博袍近似《国语》所说"瞽诵故记"的讴歌盲人，衣襟也还是向后旋绕而下。山西和长安出的两个妇女

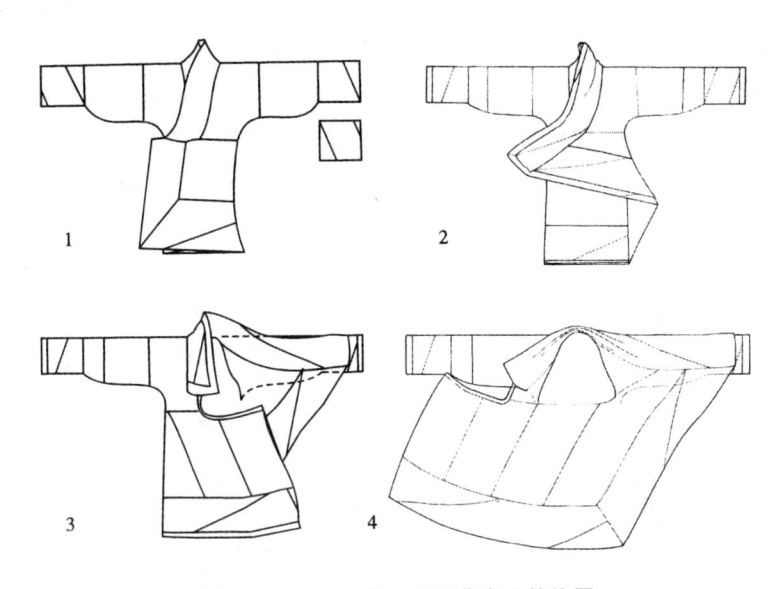

插图五五　马王堆一号汉墓出土的袍服

1——印花敷彩纱绵袍（329—13）表面结构示意

2、3、4——信期绣绵袍（329—10）表里结构示意

俑，和湖北江陵出的几个彩绘妇女俑，几乎无例外衣着全是旋绕而下。不仅妇女这样，男子也不例外。（也可说"连衣裙"的产生，原来出自中国战国及汉代，是当时社会上一般普遍服用。参见图五六、五八，插图九·1、插图一四——一七。）

长沙马王堆虽然也出了两件绢裙，北京近郊出的小件雕玉舞女，和东汉砖石刻画歌舞伎图像，也常有和后来相差不多的裙样出现，但旋绕而下的式样，却始终是主流。至于它的改进，使上襦和下裙分开，单独产生存在，必在头上冠巾、身上衣服式样大有改变的魏晋之际。干宝《晋纪》说的衣裙上俭下丰，和《东宫旧事》记载的太子纳妃单复衣衫裙，都可证明裙在各阶层妇

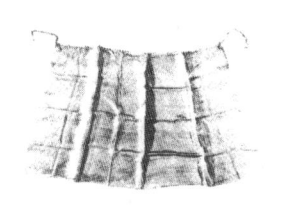

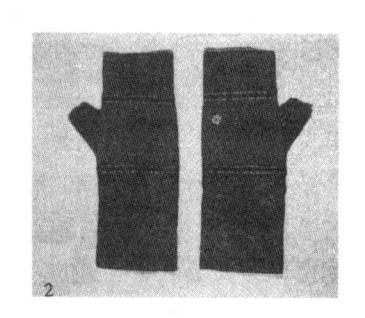

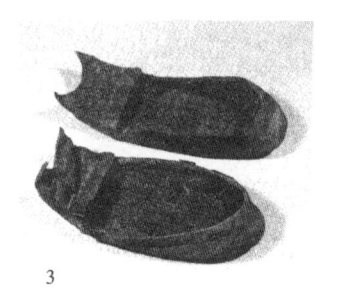

插图五六　马王堆一号汉墓出土的衣物

1——单裙　2——手套
3——青丝履　4——夹袜

女间应用的广泛。而谈及某某衣衫时，必附加有某某不同色料的结缨，也说明衣襟已改变为由腋直下，才用得上附于腋下的结缨。而这种结缨方式，则直应用到宋、明、清初，才陆续为纽扣所代替。

马王堆一号汉墓出土实物，除大量精美丝绣袍服外，尚有两件绢裙（或称作单裙），各以四幅素绢竖并而成，下宽上窄，当腰处用绢条横约并于两端留出系带。就随葬衣物来看，此应是一种衬裙。又有青丝便鞋四双，显明是死者生前用物，鞋前端昂起二小尖角，实稍后双歧履的前身。又有短统夹绢袜两双，袜口附有二带，可以系缚足跟。又有露指手套三副，制作十分精巧，一为花绮加绣云纹作成，一为花罗作成，一为朱色花罗作成，上部均附有极窄薄丝绦缝上加固，绦上还织有"千金绦"三隶书，见出当时使用并不全在御寒，实较多具装饰作用，可补历史文献所不足（插图五六）。（这种露指手套，在湘中至今还流行民间乡村中，所重则在严寒里犹不妨碍工作，可知有些属于生活上实用器物，古今相去不甚相远，亦常理也。）

三八·东晋竹林七贤图砖刻

近年南京出土，据南京博物院藏拓本照片摹绘。

图八五

东晋——着衫子、巾帽、螺髻或散发、弄乐器隐士

（南京西善桥出土竹林七贤和荣启期砖刻画）

图中除竹林七贤外，还有个晋人欢喜称引的古代贫穷高士荣启期，共计八人。从艺术成就而言，图中人物面貌神情活泼而自然，艺术风格相当高。唐张彦远《历代名画记》即载有顾恺之作阮咸像、荣启期像。又顾自作《魏晋胜流画赞》，有"七贤，惟嵇生像欲（"犹"或"尤"）佳。其余虽不妙合，以比前竹林之画，莫能及者"。当时作《七贤图》的，还有史道硕、戴逵等，或较前，或同时。顾恺之本人也不止画过一次。这个砖刻浮雕画迹，可说是研究晋六朝几个著名人物画家艺术风格和成就的第一手重要材料。衣着也是当时南方士大夫通用的巾裹衫子便服。如把它和时间略后有关这个主题的材料同看，显然还会得到许多新的认识、新的启发。

史称西晋山涛、阮籍、嵇康、向秀、刘伶（图作刘灵）、阮咸、王戎七人，常集于竹林之下，肆意酣畅，世称"竹林七贤"。当时和稍后用这故事作主题画的不少，作赞作诗的也不少，赞美的多有"不为礼俗所拘"的称许意思。反对的如《晋书·五行志》所称："惠帝元康年中（公元291—299年），贵游子弟相与为散发倮身之饮……希世之士，耻不与焉。"同时或稍后还有许多人作《竹林七贤论》，当成个讨论题目，有褒有贬。《隋书经籍志疏证》辑引了些遗文片断。总的反映出一个问题，即这类封建士大夫阶级一些落拓不羁的行为，有受老庄思想影响消极的一面，也有不满现实腐败政治的一面。因此对于以后千多年封建社会读书人的思想、文学、艺术影响极大。有关衣着方面，则本画可和史志记载相互印证。这个画迹近于写意草稿，不及《女史箴图》布局严整，也不如《北齐校书图》用笔精到。比其他七贤图材料却早一些。人物形象，衣着式样，更接近东晋以来的社会现实。

图中诸人都近于袒胸，七人赤足，一人散发，三人梳丱角髻,四人着巾子。三人面前有装酒的鸭头勺(或称凫头勺),二人正举羽觞,二人抚琴,一人擘阮,一人手指顶着个如意玩。巾裹及生活方式,都正是有意描写"相与为散发倮身之饮"及"肆意酣畅"不为世俗礼节所拘情形。器物也是汉晋之际式样。两个七弦琴都刻得简单而具体,可与传世《斲琴图》、《北齐校书图》所见琴式比较(图九九)。阮咸手中的乐器,是目下所有同式乐器形象最早的一具,用竹签子弹拨,也是过去不知道的。北朝画塑形象多用手拨,所以称"擘阮"。同式丱角儿髻,在成人头上出现,除《女史箴图》有一射鸟人,还有《北齐校书图》一坐胡床文士。藉此得知,前人把校书图题作《勘书图》或《文会图》,说是顾笔,也有一定道理,因为衣着器物时代相去均不甚远,特别是成人头上丱角处理很相近。

几个人穿的衣服,照刘熙《释名》,应当叫衫子,和汉代袍不同处,是衣无袖端,敞口。《释名》并以为即扬雄《方言》说的西汉以来陈、魏、宋、楚的"襜"或"单襦"。这个说法还值得研究,因为两者得名含义微有不同。汉人单襦,一般袖口总比较小些。

晋《东宫旧事》称"太子纳妃,有白縠、白纱、白绢衫,并紫结缨"。晋《修复山林故事》称:"梓宫有练单衫、复衫、白纱衫、白縠衫。"可知当时是上中阶层通用便服。衫有单夹,不论婚丧均常用白色薄质丝绸制作。

画中几种巾裹相当草率,也相当重要。《晋书》称:"汉末,王公名士,多委王服,以幅巾为雅。是以袁绍崔钧之徒,虽为将帅,皆著缣巾。"《晋书·五行志》称:"魏武帝以天下凶荒,资财乏匮,始拟古皮弁,裁缣帛为白帢,以易旧服。"又东晋裴启《语林》称诸葛亮"羽扇纶巾"。白纶巾、紫纶巾颜色材料即或不同,式样必大致相近。汉末《郭林宗别传》:"林宗尝行陈梁间，遇雨，故其巾一角沾雨而折。国学士著巾，莫不折其角云。"又《豫章记》："王邻隐西山，顶菱角巾。"又诗人陶潜有葛巾漉酒故事，在较后画图中这些巾子均不断有反映。可知汉晋之际，或因为经济贫乏，或出于礼制解体，人多就便处理衣着，终于转成风气。武将文臣，名士高人，着巾子自出心裁，有种种不同名目。如把本图中几种巾子和较后的《北齐校书图》、《列帝图》、《高逸图》，以及反映到唐代越窑瓷和青铜镜子及螺钿琴上的竹林高士形象、荣启期形象、墓中砖刻壁画《竹林七贤图》、长安石刻《七贤图》、敦煌初唐壁画《维摩图》、诸葛武侯像、陶靖节佚事画像、元人作归去来图等等头巾同看，古代所谓"帢"或"幍"，以及"折角巾"、"菱角巾"、"纶巾"、"葛巾"，都可从比较中得一明确形象。也可从文图互证中，判断许多画迹产生相对年代。

荣启期事见《列子·天瑞篇》，称孔子见其老而贫，披裘而带索，美其乐天安命。晋人皇甫谧《高士传》中，他就占一个重要位置。陶诗也有"九十行带索，饥寒况当年"句，诗意本来应当是用草绳作腰带，图中画的却在结得很有款式的腰带上，另外挂一串绳索，近于蛇足。或许陶潜看到的荣启期，是另外一个画像。当时作荣启期画像似不止一人，不止一图。

又本图荣启期像为披发，与沂南汉墓石刻之苍颉图像、邓县画像砖墓砖浮雕之浮邱公及南山四皓图像均同作披发状，有"不臣事于王侯"寓意，亦即李白"散发弄扁舟"诗意所本。《竹林七贤图》照记载如更写实些，应为散发倮身才符合。作图用丱角髻和赤足表现，似注重到较容易为当时人接受。

四一·南朝斲琴图部分

采自《斲琴图》。原画藏故宫博物院，以为宋人摹顾恺之，说的十分笼统。前人著录中有题顾恺之绘的，也缺少具体分析。

图八八

晋——着巾子或小冠、褒衣博带、高齿屐隐士和大袖衣、袴褶、执羽扇、方褥、书卷、如意侍从（南朝人绘《斲琴图》部分）

画的是制造七弦琴施工过程。画意或用嵇康作琴故事，能反映人物气度性格，富于写实感。主人冠巾着顶上，照形制说，图中策杖高士，所着小冠多玉石作成，中空，可纳椎髻，用白玉簪由后贯入把小冠子和发髻固定。巾子是魏晋之际才流行的帽，作波浪形，用缣帛作成。下部为一般幅巾，无一定式样。策杖高士穿的是由汉代双歧履进展而成的高齿屐，身边仆从也不例外。衣服宽博，大袖几及本人半身，未成年仆从也袖大过二尺。衣袖摺纹整齐对称，和南北朝石刻造像处理技法相通。这类衣服式样，当时受魏晋清谈影响，求潇洒脱俗，有意仿古。联系史传叙述，加以比较分析，画的产生年代，必晚于顾恺之数十年或百年。和《竹林七贤图》产生时间相近或稍晚，应当是齐梁之际画家作品。

《晋书·五行志》称："晋末皆冠小而衣裳博大，风流相放，舆台成俗。"《宋书·周朗传》也说到："凡一袖之大，足断为两，一裾之长，可分为二……宫中朝制一衣，庶家晚已裁学。"可知衣袖宽博，上下成俗，风气始于东晋末年宋齐之际，流行于梁陈。顾在东晋初，实在来不及见到。北齐颜之推《颜氏家训》称："梁世士大夫皆尚褒衣博带，大冠高履。"又《勉学篇》嘲讽纨袴子虚矫处时还说及"梁朝全盛之时，贵游子弟多无学术……无不熏衣剃面，傅粉施朱，驾长簷车，蹑高齿屐，坐棋子方褥，凭斑丝隐囊。列器玩于左右，从容出入，望若神仙"。并说到变乱时这些人毫无能力，全是一些驽材。其实这个时期不仅南北好尚相同，即远到敦煌，也差别不大。真是万里同风！不仅男人这样，妇女也这样。不仅现实社会这样，即龙门石刻、敦煌画塑，几乎到处可以发现。不同处只是在人身上，近于有意模仿高雅，表示潇洒脱俗，在佛像身上，企图增加庄严感，骗人迷信而已。宗教性雕塑，反映社会习俗，关系相当密切。

《颜氏家训》说起的四种齐梁时髦事物，"长簷车"前人附会为长辕，以为行动轻便，实近猜谜，千多年来不得其解。事实在石刻、壁画、陶明器上，都有大量形象反映，只是前后车簷极长，有的还在车上另加罩棚，把车棚和牲口一齐罩住。当时驾车照习惯以牛为主，间或用马，如敦煌北魏《九色鹿经》故事画中所见。南朝则因缺马才用牛，出土明器即多用牛。并且牛也极珍贵，有蹄角莹洁如玉，价重千金，称"金犊车"。车辆制作特别华美，小牛特别壮实，应数隋代。到其后隋唐官制中，妇女出行乘的"油碧车"还是用牛。

高齿屐宜如图中所示样子。指的应是履前上耸齿状物，从汉代双歧履发展而出。不是高底下加齿。在大量南北朝画刻上，还从未见有高底加齿的木屐出现。"斑丝隐囊"，隐和稳同义，隐囊即"靠枕"。后来叫"引枕"，不免大失原意。《北齐校书图》、龙门石刻及敦煌壁画维摩图和传世《高逸图》，都有形象可以发现，一般作鹅蛋形。《北齐校书图》中一女仆手中所抱隐囊最具体（见图九九）。明清帝王宝座另有靠垫，扶手因而改为四方形或十二面灯笼状。"碁子方褥"是随身坐具，材料用的大致是西北生产的高级毛织物花罽，别名氍毹、毾㲪，细致柔软，五色兼备，西汉以来就是贵重用品。西汉初法令禁止商人衣罽。东汉班固文中，有致班超信，说窦侍中托他购西域细罽十余张，费钱数十万。晋南北朝总还是锦罽并称。《邺中记》曾提及豹文罽、鹿文罽、花罽。平时由身边侍从携带，对折成长方形，挟于胁下，遇需要时一打两开摊在地上或"独坐"小榻上、《洛神赋图》、邓县砖刻和本图，都可发现（见图九一中）。一般宜为对折式，本图侍者所持画成一卷，若非误绘，可能原本系熊鹿豹等兽皮垫褥，因为图中其他部分，即尚有各种不同材料作成的茵褥。特别是高人隐士图像，用虎豹熊皮为常见。

四七·北朝景县封氏墓出土男女俑

图九四左一人所戴,和后世风帽相近,后垂披肩,穿当时流行小袖袴褶。虽加披风式罩衫,全身有障蔽,或许不算"接离",因只有风帽与披风相连,笼罩全身,方称"接离",且是妇女使用的。

本图中间一男子戴小冠子(或介帻、平巾帻),穿交领大袖袴褶服。

干宝《晋纪》称汉末晋代流行小冠子,仅簪于顶上。从出土大量材料分析,主要变化却是东汉习见前高后卑高耸梁冠的梁已不再用,而余下帻部越缩越小,这缩小部分实属于略有变通的平巾帻或介帻。本图形象和河南邓县砖刻形象可证。袖口特别宽大,照史志以为起于东晋末年,则显明和小冠子同受南朝风气影响(参阅《斲琴图》说明)。属文官侍从性质。

本图右边为一女官,戴北朝特有漆纱笼冠。(也有叫笼巾的,直沿袭到唐初。后来宋明两个时代的笼巾,还是从它发展而成。)衣交领大袖衫子,长裙外著,且提得极高,已启隋代裙式。

同类几种型式的男女俑,从北朝中期开始,还经常发现于隋

图九四

左——北朝——着披风、袴褶从官陶俑（河北景县封氏墓出土）
中——北朝——小冠子、袴褶文官陶俑（河北景县封氏墓出土）
右——北朝——戴漆纱笼冠女官陶俑（河北景县封氏墓出土）

墓中，有的又和其他时代较近的形象相混合。由此可知：一、由东魏、北齐、北周到隋代，男女官服衣着还多承定都洛阳改定服制以后习惯，虽有变化，并不太多。二、凡属墓俑，多系照习惯安排，朝代虽改，墓葬中为死人应用的器物衣着却不马上都改变，但在当时的现实社会中，也可能已经不再出现，甚至还有故意把前一代贵族衣着，加之于新朝仪卫侍从婢仆身上的。贯穿整个封建制社会，各朝代均有相同情形。如新出土明初藩王诸陵

（朱檀等）墓中大量仪卫俑，就有衣着实宋元官吏，持仪仗作马夫形象。这点认识对于我们从墓俑研究古代衣服制度，有极重要意义。应辩证地作分析，且必需作综合比较，特别是南北朝交错时，衣服制度的变化和政权转移经常有不一致处，这种种情形，应当明白。因此，多样化实是必然，而不是偶然。所有引例都不免有一定局限性，难于以一概全。

五三·北齐张肃俗墓出土男女陶俑

原物藏中国历史博物馆，山西太原北齐张肃俗墓中出土。

图一〇〇

左——北齐——双髻、短衣、袴褶侍女彩绘陶俑（太原圹坡张肃俗墓出土）
中——北齐——双髻、上襦、袄腰长裙侍女彩绘陶俑（太原圹坡张肃俗墓出土）
右——北齐——戴巾子、袒臂、袴褶男侍彩绘陶俑（太原圹坡张肃俗墓出土）

右图男子衣小袖齐膝袄子，大口袴膝下加缚，头上巾裹系结发于顶，用帕头搭盖，另用小带子扎定，可说是唐代幞头的先驱。中图妇女衣小袖合领长袍，腰间垂裳如腰袄，头作双螺髻，已近隋式常服。左图妇女着大袖合领衣，大口袴，膝下加缚，这个式样和男子一样，在当时都应当名叫"袴褶服"，为便于骑乘而作。但到唐代后，女性却已经穿条子卷边波斯式长裤，不再使用这类衣制。

东晋以来，久住中国华北和西北的羌羯鲜卑诸部族，进入陕晋燕豫，百十年中此兴彼起。一面是民族矛盾尖锐剧烈，中原生产力受长期战乱影响，破坏极大；另一面是各族人民文化，包括有关生活起居服用种种，相互截长补短，日趋融合。以衣服材料而言，毛织物即显著有了增加。汉魏以来，主要还只把它作为氍毹使用的，这时已代替一部分锦绣地位。《晋书·五行志》称两晋时，人民即喜用氍氀作帕头、络带和袴口。袴褶服更多用毛织物作成。饮食方面又流行"羌煮貊炙"，吉凶筵会，都少不了。据《东宫旧事》记载，太子纳妃器物中，即有专为吃羌煮貊炙的"朱漆貊炙槃"，"朱漆貊炙大函"等物。由此得知，当时社会生活时尚，已由民间影响到宫廷。北齐颜之推作《颜氏家训》，还提及炼胡桃油作画、习鲜卑语，为一时社会时髦，实和生活出路关系密切。《北史·祖珽传》也说到会熬胡桃油作画。宽衣博带本是中原旧俗。魏晋以来，诸军事领袖，也多以幅巾为雅，临阵指麾，还不着甲胄，如裴启《语林》述孔明纶巾羽扇指麾军事，成为有名故实。到东晋六朝，士大夫更加提倡，但到"临戎"、"戒严"，求便于骑射行动，也就接受了北方游牧族通行的两当铠袴褶服。大江以北则于苻坚石虎时，已采用汉式舆服，早先或者还只能说是为少数统治者用壮观瞻炫惑人民。自魏孝文帝由武州塞迁都洛阳，用法令推行汉化后，服饰、语言、文字，无不改易，姓名也由皇族帝室作起，照汉人习惯改称元氏。

这样一来，社会文化各方面的融合，更为显著。

史传喜说唐代"胡服"，一般特征男性多指浑脱帽、圆领（或翻领）小袖长仅过膝衣衫，女性则为条纹卷口长袴、透空软锦鞋。事实上在北朝后期这种种式样即已在画塑中常见，男性衣着更普遍。麦积山北朝塑像一小童，衣帽即已近唐式。至于来源，唐人史志记载多较简略，且有附会处。从南北史或《隋书》记载中，反而可明白得多些。

"武兴，本仇池……著乌皂突骑帽，长身小袖袍，小口袴，皮靴。""高昌……著长身小袖袍，缦裆袴。""滑国……人皆善骑射，著小袖长身袍。""渴盘陀国，于阗西小国也。风俗与于阗相类。衣吉贝布，著长身小袖袍，小口袴。""末国，汉世且末国也。土人剪发著毡帽，小袖衣，为衫则开颈而缝前。""蠕蠕……辫发，衣锦小袖袍，小口袴，深雍靴。齐建元三年……献狮子皮袴褶。""匈奴宇文莫槐，出辽东塞外……妇女被长襦及足，而无裳焉。"

入居中原西北方诸民族，此兴彼落，前后相继约两个世纪，衣食住行相互影响，极为显著。到隋代统一时，为团结诸部族统治者上层，有以数万计（甚至于以十万廿万计）的蕃客胡人，集中长安定居或转迁南方。所以谈唐代"胡服"，史志说始于开元天宝间，实由《五行志》习惯附会政治而言。说由宫廷而影响一般社会，也不尽可信。事实上，如联系历史文物分析，说它和汉、魏、晋、南北朝前后约三四个世纪的民族文化生活相互融合不可分，有个长时期的影响，才比较符合历史情况。

五六·隋李静训墓出土男女陶俑

图一〇四陶俑。现藏中国历史博物馆。

图一〇四

隋——男女文武侍从陶俑（西安西郊李静训墓出土）

据出土墓志记载，墓主是贵族小女孩，隋大业四年（公元608年）九岁即死去入葬。男女群俑均围绕青石棺侍立，宜属当时内官仆从、婢女、武卫、文吏等。部分男女衣服犹如河北景县北朝墓出土俑，着披风或袴褶服（图九三）。妇女发饰和敦煌壁画所见相同。大袖衣，长裙，垂带，发作三叠平云，上部略宽，仍近隋式一般样子。武卫着甲，持长及半身的步盾。另一年青文吏着袴褶服，顶晋式小冠子，是北朝所习见公服装饰。

除妇女外，其余均保存北齐以来习惯，无特殊变化。这一点相当重要。因为《隋书·礼仪志》重定服制，主要在社会上中层官服有个统一式样，实总结汉晋南北朝以来有关舆服叙述，加以概括，截长补短而成。由此得知，事实上两晋南北朝时流行衣着部分还在应用。彼此虽小有差异，基本上是相同的。唐代所谓胡服，实从北朝即已流行北方的通常衣着，加以发展而成。影响较大，当在隋唐之际。《步辇图》中执掌扇抬腰舆诸宫女，可看出过渡期式样（图一一五）。这些数以万计从民间掠来的宫女，照史传记载，多属隋代原有宫人。所以衣着区别实不大。一般趋于瘦长，发式装饰较有明确变化，向偏高发展，唐初李寿墓壁画中贵族妇女开始有明确反映。

六八·唐人游骑图部分

图一一七原画藏故宫博物院。

图一一七

唐——着幞头、圆领衫、乌皮六缝靴、骑马文人和随行仆从
(《唐人游骑图》)

或题《宋人作唐人游骑图》。从幞头衣着和马匹装备等看

来，是典型盛唐开元天宝年间式样，因为唐式马匹定型及鞍制的确定，都是这个时候。马鞍后桥两侧，各有五个杏仁式小孔，系五个绦带，长及马腹作为装饰，称"五鞘孔绦带"制。本图处理无丝毫误差。幞头式样略向前倾，也反映是开元天宝间常式。

照史志所说，唐代朝服，不论是皇帝太子，还是文武大臣，以至中级官吏，总是繁琐惊人。但这千百种不同名目，其实多"率由旧章"，贯穿过去文献而成，很多且并不实行。其中部分即制作出来，也只是到大朝会或其他郊天祭祀大典礼时才偶然使用。至于平居生活，公服便服，都比较简单，一律穿圆领服，除衣服颜色和腰带上镶嵌及带头"铊尾"（或叫獭尾），应用的材料与装饰花纹有一定等级区别，衣着式样差别都不甚多，如本图游骑人所穿的圆领便服，袖小而较长的样子。

裹发用的幞头巾子，一般都是黑纱罗作成，早期软胎微向前倾为常见。某一时虽有桐木作胎记载，图像反映却较晚。但唐代幞头由于时间、地点以及宫廷习惯、个人爱好等种种原因，有各式各样的发展，特别是所谓"四带巾"后边那两条带子，大小、长短和上下位置常有变化。宋代沈括、朱熹、郭思、程大昌等都谈到它，由于各人认识深浅不一，只依据记载引申，并不从形象取证，因此谈的多只是各就所见而言，不易一致。

一般叙幞头巾子来源，多引唐人杂说或新旧唐书舆服志，认为创始于北周。其实结合壁画和墓俑图像分析，若指广义"包头巾子"或平顶帽而言，商代早已使用，还留下许多种不同形象可供比较印证。如狭义限于"唐式幞头"或"四带巾"几个特点而言，即材料用黑色纱罗，上部作小小突起，微向前倾，用二带结住，后垂或长或短二带。这种式样较早，实出于北齐到隋代。北齐张肃俗墓俑（图一〇〇）和隋李静训墓俑各有所反映，材料有代表性。但到唐初才定型。元明人说"唐巾"，也指的是这一式而言。至元代，主要不同处，是后垂二脚如匙头，向左右略略分开。山西元人水陆画和永乐宫壁画反映，相当具体。其他传世元人画迹，也多可作证。唐人宋人画迹中均未见此例。传世画迹《五王醉归图》，即或原作出于宋人，就衣着和幞头形象说来，必是元人摹本。明代人刻《三才图会》，谈幞头还附了些图像，文字则据唐宋笔记及马缟《中华古今注》辗转抄袭。近人尚有依样葫芦，据之谈幞头的，难得是处，可想而知。

根据《新唐书·车服志》记载，幞头定型，实出于初唐马周向李世民建议，以为"裹头者，左右各三襵（应指巾子上部襞折），以象三才，重系前脚，以象二仪"，诏从之。这种书生之见，虽十分迂腐可笑，但是李世民为显示博采群议的政治风度，还是照建议全国通行。且为宋元二代沿用。惟不久就出现宫廷式样、个人式样和地区式样。如《唐语林》称："开元中，燕公张说当朝，冠服以儒者自处。玄宗嫌其异己，赐内样巾、长脚罗幞头。"可知长脚式样原出于宫廷。而当时或较后涉及宫廷绘画，巾裹果然较多是长脚的。个人式样则见于大唐传载，"裴仆射遵庆，二十入仕，裹折上巾子，未尝随俗样。凡代之移者五六，而公年九十时，尚幼小所裹者。今巾子有仆射样"。《旧唐书·裴冕传》则作："冕性本侈靡……自创巾子，其状新奇，市肆因而效之，呼为'仆射样'"。又有本出于个人爱好，因人而影响一州一郡的，如唐小说称："路侍中严，风貌之美，为世所闻。镇成都，善巾裹，蜀人见之效之。"从这些记载，可知唐代巾子实随时随地有不同变化，难拘一格。但一般倾向，还是可以看出区别何在。文献不具体处，绘画雕塑反映，作了部分补充。明白它的发展，有助于对唐代人物故事画的年代鉴定，作出相对正确的判断（插图七五）。

本图若据幞头式样和小袖长衫看来，和敦煌画《得医图》

医生衣着一致，实应同成于开元天宝间。

插图七五　唐代幞头

1——隋敦煌壁画戴幞头进香人　2——唐永泰公主墓石刻人物所戴幞头
3——唐永泰公主墓壁画着顺风幞头马夫　4——唐韦洞墓壁画着顺风幞头侍从
5——唐鲜于庭诲墓西域人俑幞头　6——唐杨思勗墓壁画长脚幞头乐人
7——唐敦煌壁画长脚幞头进香人　8——传唐张萱绘《唐后行从图》长脚幞头
9——宋人摹唐《醴泉清暑图》长脚幞头宫监　10——敦煌壁画折上巾农民
11——宋元人绘《望贤迎驾图》折上巾王公

唐代幞头大致式样只三五种，区别相当显明。开元天宝前，幞头上部突起处多比较前倾，来得自然松散。虽有"桐木作胎"记载，软裹还是占多数。所谓出自宫廷的长脚罗幞头，式样虽不止一种，大体还是相同，例如图中所见是常式，敦煌且有大量画迹可证。至于《虢国夫人游春图》所见，二长脚中作两折，前无所师，也有可能，著的人若非特选的"俊俏黄门"，即虢国夫人本人，所以式样十分别致，近于有意标新立异。传世画迹中，只有明代仇英作的《李白春夜宴桃李园序图》中，李白头上巾子有相同式样，左右分张而部分下折。（此图从席上器物比证，原画似出于宋人。）此外即不再见于其他画塑。

唐人说"折上巾"，本意似应指额上那个二带上折的结子，并非背后交脚上耸。或另一种如李肇《国史补》称引柳玭不见子侄故事，因子侄趋时而幞头二脚上翘。上翘方式则宜如永泰公主墓石刻从官所见式样，或其他画塑式样，同是二脚并列，偏于一侧或上翘。又传世李公麟摹《韦偃牧放图》有大群马夫，幞头同样二脚作一侧上举。这种幞头专名宜称"顺风式"，起源可能还是出于劳动人民，而后（或五代时）才影响到社会上层部分人爱好。另有一种交脚折上，照敦煌画迹反映，在唐代，也还只是农民和其他社会下层人士所用。由于宋元画家误解"折上"意义，把这个顺风式转移到唐代帝王头上去，宋《望贤迎驾图》、元《杨妃上马图》，均把唐代画塑中常见马夫乐人惯用的顺风式幞头，作成帝王专用物。明代离唐更远，因此又把宋式比较流行的"交脚幞头"给封建皇帝戴上，成为帝王专用品，通以为即古代的"折上巾"。定陵出土那个用黄金丝编成的实物，犹和传世明代帝王图反映相同。事实上这种式样，从唐代敦煌画看来，也只见于乐舞伎和农民头上，也可说为平民所专用，有身份的贵族品官以至中级官吏，从未着过，更不用说皇帝。

幞头式样由软式前倾，演为硬式略见方折，和原有软式并行，时代当较晚。传志称出自晚唐鱼朝恩，倒比较可信。虽传世有阎立本绘《萧翼赚兰亭图》，但据此图中萧翼和一烧茶火头幞头及茶具盏托形象联系看来，时代显然比较晚。和《文苑图》（内容和别卷《李德裕见客图》、《琉璃堂雅集图》大同小异）

中圆翅幞头、《重屏会棋图》中圆翅幞头，都是宋五代以来在戏剧人物头上的产物。从敦煌画反映，可知也正是在这一阶段，软翅变成硬翅，起始向两侧平展，到宋代方定型成展翅漆纱幞头（即一般纱帽）。传世韩滉《文苑图》当亦成于宋人，因为圆领内有衬衣，唐代画迹少见。旧传张萱绘《唐后行从图》，幞头虽长脚，圆领衣内仍加衬衣外露，原画最早也是宋而不是唐。武曌头上凤冠，更非唐代初年所应有。盗出国外传世本，时代且更晚。定为张萱名迹，实赏玩家以耳代目，人云亦云，殊不足信。

七八·唐张萱捣练图部分

采自《捣练图》熨帛部分，原画传为唐张萱绘，宋徽宗赵佶临摹。现藏于美国波斯顿美术馆。

图是个长卷，绘宫廷贵族妇女治理丝帛几种劳作过程，计有熨帛、捣练、缝纫等。无背景。妇女衣着均作细致描绘，或作细锦纹，或作大撮晕染花缬。

纺织工艺生产是封建社会经济一基本部门，所以早已作为主题画之一来表现。战国青铜器上即有采桑图像，似据《诗经》中"女执懿筐……爰求柔桑"诗意而作。机织图像到汉代则为常见，先后有石刻数种出现，如武氏祠石刻、孝堂山石刻、滕县石刻。四川则有桑林砖刻出土。时间较后传世的，还有南宋牟益作《捣练图》，也说原稿出自张萱，节目较多，衣着近中晚唐周昉笔。又淮南出土北宋时墓葬壁画，衣着纯为北宋式。又宋刘松年作《毛诗图》、《丝纶图》，无名氏作《宫蚕图》卷，楼璹作《耕织图》石刻，均有纺织生产反映。内中以楼璹石刻保存得最完整，对后来影响较大。

本图中人多着小袖衣长裙，裙上系及胸部，还具盛唐规模。人多长眉秀目，高髻插小梳三五不等，除发髻小异，其余均与白

图一三二

唐——高髻、披帛、小袖上襦、长裙、熨帛宫廷妇女（传宋徽宗摹张萱绘《捣练图》）

居易诗《上阳人》所咏开元天宝间宫中便服相近，和后来元和时世装有显明区别。本图衣着及发髻形象，似为开元时宫廷妃嫔常服式样，头部还未用假发衬托，旧题作张萱绘，比较可信。

画题来源或本于南北朝诗人所惯用主题，加以发展而成。例如北周诗人庾信诗，即有"北堂细腰杵，南市女郎砧"、"并结连枝缕，双穿长命针"、"裙裾不耐长，衫袖偏宜短"等句子，均具体反映于本画中。衣着属盛唐式样，丝绸花纹中比较清楚的有几种大撮晕染缬、龟子绫、梭子式樗蒲绫，也属典型盛唐时代产物。但后人因图中人物形象近似曹植《洛神赋》"云髻峨峨"语意，画意又和庾子山诗相近，便误以为是南朝人装束。如明杨慎《丹铅总录》云："古人捣衣，两女子执杵，如舂米然。尝见六朝人画捣衣图，其制如此。"传世古画惟此图捣练用竖杵，可知明代号称博学多闻的杨慎，当时所见必本图无疑。

唐代妇女喜于发髻上插几把小小梳子，当成装饰，讲究的用金、银、犀、玉或牙等材料，露出半月形梳背，有多到十来把的（经常有实物出土），所以唐人诗有"斜插犀梳云半吐"语。又元稹《恨妆成》诗有"满头行小梳，当面施圆靥"，王建《宫词》有"归来别赐一头梳"语。再温庭筠词中有"小山重叠金明灭"，即对于当时妇女发间金背小梳而咏。唐五代画迹中尚常有反映，亦可于本图及插图得到证实。用小梳作装饰始于盛唐，中晚唐犹流行。梳子数量不一，总的趋势为逐渐减少，而规格却在逐渐加大。早期梳式大小基本上还和汉代相近，汉代一般梳篦多作▩式，唐代一般作月牙形▩式，到北宋，敦煌画所见有方折成▩式大及一尺的。梳形益大而数目减少，盛装总还是四把或一两把，施于额前。中原总的趋势还是一把，且随同发髻增高而更加长大。宋代到仁宗时，宫中流行白角梳，大的已达一尺二寸。所以王栐《燕翼贻谋录》称仁宗时禁令，髻高有至三尺，白角梳有大到一尺二寸的，用法令禁止，仍未能生效。以为是上行下效，无可奈何。北宋初人用五代发式衣着绘《夜宴图》，南宋时人绘《女孝经图》，因仿古，画中妇女头上犹多着小梳，且有放在头后部，显然是不明白"满头行小梳"语意，安排已不合实际情形。因为事实上，小梳子的应用，宋代初年中原即已不再流行。敦煌宋画妇女头上犹使用六梳四梳，和衣制均属晚唐式样，由于边缘地区受前一时期制度影响，照例变化较晚些。但梳子加大，一望而知还是宋代时髦事物。

插图后二种，原画多以为出自唐人。若从梳子式样和大小及应用情形而言，则一望而知必出于宋人无疑。

八一·宫乐图

采自故宫藏画，曾刊于《故宫周刊》，近复印于《宋人名画集》中。原画在台湾。

旧题宋人绘，又作元人绘（题目或称《会茗图》）。其实妇女衣服发式，生活用具，一切是中晚唐制度。长案上的金银茶酒具和所坐月牙几子，以至案下伏卧的猧子狗，无例外均属中唐情形，因此本画即或出于宋人摹本，依旧还是唐人旧稿。

妇女衣着大撮晕缬（唐人或称撮晕锦），发式和面目化妆为典型"元和时世妆"。白居易新乐府诗元和《时世妆》形容得十分具体："时世妆，时世妆，出自城中传四方。时世流行无远近，腮不施朱面无粉。乌膏注唇唇似泥，双眉画作八字低。妍媸黑白失本态，妆成尽似含悲啼。圆鬟垂鬓椎髻样，斜红不晕赭面状。昔闻被发伊川中，辛有见之知有戎。元和妆梳君记取，髻椎面赭非华风。"又在《江南喜逢萧九彻因话长安旧游》诗中有："……时世高梳髻，风流澹作妆。戴花红石竹，帔晕紫槟榔。鬓动悬蝉翼，钗垂小凤行。拂胸轻粉絮，暖手小香囊。选胜移银烛，邀欢举玉觞。炉烟凝麝气，酒瓯注鹅黄。急管停还奏，繁弦慢更张。……"这首诗除叙述化妆外，后一部分兼叙酒筵弦歌

图一三五

唐——花冠、椎髻、披帛、元和时装贵族妇女（《宫乐图》郭慕熙摹）

娱乐情形，和这个画中的反映十分相近。又有传世《纨扇仕女图》（即倦绣图）产生时代也相近。惟画法用折芦描，一妇女所坐栲栳圈椅子，扶手部分形象有错误，显明是后人的摹本，唐代人是不会这么把握不住现实的。

同时期诗人元稹《恨妆成》诗有："柔鬟背额垂，丛鬓随钗敛。凝翠晕蛾眉，轻红拂花脸。满头行小梳，当面施圆靥。"

唐代社会善于吸收融合西北各民族文化及外来文化，妇女服装受的影响，就可分作两个时期。前期由唐初到开元间，主要特征是戴金锦浑脱帽，着翻领小袖或男子圆领衫子，系钿镂绦带，穿条纹间道锦卷边小口袴、透空软锦靴。部分发髻多上耸如俊鹘展翅。无例外作黄星点额，颊边作二新月牙样子（或更在嘴角酒窝间加二小点胭脂）。后期则在元和时，主要特征是蛮鬟椎髻，乌膏注唇，赭黄涂脸，眉作细细的八字式低颦。前期表现健康而活泼，后期则相反，完全近于一种病态。至于倒晕蛾翅眉，满头小梳和金钗多样化，实出于天宝十多年间，中晚唐宫廷及中上层社会除眉样已少见，其他犹流行，但和胡服无关，区别显明。当时于发髻间使用小梳有用至八件以上的，王建《宫词》即说过："玉蝉金雀三层插，翠髻高耸绿鬓虚，舞处春风吹落地，归来别赐一头梳。"这种小小梳子是用金、银、犀、玉、牙等不同材料作成的，陕洛唐墓常有实物出土。温庭筠词"小山重叠金明灭"所形容的，也正是当时妇女头上金银牙玉小梳背在头发间重叠闪烁情形。

从天宝后，唐代寄食阶级贵族妇女衣着，官服既拖沓阔大，便服也多向长大发展，实由官服转为常服的结果，同样近于病态。后来衣袖竟大过四尺，衣长拖地四五寸。所以李德裕任淮南观察使时，曾奏请用法令加以限制："妇人衣袖四尺者，皆阔一尺五寸，裙曳地四五寸者，减三寸。"《新唐书·车服志》且提及对全国禁令："妇女裙不过五幅，曳地不过三寸。"本画反映，正是这一时期的衣着。从服装史说来，是最不美观时代产物。

八九·唐代彩绘陶俑和三彩陶俑

唐代前期，文官衣着服式，多沿袭隋代旧制，改变不多。贵

图一四四

唐——介帻、两当铠、袍服、云头履侍从武官三彩陶俑（故宫博物院藏）

族墓葬壁画，虽已见显明特征，但大型彩绘文武官吏俑，却多保留隋代规格形象，不易区别。冠子一般较小，变化不大，两当铠加于朝服外，面貌严肃端整。稍后到开元时，这类占主要地位的

图一四五

左——唐——介帻、袍服、两歧履文吏陶俑（咸阳底张湾豆卢建墓出土）

右——唐——介帻、两当铠、袴褶武官陶俑（咸阳底张湾豆卢建墓出土）

从官三彩陶俑，变化还不太多。但已出现同属衣两当袴褶服之武官，神气间不免松松散散，缺少职务上应有的庄严感，如伎乐人物。文吏衣着虽表面上还无大变化，但由于模印成形，面目不免平板呆滞，见出庸碌状。不仅缺少初唐之端重庄严，也远不及同时出土三彩狩猎胡骑之生动活泼，个性鲜明。头着介帻，则日益增高，这和社会厚葬风气以及殉葬明器之日益商品化，必有一定联系。照唐代法律，如《唐会要》卷三十八引例，死者殉葬所

用明器都有一定限制，镇墓兽、仆从、音声人，大小尺寸数目，都必依照生前在官品级使用，不能逾越制度。至于这一类彩绘或三彩釉陶特别文武官吏俑，一般总比较高大，有高及二市尺的，或许这一类制作比较华美的明器和骆驼马匹原不在法令范围内，出于特别有势力的亲属赠予。或这类特殊陶俑，始终不受法令限制。

九九·五代夜宴图宴席部分

元泰定时赵昇跋这个画卷出处说："顾宏中，南唐人，事后主为待诏。善画，独见于人物。是时中书舍人韩熙载，以贵游世胄，多好声妓，专为夜饮。虽宾客杂糅，欢呼狂逸，不复拘制。

图一五七
五代——着唐式幞头、圆领长衫、乌皮靴文人和侍从（传南唐顾闳中《韩熙载夜宴图》宴乐部分 荣宝斋木版水印本）

李氏惜其才，置而不问。声传中外，颇闻其荒纵。然欲见樽俎间觥筹交错之态度不可得。乃命宏中夜至其第窃窥之，目识心记，图绘以上之。此图乃宏中之所作也。"

图一五八

五代——戴高装巾子、练鞋、交领便服、袒腹挥扇的闲居官僚文人韩熙载和团花长衫、腰袄、执宫扇侍女及家中歌伎（传南唐顾闳中《韩熙载夜宴图》休息部分　荣宝斋木版水印本）

《南唐书拾遗》称："韩熙载在江南，造轻纱帽，谓为韩君轻格。"又称："江南晚祀，建阳进茶油花子，大小形制各别。

宫嫔缕金于面，皆淡妆，以此花饼施额上，时号北苑妆。"这种本于寿阳公主梅花著额传说而来的北苑妆，在传世画迹和南唐二陵出土俑中似均未发现。本图妇女部分亦无反映。惟时间相近，反映于敦煌千佛洞、安西榆林窟壁画中五代贵族妇女脸部，却十分明确，有全仿故事传说作一朵梅花贴于额前的，也有满脸贴上大小不一形制各别金彩眩目花子的。（宋帝后像还有贴嵌真珠于眉额脸颊间以代替花子的。）

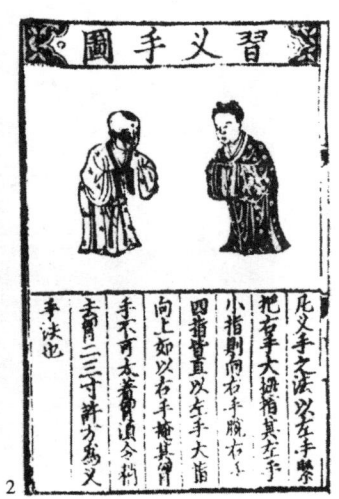

插图一〇二 扠手示敬

1——《韩熙载夜宴图》中僧人扠手示敬
2——《事林广记》习扠手图

本画是夜宴图主题部分。右端榻上箕踞而坐的尚有韩熙载，头戴高纱帽，穿敞领白衣，同据榻上的一人穿红圆领服。其余坐立男子都穿绿衣。这个画卷可能完成于宋初北方画家之手，因为席面用酒具注子和注碗成套使用，是典型宋式，不仅画中常见，实物也为北方所常见。影青瓷生产实较晚，家具器皿也均近似宋代北方常见物。巨鹿有实物出土。《清明上河图》、宋人作《便桥会盟图》、《十八拍图》及赵佶《文会图》等画中茶楼酒馆多使用同式桌椅。若从座中男子服色判断，更应当是宋初江南投降以后不久作品。宋王栐《燕翼贻谋录》说，"江南初下，李后主朝京师，其群臣随才任使，公卿将相多为官。惟任州县官者仍旧。至于服色，例行服绿，不问官品高下"，以示与中原有别。太宗淳化元年正月戊寅赦文："应诸路伪授官，先赐绯人，止令服绿。今并许仍旧。其先衣紫人，任常参官，亦许仍旧。遂得与王朝官齿矣。"由此得知，江南诸臣入宋，在淳化以前，照法令是一律只许服绿。到淳化元年大赦后，才许照官品穿红紫，和宋官相等。图中男子一例服绿，可作画成于南唐投降入宋以后一个有力旁证。如系南唐时画，不可能把宋禁令贯彻到图中。其次即"叉手示敬"是两宋制度（插图一〇二），在所有宋墓壁画及辽金壁画中，均有明确反映。宋元人刻通俗读物《事林广记》，并有文图说明"叉手示敬"规矩。此画中凡是闲着的人（包括一和尚在内），均叉手示敬，可知不会是南唐时作品。

一〇四·清明上河图中劳动人民和市民

本节图中人形采自《清明上河图》，原画藏故宫博物院。

图中绘北宋时首都汴梁（开封）城外沿河市廛商店百工百业生产交易情况及河中船只往来水上景象。当时汴梁百十万人民，日常消费量巨大惊人，以民用米粮、牲畜饲料计，每年即需六七百万石，大部分是靠运河由江南一带用图中所见船只数千艘陆续运来。陆行搬运百货杂物，则靠图中所见车辆。宋幽兰居士《东京梦华录》卷一"河道"条说："穿城河道有四。……中曰汴河，自西京洛口分水入京城，东去至泗州，入淮，运东南之粮。凡东南方物，自此入京城，公私仰给焉。自东水门外七里至西水门外，河上有桥十三，从东水门外七里曰虹桥，其桥无柱，皆以巨木虚架，饰以丹艧，宛如飞虹。""外诸司"条且说，附近有五十多所大仓库，日有军士卸货，仓前即热闹成市。另"有草场二十余所，每遇冬月诸乡纳粟秆草，牛车阗塞道路，车尾相衔，数千万辆不绝，场内堆积如山"。《水浒传》中叙述的火烧草料场，就指这类官府聚草囤粮地方。

关于运货车辆，具载"般载杂卖"条："东京般载车，大者

一〇四・清明上河图中劳动人民和市民　　429

图一六四

宋——裹巾子、交领或对襟短衣、束腰带、小口裤车夫和船夫（传张择端《清明上河图》部分）

曰太平，上有箱无盖，箱如勾栏而平，板壁前出两木，长二三尺许，驾车人在中间，两手扶捉，鞭鞍驾之。前列骡或驴二十余，

图一六五

宋——裹巾子、小袖长衣市民,小冠子、大袖袍服道士,笠子帽短衣劳动人民和帷帽妇女(传张择端《清明上河图》部分)

前后作两行;或牛五七头拽之。车两轮与箱齐,后有两斜木脚拖。夜,中间悬一铁铃,行即有声,使远来者车相避。仍于车后系驴骡二头,遇下峻险桥路,以鞭唬之,使倒坐缍车,令缓行也。可载数十石。官中车惟用驴差小耳。其次有平头车,亦如太平车而小,两轮前出长木作辕木,梢横一木,以独牛在辕内,项负横木,人在一边,以手牵牛鼻绳驾之,酒正店多以此载酒梢桶矣……又有宅眷坐车子,与平头车大抵相似,但棕作盖,及前后有勾栏门,垂帘……"

书中还曾提及许多行业小市民衣着均不相同,各有本色,不敢越外,令人一望而知。如裹香人即"顶帽披背",质库掌事即"著皂衫、角带、不顶帽之类"。如为酒客斟汤换酒的妇人,必

"腰系青花布手巾,绾危髻"。官媒婆分数等,"上等戴盖头,著紫背子。中等戴冠子,黄包髻,背子,或只系裙。手把青凉伞儿,皆两人同行"。又《宣和遗事》一书中,也有关于北宋时汴梁各阶层人民的衣着叙述。如专过剥削寄食生活的膏粱子弟服装为"丫顶背,带头巾,窄地长背子,宽口袴,侧面丝鞋,吴绫袜,销金裹肚"。秀才儒生为"把一领皂背穿著,上面着一领紫道服,系一领红丝紫吕公绦,头戴唐巾,脚下穿一双乌靴"。道士装为"以胶青刷鬓,美衣玉食者几二万人。至于贫下之人,也买青布幅巾赴斋"。寺僧行童为"墨色布衣"。妇女"戴觯肩冠儿,插禁苑瑶花"。女真官员则"金紫贵人,或绿或褐,或伞或笠,或骑或车"。汴梁巡兵装束,"腿系著粗布行缠,身穿著鸦青衲袄。轻弓短箭,手执著闷棍,腰挂著镮刀"。由于职业身份不同,各自特征鲜明。部分人物装束,多可在《上河图》中发现。永乐宫元代壁画中有近似绛霄宫赵佶款待道士大场面,或即据宋代旧稿而成。因为大官衣着全是宋制。

　　车夫船夫衣着少述及,主要原因大致是定居落户,则区别分明,来自四方,自然少共同处。但图中体力劳动人民,和其他图中所见,仍有个共通处,即衣已短不及膝或仅及膝。部分交领衣,用绦带束腰,巾裹少一定规格,部分已习惯椎髻露顶。脚下一般多着麻鞋或草鞋。且因为多来自东南农村,和传世耕织图、村医图中农民衣着极相近。图中一般平民衣着色彩虽难确定,但在《宋史·舆服志》士庶服禁上,可知不外黑白二色。太平兴国七年诏令:"旧制,庶人服白。今请……庶人通许服皂。"可知宋初平民穿黑衣,还得特许。一般只穿粗白麻布衣。端拱二年诏令,又提到"县镇场务诸色公人并庶人、商贾、伎术、不系官伶人,只许服皂白衣……"职位低下的小公务员、平民、商人、杂技艺人,宋初平时都一例只许穿黑白二色,不能随便着杂彩丝绸。这种情形，在北宋一代似未大变。

图中有不少人手中均拿有一把扇子，但一般多用绸或布裹着，或系清明前后不当时令，还用不上。但照习惯，却可用来遮蔽尘土。记载中似乎还少提到这件事。

一一九·宋太祖赵匡胤像

封建统治者为夸大他"受命于天"的尊严,照例把衣服车马等级区别严明,表示惟我独尊。《宋史·舆服志》称,天子之服六种:一大裘冕,二衮冕,三通天冠绛纱袍,四履袍,五衫袍,六窄袍。实本于《唐六典》的天子六服而来,小有改易,本图宜为第五的"衫袍"。

"唐因隋制,天子常服赤黄、浅黄袍衫,折上巾,九环带,六合靴。宋因之。有赭黄、淡黄袍衫,玉装红束带,皂纹靴,大宴则服之。又有赭黄、淡黄襻袍、红衫袍,常朝则服之……皆皂纹折上巾……或御乌纱帽。"(折上巾指唐式幞头,乌纱帽指本图所见。戴于一般官僚大臣头上,则通称平翅幞头。)

本图衣着近似常朝服,头上为"乌纱帽",衣为"淡黄袍",腰为"玉装红束带",脚穿"皂纹靴"。一切本于唐制而有发展,即头上由软翅幞头改成方型硬胎展翅乌纱帽,圆领小袖衫改为大袖。衣身也较圆大,因此史志称这种衣为"大袖宽衫"。大官僚必衣红紫,武将则每年秋季特赐锦袍,分七等。花色名目照官品不同,每份必两件料子。文官束身衣带分等级更多。以特别赐予的"紫云镂金带"最贵重,上刻"醉拂菻弄狮子"。据宋人笔记

图一八一

宋——展翅幞头、圆领黄袍、玉装红束带、皂靴之帝王宋太祖像（南薰殿旧藏）

称，透空雕三层花纹人狮均能活动。北宋时，曾赠送群臣三四条，后均收回。（一般金带版上刻，通称"师蛮"，内容即"醉拂菻弄狮子"。）其次为犀角带，内中又以通天犀带为最上品而难得。内中贯一白线，分"正透"、"倒透"等名目。至于一般犀角，或指"竹犀"类，作带版镶嵌，等第在玉金银之下。普通公吏称"角带"，则为牛角作成。

乌纱帽硬翅向两侧平伸极长，用铁作成。据宋人记载，以为系因百官入朝站班时，喜交头接耳谈私事，所以加长展翅，使彼此有一定距离，殿上司仪值班镇殿将军易于发现，便于纠正弹劾。但五代时，南方偏霸，已有将幞头硬翅向两旁延伸数尺以像龙角的记载。远至敦煌五代壁画《曹义金进香图》，及辽庆陵壁画中后晋降辽官僚，也就有较短平翅幞头出现，宋代统一后，只是使它加长，定型成为官服制度之一而已。

"幞头，一名折上巾，起自北周，然止以软帛垂脚，隋始以桐木为之，唐始以罗代绘。惟帝服则脚上曲，人臣下垂（事实有恰恰相反情形），五代渐变平直。国朝之制，君臣通服平脚。乘舆或服上曲焉（帝王骑马也使用）。其初以藤织，草巾子为里，纱为表，而涂以漆。后惟以漆为坚，去其藤里，前为一折，平施两脚，以铁为之。"宋史志叙舆服沿革，常据引唐或宋初人小说，多相互抵触，不尽信实。如言帝服巾子脚上曲，事实上根据唐代图像所见，巾脚上举，多属普通身份或剧艺中人物，宋代沿例不变。但谈宋代官用纱帽制作，原用藤织内胎，外蒙纱涂漆成型，后因纱经漆后坚而轻便，即去藤里不用，又"平施两脚，以铁为之"。近年金檀南宋周瑀墓有一实物出土，圆顶硬脚，脚用竹条为骨，表里两层纱，表纱涂黑漆以使坚硬，后缘开口系带。曲阜孔子后代家有传世漆纱帽，还是宋式，做法也和记载相同。另外还有一个依照纱帽式样藤织成的朱漆帽盒，也近似宋代物，可补史志记载不足处。并且由帽盒得知，当时二平翅是固定于帽上，不能随便卸脱的，因此帽盒式样也相同。帽型较小，或宋代孔子后人未成年袭封时所用。又宋人绘《宫乐图》，亦有二幼女作官服戴这种小型平翅纱帽形象。

一二九·西夏敦煌壁画男女进香人

采自敦煌壁画和安西榆林窟西夏进香人壁画摹本。

图一九二

左——西夏——有后披冠子、圆领小袖锦绣衣、佩䩞鞢带西夏贵族供养人（敦煌四一八窟壁画）

中——西夏——交领长袍、䩞鞢带、加腰袄西夏贵族供养人（安西榆林窟壁画）

右——西夏——金花冠、金步摇、交领长衣、百褶裙、佩绶西夏贵族妇女供养人（安西榆林窟壁画）

男女衣着均和唐宋两代中原衣着有相通处。

男子戴巾子，远法古代皮弁，近受晚唐流行毡帽影响，和宋代东坡巾也有相似处，只是易平顶为尖顶。这种尖锥形毡帽，唐代实来自西北地区。俑中作"波斯胡"商人形象的，也多着同式毡帽。初唐即在长安流行，妇女也喜戴它，常反映于画刻和陶塑，即所谓浑脱帽（或胡公帽）。男子戴它，或始于唐初名臣长孙无忌。传称其喜戴毡帽，世称"赵公浑脱"，为世仿效取法。物以人传，式样虽难得其详，但和当时长安流行反映于各种画塑上馄饨形帽子，必相差不多。史称中唐宰相裴度入朝，跋扈藩镇派人行刺，因毡帽簷厚，保护了头部，得免于难，同式毡帽又因之流行。这种毡帽式样，应即和敦煌《张议潮出行图》壁画所见甲骑和杂伎乐部人头上戴的相差不多。和初唐毡帽不同处，为卷边加厚。本图中加垂二带，则已近于宋式巾子。图中人还腰系带有环䥫，是唐䪌鞢带遗制。惟本图所见，未悬火石算袋诸物。唐代通称"蹀躞带"。在西北，五代宋时尚沿袭使用，有的性质和唐代"蕃客锦袍"意义相近，多由王朝赠予，作为一种宠任表示的赠品。直到元代，蒙古贵族行香人腰间犹可发现。可见流行之久而爱好之深。

右衽交领长袍，也参宋式，惟袖口较小。腰部另加"捍腰"，和契丹衣着相同，一般用丝绸作成，讲究的或亦有如契丹制度用鸭鹅貂鼠作成的。宋人又名"腰袱"。《中兴四将图》中几个武弁，即着同式捍腰。可知宋代通行西北。妇女戴金步摇，由汉唐步摇而来，式样各有不同。宋人又称"禁步"，本来和古玉佩制相似，成为封建社会约束妇女行动礼制一部门，重在使行动有节奏，从容不迫。因行动一匆促，玉佩声音和步摇悬挂珠串，必不免乱成一团。衣交领长褙子，下露细裥百褶裙（明清时名凤尾裙），也是宋式。鞋尖上弯如弓，近似中原唐代影响。

左侧结绶是宋人通制，惟式样变化多端。本图近于下垂一大束丝穗，和宋代妇女于胸前或左侧结绶法不相同。

有关西夏时人民衣着特征，我们知识还不够多。尚有待从出土文物和敦煌安西榆林峡壁画中，取得更多的画刻材料，才能综合分析明白它的有区域性的和当时契丹女真的差别处，及它和回鹘、中原衣着的共同处。据《辽史外记》记载，未免简略，仅解得其大略，说："其俗衣白，窄衫，毡冠，后垂红结绶。设官分文武，其冠用金缕贴，间起云银纸贴。绯衣，金涂银带，佩韦沓鞢、解锥、短刀、弓矢。穿靴，髡发，耳重环，紫旋襕六袭。（内中显明文武间杂，而部分衣着却是宋代礼品。）出入骑马张青盖，以二骑前行。从者百余骑。民庶衣青绿。"

如从敦煌及安西榆林峡壁画供养人衣着图像反映，部分和记载相符合，部分则见出多样化，因为时间不同，情况不同。部分统治者衣着，有接近宋人服制的，大致由于和宋王室有甥舅关系。逢年过节，宋王朝必循例派出使节，携带大量礼品，包括些绵绣、缎匹、衣服、金银、饮食器物作为赠予。还有因团结和好，约定每年必用各种彩帛、茶叶及其他中原特产相赠。加之和买通商，还有不少西夏地区所需要产品，为换取所属特产细毛纺织物、名马、药材而进入内地。无疑也必对于西夏所属部族人民生活衣着，起一定影响。所以反映到壁画上时，也远比记载复杂多样化。

一三六·元代衣唐巾圆领服男子和齐膝短衣卖鱼人

据《永乐宫壁画》摹绘。

除卖鱼人外，五人穿戴元式唐巾及有衬领的宋式圆领服。靴子后跟附有一方不着色皮革，剪裁方法和唐代乌皮六缝靴略有不同，却和画迹中契丹女真常见靴式相通。五人衣着，从表面上看近于品级较低汉族文官，事实上或只是供使唤的奴仆，因为罗列了果酒器皿的大案旁，有一人端着个盘子，上叠酒杯数件，似正在执行任务。另一人则正用秤称鱼，画面反映得相当真实具体。卖鱼人巾裹草率零乱，和前面几人对比，面貌憔悴，神情枯萎，显明是善良纯厚的平民。五人虽衣冠整齐，面貌丰腴，神情间却见出一种家奴相。或是金宋降官由于政权转移，地位下降，而在官府或新的蒙古贵族家中当差执役的。这从近年在库伦、宣化出土的辽墓大量壁画中的反映，也可得到进一步理解。因为内容相近画面，经常可以发现。如库伦辽墓出土壁画，在旗鼓前有五个穿宋式衣着的人物，品貌多如贵族端整，头上戴的曲翅幞头，却在鼓吏地位上。旁一髡头契丹人，则手执一杖作监督状。另一轿旁，前后也有同样四个轿夫。曲翅幞头在宋代本为差吏装束。但

图二〇〇

元——唐巾、圆领衣贵族仆从和齐膝衣卖鱼人（山西洪洞县广胜寺壁画）

这种差吏衣着显然和宋代无共同处。一般差吏例不留须，画中人则各有微须。宣化一辽墓壁画，且有一幅作案上罗列饮食器具，相当零乱，案旁有一组衣红紫各色汉人男女，站立作进食状。简报中以为反映的是民族融合情况，值得研究。若说是北宋降臣俘房及其亲属，社会地位下降，转化为契丹女真新兴贵族的家奴，在筵度散后，收拾杯盘，或分吃残羹冷炙情况，倒比较合理。因为男女庞杂站立案边，不像正规赴宴。宣化辽墓出土壁画，有一组乐部奏乐，前一人举手作舞容，和白沙宋墓壁画乐组大致相同。不同处只是白沙壁画乐部，分男女两部，显然近于职业性乐户，男性部分也由妇女扮演。宣化辽墓壁画乐组，则均为男子，而衣红紫宋式高级官服，头上幞头虽为曲翅，但帽型则依旧是宋品官式样，非一般差吏乐人所能具。乐人面容端正，各有微须，靴式为乌皮六缝也和衣着相称。幞头曲翅，却近似由铁制平直式临时扭曲而成。从各方面分析，所得结论都可以说是赵宋品官俘虏贬谪为临时乐部或职业性乐户结果。若以为反映了民族融合，似说不过去。

元蒙统一中国初期，政治上有意把人分为四种：一为蒙古人，二为色目人，三为汉人，四为南人。原因是南方曾坚持抵抗。不多久，又从职业安排上，把人分成九等，对读书人有意加以折辱压迫，放在乞丐娼妓之间。随后明白这不是办法，才又假借尊崇孔孟，提倡礼乐，收买读书人，利用它来收拾民心，巩固其军事封建独裁统治。一方面却极端迷信，崇拜在佛教中也属于秘宗的喇嘛教，奉之为法王，称为活佛。其次又迷信道教，称邱处机为活神仙，派人口传大量"圣旨"，保护道观及其一切财产，道教庙宇中多立碑刻石，任何人不得侵犯。道教因之能聚敛大量财富，建立了无数宏伟的道观，装金布彩，修饰得无比华美，永乐宫就是千万庙宇之一。壁画重点，主要在用极端荒唐夸张的方式，炫耀天宫的庄严与华丽。壁画中之一小角，恰恰反映到人间的点滴现实。

一四六·元代玩双陆图中官僚和仆从

图二一〇

元——露顶、垂发辫、圆领或交领长袍、玩双陆之蒙古族官吏和戴笠子帽仆从（元至顺刻本《事林广记》插图）

取自元刻《事林广记》续集卷六插图。

两个元官正玩"双陆"。这种博具唐代即流行民间和宫廷。在日本正仓院还藏有极其完整用象牙染红细雕龙凤装饰图案的博具，和制作精美镶嵌花纹素木作成的博局。唐人画迹中则尚有玩双陆图。到元明且有种种不同玩法（如大食双陆则就地作局），至今还留下些用象牙或硬木作的博具。宋代龙泉青瓷有如棒槌式花瓶，形如双陆博具的，即名"双陆尊"。"叶子"流行后，玩法才逐渐失传。但故宫还保存了些清初实物和棋局，可知在宫廷中还曾流行，和围棋并存。本图一官僚跷腿坐式也属典型元式。三个仆从奏乐，种种布置，都近似一个中级官僚日常生活情况。元代习惯上下平时衣着式样，区别并不大，等级区别在衣着材料颜色和花纹，沿袭金代制度小有变通，详载《元史·舆服志》及《元典章》。大官着纱罗，红紫为上，青绿居中，檀褐属下级，差役百姓只许暗花杂色。随便用金或龙犯大禁。官大衣料花朵也大，除衣用还包括幄帐茵褥。官小花小，或无纹罗或芝麻罗。因此上街出门，对于迎面来人，即不另具代表官阶的仪仗队伍，身份地位还是可一望而知。但自然也有例外，即歌妓乐人在应公差演出时，衣着不受限制，法律中早有明白规定。

元代中小官僚平居宴会也必奏乐曲，常用曲牌名目，详陶宗仪《南村辍耕录》。朝廷特别宴会，则《马可波罗游记》有记载可参。宫廷大宴会，有集中六千到一万二千男女贵族大官进行的，此外不能参预的贵族，和各国朝贡的使者，在附近齐集且达数万人。

本图中官员一戴四方瓦楞帽，用细藤和牛马尾作成，这种帽子，南北近年均有实物出土，保存得还相当完整。发式为一般蒙古式，两旁结辫垂环，额前垂一小绺短发作成桃子式，前后约流行百年不变。另一结发，一辫后垂比较少见，但郑所南《心史》

也已经提起过，原为女真式一种，即后来清入关前后金所依据。元代巾帽除笠子帽属元官，其余南人平居，唐巾宋巾杂用限制不严，名目甚多，事详载叶子奇《草木子》一书中。至于蒙古贵族，则对于发式特感兴趣。《蒙鞑备录》说："上至成吉思汗，下及国人，皆剃婆焦（即跋蕉，亦即《心史》所说不浪儿），如中国小儿留三搭头，在囟门者稍长则剪之，在两旁者总小角垂于肩上。"《长春真人西游记》亦说："男子结发垂两耳。"其实当时头上一般多结环垂耳旁，多少不等。发式花样还相当多，详载于《净发须知》一书中称引《大元新话》的叙述。

……按大元体例，世图故变，别有数名。还有一答头、二答头、三答头、一字额、大开门、花钵椒、大圆额、小圆额、银锭、打索绾角儿、打辫绾角儿、三川钵浪、七川钵浪、川著练槌儿。还那个打头，那个打底：

花钵椒打头　　七川钵浪打底
大开门打头　　三川钵浪打底
小圆额打头　　打索绾角儿打底
银锭样儿打头　打辫儿打底
一字额打头　　练槌儿打底

（由清代吴铎辑《净发须知》下卷摘引）

记载中很多都是当时理发业专门行话，时代相隔过六七百年，已不容易具体明白。但若结合当时画塑印证，部分式样还是可以弄清楚。例如"钵焦"当即宋人"博焦"，即"鹁角儿"。如宋人《婴戏图》中"一把抓"式样。"绾角儿"应即"丱角儿"，晋代《女史箴图》、《竹林七贤图》、《北齐校书图》，都可发现，大人便装也应用。龙门石刻帝王行香图黄门内侍有些发展，作成各式各样，唐宋已简化，元代成为道童习用。"钵浪"当即"博浪"，近代货郎摇的冬冬鼓槌子式，或三或七指数目而言。小孩子一二三为常见。郑所南《心史大义略叙》："三搭者，环剃去顶上一弯头发，留当前发，剪短散垂，却折两旁发，缩两髻，悬加左右肩袄上，曰不浪儿（即博浪儿）。言左右垂髻，碍于回顾，不能狼顾。或合辫为一，直拖垂衣背。"如三川七川系波浪发式形容，也有出土元俑可证。"银锭"当即晚唐以来侍女常用式样，梳于两侧，系双环中间束紧而成。"打辫儿"，即《心史》所说合辫为一。亦即本图中官员长垂背后一式，和后来清代式样已相近。"大圆额"、"小圆额"明指额前部分，在元代画塑中由帝王到平民，都可发现那么一绺短发，具种种不同式样，显然在当时是各有专名的（插图一三七）。由此可知，这个记载叙述实包括社会各阶层男女老幼发式。只概括成几句口诀，事实上真正流行式样，还不止这些的。

插图一三七　元代帝王像发式
1——元太宗像　2——元成宗像　3——元仁宗像

一四九·明皇都积胜图所见各阶层人物

据明人绘《皇都积胜图》摹，原画藏中国历史博物馆。

图卷用明代北京宫城前沿及前门大街一条中轴线大道作主题，彩绘市容和各阶层人物形形色色。背景有相对现实性。处理方法上承《清明上河图》故事风俗画，下启清初《康熙万寿盛典图》、《乾隆南巡图》构图设计。画用色较重浊，近万历间民间画工手笔。

由前门五牌楼到天安门一带，小摊贩林立。商人一律戴六合一统帽，小市民则巾裹衣着，各随身份而异。骑马大官僚出行，还戴元式遮簷笠子帽，是明代通例。中国历史博物馆藏明李贞家《歧阳王世家文物》及另一绘明代大官僚的《王琼政绩图》均有相同例子。传"圣旨"、"上谕"或外省上奏本的，骑马出入，照习惯，多把文件用黄绫油绸裹好，负在背上，表示敬重。外地进贡的，或用车马，或用人肩抬来京，贡物上多插有两枝小旗，旗上写有某某纲运文字，还和唐宋图画中所反映纲运情形相同。（明代宫中库藏在北海西边一点，现在"西什库"即是。关于收藏纺织物和原料的，一为甲字库，专收染料布匹。二为丙字库，

图二一四

明——裹巾子或束发或戴斗笠的劳动人民和骑马背负圣旨的官吏（明人绘《皇都积胜图》）

收江浙办纳丝料、棉花。百官冬衣，军士布衣，多从这库领取。三为承运库，收浙江、四川、湖广等黄白生绢。内官冬衣、乐舞戏衣及赏赐外国使者用。四为广盈库，收各色罗绢杭纱等等。当时典库官吏收纳一切及库藏情况，从明代大官僚《王琼政绩图》中，作典库监督官时部分还反映出库中一点情况。）

官商庶民便服衣帽，虽还见出多式多样，总的说来，或由于皇都所在地，比较保守，部分和明初法定制度不相违背。这些衣服制度，照史志记述，是和四方平定巾、六合一统帽及网巾一起于明初制定的。《七修类稿》称："洪武二十三年三月，上见朝臣衣服多取便易，日至短窄，有乖古制。命礼部尚书李源名等，参酌时宜，俾有古义。议：凡官员衣服，宽窄随身。文官自领至裔，去地一寸，袖长过手复回至肘，袖桩广一尺，袖口九寸。公侯驸马与文职同。耆民生员亦同，惟袖长过手复回不及肘三寸。庶民衣长去地五寸。武职官去地五寸，袖长过手七寸，袖桩广一尺，袖口仅出拳。军人去地七寸，袖长过手五寸，袖桩广七寸，袖口仅出拳。颁示中外。"命令重点在对官僚的限制，和平民有区别，以示等级体制。但到明代中期以后，即以京城而言，官服变化虽不大，平民衣着却已不易一律。此画成于晚明，距这个法令已二百多年，市区中心外来人又多，自然不易完全符合记载。

由此得知，明代服制，朝服官服衣料颜色补子花纹用来区别等级外，一般常服，则凭衣身长短和袖子大小长短区别身份。袖长代表上层，袖小仅可出拳属于军人（似宜包括一般差吏），为前代所未闻，后来清代也未完全采用。

从现存大量木刻反映得知，头上六合帽四方巾虽属定制，商贩、差吏、小市民戴六合帽为多，知识分子、中小地主和官僚退职闲居之人则方巾为多。本图中商贩，几乎全戴六合帽。士民阶层人物头上巾子，已多式多样。北方政府所在地，还不免如此，南方就必然更加日新月异多样化了。

图中由正阳门到天安门一带，小商贩摊子有各种日用器物和文玩罗列出售，近似后来庙会中情形。和明人笔记多相合。小摊子且有专卖巾帽靴鞋的。

明代虽有官定的巾帽制度，颁式样于全国，但是事实上殊难定于一尊，不久即失效。特别是明代中叶以后，江南丝绸生产区，中层社会的衣着更难限制。范叔子《云间据目钞》记郡中风俗，可见大略：

余始为诸生时，见朋辈戴"桥梁绒线巾"，春元戴"金线巾"，缙绅戴"忠靖巾"。自后以为烦俗，易"高士巾"、"素方巾"，复变为"唐巾"、"晋巾"、"汉巾"、"褊巾"。丙午（公元1546年）以来皆用"不唐不晋之巾"，两边玉屏花貌对，而少年貌美者加犀玉奇簪贯发。"综巾"始于丁卯（公元1567年）以后，其制渐高。今又尚"蓝纱巾"（为松江土产，志所载者）。又有"马尾罗巾"、"高淳罗巾"，而马尾罗者与综巾似乱真矣。童生用"方包巾"。自陈继儒出，用两飘带束顶，近年并去之。"瓦楞综帽"在嘉靖初年惟生员始戴，至二十年外则富民用之，然亦仅见一二，价甚腾贵。皆尚"罗帽"、"纻丝帽"，故人称丝罗必曰"帽段"。更有头发织成板而做"六板帽"，甚大行，不三四年而止。万历以来不论贫富皆用综，价亦甚贱，有四五钱七八钱者，又有朗素、密结等名。

六合一统帽俗称瓜皮帽，《枣林杂俎》中记嘉善丁清隆庆时作句容令，父戒之曰："汝此行纱帽人（指做官的）说好，我不信。吏中说好，我益不信。即青衿（指读书人）说好，亦不信。惟瓜皮帽子说好，我乃信耳。"也说明瓜皮帽即六合帽，在隆庆时南方主要还只是平常老百姓戴的，因之变化也较少，是清代一般市民戴的小帽子前身。不同处，明代用罗帛，清代用纱，或缎子、倭绒、羽绫，上层社会便服也戴它。至于清代帽顶除官服外，便服讲究的用玉或珊瑚或金银线，一般用丝综线结成，和明代已不同。明代只许用水晶、香木。似指明初还多沿袭元代中层社会习惯使用种种贵重材料，故加以限制。图像中所见则多不用帽顶。

一五五·明妇女时装与首饰

取自明万历间著名通俗小说《金瓶梅》删节本插图，及明清间江南画家绘《燕寝怡情图》册。

图二二〇

明——戴遮眉勒、戴卧兔、披云肩、穿比甲妇女（取自《皕美图》）

书中叙述明代晚期社会风俗人情，衣着首饰，反映均相当真实具体。叙事方法，对于清代《红楼梦》一书，尚有一定影响。有关绸缎名目，衣着名目，首饰名目，不仅可以补充《明会要》和《明史·舆服志》所不足，和《天水冰山录》中有关记载衣服首饰相印证，且可更进一步明白当时社会中层妇女作成衣裙后如何配搭成套，如何在日常生活中应用，及百十种金银首饰，如何应用到发髻上的情形。

例如"……上穿香色潞绸雁衔芦花样对衿袄儿，白绫竖领，妆花眉子，溜金蜂赶菊钮扣儿（明代妇女只领子上用金属揿扣一二、其余部分全用带结），下着一尺宽海马潮云羊皮金沿边挑线裙子，大红缎子白绫高底鞋，妆花膝裤，青宝石坠子，珠子箍……"惟一家之主是"大红缎子袄，青素绫披袄，沙绿绸裙，头上戴着鬏髻，貂鼠卧兔儿。""家常挽着一窝丝杭州攒，金累丝钗，翠梅花钿儿，珠子箍儿，金笼坠子。上穿白绫对衿袄儿，妆花眉子，绿遍地金掏袖，下着红罗裙子。……上穿沉香色水纬罗对衿衫儿，玉色绉纱眉子，下着白碾光绢挑线裙子……头上银丝鬏髻，金厢玉蟾宫折桂分心翠梅钿儿。……揉领子的金三事儿。""头上戴着一副金玲珑草虫儿头儿，并金累丝松竹梅岁寒三友梳背儿。""上穿柳绿杭绢对衿袄儿，浅蓝色水绸裙子，金红凤头高底鞋儿。""上穿鸦青缎子袄儿，鹅黄绸裙子，桃红素罗羊皮金滚口高底鞋儿。""上穿着银红纱白绢里对衿衫子，豆绿沿边金红心比甲儿，白杭绢画拖裙子，粉红花罗高底鞋儿（秋装）。"都是关于妇女衣饰的叙述，可和图画印证，得到部分明确印象的。

本图反映如此甲云肩的式样，冬天妇女头上戴的貂鼠或海獭"卧兔儿"形象和在头上的位置，汗巾儿的系法，都还接近真实。又如关于妇女发式的形容描写，"把鬏髻垫得高高的，梳得密笼笼的，把水鬟描得长长的"，"云鬟堆耸，犹如轻烟密雾"，从此外反映到晚明青花瓷、雕漆、罗钿及大量板画上晚明妇女梳装式样，大都和本图所见相差不多，可见它具有相当普遍性。至于书中所说卸去假髻以后，"头上挽着个一窝丝杭州攒，梳得黑櫼櫼油光光的"，和"头上打着个盘头楂髻"，"去了冠儿，挽着个杭州攒"，这个"一窝丝"、"杭州攒"，脱去首饰的家常打扮，在本图中虽不甚具体，却可参证其他图中明清之际妇女发式，得到比较明确印象。这类家常打扮，原来或只苏杭妇女使用，到明清之际，便已成一般装束了。景德镇康熙时烧造的彩绘瓷瓶，作《西厢记》中莺莺，头上发髻，也还作相同式样。

　　明代发式首饰名目和应用情形，有三个文件记载得比较详细，一是王丹邱《建业风俗记》，二是《三冈识略》，三是范叔子《云间据目钞》，都提到些有地方性民间社会发式首饰具体内容。例如：

　　一、假髻有"丫髻"、"云髻"，常服戴于发上，用金银丝、马尾或纱作成。又有叫"鼓"的，用铁丝织成圈，外编以发，高比髻一半，罩髻上用簪绾着。"簪"多长摘而首圜式方，杂花爵为饰，用金、银、玉、玳瑁、玛瑙、琥珀作成。一头垂珠花的叫"结子"。"掩鬓"作云形，或团花形，插于两髻。"花钿"则戴于发鼓下边。耳环或称"耳塞"，或称"坠"。又有"眉间俏"，用小花贴两眉间，即古代花子。钏子叫"手镯"，戒指又名"缠子"，多以金丝缠绕而成。佩件有"坠领"或"七事"，用金玉杂作百物，上有山云或花头，下垂诸件，多少还保留一点古代杂佩遗意，位置已不同。在胸名"坠领"，在裙腰名"七事"。用玉作名"禁步"。用金玉珠石作花鸟长列鬓旁叫"钗"，小的叫"掠子"。

　　二、关于南方流行妇女新装，如明人说的"卧兔儿"，及清初《红楼梦》中说的"昭君套",大致多受宋人绘画明代板刻"昭君出塞"、"胡笳十八拍"等反映形象影响,或戏文间接影响,而流行一时。所以《三冈识略》谈吴中装饰,就说到仕宦家或辫发螺髻,珠宝错落,乌靴秃秃,貂皮抹额,使用的自以为"逢时之制",保守派则以为"不堪寓目"。《坚瓠集》并引风俗记时事诗:"满面胭支粉黛奇,飘飘两鬓拂纱衣,裙镶五彩遮红袴,绰板脚跟著象棋。貂鼠围头镶锦袍,妙常巾带(仿戏曲中女尼水田衣和道冠丝绦)下垂尻,寒回犹著新皮袄,只欠一双野雉毛。"所以时行女衣中又有昭君套(披风)和观音兜(风帽)等名目。

三、范叔子《云间据目钞》,则说及妇女首饰和发髻结合情形:"妇人头髻在隆庆初年皆尚圆褊,顶用宝花,谓之'挑心',两边用'捧鬓',后用'满冠'倒插,两耳用宝嵌'大环',年少者用'头箍',缀以圆花方块。身穿裙袄,用大袖圆领。裙有'销金拖'自后翻出。'挑尖顶髻'、'鹅胆心髻',渐见长圆,并去前饰,皆尚雅装。梳头如男人直罗,不用分发鬓髻,髻皆后垂,又名'堕马髻',旁插金玉梅花一二对,前用金绞丝灯笼簪,两边用西番莲梢簪插两三对,发眼中用犀玉大簪横贯一二枝,后用点翠卷荷一朵,旁加翠花一朵,大如手掌,装缀明珠数颗,谓之'鬓边花',插两鬓边,又谓之'飘枝花'。耳用珠嵌金玉丁香。衣用三领。窄袖长三尺余,如男子穿褶,仅露裙二三寸。'梅条裙拖','膝袴拖',初尚刻丝,又尚本色、尚画、尚插绣、尚堆纱。近又尚大红绿绣,如'藕莲裙'之类。而披风便服,并其梅条去之矣。"(意即着披风便服,即不着裙,应即近似清初四妃子图中旗袍样子。)所以北方旗袍最早式样,或许还受有南方时装一定影响。

一六一·清初刻耕织图

采自清焦秉贞绘、朱圭刻《耕织图》。另有彩绘本，藏故宫博物院。共四十六幅，耕织各二十三幅。

传世画刻《耕织图》叙写生产过程，早成社会习惯。战国铜壶上即有采桑图反映。汉石刻更留下不少织机或纺织过程图像。唐人名画，则有张萱绘《捣练图》（见图一三二）传世。到宋代更加普遍，而且成为生产宣传画的主题。例如传世《宫蚕图》，即把蚕桑生产由采桑到织成绸绢一系列过程，绘成彩色长卷，虽然表现的只是宫廷中蚕织，但可以明白唐宋以来生产上许多问题。例如织机中出现竖机，在其他图像中还少见。此外如南宋牟益作《捣练图》，原稿还出于晚唐周昉。明代板刻中，有街市染坊，门前高架上悬布匹绢帛晒晾情况。近年江南出土宋墓壁画《捣练图》，且多一入染过程，有木制方形染缸，虽属家庭手工业范围，也十分重要。南宋楼璹作《耕织图》，因为有石刻传世，明刻《便民图纂》中插图，即依据之而成。清焦秉贞图绘，也多沿袭楼作，加以丰富充实。本图由耕作浸种到祭神，计二十三图，工序二十二（祭神不算）。蚕事由浴种到成衣，计二十三图，工序二十三。

图二二八

清──戴斗笠或椎髻、着短衣短裤或蓑衣农民（清初刻《康熙耕织图》）

一六一·清初刻耕织图　457

图二二九

清——裹巾子或椎髻、对襟短衣或齐膝长衣、长裤或裹腿农民（清初刻《康熙耕织图》）

图二三〇

清——裹巾子或加遮眉勒、衣衫、长裙农妇（清初刻《康熙耕织图》）

一六一·清初刻耕织图　459

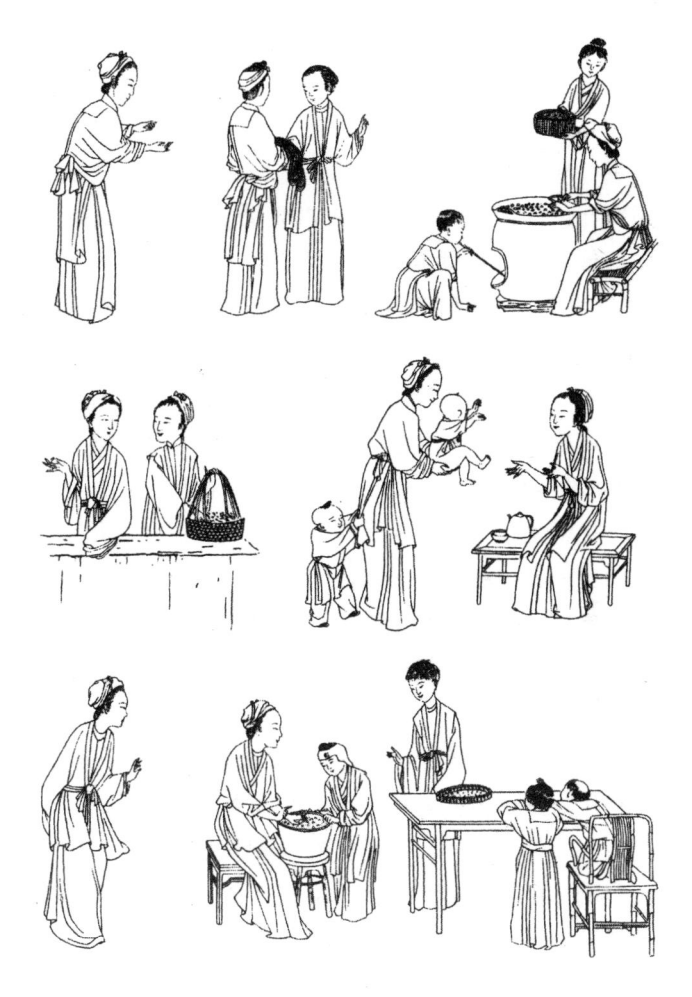

图二三一

清——裹巾子、对襟或交领衣、长裙农妇（清初刻《康熙耕织图》）

清初清兵入关，迁都北京后，为强使人民臣服，民族压迫严酷，不久就有薙发易服法令，特别对南方人民严厉。但是，当时即传有"男降女不降，生降死不降"等说法。从明清间画迹分析，居官有职的，虽补服翎顶，一切俱备，妇女野老和平民工农普通服装，却和明代犹多类同处，并无显著区别。死后殉葬，更多沿用旧礼。即部分写影，也还沿袭明制。本图绘刻于清康熙时，作者虽为当时宫廷画师，作本画时，生产程序部分受楼璹《耕织图》影响，但是作农民及农家衣着，实多就江浙富庶区田家现实生活取材。对生产上劳动艰苦，表现得有些美化，近于粉饰现实，但基本上还是符合生产恢复以后江南情形的。衣着还近似江南明末农家装束，惟男子头上多露顶椎髻，用明式巾裹网巾和瓜皮帽的不多。但并无曳长辫的。妇女衣着变化更少。男女衣服背间多齐领缀巾一方，晚明作劳动人民形象为常见标志。乾隆以后在画迹中已少有反映。本图当时只近于上奏本，虽说意在流传劝农，但刻印精美，必宠臣大官才蒙特赐，一般中级京官得不到。画家本来用意，虽把耕织生产过程，绘刻得十分完备，但还是从宫中《捣练图》、《宫蚕图》等有所启发而来，近于"宫廷行乐图"之一种。内容相近的还有《雍正耕织图》彩绘本。雍正本人且作为主要生产者而出现。所以当时或稍后，对于全国农业生产，实少促进作用。和明代的《便民图纂》、《农政全书》、《天工开物》用意在知识普及，板刻广泛流传，情形大不相同。即和清乾隆初年编刻的《授时通考》，作用也难于并提。但清初江南农业生产，特别是蚕织生产一系列过程，原料如何得来，如何加工，给人的知识，还是比较具体。另有《棉花图》也刻于乾隆时，描写种棉及加工过程，相当重要，因石刻拓本比较普遍，影响也较大。

此外还有由清初著名山水画家王翚主持，集中许多画家合作完成的《康熙万寿图》十二大卷,由徐扬主持的《乾隆南巡图》十六大卷,及徐扬另一画卷《姑苏繁华图》,都是长及数丈的画卷。图中作的人物形状、社会景象,都相当接近写实。画中所见满汉文武百官,袍服俱备,至于一般平民,衣着和本图还是相差不多。可知直到乾隆时,官服虽已用法律规定,等级区别分明,但江南一带平民衣着式样,还始终保有一些晚明固有风格,变化并不太多。李斗《扬州画舫录》叙乾隆时苏扬两地得风气之先,衣着变化极大,似限于比较特殊阶层妇女,正如《啸亭杂录》叙述衣着变化,限于京师特殊阶层情形相似。至于社会下层劳动人民却影响不大,或变化比较缓慢。

棉花种植生产,已遍及中国各地区,因之也成为一般人民衣着主要材料。长江一带生产的一种,花作紫色,纤维细长而柔软,由农民织成的家机布,未经加工多微带黄色,特别经久耐用,在外销上已著名,通称"南京布"。(其实在长江流域均有生产。惟对外商品市场上,或以南京民间生产较多且易集中,因之通称南京布。)

一六二·清初妇女装束

采自清初《燕寝怡情图》册，辛亥后影印本通称《故宫珍藏靧美图》。

图二三二

清——高髻、花钗、对襟外衣或水田衣、长裙，或加云肩中上层妇女（取自《燕寝怡情图》册）

人作明清之际一般南方中层社会妇女家常装束。衣服特征为领子高约寸许,有一二领扣。这种领扣的应用,较早见于明万历时官服妇女写影上。近年于北京西郊青龙桥附近发掘万历七妃子墓中,及定陵万历皇后衣领间,均有实物发现,是用金银作成。《天水冰山录》中提到"金银扣",指的也就是这种东西。可知这种金银撤扣,早可到明万历间,晚到清代康熙雍正时尚流行。形状如一蝶,应用似后来按扣,清初尚沿用,较后才改用绸子编成短纽扣。但衣服腰间部分,还是用带子打结,不用纽扣。领间嵌一道窄窄牙子花边。故宫也还收藏了些康雍时实物。有捻金也有彩织。衣服某一部分绘绣或用团花双蝶闹春风,名"喜相逢"。明清之际先流行于民间妇女刺绣印染上,然后才影响到宫廷里。到乾隆时,皇帝便服织绣也用了。这种团花还有用淡淡水墨画在牙白绫子上的,帷帐、镜套、衣裙都可发现。时代似起于晚明,在康熙雍正间还流行,雍正瓷器中的淡墨彩绘,就是受它的影响。("喜相逢"名目本出于明代,当时指的是蟒服在肩膊间二龙蟒相会部分,详见刘若愚《酌中志》。)清初丝绸图案日益趋于清淡雅素,质益薄,花头也转小。特别是雍正一朝十三年中,工艺图案各部分(康熙瓷中之素三彩,雍正为豆彩瓷),或用淡墨作山水花鸟果木,有同一趋势,显得十分清新悦目,实有所本而成。

褚人穫《坚瓠集》称,清初有人把北宋原拓装《淳化阁帖》上花锦二十片揭下,售于吴中机坊,加以仿制,大获厚利。传世数十种装裱用的小花淡色薄锦,图案组织秀美,色彩淡雅柔和,与常见明代袍服重色彩锦少共同处,或即清初仿宋而成。其实康、雍、乾三朝,在江宁苏杭织造的宫廷用特种锦缎,也多有意仿汉、晋、唐、宋,加以变化而成。据故宫大量清初特种彩锦藏品作比较分析,就可明白多是取长去短,一面利用优秀传统,一面又有所创造发展，且取材还不仅仅限于丝织图案，根据近年新疆出土唐锦图案比较，才明白雍正时，有一种用小簇草花组成的主题图案，在豆彩瓷上（大如天球瓶，小如六寸盘、三寸杯）加以简化，处理得效果极好，原来就是根据一片唐代小簇花蜀锦而成。这种相互转用的习惯，是商代以来在青铜、白陶和牙、玉及其他工艺品中就早有成例的。周汉以来且扩大了应用范围，给研究工作带来极多便利。用凡事不孤立、一切有联系又有发展的观点，作比较分析和推测判断，即可取得许多有益明确的知识。

这一时期社会中层阶级妇女便服领下多外罩柳叶式小云肩，也是17、18世纪间衣着特征。元代贵族男女通行四合如意式大云肩，较早见于隋代敦煌画观音身上，唐代惟敦煌画吐蕃贵族妇女使用，唐末五代则王建墓石刻乐舞伎和南唐舞俑肩上也可发现。汉代以来在漆铜砖陶丝绸上都使用到的"四合如意"式，元代则成为官服定式，贵族男女均使用，只孙宴特种官服更不可少。出土实物虽不多，但元明青花瓷瓶罐肩部，却也大量采用云肩式装饰，为我们提供了百千种可供比较参考材料。故宫保存有一件元代实物，用织金锦作成，是从佛像腹中发现的。至于柳叶式小云肩，只明清之际一度流行。有一色上绣小折枝花的，有五色间杂加窄沿牙子和羊皮金银滚边的，有戳纱绣，有挖绒沿珠边的。式样相差不多，配色各有不同。本图所见，是其中一式。和康熙单色釉莱菔尊肩部足部装饰相近。瓷器上这种艺术加工，显明受衣着上的影响。

发髻在顶上作螺旋式，也是这一时期南方江浙妇女常见式样，即晚明通俗章回小说中常说及的"一窝丝杭州攒"，属于家常便装，但式样变化极多。头面花朵首饰，早期使用珠玉点翠，稍晚才出现银质广式法蓝。明嘉靖万历时，贵族妇女用金银珠翠数十两作成十来件一份的首饰，和中等人家妇女用金银珠翠作的件头较小种类繁多的首饰,到这时期中等社会妇女头上已不常见。但衣裙花色式样,和发髻鞋子,南方一些大商业都市随同生产发展,品种日益翻新。李斗《扬州画舫录》卷九:"扬郡著衣尚为新样,十数年前(乾隆初)缎用八团,后变为大洋莲、拱璧兰。颜色在前尚三蓝、朱墨、库灰、泥金黄,近尚膏粱红、樱桃红,谓之福之。"(《啸亭杂录》则说出自福康安。)又有关于妇女头髻鞋样及衣裙的:"扬州鬏勒异于他处,有胡蝶望月、花篮、折项、罗汉鬏、懒梳头、双飞燕、到枕松、八面观音……诸义髻。及貂覆额、渔婆勒子诸式。女鞋以香樟木为高底。在外为外高底,有杏叶、莲子、荷花诸式。在里者为里高底,谓之道士冠。平底谓之底儿香。女衫以二尺八寸为长,袖广尺二,外护袖以锦绣镶之(即挽袖。起于乾隆直流行到同光)。冬则用貂狐之类。裙式以缎裁剪作条,每条绣花,两畔镶以金线,碎逗成裙,谓之凤尾。近则以整缎折以细绸,谓之'百折'。其二十四折者为玉裙,恒服也。"说的虽只是扬州一时一地制作,其实不久即影响全国,中上层妇女以能效法为时髦。宫廷衣着式样虽不相同,但是丝绸来自南方,衣料配色依然使宫廷衣裙受一定影响。

乾隆时具有社会史意义的著名小说《红楼梦》,书中叙述到清代初年,社会上层妇女以至男女婢仆衣着式样及使用丝绸名目,都相当详细,内中虽有部分出于有意附会,大部分还近现实,十分重要。故宫织绣组藏品和当时宫中妃子便装写影图像,多还可以互证。至于特种材料衣着,如"晴雯补裘"所叙用孔雀毛织成的"雀金泥"(其实是平铺孔雀羽毛线,界以丝线而成,即明代的洒线绣法),及另外说到的"凫靥裘",也不是织的,实用野鸭子脸颊皮毛剪贴重叠作成的。外来织物如"哆罗呢"、"猩猩毡"、"哔叽"、"羽纱"、"咔刺",西藏毛织物"氆氇"等等,都还可于故宫藏品中发现。此外,还有乾隆或较早

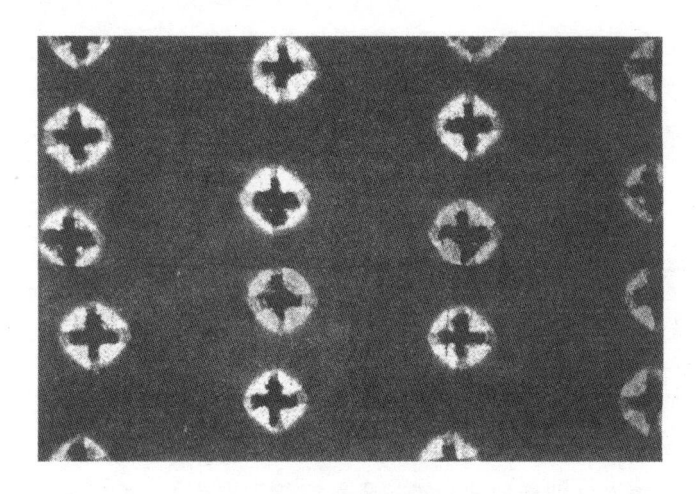

插图一四四　毯毯
（广东省博物馆藏）

大串枝花彩缎、天鹅绒，花纹和圆明园西洋楼残石刻边沿纹样完全相同，是当时仿意大利十六七世纪建筑边缘装饰图案特别织造，即书中的"西洋缎子"。故宫也还藏有一些不同色材料可作比较。这类材料，居多用于帷帐、炕垫、地衣等，衣着较少使用。也有直接以礼品方式由英法意诸国人贡来，苏杭后来仿织的各色天鹅绒、金貂绒、芝麻雕绒，也都还有不少实物保存。从故宫留下的一个残余文件上，且得知康乾时上等石青缎子，每尺值纹银一两七钱，天鹅绒则一尺值纹银三两五钱。至于外来织物通称来自"俄罗斯"，和明代对于外来织物通称"大西洋"相似，含义笼统，等于解放前上海商人口语的"来路货"，或稍文雅一些称"舶来品"，用意相同。

一七八·清代雍正四妃子便服

采自《雍正行乐图》。原藏故宫博物院，系彩色绘制，精细如十七八世纪欧洲油画。

图二四八

左、中左——清——着旗袍皇妃（《雍正行乐图》中四妃子部分）

右、中右——清——比甲、长百褶裙、加领扣、云肩、垂耳环皇妃（《雍正行乐图》中四妃子部分）

这是几个比较早期的清代最高统治者上层妇女家常装束，衣式各不相同。二人着裙，还具明式领扣（一般用金银作成，定陵及万历七妃子墓均有实物出土），垂珠翠耳环，其中一人并着遮眉勒，发不开额，髻式也如明式鬆髻，穿长比甲，裙作百褶，如明清之际南方常见流行式样。另二人衣长袍而不裙，虽较简单，已具后来旗袍规模。发饰处理三人均满装钿子，头上应用花钿方法，南方汉族妇女似少用。成分加金珠翠玉，如平顶帽套的叫"钿子"，分不同等级，各式各样均详载于《大清会典》图中。载于《皇朝礼器图》中的为彩图，特别具体。

满人原出女真，入关以前称"大金"或"后金"，妇女衣着远法辽金，还受元代蒙族妇女长袍影响，惟已不左衽。早期偏于瘦长，袖口亦小，衣着配色极调和典雅，实明受有南方地主文化影响。晚期变化极大。由头到脚，和个暴发户相差不多。一般印象中的"旗袍"，配色已极不美观，反映封建末期的上层病态鉴赏水平。

金元以来，南北衣着即有显明不同，元明间通俗读物《碎金》一书中，叙述服饰部分，就经常注明，南方有某某，北方有某某，名目多不相同。南方式样也远比北方复杂，而且变化多方。风俗习惯有异，气候物产不同，实为情势所必然。十七八世纪在男女官服制度中，南北虽已无多区别，但便服则仍区别显明，不受法律约束，且影响由南而北。因为江南本是丝绸生产地区，商业发达，丝绸花色衣着式样新陈代谢较快。北方气候寒冷，灰砂极多，相对而言，比较保守。

《红楼梦》一书中王府大宅布局，虽为北京所常见，但叙述到妇女衣着如何配套成份，都显明是江南苏州扬州习惯。据故宫藏另一《雍正十二妃子图》绘衣着，可知这时期宫廷里嫔妃便装已完全采用南方式样。这十二个图像还可作《红楼梦》一书金

插图一四五　雍正皇妃

1——《雍正十二妃子图》之一（故宫博物院藏）（胡锤摄影）
2——《雍正十二妃子图》之二（故宫博物院藏）（胡锤摄影）

陵十二钗中角色衣着看待，远比后来费小楼、改琦、王小梅等画的形象接近真实。而一切动用器物背景也符合当时情形（插图一四四、一四五）。四妃图给人印象，南北便服虽尚有区域特点，仍显明看出综合痕迹。至于较后的满族盛装，如大髻簪珠翠花，横插长约一尺的扁平翡翠玉簪，面额涂脂粉，眉加重黛，两颊圆点两饼胭脂，高底鞋在鞋底中部还另加一凸起约二寸高底子，长旗袍较大袖子，经常还加有一琵琶襟短背心，上面重重叠叠加有好几套花边，这种种，大都是成熟于晚清同光时期。

关于清代统治者上层，四时官服制度，并应用材料名目等等，极其复杂繁琐，均详载于《皇朝礼器图》中。《啸亭杂录》则提及乾隆时一些不同变化。《清稗类钞》里包括较广，叙述更加详尽，惟无图像可供比证。清政权延长近三个世纪之久，时间前后变化既大，地区差别又极显明，一切记录，总不免近于"以管窥豹"，得见一斑而已。惟内中属于官制的衣着，则受严格法律限制，变化并不太多。妇女官服亦不例外。只是受帝国主义的侵略，约一世纪中，化学颜料的大量倾销，以及毛织物的咔喇、镜面呢和羽纱、倭绒等等的入口，显然影响到各方面都极大。丝绸生产色彩的处理，也不免破坏了我国固有的长处，形成一种半殖民地化的趋势，反映到各方面，也影响到衣着式样。近人辑的都门竹枝词，由乾隆到宣统各个时期的变化均有点滴描写，如不结合大量图像，是始终难于得到明确具体印象的。

作者著作书目[*]

《鸭子》 （戏剧、小说、散文、诗歌合集）北京北新书局 1926 年 11 月初版。

《蜜柑》 （短篇小说集）上海新月书店 1927 年 9 月初版,1928 年 5 月再版。

《入伍后》 （短篇小说、戏剧集）上海北新书局 1928 年 2 月初版。

《老实人》 （短篇小说集）上海现代书局 1928 年 7 月初版；上海新中国书局 1932 年 11 月用《一个妇人的日记》书名出版；上海新光书局 1938 年 8 月再版。

《好管闲事的人》 （短篇小说集）上海新月书店 1928 年 7 月初版。

《阿丽思中国游记》 （长篇小说，第一、二卷）上海新月书店 1928 年 7 月、12 月初版,1931 年 7 月三版。

《篁君日记》 （中篇小说）北平文化学社 1928 年 9 月初版。

《山鬼》 （中篇小说）上海光华书局 1928 年 10 月初版。

《长夏》 （中篇小说）上海光华书局 1928 年 10 月初版。

《雨后及其他》 （短篇小说集）上海春潮书局 1928 年 10 月初版。

---

[*] 说明：1. 本书目未收沈从文著作的众多中文盗版、翻印本；2. 作者 1988 年逝世后初版中文书，仅收含首次发表内容者。

《不死日记》 （小说集）上海人间书店 1928 年 12 月初版。

《呆官日记》 （中篇小说）上海远东图书公司 1929 年 1 月初版。

《男子须知》 （小说集）上海红黑出版处 1929 年 2 月出版。

《十四夜间及其他》 （小说、戏剧集）上海光华书局 1929 年 3 月初版。

《神巫之爱》 （中篇小说）上海光华书局 1929 年 7 月初版；开明书店 1943 年 9 月出版改订本，1949 年 1 月再版。

《中国小说史讲义》 （文论）沈从文、孙俍工合著。上海暨南大学出版室 1930 年印行。

《旅店及其他》 （短篇小说集）上海中华书局 1930 年 1 月初版，1932 年 12 月二版。

《一个天才的通信》 （中篇小说）上海光华书局 1930 年 2 月初版。

《沈从文甲集》 （中、短篇小说集）上海神州国光社 1930 年 6 月初版。

《新文学研究》 （文论）武汉大学 1930 年秋印行。

《旧梦》 （长篇小说）上海商务印书馆 1930 年 12 月初版。

《石子船》 （短篇小说集）上海中华书局 1931 年 1 月初版，1936 年 9 月三版。

《沈从文子集》 （短篇小说集）上海新月书店 1931 年 9 月初版。

《龙朱》 （短篇小说集）上海晓星书店 1931 年 8 月初版。

《一个女剧员的生活》 （中篇小说）上海大东书局 1931 年 8 月初版。

《虎雏》 （短篇小说集）上海新中国书局 1932 年 1 月初版，1933 年 1 月再版。

《记胡也频》 （传记）上海大光书局 1932 年 5 月初版，1935 年 10 月三版。

《泥涂》 （短篇小说）北平星云堂书店 1932 年 7 月初版。

《都市一妇人》 （短篇小说集）上海新中国书局 1932 年 11 月初版。

《沈从文小说选》 （法文版小说集 Choix de nouvelles de Chen Tsong-wen） Tchang Tien-ya 译，北京政闻报出版社 1932 年初版。

《慷慨的王子》 （短篇小说）上海良友图书印刷公司 1933 年 3 月

初版，11月再版。

《阿黑小史》　（中篇小说）上海新时代书局1933年3月初版。

《凤子》　（中篇小说）杭州苍山书店1933年7月初版；北平立达书局1934年夏加题记再版。

《月下小景》　（短篇小说集）上海现代书局1933年11月初版，1934年10月再版；上海复兴书局、开明书店等多次再版。

《一个母亲》　（中篇小说）上海合成书局1933年10月初版；上海复兴书局1936年10月再版。

《游目集》　（短篇小说集）上海大东书局1934年4月初版。

《沫沫集》　（文论集）上海大东书局1934年4月初版；1987年9月上海书店影印。

《如蕤集》　（短篇小说集）上海生活书店1934年5月初版，10月再版。

《从文自传》　（传记）上海第一出版社1934年7月初版；上海良友图书印刷公司、桂林良友图书复兴社、各地开明书店、人民文学出版社、重庆出版社等多次再版。

《记丁玲》　（传记）上海良友图书印刷公司1934年9月初版，1935年6月二版，1939年9月再版普及本，1940年5月再版与续集合订本。

日本名古屋采华书林曾影印此书初·续集合订本，年代不详。

《记丁玲　续集》　（传记）上海良友复兴图书印刷公司1939年9月初版普及本，1940年5月二版。

《边城》　（中篇小说）上海生活书店1934年10月初版，1937年5月第三版；各地开明书店、江西人民出版社、台湾商务印书馆、人民文学出版社等多次再版。

《八骏图》　（短篇小说集）上海文化生活出版社1935年12月初版，1941年第五版。

《从文小说集》　上海大光书局1936年1月出版。

《湘行散记》　（散文集）上海商务印书馆1936年3月初版，1938年5月第三版；各地开明书店、人民文学出版社等多次再版。

《沈从文选集》　（小说集）上海万象书屋1936年4月出版。

《从文小说习作选》　（小说、传记合集）上海良友图书印刷公司1936年5月初版，1945年6月再版；上海书店1990年9月影印。

《新与旧》　（短篇小说集）上海良友图书印刷公司1936年11

月初版，1945 年 2 月第四版。

《废邮存底》 （文论集）沈从文、萧乾合著。上海文化生活出版社 1937 年 1 月初版，1939 年 12 月三版；开明书店 5 次再版改订本。

《边城》 （日文版小说集"邊城"）松枝茂夫译，日本東京改造社 1938 年 11 月初版。

《湘西》 （散文集）长沙商务印书馆 1939 年 8 月初版；各地开明书店多次再版。

《昆明冬景》 （杂文、文论、散文集）上海文化生活出版社 1939 年 9 月初版，1940 年 12 月再版；桂林文化生活出版社多次再版。

《主妇集》 （短篇小说集）上海商务印书馆 1939 年 12 月初版，1948 年 6 月第四版。

《烛虚》 （散文、文论集）上海文化生活出版社 1941 年 8 月初版。

《湖南的士兵》 （日文版散文集"湖南の兵士"）大島覺（武田泰淳）译，日本小學館 1942 年 9 月初版。

《春灯集》 （短篇小说集）桂林开明书店 1943 年 4 月初版，上海开明书店 1949 年 3 月第三版；上海开明书店 1943 年 9 月出版改订本，1949 年 1 月第五版。

《云南看云集》 （文论集）重庆国民图书出版社 1943 年 6 月初版。

《黑凤集》 （短篇小说集）桂林开明书店 1943 年 7 月初版，上海开明书店 1949 年 3 月第三版。

《长河》 （长篇小说，第 1 卷）昆明文聚社 1945 年 1 月初版；上海开明书店 1948 年 8 月出版改订本，1949 年 2 月第六版。

《沈从文短篇小说集》 （日文版小说集"沈從文短编集"）岡本隆三译，日本開成館 1945 年 11 月初版。

《中国土地：沈从文小说集》 （英文版小说集 The Chinese Earth: Stories by Shen Tsung-wen）Ching Ti（金隄）、Robert Payne（白英）合译，英国伦敦 George Allen & Unwin 有限公司 1947 年初版，美国纽约哥伦比亚大学出版社 1982 年再版。

《现代中国文学全集 第八卷 沈从文篇》 （日文版小说散文集）松枝茂夫、岡本隆三、立間祥介译，日本河出書房 1954 年 10 月初版。

《沈从文小说选集》 （中、短篇小说集）人民文学出版社 1957 年 10 月初版，1982 年 4 月再版。

《中国丝绸图案》 （文物图录）编著：沈从文、王家树，中国古典艺术出版社 1957 年 12 月初版。

《唐宋铜镜》 （文物图录）中国古典艺术出版社 1958 年 11 月初版。

《龙凤艺术》 （物质文化史论文集）北京作家出版社 1960 年 3 月初版。

《从文散文选》 （散文、小说集）香港时代图书有限公司 1980 年 12 月初版。

《中国古代服饰研究》 （物质文化史专著）商务印书馆香港分馆 1981 年 9 月初版；台北南天书局有限公司 1988 年 5 月出版台湾版。

《沈从文散文选》 湖南人民出版社 1981 年 11 月初版。

《沈从文小说选》 湖南人民出版社 1981 年 12 月初版。

《边城及其它》 （英文版小说集 The Border Town and Other Stories）Gladys Yang（戴乃迭）译，北京中国文学杂志社 1981 年初版。

《沈从文文集》 （共 12 卷：第 1~8 卷小说、9~10 卷散文、11~12 卷文论、杂文）广州花城出版社、三联书店香港分店 1982 年 1 月~1984 年 11 月联合出版，1991 年 5 月再版。

《沈从文小说选》 （共 2 卷）人民文学出版社 1982 年 10 月初版，1993 年 12 月再版。

《沈从文散文选》 人民文学出版社 1982 年 12 月初版，1995 年 5 月再版。

《湘西散记》 （英文版散文集 Recollections of West Hunan）Gladys Yang（戴乃迭）译，北京中国文学杂志社 1982 年初版。

《沈从文小说选》 （法文版小说集 Shen Congwen: Nouvelles）Liu Hanyu, Guang Ming, Wu Ming, Li Meiying 译，北京中国文学杂志社 1982 年初版。

《神巫之爱》 （早期作品选）广州花城出版社 1983 年 3 月初版。

《沈从文选集》 （共 5 卷：第 1 卷散文、第 2~3 卷短篇小说、第 4 卷中篇小说、第 5 卷文论）四川人民出版社 1983 年 5~6 月初版。

《边城》 （德文版小说 Die Grenzstadt）Ursula Richter（吴素乐）译，德国法兰克福 Suhrkamp 出版社 1984 年初版。

《沈从文小说集》 （德文版小说集 Shen Congwen: Erzählungen aus China） Ursula Richter（吴素乐）译，德国法兰克福 Insel 出版社1985 年初版。

《边城：沈从文中篇小说选》 （德文版小说 Grenzstadt: Erzählung） Helmut Forster-Latsch, Marie-Luise Latsch（福斯特拉兹夫妇）译，德国科隆叶氏出版社1985 年初版。

《龙凤艺术》 （物质文化史论文集）商务印书馆香港分馆1986 年 5 月初版；台北丹青图书有限公司 1986 年删节影印出版。

《凤凰》 （小说、散文集）北京文化艺术出版社 1986 年 10 月初版。

《一个女剧员的生活·边城》 （中篇小说集）人民文学出版社1987 年 8 月初版。

《边城》 （瑞典文版小说 Gränsland） Göran Malmqvist（马悦然）译，瑞典斯德哥尔摩 Norstedt 出版社 1987 年初版。

《静与动》 （瑞典文版作品集 Stillhet och Rörelse） Göran Malmqvist（马悦然）译，瑞典斯德哥尔摩 Norstedt 出版社 1988 年初版。

《孤独与水》 （瑞典文版小说散文集 Ensamheten och vattnet） Nils Olof Ericsson（倪尔思）, Frédéric Cho（赵炳浩）等译，瑞典斯德哥尔摩 Askelin & Hägglund 出版社 1988 年初版。

《边城及其它小说》 （德文版小说集 Die Grenzstadt und andere Erzählungen） Ursula Richter（吴素乐）, Helmut Martin（马汉茂）, Volker Klöpsch（吕福克）译，德国东柏林民族与世界出版社 1988 年初版。

《边城》 （希伯来文版小说集 הרימא זכ תרייע לובגה）（柯·阿米拉）译，以色列特拉维夫 Am Oved 出版公司 1989 年初版。

《沈从文别集·湘行集》 （书信、散文）岳麓书社 1992 年 5 月初版，多次再版；江苏教育出版社 2005 年 4 月再版。

《沈从文别集·凤凰集》 （小说、散文）岳麓书社 1992 年 12 月初版，多次再版；江苏教育出版社 2005 年 4 月再版。别集以下各卷出版时间同此。

《沈从文别集·七色魇》 （散文、杂文、诗）

《沈从文别集·自传集》
（传记）
《沈从文别集·记丁玲》
（传记）
《沈从文别集·友情集》
（散文、小说）
《沈从文别集·长河集》 （长篇小说）
《沈从文别集·边城集》 （小说）
《沈从文别集·阿黑小史》
（小说）
《沈从文别集·龙朱集》 （小说）
《沈从文别集·柏子集》 （小说）
《沈从文别集·丈夫集》 （小说）
《沈从文别集·萧萧集》 （小说）
《沈从文别集·贵生集》 （小说）
《沈从文别集·雪晴集》 （小说）
《沈从文别集·泥涂集》 （小说）
《沈从文别集·月下小景》
（小说）
《沈从文别集·新与旧》 （小说）
《沈从文别集·顾问官》 （小说）
《沈从文别集·抽象的抒情》
（论文）
《中国古代服饰研究增订本》
（物质文化史专著）商务印书馆香港分馆 1992 年 8 月增订版；台湾商务印书馆 1993 年 10 月出版台湾版；上海书店出版社 1997 年 6 月出版黑白本；2002 年 8 月出版 32 开平装本。
《茶峒的船夫》 （即《边城》法文版小说 *Le Passeur de Cha-dong*）Isabelle Rabut（何碧玉）译，法国巴黎 Albin Michel 出版社 1992 年初版；巴黎 10/18 出版社 1995 年再版。
《湖南小兵自传》 （即《从文自传》法文版散文 *Le Petit Soldat du Hunan：autobiographie*）Isabelle Rabut（何碧玉）译，法国巴黎 Albin Michel 出版社 1992 年初版；巴黎 10/18 出版社 1995 年再版。
《神巫之爱：沈从文民俗小说之解析》 （德文版小说，*Die Liebe des Schamanen "von Shen Cong-wen：Eine Erzählung des Jahres* 1929 *zwischen Ethnograghie und Literatur*）

Anke Heinemann 译，德国波鸿 Brockmeyer 出版社 1992 年初版。

《花花朵朵坛坛罐罐——沈从文文物与艺术研究文集》 北京外文出版社 1994 年初版，1996 年再版；江苏美术出版社 2002 年 8 月出版彩色插图本。

《沈从文散文》 （共 4 卷，散文、文论、书信集）中国广播电视出版社 1994 年 2 月初版。

《沈从文：都市之塔——民国初年的自传》 （即《从文自传》德文版散文 Shen Congwen：Türme über der Stadt—Eine Autobiographie aus den ersten Jahren der chinesischen Republik） Christoph Eiden, Christiane Hammer 译，德国 Horlemann 出版社 1994 年初版。

《中国古代服饰研究增订本》 （日文版物质文化史专著"中国古代の服飾研究　増補版"）古田真一、栗城延江译，日本京都书院 1995 年初版。

《不完美的天堂：沈从文小说集》 （英文版作品集 Imperfect Paradise：Stories by Shen Congwen） Jeffrey C. Kinkley（金介甫）, William L. MacDonald, Peter Li, Caroline Mason, David Pollard 译，美国火奴鲁鲁夏威夷大学出版社 1995 年初版。

《从文家书》 （1930～1961 年）上海远东出版社 1996 年 2 月初版。

《水云：我怎么创造故事，故事怎么创造我》 （法文版散文 L'Eau et les Nuages：Comment je crée des histoires et comment mes histoires me créent） Isabelle Rabut（何碧玉）译，法国巴黎中国之蓝出版社 1996 年初版。

《沈从文小说：分析和解读》 （德文版小说集 Die Erzählungen des Shen Congwen：Analysen und Interpretationen） Frank Stahl 译，德国法兰克福 Peter Lang 出版社 1997 年初版。

《沈从文家书》 （1930～1966 年）台湾商务印书馆 1998 年 2 月初版。

《沈从文批评文集》 （文论、杂文、书信集）珠海出版社 1998 年 10 月初版。

《丈夫》 （日文版作品集"《丈夫》夫"）增田浩等译，日本福冈市蓝天文艺出版社 1998 年版。

《边城》 （中篇小说，插图本）北岳文艺出版社 2002 年 4 月初版，多次再版。

《**沈从文全集**》 （共32卷：第1～10卷小说、11～12卷散文、13卷传记、14卷杂文、15卷诗歌、16～17卷文论、18～26卷书信、27卷集外文存、28～32卷物质文化史）北岳文艺出版社2002年12月初版。

《**沈从文家书**》 （1930～1983年，上、下卷）江苏教育出版社2005年11月初版。

沈虎雏编　2006年2月

作者简要年表

1902~1922 生于湖南凤凰县一军人家庭,有苗族、土家族血统。因家道中落小学毕业后入湘西土著部队,当过补充兵、司书、警察所办事员、屠宰税收税员,以及失业浪迹沅水流域各地。辛亥革命的见闻和军旅生涯,逐渐形成他终生对屠杀和滥用权力的憎恶,对"农人与兵士,怀了不可言说的温爱",以及"知识同权力相比,我愿得到智慧,放下权力"的人生态度。

1923~1924 在保靖湘西巡防军统领官陈渠珍处任书记时,受五四运动余波影响,脱离部队赴北京,读大学幻想破灭,但结识一批青年知识分子朋友。在贫困无业中,故都街市成为他反复观摩的古代文化博物馆,京师图书馆成为他读书和避寒场所,北京大学开放政策让他能自由选择旁听课程。

1925 为谋生当过发报员、秘书、图书管理员。经历无数挫折,开始在报刊大量发表习作,涉及散文、小说、杂文、诗歌、剧本、文论,以短篇小说为主。因《现代评论》发表过部分作品,后被批评者归入"现代评论派"。

1926~1927 第一个作品集《鸭子》出版。1926年秋从香山慈幼院图书馆辞职,成为中国最早的职业作家之一。

1928 转赴上海,一年间出版了11个作品集,创作渐趋成熟。因《新月》常刊载其小说,被批评者归入"新月派"。

1929 与胡也频、丁玲合作创

办《红黑》、《人间》月刊，因亏损不久停刊。为解困应聘到中国公学国文系任讲师，并在暨南大学兼课。

1930 秋，到武汉大学国文系任助教。

1931 为营救被捕的胡也频奔波，胡遇害后掩护丁玲送遗孤回湘，失去武汉大学教职。秋，应聘为青岛大学讲师。

1932 创作力更趋旺盛，题材风格呈多样化，除当年大量发表和出版外，《阿黑小史》、《从文自传》、《八骏图》、《月下小景》等未出版著作也写于青岛。

1933 夏，应邀赴北平参加编辑中小学教科书。9月与张兆和结婚；和杨振声共同主持编辑《大公报·文艺副刊》。因发表《文学者的态度》等作品，批评在"海派"名目下的商业竞争，引发持续到翌年的文坛"京海之争"。

1934 创作并发表《湘行散记》，出版《从文自传》、《记丁玲》、《边城》、《沫沫集》等代表作。

1935 秋，副刊改名《大公报·文艺》，推荐萧乾接编每周3期，自己和杨振声只负责星期日扩大版。

1936 两度过南京时探望在软禁中的丁玲。4月起《大公报·文艺》全交萧乾编。发表《作家间需要一种新运动》等文章，批评文学创作"差不多"现象，反对作家依附政治和文学中的商业作风，引发持续到翌年的论争。

1937 卢沟桥事变后，与一批知识分子结伴离开沦陷的北平，辗转到武汉，继续教科书编辑工作。

1938 经沅陵赴昆明，继续编教科书。开始创作《湘西》、《长河》等作品。冬，眷属抵达昆明。

1939 参编《今日评论》周刊文艺部分；应聘为西南联大副教授。

1940 参编《战国策》半月刊文艺部分，被批评者归入"战国策派"。为呈贡难童学校兼义务课。

1941 出版《烛虚》，反映近年散文风格趋哲理性思考的变化。为呈贡育侨中学兼义务课。

1942 《长河》第一卷书稿被删被扣不能出版，《芸庐纪事》发表前部分被扣，两部未完作品创作中断。

1943 西南联大改聘他为教授。带探索性小说《看虹录》、《摘星录》受批评指责。为呈贡县中兼义务课。

1944 近年结集的书每本都必被扣数篇,致《王谢子弟》、《衣冠中人》等几个短篇集无从出版。为桃源建国中学兼义务课。

1945 对党派政治反感,未接受闻一多劝他加入中国民主同盟的建议。

1946 西南联大结束,被聘为北京大学国文系教授。10月起主编《益世报·文学周刊》,12月起主编《平明日报·星期艺文》,实由周定一负责。主张非党专门家形成不同政治力量寻求避免内战的时评,被当局禁止发表。反映对时局看法的《从现实学习》等文章受到左翼阵营作家激烈批评。

1947 参编《文学杂志》。评论时局反内战的文章继续受到批评。

1948 热心协助北大博物馆筹建工作;为北大博物馆专修科备课,编写"陶瓷史"等教材。12月,刊物因战火延及平津停办;预计将不得不终止文学生涯,但未接受南京政府陈雪屏南下通知,决定留在北平。

1949 年初,因受到空前政治压力和恐吓,精神失常,3月病中自杀获救,失去北大国文系教职。6月完成《陶瓷史》编撰。8月彻底改业,转入北平历史博物馆,除分派的工作外,经常在陈列室为普通观众作说明,并坚持多年。

1950 送入华北人民革命大学学习,年底毕业回到博物馆,任陈列部设计员。

1951 参与敦煌文物展布展、讲解工作。10月赴四川参加土地改革。

1952 3月回京后被抽调参加文物行业"五反运动"联合检查组,过眼被查处文物数十万件。

1953 开始发表物质文化史研究论文。应邀在中央美术学院兼课。以工艺美术界身份出席第二次文代会。开明书店通知他因作品过时,所有已印未印书稿及纸型均奉命销毁。台湾当局因政治原因禁止出版他一切作品。

1954 发表阐述其治学观的论文《文史研究必需结合文物》。

1955 参与再版《红楼梦》注释。参与编撰《中国历史图说》,任编委。

1956 增选为全国政协特邀委员。兼任故宫博物院织绣研究组顾问。

1957 出版《中国丝绸图案》。

1958 携故宫、历博部分馆藏

文物，历时3个月，去杭州、苏州、南京丝绸生产基地，面向工人、设计员、研究人员巡回展出，提供古为今用服务并调研。出版《唐宋铜镜》。谢绝接任北京市文联负责人的提议。

1959 筹划在中国历史博物馆新馆开展丝绸服装史等研究方向。为故宫作织绣陈列馆设计并参与布展。

1960 出版论文集《龙凤艺术》。着手为长篇传记体小说准备材料，同时《中国服饰资料》重点工作开始进行。为人民艺术剧院《虎符》剧组提供古为今用资料和咨询服务，此后陆续为多部历史剧提供类似帮助。

1961 任高等艺术院校工艺美术类教材编写组顾问。夏，撰写《抽象的抒情》，发抒对文艺政策的看法。11月应邀访问南昌、庐山、井冈山、赣州、景德镇等地3个多月，试作几组旧体诗，长篇小说未动笔。

1962 未发表的研究论文供景德镇陶瓷研究所编写《中国的瓷器》引用，协助修改补充书稿，并作序。

1963 主审新的几部工艺美术类统编教材。12月贯彻周总理指示，中国历史博物馆组建编撰《中国古代服饰资料》的工作体系，沈从文任主编。

1964~1965 7月，《中国古代服饰资料》经层层审查后交稿；因政治形势变化出版搁置。担心被抓辫子扣帽子，对出版不抱希望。

1966~1968 "文化大革命"中受冲击，到1968年末"曾初次作过大小六十多次的检讨"。

1969 6月获得"解放"。9月张兆和下放五七干校。11月他作为中国历史博物馆老弱病残职工，被首批下放到湖北咸宁的五七干校。

1970~1971 在干校多次迁徙，曾作大量旧体诗，据记忆撰写多篇文物专题论文，撰写博物馆改陈建议40展柜。

1972~1977 获准请假回京治病，立即数次修订服饰资料，恢复对各方面提供古为今用服务。继续专题研究，但长期苦于得不到应有支持。

1978 调中国社会科学院历史研究所，完成《扇子应用进展》等新著。冬，中国社会科学院抽调助手配合，建立临时工作室，对《服饰资料》大量修改补充。

1979 2月《服饰资料》再次交稿,但出版者几经变动。11月出席第四次全国文代会。国内开始有对他的文学成就的研究和重新评价。

1980 中国社会科学院历史研究所组建古代服饰研究室。冬,应邀出访美国,先后在15所大学作23次演说。

1981 文学旧作陆续结集出版。9月,服饰资料在香港以《中国古代服饰研究》为书名出版。

1982 春,到湖北江陵考察楚墓新出土丝织物。文学作品结集出版持续增加。

1983~1988 因脑血栓影响工作能力,继续指导《服饰研究》的增订。对大陆地区"沈从文热"劝阻降温。台湾对他作品的出版逐渐解禁。

1988年5月10日在北京病逝。

沈虎雏编　2006年2月